INSTITUTIONS POLITIQUES
ET
DROIT CONSTITUTIONNEL

Claude LECLERCQ
Professeur de droit public à l'Université de Paris XII

INSTITUTIONS POLITIQUES ET DROIT CONSTITUTIONNEL

deuxième édition

LIBRAIRIES TECHNIQUES
Libraire de la Cour de cassation
27, place Dauphine 75001 PARIS

Du même auteur :

L'O.N.U. et l'affaire du Congo, Payot 1964.

L'Empire d'Ethiopie, Berger-Levrault 1969.

Le principe de la majorité, A. Colin 1971.

I.S.B.N. 2-7111-0044-8

PREMIÈRE PARTIE

THÉORIE GÉNÉRALE

TITRE I

PRINCIPES MÉTHODOLOGIQUES

Cette première série de principes touchant les méthodes techniques, scientifiques et juridiques permettra de centrer, dès l'abord, la matière qui fait l'objet de ce cours.

Etant acquis que, pour l'immense majorité des étudiants du premier cycle, le contact avec les matières juridiques et politiques est le premier, même si certaines notions ont été dégagées dans l'enseignement scolaire, ne serait-ce qu'à travers l'étude de l'histoire et de la philosophie, il nous faudra cependant et dans l'immédiat dégager le droit constitutionnel de la construction juridique qui l'enserre.

CHAPITRE I

DROIT PUBLIC ET DROIT PRIVE

SECTION I

DISTINCTION DU DROIT PUBLIC ET DU DROIT PRIVE

Le droit public envisage l'ensemble des règles se rapportant à l'Etat. Le grand juriste romain Ulpien a exprimé parfaitement la distinction droit public, droit privé : « L'étude du droit présente deux aspects : le public et le privé. Le droit public concerne l'état de la République ; le droit privé, l'utilité des particuliers. » (Cité *in* PRÉLOT et BOULOUIS, *Institutions politiques,* 1975, p. 18). « Création de l'esprit, notent les auteurs, le dyptique d'Ulpien... fait partie d'un système de pensée et d'un cadre de civilisation que nous ont légués les conquérants de la Gaule. Selon les lieux, les époques et les conceptions doctrinales, son interprétation sera donc variable. »

La distinction droit public - droit privé n'est donc pas fixe. Elle dépend, ainsi que son volume, du contexte économique et social d'une époque donnée. Dans un régime politique très libéral, le droit privé est prédominant (ex. U.S.A., système du contrat) ; à l'inverse, dans un Etat très socialisé ou très autoritaire (ex. U.R.S.S.), le droit public l'emporte ; logiquement, il pourrait même absorber le droit privé ; mais même dans les Etats socialistes très collectivisés, le droit privé trouve, dans les faits, sa place.

Aux Etats-Unis, l'initiative individuelle l'emporte et entraîne le triomphe de la concurrence. Les relations entre les hommes sont fondées sur le contrat : un fonctionnaire, par exemple, est un travailleur comme un autre. En U.R.S.S. et en Chine populaire, au contraire, l'Etat tout-puissant domine et englobe les relations sociales. La société est de type collectiviste et non fondée sur l'initiative individuelle.

En fait, il faut nuancer et atténuer cette *summa divisio :* aux Etats-Unis, il existe un consensus général sur l'organisation de la société : on pourrait donc dire, à la limite, qu'il existe là aussi une sorte d'esprit « collectiviste » malgré l'existence, nous le verrons, d'un bipartisme de droit et de fait. Il n'empêche que la place du droit privé est plus importante, aux U.S.A., que celle du droit public : chacun se trouve en concurrence avec autrui et lutte pour conquérir sa situation professionnelle et sa situation sociale dans une société dominée par le protestantisme où l'argent n'a jamais été considéré comme un défaut, voire une tare.

En France, à l'heure actuelle, la répartition droit public - droit privé s'établit de la façon suivante :

- *Le droit privé* fixe le statut des personnes privées. Il réglemente leurs relations.

Par personnes privées, il faut entendre aussi bien des personnes physiques que des personnes morales (ex. : sociétés commerciales, associations).

Fixant le statut des personnes privées, le droit privé règle, par exemple, les questions de filiation, de régimes matrimoniaux, de successions.

Réglant les relations entre personnes privées, le droit privé fixe, par exemple, les règles concernant les contrats conclus entre elles.

- *Le droit public* fixe le statut des personnes publiques. Il réglemente les relations s'établissant entre elles ainsi qu'avec les personnes privées.

Quelles sont ces personnes publiques ?

L'Etat d'une part, et toutes les personnes morales établies par lui et en son sein : comme lui, elles remplissent une fonction d'intérêt général et sont plus ou moins étroitement surveillées par lui. Ex. : régions, départements, communes, universités, etc.

Fixant le statut des personnes publiques, le droit public règle leurs conditions d'organisation et de fonctionnement.

Réglementant les relations établies entre personnes publiques, le droit public va d'abord régir les relations entre Etats : on se trouve en présence du droit international public qui repose sur le principe de l'égalité entre Etats. Le droit public interne (d'un Etat donné) envisage les relations établies dans l'Etat par lui et les différentes personnes publiques qui lui sont plus ou moins assujetties (particulièrement assujetties en France) : relations entre l'Etat et les communes, les départements, les régions.

Réglementant les relations entre personnes publiques et personnes privées, le droit public manifestera un caractère autoritaire (par exemple dans le domaine de la police, qui se traduit par une réglementation étroite de certaines activités privées) ou un caractère « collaborationniste » particulièrement net dans le domaine des contrats entre l'administration et une personne privée.

SECTION II

CONSEQUENCES DE LA DISTINCTION ENTRE LE DROIT PUBLIC ET LE DROIT PRIVE

Le droit public poursuit un but d'intérêt général, le droit privé repose sur la prise en considération et la défense d'intérêts particuliers.

Cette distinction entraîne les conséquences suivantes :

Le droit public est un droit hiérarchisé fondé sur la supériorité de l'Etat sur les autres personnes publiques et sur la supériorité de l'ensemble des personnes publiques sur les personnes privées. Certes, le droit international public consacre, en principe, l'égalité entre Etats. Mais il s'agit plus d'une vue théorique que d'une réalité (d'ailleurs, même au plan du droit, au Conseil de sécurité de l'O.N.U., cinq Etats ont une position privilégiée : France, Grande-Bretagne, U.S.A., U.R.S.S., Chine).

Le droit privé, au contraire, est tout entier mû par l'idée d'égalité et d'indépendance juridique. Le contrat, qui exprime le concours des volontés des personnes privées, égales entre elles, est l'acte normal du droit privé, alors que le contrat ne trouve qu'une place exceptionnelle en droit public. Le droit public, inégalitaire, utilise le procédé de l'ordre unilatéral, du commandement (la loi, le règlement).

Quant au caractère sanctionnateur des règles de droit public et de droit privé, la différence essentielle entre ces deux droits tient au fait que le droit public est sanctionné pénalement, outre les sanctions restitutives et réparatrices qui sont les seules que connaisse le droit privé. D'une manière générale, en dehors même du droit pénal, l'Etat, l'Administration, peuvent toujours contraindre le particulier à agir conformément au droit ou à appliquer le droit : la procédure d'exécution forcée répond, si besoin est, à cet objectif. Or, cette dernière procédure ne peut pas être utilisée à l'encontre des personnes publiques dans la mesure où elles se rendraient coupables d'une violation du droit : tout ce que peuvent faire les juridictions saisies, hormis quelques cas tout à fait particuliers, c'est seulement condamner l'administration au versement de dommages-intérêts.

Ces juridictions, quelles sont-elles ? En droit français, la distinction droit public - droit privé trouve son achèvement au plan du contentieux en ce sens que les litiges privés sont jugés par un ordre de juridictions judiciaires (Tribunaux de grande instance, Cours d'appel, Cour de cassation) alors que les procès entre personnes publiques ou beaucoup plus souvent entre une personne publique et un particulier sont jugés par des juridictions administratives : tribunaux administratifs, Conseil d'Etat. Aux Etats-Unis et en Grande-Bretagne, l'Administration est soumise au même droit que le simple particulier : il n'existe donc pas en principe, et par voie de conséquence, de juridictions spéciales pour juger les conflits opposant les particuliers à l'Administration.

SECTION III

LA RELATIVITE DE L'OPPOSITION DROIT PUBLIC - DROIT PRIVE

De nos jours, dans tous les Etats (même les plus libéraux), l'opposition entre droit public et droit privé tend à s'estomper.

En droit administratif français, une mission de service public peut être impartie, dans certaines conditions, à des particuliers, à des personnes privées, physiques et morales. Une telle mission est reconnue par les juridictions administratives, même en dehors des textes.

Mais, surtout, de plus en plus le droit privé se trouve soumis à l'intervention de l'Etat. En droit privé, il existe de nos jours de nombreuses règles impératives d'ordre public qui recouvrent des domaines autrefois laissés à l'entière liberté des personnes privées, par exemple : la législation sur les loyers, sur les contrats des salariés du secteur privé.

De plus, il arrive que l'Etat utilise des techniques de droit privé, essentiellement quand son intérêt financier est en jeu, par exemple en ce qui concerne en France le régime de l'eau et de l'électricité.

On assiste donc à une interpénétration entre le droit public et le droit privé. Les frontières du droit public et du droit privé sont loin d'être toujours parfaitement nettes et tranchées. Ne peut-on pas dire qu'en définitive le droit privé procède du droit public dans la mesure où le mode d'organisation d'un Etat donné conditionne en tout la part de l'activité privée et la part de l'activité publique ?

SECTION IV

LES DISTINCTIONS FORMELLES DU DROIT PUBLIC

§ 1. — Le droit public interne et le droit international public

Le droit public interne est relatif aux différentes relations qui s'établissent, à l'intérieur d'un Etat donné, entre lui et les différentes personnes publiques qui s'y trouvent incluses, entre ces personnes publiques elles-mêmes, entre personnes publiques, dont l'Etat, et les personnes privées. En même temps, le statut des personnes publiques est réglé par le droit interne.

Le droit international public concerne les relations entre Etats ; entre Etats et organisations internationales ; entre organisations internationales ; parfois, mais de façon exceptionnelle, entre institutions internationales et personnes privées morales ou physiques (Europe des Neuf, Commission européenne des droits de l'homme).

§ 2. — Le droit public interne

Le droit constitutionnel est l'ensemble des règles juridiques relatives aux « institutions grâce auxquelles le pouvoir s'établit, s'exerce ou se transmet dans l'Etat » (PRÉLOT et BOULOUIS, *Manuel,* 1975, p. 32). L'essentiel de ces règles est généralement inscrit dans un texte qui porte le nom de « Constitution ».

Pour s'en tenir ensuite au cas français, le droit administratif se présente comme un droit subordonné au droit constitutionnel, un droit d'exécution qui entre dans les détails de la vie administrative. Droit relatif à l'Administration, il étudie les formes qu'elle emprunte et les relations qu'elle entretient avec les personnes privées et l'ensemble des institutions administratives.

Au même niveau que le droit administratif peut se situer le droit financier, qui est relatif au budget de l'Etat, aux impôts, aux taxes, à l'emprunt et au contrôle des fonds publics.

CHAPITRE II

LE DROIT CONSTITUTIONNEL ET SES TRANSFORMATIONS

Il est significatif que les manuels et précis anciens ou relativement anciens s'intitulent « droit constitutionnel », sans aucune adjonction. Par exemple : celui de M. Hauriou, *Précis de droit constitutionnel,* 1929.

On constate, au contraire, que les ouvrages contemporains s'intitulent : *Droit constitutionnel* et *institutions politiques :* cas de ceux de A. Hauriou, Burdeau ; ou bien, formule inversée, *Institutions politiques et droit constitutionnel :* ceux de Prélot et Boulouis, Duverger.

Pourquoi cette adjonction récente ? Quelle est la signification du droit constitutionnel ?

SECTION I

DU DROIT CONSTITUTIONNEL AUX INSTITUTIONS POLITIQUES

Pendant longtemps, le droit constitutionnel, tel qu'il était étudié et enseigné en France, a été un droit limité et purement formel.

Il était limité en ce sens qu'il se donnait presque exclusivement, ou en tout cas essentiellement, comme objet l'étude des constitutions et spécialement de la Constitution française.

La Constitution, on le verra, se présente comme un document solennel relatif aux institutions politiques d'un Etat donné. Les constitutions qui sont, spécialement dans les démocraties occidentales, des actes solennels, définissent et règlent les mécanismes et les procédures selon lesquels s'exprime un régime politique donné. Par exemple, la Constitution française du 4 octobre 1958. Mais la Constitution ne prévoit pas tout. L'exemple extrême est fourni par la Grande-Bretagne, pays sans constitution écrite et où fonctionne pourtant de manière particulièrement remarquable un régime parlementaire qui avait déjà suscité l'admiration de Montesquieu.

Si nous envisageons le cas de la Constitution française du 4 octobre 1958, nous observons que cette charte ne règle pas les problèmes complexes afférents aux partis politiques. Simplement, l'article 4 énonce-t-il :

> « Les partis et groupements politiques concourent à l'expression du suffrage. Ils se forment et exercent leur activité librement. Ils doivent respecter les principes de la souveraineté nationale et de la démocratie. ».

Or, nul n'ignore la place importante qu'occupent les partis politiques dans l'exercice de la démocratie, en France. Les rares régimes politiques dans le monde actuel qui fonctionnent sans aucun parti politique se présentent comme des monarchies ou empires absolus : cas de l'Arabie Saoudite, de l'ancien Empire d'Ethiopie (avant la déposition de l'Empereur, le 12 septembre 1974).

En dehors de toute autre référence constitutionnelle que celle de l'article 4 de la Constitution du 4 octobre 1958, pour le droit français, on peut définir les partis politiques comme des groupements d'adhérents, de militants ou de sympathisants qui, unis par une conception identique de la société, cherchent à conquérir le pouvoir ou à participer à son exercice. En France, les partis politiques sont essentiellement régis par la loi du 1er juillet 1901, relative au contrat d'association, qui est garante de leur liberté de formation et d'exercice.

Les typologies relatives aux partis politiques sont nombreuses. La plus communément utilisée, malgré les critiques qu'on peut lui faire, demeure celle de Maurice Duverger : celui-ci distingue deux types de partis : les *partis de cadres,* qui sont surtout composés de notabilités et de personnes influentes (ex. : parti radical) ; et les *partis de masses,* qui cherchent à encadrer de façon permanente un grand nombre d'adhérents (ex. : parti communiste) (M. DUVERGER, *Les partis politiques,* 1973).

Il est évident que les partis politiques, qui sont fort peu évoqués par la Constitution française, font partie intégrante des « institutions politiques ». Or, jusqu'en 1914, dans la plupart des parlements occidentaux, il était interdit de faire référence aux partis politiques. Idéalement n'étaient connus que des députés théoriquement indépendants et isolés les uns des autres.

Il est donc déjà aisé de percevoir que la Constitution, acte fondamental, acte initial, ne peut suffire, par son étude seule, à rendre compte du droit constitutionnel. Si l'on prend le cas des constitutions rigides (qui par opposition aux constitutions souples occupent la première place dans la hiérarchie des normes juridiques), on se trouve en présence d'actes inférieurs tels que lois, décrets, arrêtés qui réglementent aussi la vie constitutionnelle.

La réalité est encore plus complexe : les constitutions ne sont pas toujours appliquées à la lettre. L'article 20, alinéa 1, de la Constitution du 4 octobre 1958 éclaire particulièrement le phénomène : « Le gouvernement détermine et conduit la politique de la Nation ». Or, il suffit de s'intéresser même fort peu à la chose publique pour savoir que ce n'est pas le gouvernement qui, collégialement, avec le Premier ministre placé à sa tête, « détermine et conduit la politique de la Nation », mais bien plutôt le Président de la République, chef suprême de l'exécutif.

C'est pour ces raisons que les mots « institutions politiques » ont été ajoutés à « droit constitutionnel ». Quand nous évoquerons le droit constitutionnel, c'est évidemment au sens large : la Constitution fait partie des institutions politiques. Ce sont ces dernières qui retiendront notre attention dans une optique plus contemporaine qu'historique, l'étude de l'histoire ne devant servir qu'à éclairer l'époque moderne.

Ce n'est pas encore tout : on étudie dans les Universités françaises, et de plus en plus, la « science politique ». On évoque aussi, à ce sujet, les « méthodes des sciences politiques ». Quelles relations entretiennent entre eux le droit constitutionnel et la science politique ?

SECTION II

LA SCIENCE POLITIQUE ET LE DROIT CONSTITUTIONNEL

Le droit constitutionnel, ensemble de règles, de normes juridiques, contenues en partie dans le texte de la Constitution, doit, plus qu'aucun autre droit, compter avec l'opinion publique. Les régimes politiques, quelles que soient leur forme et leur nature, ne peuvent correctement fonctionner s'il n'existe pas un accord plus ou moins constant, plus ou moins exprimé entre la masse des gouvernés et les gouvernants. Si un gouvernant ne respecte pas la règle constitutionnelle, aucune sanction ne viendra perturber son action. Certes, il existe, spécialement affirmé aux Etats-Unis, un contrôle de constitutionnalité des lois exercé en dernière analyse par la Cour suprême. Le Conseil constitutionnel, en France, intervient de façon beaucoup plus limitée pour contribuer essentiellement à la régulation des organes de l'Etat, c'est-à-dire à leur fonctionnement correct.

Ce qu'il faut bien voir, c'est que cette action est limitée. La sanction des illégalités, des irrégularités commises par un gouvernement ne peut être que l'opinion publique. L'obéissance au droit constitutionnel est bien obtenue, comme l'exprime André Hauriou, « par l'action des pouvoirs publics les uns sur les autres, sous le contrôle de l'opinion publique » (*Droit constitutionnel,* 1975, p. 23). Celle-ci, par le canal de la presse écrite, par le moyen de la télévision, par son niveau de culture qui, dans une démocratie, devient de plus en plus élevé, est à même de contrôler l'action des gouvernants qu'elle s'est choisis et qui agissent pour son compte.

Il y aurait beaucoup à dire sur l'opinion publique. L'opinion publique se fait-elle toute seule, est-elle provoquée, n'est-elle pas fabriquée par la presse, etc. ? Toutes questions qui éloignent du droit constitutionnel et touchent plutôt à la science politique.

La science politique est fort en honneur aux Etats-Unis. Les Anglo-Saxons sont beaucoup plus préoccupés par la réalité sociale que les Français, essentiellement latins. Aux Etats-Unis, le droit est considéré comme partie intégrante de la réalité sociale au même titre que la pauvreté, la richesse, les zones climatiques, une religion déterminée, l'étude d'une ethnie donnée...

Le droit constitutionnel, puisqu'il s'agit de droit, est de nature dogmatique, comme l'est elle-même la Constitution : c'est de la façon suivante, dira-t-on, si l'on suit la lettre constitutionnelle, que doivent fonctionner les institutions publiques ; la Constitution autorise ceci, la Constitution défend cela...

La science politique ne dit pas ce qui doit être, ce qui devrait être, mais se borne à constater ce qui est. La science politique est donc positiviste. Le droit constitutionnel l'est aussi, mais il ne se contente pas de cette attitude. Il prône l'application du Droit, voire le règne du Droit, pour parvenir à davantage de justice et d'égalité entre les hommes. La science politique va au-delà de la connaissance de la règle de droit : elle étudie comment apparaît le phénomène politique, quelles sont les forces économiques et sociales qui expliquent la nature de tel ou tel régime politique. Une fois ces causes découvertes, une fois leur interaction établie, le travail du political scientist s'arrête là. Il explique et constate. Le Doyen Vedel précise que « la science politique a pour objet les phénomènes du pouvoir. Parmi ces phénomènes, celui de l'Etat a une place centrale, privilégiée, mais non point exclusive. La science politique envisage ces phénomènes non pas du point de vue normatif, comme une matière à des règles de conduite, mais d'un point de vue « factuel » (*Annales de la Faculté de droit de Toulouse, t. XVI,* 1968, *fasc.* 2, p. 92).

On ne peut plus étudier le droit constitutionnel comme on le faisait il y a encore trente ans. Une approche purement juridique des phénomènes politiques serait, à l'heure actuelle, aussi incongrue qu'une approche purement fondée sur l'observation des forces politiques qui grouillent et s'agitent. Comme l'écrit avec force Georges Burdeau dans la préface de son *Manuel de droit constitutionnel,* 1976, p. 6 :

> « Que la connaissance du fait actuel ne suffise pas à tout, ne doit cependant pas nous conduire à la fausse option méthodologique entre le fait ou la théorie, la vie ou la règle, le spontané et le construit. Fausse option, car il n'y a pas à choisir : le droit est un ordre et ce qu'il ordonne, c'est la vie. Etudier la règle de droit, particulièrement dans le domaine constitutionnel, c'est suivre, en témoin attentif, le mouvement qui n'a jamais cessé d'entraîner les sociétés politiques à s'organiser selon un certain ordre. Mais c'est aussi, pour comprendre ce mouvement, connaître les forces qui le stimulent et les figures dans lesquelles il s'inscrit. Une telle entreprise exige évidemment qu'on élargisse le cadre de l'analyse au-delà du strict commentaire des textes. Mais elle n'implique pas cependant que l'on doive tenir pour périmé le point de vue du juriste. »

Sans cesse, revient dans les conversations ou dans les articles de presse le mot « efficacité ». Or, l'efficacité ne peut pas se passer du droit. A la limite, le criminel et le voleur font preuve d'efficacité ! Le droit doit donc encadrer les actions humaines, de même que pendant des siècles la morale religieuse a pu imprégner les consciences de la majeure partie des populations. Un monde où les « Docteurs de la loi » n'ont plus droit de cité est un monde condamné à disparaître de façon particulièrement violente.

Notre étude sera menée dans une optique de droit constitutionnel et de science politique pour essayer de parvenir à une compréhension aussi complète que possible des phénomènes intéressant l'Etat et le Gouvernement. En dehors du droit, il ne faut pas négliger les ressources qu'offrent la sociologie, l'économie, l'histoire, la théorie politique. Les institutions politiques sont alors perçues non seulement en fonction de leur objet, mais aussi de leur finalité.

Cette perception n'est pas nouvelle : les auteurs de l'Antiquité, particulièrement ceux du monde hellénique, avaient constamment présents à l'esprit les phénomènes sociaux en même temps que les concepts philosophiques qu'ils établissaient. Platon écrivait dans *La République* (livre VIII) :

> « Eh bien, à mon avis, la démocratie apparaît lorsque les pauvres, ayant remporté la victoire sur les riches, massacrent les uns, bannissent les autres, et partagent également avec ceux qui restent le gouvernement et les charges publiques. »

De même Aristote disait :

> « La véritable différence entre la démocratie et l'oligarchie, c'est la pauvreté et la richesse. Partout où les hommes gouvernent en fonction de leur richesse, qu'ils soient nombreux ou qu'ils ne le soient pas, c'est une oligarchie ; et quand les pauvres gouvernent, c'est une démocratie. Chaque citoyen, dit-on, doit jouir de l'égalité ; par conséquent, une démocratie offre plus de pouvoir aux pauvres qu'aux riches, car les pauvres sont plus nombreux et la volonté de la majorité est souveraine. » (*Politique,* livre II).

Montesquieu écrivait, quant à lui, dans *l'Esprit des Lois,* Livre 21ᵉ, Chap. 3 :

> « Que les besoins des peuples du midi sont différents de ceux des peuples du nord : il y a dans l'Europe une espèce de balancement entre les nations du midi et celles du nord. Les premières ont toutes sortes de commodités pour la vie, et peu de besoins ; les secondes ont beaucoup de besoins, et peu de commodités pour la vie. Aux unes, la nature a donné beaucoup, et elles ne lui demandent que peu ; aux autres, la nature donne peu, et elles lui demandent beaucoup. L'équilibre se maintient par la paresse qu'elle a donnée aux nations du midi, et par l'industrie et l'activité qu'elle a données à celles du nord. Ces dernières sont obligées de travailler beaucoup, sans quoi elles manqueraient de tout, et deviendraient barbares. C'est ce qui a naturalisé la servitude chez les peuples du midi : comme ils peuvent aisément se passer de richesse, ils peuvent encore mieux se passer de liberté. Mais les peuples du nord ont besoin de liberté, qui leur procure plus de moyens de satisfaire tous les besoins que la nature leur a donnés. Les peuples du nord sont donc dans un état forcé, s'ils ne sont libres ou barbares ; presque tous les peuples du midi sont, en quelque façon, dans un état violent, s'ils ne sont esclaves. »

Les philosophes et les juristes se sont toujours préoccupés d'économie, de géographie, de psychologie et d'histoire, c'est-à-dire faisaient de la science politique comme M. Jourdain faisait de la prose sans le savoir.

Deux autres citations tirées de « l'Esprit des Lois » l'illustreront encore (Livre 18ᵉ, Chap. 5 : *Des peuples des îles*) :

> « Les peuples des îles sont plus portés à la liberté que les peuples du continent. Les îles sont ordinairement d'une petite étendue, une partie du peuple ne peut pas être si bien employée à opprimer l'autre ; la mer les sépare des grands empires, et la tyrannie ne peut pas s'y prêter la main ; les conquérants sont arrêtés par la mer ; les insulaires ne sont pas enveloppés dans la conquête, et ils conservent plus aisément leurs lois. »

Autre citation (Livre 18ᵉ, Chap. 9 : *Du terrain de l'Amérique*) :

> « Ce qui fait qu'il y a tant de nations sauvages en Amérique, c'est que la terre y produit d'elle-même beaucoup de fruits dont on peut se nourrir.

Si les femmes y cultivent autour de la cabane un morceau de terre, le maïs y vient d'abord. La chasse et la pêche achèvent de mettre les hommes dans l'abondance. De plus, les animaux qui paissent, comme les bœufs, les buffles, etc., y réussissent mieux que les bêtes carnassières. Celles-ci ont eu de tout temps l'empire de l'Afrique.

« Je crois qu'on n'aurait point tous ces avantages en Europe, si l'on y laissait la terre inculte ; il n'y viendrait guère que des forêts, des chênes et autres arbres stériles. »

Ces quelques exemples tirés des « grands auteurs » éclairent la science politique et montrent ce que le don d'observation peut apporter à la connaissance de l'homme et de l'univers.

Or, le don de l'observation, la faculté de découvrir des lois générales à partir de la science de la découverte, ne doivent pas empêcher les jugements philosophiques, juridiques et moraux. Il n'est, pour s'en convaincre, que de citer une nouvelle fois Montesquieu (Livre 8e, Chap. 14, intitulé : *Comment le plus petit changement dans la constitution entraîne la ruine des principes*) :

« Aristote nous parle de la République de Carthage comme d'une république très bien réglée. Polybe nous dit qu'à la seconde guerre punique, il y avait à Carthage cet inconvénient que le Sénat avait perdu presque toute son autorité. Tite Live nous apprend que lorsque Annibal retourna à Carthage, il trouva que les magistrats et les principaux citoyens détournaient à leur profit les revenus publics et abusaient de leur pouvoir. La vertu des magistrats tomba donc avec l'autorité du Sénat ; tout coula du même principe. »

D'où il suit que l'esprit juridique, l'étude des institutions, et l'esprit économique et social (la science de l'observation), et les relations qui s'établissent entre les uns et les autres, doivent former un ensemble susceptible de synthétiser ce qui fera l'objet de cet enseignement. Illustrons-le encore à partir de la lecture de Montesquieu (Livre 19e, Chap. 4 : *Ce que c'est que l'esprit général*) :

« Plusieurs choses gouvernent les hommes : le climat, la religion, les lois, les maximes du gouvernement, les exemples des choses passées, les mœurs, les manières ; d'où il se forme un esprit général qui en résulte.

« A mesure que, dans chaque nation, une de ces causes agit avec plus de force, les autres leur cèdent d'autant. La nation et le climat dominent presque seuls sur les sauvages ; les manières gouvernent les Chinois ; les lois tyrannisent le Japon ; les mœurs donnaient autrefois le ton dans Lacédémone ; les maximes du gouvernement et les mœurs anciennes le donnaient dans Rome. »

Il ne faut pas oublier, comme l'exprime André Hauriou (*Manuel*, 1975, p. 27), que « les préceptes juridiques sont des moyens d'encadrement des actions humaines pour y introduire de l'ordre et de la justice ». La conception qui consiste à ne pas faire exclusivement du droit constitutionnel (car le droit serait ainsi purement abstrait, sans aucune assise économique ou sociale, voire même historique), ni exclusivement de science politique (fondée uniquement sur l'observation des faits), mais à joindre les deux et à les utiliser doit paraître réaliste et susceptible d'éclairer au mieux les préoccupations normatives et les essais d'explication qu'on peut en tirer. La majorité des auteurs contemporains sont d'ailleurs d'accord sur ce point.

SECTION III

L'IMPORTANCE DU DROIT CONSTITUTIONNEL

Le problème de la définition du droit constitutionnel peut être facilement résolu à partir de la formule de Marcel Prélot et Jean Boulouis, selon laquelle le droit constitutionnel est « la science des règles juridiques suivant lesquelles s'établit, s'exerce et se transmet le pouvoir politique ». Il paraît presque superflu de préciser que le droit constitutionnel n'est pas établi dans l'intérêt exclusif des gouvernants, mais spécialement dans celui des gouvernés.

Sinon, il ne serait pas besoin de règles, de formes : en régime de monarchie absolue le pouvoir du Roi n'est en fait ni en droit limité par aucune règle juridique, encore que, dans l'ancienne France, les légistes royaux se soient attachés à faire limiter le pouvoir royal par la coutume. Qui ne connaît le rôle éminent joué par la coutume en Grande-Bretagne qui a permis, par glissements successifs, de passer de la monarchie absolue à la monarchie limitée ou partagée, puis à la démocratie parlementaire telle que la pratique aujourd'hui l'Angleterre ?

Le droit constitutionnel, comme discipline organisée, voire comme science, apparaît dès que les sujets d'un Etat n'entendent plus se satisfaire de leur situation et veulent être considérés et agir en citoyens, c'est-à-dire participer au pouvoir. C'est la dure conciliation de la liberté (des citoyens) et de l'autorité (propre aux gouvernants) que doit réaliser le droit constitutionnel en vue d'obtenir un pouvoir tempéré par les légitimes aspirations des citoyens à davantage de liberté (ou à la sauvegarde de leurs libertés) et, par voie de conséquence, à plus de bien-être (ou à la sauvegarde de leurs conditions d'existence).

Mais alors le droit constitutionnel ne se réduit-il pas à l'étude de la démocratie, c'est-à-dire de cette forme de régime où le peuple exerce lui-même la souveraineté ou beaucoup plus souvent par ses représentants ? L'article 2 de la Constitution française du 4 octobre 1958 énonce : « gouvernement du peuple, par le peuple et pour le peuple ».

On peut dire, en effet, que de nos jours l'étude du droit constitutionnel consiste largement à étudier la démocratie. Seulement, il faut considérer qu'il existe plusieurs sortes de démocraties : on oppose couramment la démocratie marxiste et la démocratie libérale. Il faut ajouter qu'à l'intérieur de chacune d'elles il existe des degrés : la démocratie pratiquée en Pologne ou en Hongrie est différente de celle qui a cours en Albanie ; la démocratie britannique n'est pas identique à la démocratie italienne.

Ce n'est pas tout : il existe couramment, dans ce qu'il est convenu d'appeler le Tiers Monde, des Etats dotés de constitutions qui, à la lettre, peuvent paraître élaborées dans le sens de la démocratie, et qui couvrent, dans les faits, d'impitoyables dictatures.

Tout le monde, à la limite, s'affirme démocrate. M. Per Engdahl, animateur du *Mouvement néo-suédois,* a affirmé, en 1970, l'identification de la démocratie et du fascisme :

« Le fascisme, écrit-il, est l'expression la plus moderne des valeurs de l'ancienne démocratie : la liberté, la sécurité, la justice, l'autonomie populaire, et, au-delà de ces valeurs, il est une revendication de solidarité sociale, nationale et humaine, beaucoup plus humaine, beaucoup plus forte que chez les ancêtres de la démocratie parlementaire » (Cl. LECLERCQ, *Le principe de la majorité,* 1971, pp. 35-36).

Les « théoriciens » du nazisme prétendaient aussi que le nazisme incluait l'ensemble des valeurs de la démocratie, même si la souveraineté n'appartenait pas au peuple. Certains professeurs de droit n'ont pas hésité, non plus, à qualifier de démocratiques des régimes qui ne l'étaient manifestement pas, tel le professeur allemand Rodolphe Laun, auteur de *La démocratie,* publié en langue française en 1933 et qui, à la suite de l'avènement du national-socialisme, écrivit que le Chancelier du Reich n'agissait pas en autocrate, mais en représentant éclairé du peuple et qu'ainsi donc les valeurs essentielles de la démocratie se retrouvaient dans le nouveau régime qu'il voyait éclore (p. 217 et s.).

Les nouveaux Etats issus de la décolonisation se qualifient de « Républiques », même si un seul parti existe en droit ou en fait, même si le pouvoir est exercé sans limites aucunes par des autocrates que les intrigues de palais ou l'armée renversent pour les remplacer généralement par d'autres potentats.

Ce qui est vrai, c'est que la démocratie dans l'idéal, la démocratie absolue à l'état pur, ne paraît pratiquée nulle part. Il y a seulement des degrés dans l'expression de la démocratie. Le but de tout pouvoir politique doit être la réalisation des besoins d'information et de liberté auxquels aspirent tous les hommes. L'étude des divers régimes politiques dans le monde doit permettre de sentir que les Etats moyens sont peut-être mieux à même de pratiquer la démocratie que les « super-Etats » qui cherchent à étendre leurs zones d'influence, et surtout que les « micro-Etats » qui cherchent leur voie et qui ne semblent pas encore mûrs pour le rude apprentissage de la démocratie.

Churchill disait que la démocratie est « le pire des régimes politiques, à l'exception de tous les autres ». Ne peut-on pas dire, au contraire, que la démocratie doit être l'art du meilleur possible ? Le droit constitutionnel doit amener à y réfléchir, de même qu'il doit permettre d'étudier les obstacles qu'elle rencontre et les déviations qu'elle emprunte parfois.

Concilier l'ordre et la liberté doit être la recette et l'objet d'une démocratie réelle. C'est celle-ci que le droit constitutionnel doit cerner, sans se dispenser pour autant d'étudier d'autres formes de régimes politiques qui n'ont de démocratique que le nom, de la même façon (cette constatation d'ailleurs recouvrant la précédente) que certains Etats n'ont en guise de constitution qu'un chiffon de papier. C'est en ce sens que la science politique sert le droit constitutionnel : il convient d'étudier ce qui doit être, ce qui devrait être, c'est-à-dire la démocratie, sans négliger pour autant ce qui est, ce qui existe (une dictature de fait, par exemple).

Le droit constitutionnel doit figurer parmi ces matières de synthèse qui risquent, demain, de faire cruellement défaut. Maurice Duverger l'a fort bien montré dans *Janus, les deux faces de l'Occident,* 1972, pp. 170-171, en écrivant que l'inculture des Occidentaux

« ... n'est pas encore totale, parce qu'il subsiste — en Europe surtout — des traces de la culture antérieure, reçue à l'école et dans l'Université. La transformation de l'enseignement sous la pression du néo-capitalisme fera disparaître ces vestiges dans une génération ou deux. Le " spontanéisme " des gauchistes favorise cette déculturation, sans qu'ils se rendent compte qu'elle profite à l'ordre établi, c'est-à-dire à la domination de l'oligarchie économique. Si conservatrice qu'elle puisse être, toute culture véritable constitue un outil intellectuel qui permet de mettre en cause la société existante. Dans le marxisme le plus orthodoxe, un Soviétique peut trouver les moyens de critiquer le régime actuel de l'U.R.S.S., comme un Européen trouve les moyens de critiquer le capitalisme libéral dans sa culture traditionnelle.

« Dans la postface de *1984,* George Orwell décrit le procédé le plus efficace employé par la dictature qu'il imagine pour empêcher le développement d'une pensée hétérodoxe. Tous les ans, un nouveau dictionnaire est imprimé, qui remplace les exemplaires de l'ancien, lesquels sont mis au pilon. Chaque édition successive contient moins de mots que la précédente, c'est-à-dire moins de façons de penser. D'année en année, la pensée se rétrécit et ses possibilités de libre développement diminuent. La dictature d'Orwell n'existe pas. Mais on peut se demander si, en 1984, les démocraties occidentales n'aboutiront pas à une situation analogue. Non en restreignant le nombre de mots, car on fabrique des néologismes à longueur de journée, mais en détruisant les mécanismes d'enchaînement des mots et de cohésion des idées, qui permettent l'édification des synthèses. S'il en était ainsi, on ne pourrait plus mettre en cause l'ordre établi, faute d'être capable d'imaginer la possibilité et le processus d'un ordre différent. La stabilité sociale serait évidemment renforcée. »

Le droit constitutionnel est au nombre des matières privilégiées qui doivent favoriser la réflexion personnelle des étudiants, afin d'être à même de juger l'évolution du monde contemporain, au-delà de l'information émiettée que servent quotidiennement les organes de presse plus ou moins indépendants des forces politiques et économiques. L'Université française, malgré les remous de 1968, demeure un lieu de réflexion unique dans notre société de plus en plus technicienne et utilisatrice des hommes.

SECTION IV

ACTUALITE DU DROIT CONSTITUTIONNEL

Georges Lécuyer a publié en 1969 dans les *Annales de la Faculté de droit de Clermont-Ferrand* un fort spirituel article intitulé : « Peut-on encore enseigner le droit constitutionnel ? » Par ailleurs, dans les *Mélanges Trotabas,* parus en 1970, Georges Burdeau a écrit : « Sur un enseignement impossible » (*i.e.* Le droit constitutionnel). Dans le même recueil est inséré un article de Robert Pelloux : « Tradition et invention dans l'enseignement du droit constitutionnel ».

La difficulté d'enseigner le droit constitutionnel à notre époque n'est pas à démontrer. Nous avons d'ailleurs déjà dégagé un certain nombre d'éléments qui ont trait à la finalité de ce droit.

Le droit constitutionnel doit être enseigné avec une liberté d'esprit dont ne disposent pas toujours les hommes politiques et les hauts fonctionnaires de l'administration active. Qu'en serait-il d'un cours de droit constitutionnel qui s'inspirerait de la déclaration faite par M. Sanguinetti le 15 avril 1969 : « Nous voulons apprendre aux Français à ne pas être des tabellions et des robins en face des textes » ? (*Le Monde,* 15 avril 1969). Georges Pompidou a lui-même fait montre d'une certaine réserve à l'égard des professionnels de la doctrine juridique, en déclarant devant l'Assemblée nationale :

> « Dieu me garde de manquer si peut que ce soit de respect aux professeurs de droit. Mais, bien que je ne pense nullement... avoir toujours raison, je ne cache pas qu'en matière d'interprétation de la Constitution, je n'ai de complexe en face de personne. Il se trouve, en effet, que j'ai appris et même un peu enseigné le droit constitutionnel, que j'ai passé plus de sept ans à la section du contentieux du Conseil d'Etat, que j'ai participé de près à l'élaboration et à la révision de notre Constitution ; que j'ai été pendant plus de trois ans membre du Conseil constitutionnel et que j'ai vu comment s'élaborait, difficilement, la doctrine de cette assemblée ; qu'enfin j'ai aujourd'hui à appliquer la Constitution et que la question des rapports entre le législatif et le réglementaire se pose presque quotidiennement à moi. » (*Le Monde,* 26 avril 1968).

La démocratie ne peut pas se développer sans le développement de l'esprit critique. Les universitaires et certains journalistes possèdent au premier chef cet esprit critique. Les journalistes sont souvent attaqués, admonestés par le pouvoir politique : quand des difficultés imprévues surgissent, qui est responsable ? En général, les journalistes, parce qu'ils ont rendu compte de l'événement. Les universitaires n'ont pas été de reste, s'il faut en croire Georges Lécuyer :

> « En 1954, on a pu apprendre des généraux français que c'étaient les journalistes qui avaient perdu l'Indochine. Par suite d'une fâcheuse négligence, il ne semble pas que l'on ait encore clairement dénoncé les responsables de la perte de l'Algérie. Certes, un président du Conseil de la IVe République y avait songé et avait fait perquisitionner chez un professeur au Collège de France... On ne compte pas les universitaires sclérosés qui ont été pacifier l'Algérie avec le succès que l'on connaît, pendant que les militaires de profession s'occupaient de choses sérieuses, telles que les complots en tous genres » (*op. cit.,* p. 250).

Au moins, dans les démocraties libérales, le pouvoir a intérêt à l'existence d'hommes et d'institutions sur lesquels il n'a pas prise. L'Université n'a jamais été et ne sera jamais, dans les régimes constitutionnels, une contre-société, mais un lieu de réflexion sur la société. Le cours de droit constitutionnel se présente non seulement comme un enseignement d'introduction au Droit, mais aussi comme une matière devant inciter les étudiants à la réflexion politique pour leur permettre de s'intégrer, comme citoyens, donc comme êtres conscients, au monde contemporain. Même s'il ne prépare pas directement les étudiants à la pratique d'une profession déterminée, l'enseignement du droit constitutionnel, comme matière d'environnement, doit les préparer non seulement aux mutations du monde actuel, mais aussi à ce qu'Alvin Toffler appelle « le choc du futur ». Seules durent les civilisations où la « spiritualité » n'a pas été vaincue par le dogme ni par les machines. Le droit constitutionnel fait partie de la « spiritualité ».

SECTION V

BIBLIOGRAPHIE

A. — Ouvrages de base

Manuels de droit constitutionnel.

● Récents :

Burdeau (G.), *Droit constitutionnel et institutions politiques,* L.G.D.J., 17e éd., 1976.

Cadart (J.), *Institutions politiques et droit constitutionnel, L.G.D.J.*, 1975, 2 vol.

Cadoux (Ch.), *Droit constitutionnel et institutions politiques,* t. I, Cujas, 1973.

Duverger (M.), *Institutions politiques et droit constitutionnel,* P.U.F., 14e éd., 1975 et 1976, 2 vol.

Fabre (M.-H.), *Principes républicains de droit constitutionnel,* L.G.D.J., 3e éd., 1977.

Hauriou (A), Gicquel (J.) et Gelard (P.), *Droit constitutionnel et institutions politiques,* Ed. Montchrestien, 6e éd., 1975.

Prélot (M.) et Boulouis (J.), *Institutions politiques et droit constitutionnel,* Dalloz, 6e éd., 1975.

● Plus anciens :

Laferrière (J.), *Manuel de droit constitutionnel,* Domat-Montchrestien, 2e éd., 1947.

Liet-Veaux (G.), *Droit constitutionnel,* Rousseau, 1949.

Pinto (R.), *Eléments de droit constitutionnel,* Lille, 2e éd., 1952.

Vedel (G.), *Manuel élémentaire de droit constitutionnel,* Sirey, 1949.

Précis de Droit constitutionnel.

Barraine (R.), *Droit constitutionnel et institutions politiques,* L.G.D.J., 1972.

Gaborit (P.) et Gaxie (D.), *Droit constitutionnel et institutions politiques,* P.U.F., 1976.

Hauriou et Sfez, *Institutions politiques et droit constitutionnel,* Montchrestien, 1972.

Jeanneau (B.), *Droit constitutionnel et institutions politiques,* Dalloz, 4e éd., 1975.

Pactet (P.), *Droit constitutionnel et institutions politiques,* Masson, 3e éd., 1974.

● *Audio-manuels* (2 cassettes d'une heure).

Cotteret (J.-M.) et Emeri (Cl.), *Droit constitutionnel I* (Les constitutions de la France, le régime de la Ve République).

SEURIN (J.-L.) et EMERI (Cl.), *Droit constitutionnel II* (Les principes généraux du droit constitutionnel. Les régimes politiques étrangers).

Recueils de textes et de décisions.

DUVERGER (M.), *Constitutions et documents politiques,* P.U.F., 7e éd., 1974.

GODECHOT (J.), *Les Constitutions de la France depuis 1789,* Garnier-Flammarion, 1975.

Anciennes Constitutions : *Les Constitutions et les principales lois politiques de la France depuis 1789,* par DUGUIT, MONNIER, BONNARD et BERLIA, L.G.D.J., 7e éd., 1952.

Textes relatifs aux pouvoirs publics : *Journaux officiels,* n° 1120.

FAVOREU (L.) et PHILIP (L.), *Les grandes décisions du Conseil constitutionnel,* Sirey, 1975.

B. — REVUES ET PÉRIODIQUES

Revue du droit public et de la science politique.

Revue française de science politique.

L'année dans le monde (Arthaud).

Le journal de l'année (Larousse).

Autres revues : *Revue politique et parlementaire, Preuves, Esprit, Revue de la Défense nationale,* etc.

Presse hebdomadaire : *L'Express, Le Nouvel Observateur, Le Point, Valeurs actuelles.*

Presse quotidienne : *Le Monde.*

C. — RÉPERTOIRES

Encyclopédie française, tome X, *L'Etat.*

Jurisclasseur administratif.

Répertoire Dalloz de droit public.

D. — OUVRAGES GÉNÉRAUX

• *Questions générales de droit constitutionnel.*

ARON (R.), *Démocratie et totalitarisme,* Gallimard, 1965.

BARTHÉLÉMY et DUEZ, *Précis de droit constitutionnel,* Dalloz, 2e éd., 1933.

BIRNBAUM (P.), *Le pouvoir politique,* Dalloz, 1975.

BURDEAU (G.), *La démocratie,* Le Seuil, 1966.

BURDEAU (G.), *L'Etat,* Le Seuil, 1970.

BURDEAU (G.), *Traité de science politique,* 9 vol., L.G.D.J., 2e éd., 1966-1976.

CALVEZ (J.-Y.), *Introduction à la vie politique,* Aubier, 1967.

CARRÉ DE MALBERG, *Contribution à la théorie générale de l'Etat,* 2 vol., réédité par le C.N.R.S., 1962.

CHEVALLIER (J.-J.), *Les grandes œuvres politiques de Machiavel à nos jours,* A. Colin, 1970.

COTTERET (J.-M.), *Gouvernants et gouvernés,* P.U.F., 1973.

DUGUIT (L.), *Traité de droit constitutionnel,* 5 vol., réédité en 1972.

DUVERGER (M.), *Janus, les deux faces de l'Occident,* Fayard, 1972. *La monarchie républicaine,* R. Laffont, 1974.

DUVERGER (M.), *Les partis politiques,* A. Colin, 8e éd., 1973.
DUVERGER (M.), *Sociologie de la politique,* P.U.F., 1973.
DUVERGER (M.), *Systèmes et régimes politiques,* Bibl. Laffont, 1976.
ESMEIN (A.), *Eléments de droit constitutionnel,* Sirey, 2e éd., 1927.
HAURIOU (M.), *Précis de droit constitutionnel,* Sirey, 2e éd., 1929. Réédité par le C.N.R.S., 1965.
LASSALE (J.-P.), *Clefs pour la politique,* Seghers, 1969.
LECLERCQ (C.), *Le principe de la majorité,* A. Colin, 1971.
LIPSET (S. M.), *L'homme et la politique,* Seuil, 1963.
SCHWARTZENBERG (R.G.), *Sociologie politique,* Montchrestien, 2e éd., 1974.

● *France.*

BELORGEY (G.), *Le gouvernement et l'administration de la France,* A. Colin, 2e éd., 1970.
BORELLA (Fr.), *Les partis politiques dans la France d'aujourd'hui,* Seuil, 1973.
CHAPSAL (J.), *La vie politique en France depuis 1940,* P.U.F., 4e éd., 1975.
CHEVALLIER (J.-J.), *Histoire des institutions et des régimes politiques de la France moderne,* Dalloz, 4e éd., 1972.
GOGUEL et GROSSER, *La politique en France,* A. Colin, 4e éd., 1970.
HAMON (L.), *Une république présidentielle ?* Bordas, 1975 (Tome 1).
LAVROFF (D.), *Le système politique français,* Dalloz, 1975.
De MALAFOSSE (J.), *Histoire des institutions et des régimes politiques de la Révolution à la IVe République,* Montchrestien, 1975.
MARTIN-PANNETIER (A.), *Institutions et vie politiques françaises de 1789 à nos jours,* L.G.D.J., 1971.
PETOT (P.), *Les grandes étapes du régime républicain français,* Cujas, 1970.
RÉMOND (R.), *La vie politique en France,* 2 volumes, A. Colin, 3e éd., 1971.
VILLARD (P.), *Histoire des institutions publiques de la France,* Dalloz, 1976.

● *Indications générales sur les régimes étrangers.*

CHARVIN (R.), *Les Etats socialistes européens,* Dalloz, 1975.
DEMICHEL (A. et F.), *Les dictatures européennes,* P.U.F., 1973.
DORÉ (F.), *Les régimes politiques en Asie,* P.U.F., 1973.
FLORY (M.) et MANTRAN (R.), *Les régimes politiques des pays arabes,* P.U.F., 1968.
GELARD (P.), *Les systèmes politiques des Etats socialistes,* Cujas, 1976 (2 vol.).
LALUMIÈRE et DEMICHEL, *Les régimes parlementaires européens,* P.U.F., 1966.
LAMBERT (J.), *Amérique latine,* P.U.F., 1968.
LESAGE (M.), *Les régimes politiques de l'U.R.S.S. et de l'Europe de l'Est,* P.U.F., 1971.

● *Collections et publications diverses.*

Dossiers U, A. Colin.
Collection *Politique,* Seuil.
Cours de droit.
Documentation française.
Collection *Comment ils sont gouvernés,* L.G.D.J.

TITRE II

PRINCIPES STRUCTURAUX

Par « principes structuraux », il faut entendre les éléments essentiels du droit constitutionnel, en l'espèce, qui en font un ensemble ordonné, ce qui permet d'en saisir et d'en apprécier la cohésion.

Ces éléments structuraux seront surtout dégagés de l'esprit français. Si l'on regarde, si l'on découvre l'ensemble des régimes politiques du monde actuel, on risque de rencontrer des concepts, des notions qui n'ont pas nécessairement le même sens. Un exemple typique est offert par la notion d'Etat : l'idéologie américaine ignore à peu près la notion d'Etat qui est si répandue en Europe où elle s'est forgée sous la monarchie et où elle fait partie intégrante de la philosophie juridique qui vise à affirmer l'autonomie du politique par rapport à l'économique. De même, les notions de partis et de démocratie s'apprécient différemment selon que l'on envisage l'idéologie marxiste ou l'idéologie libérale ou technodémocratique.

Il faut s'interroger immédiatement sur le phénomène du pouvoir et sur son institutionnalisation.

CHAPITRE I

LE POUVOIR POLITIQUE

SECTION I

DU MONDE ANIMAL AU MONDE DES HOMMES

L'entomologiste et le zoologue observent que certaines espèces d'insectes et d'animaux connaissent des phénomènes de pouvoir qui ne sont pas, parfois et selon les cas, sans analogie avec des phénomènes politiques rencontrés dans des sociétés humaines.

§ 1. — Les « organisations » d'insectes

Si l'on considère les insectes, il ne semble pas qu'il y ait d'organisation sociale. Le comportement des insectes, par exemple des abeilles, serait d'ordre physique et biologique. Autrement dit, tel ou tel comportement, à ce niveau, ne serait pas entraîné par l'existence d'un « système » organisationnel, mais bien plutôt par l'absence ou la présence de telle hormone, l'influence de tel phénomène physique, par exemple. Ceux-ci auraient un rôle déterminant dans la perpétuation de l'espèce et dans la présence souvent observée, et bien entendu variable, selon les types d'insectes, de phénomènes qui, à première vue, pourraient s'apparenter aux phénomènes sociaux et qui, en réalité, n'en sont pas.

§ 2. — Les animaux supérieurs

Si l'on regarde les vertébrés et les mammifères (par exemple, les oiseaux, les gorilles), on constate des phénomènes d'organisation sociale proches de ceux qui enserrent l'homme. Les grands singes vivent en tribus et reconnaissent l'autorité d'un « chef ».

Des travaux récents ont montré l'unité organisationnelle qui existe entre les primates et les hommes, notamment le livre de Serge Moscovici (*La société contre nature,* 1972). De ces travaux, il ressort ceci :

Au XIXe siècle, les sociétés qualifiées de primitives étaient placées au-dessous des sociétés civilisées que l'on considérait comme plus « humaines ». Il n'y a pas encore si longtemps que des anthropologues cherchaient à prouver que les Noirs étaient plus proches des singes que les Blancs. Les travaux américains les plus récents ont montré que les primates possèdent une véritable organisation sociale, comme nous l'avons vu un peu plus haut. Il n'existe pas de frontière tranchée entre les singes supérieurs et les hominidés ; la nature et la culture ne peuvent pas se séparer aisément.

Il a même été constaté que si la communication par gestes est très développée chez les sociétés de chimpanzés, ceux-ci sont même en mesure d'assimiler un certain langage. A la limite, l'homme et l'animal ne se différencient pas absolument.

Comment se serait alors effectué le passage de l'animal supérieur à l'homme ? D'après Moscovici, ce passage se serait fait à l'occasion de l'apparition de la chasse. Le singe, devenu prédateur, devait progressivement constituer une société de nature humaine. La chasse a introduit une modification essentielle : la nécessité d'une coopération entre les mâles, y compris les jeunes, en raison du caractère collectif de la chasse, contrairement à la cueillette. La chasse va être à l'origine du phénomène conscient de la paternité entre adultes et jeunes mâles, parce que la chasse est une activité masculine, les femmes étant vouées à la maternité.

C'est alors que se sont formées les sociétés politiques, fondées sur la suprématie du mâle et sur sa domination.

D'une manière plus large, Edgard Morin, au cours d'un colloque, tenu en 1972, groupant des anthropologues, affirme que l'ensemble des êtres, vivant dans un milieu physique, constitue une certaine organisation appelée « écosystème ». Cet écosystème se modifie constamment par mutation, migration d'une espèce, changement de climat, etc... Au XIXe siècle, on considérait que l'homme se distinguait de l'animal par la pensée. Or, des travaux américains récents ont démontré que certains animaux, les chimpanzés, par l'emploi de signes abstraits, dont des hommes de science leur avaient enseigné l'utilisation, paraissaient capables de « penser ». La pensée n'est donc pas une donnée innée et propre à la seule espèce humaine. Elle fait aussi partie de l'écosystème.

Le pouvoir politique semble donc naître à partir d'un certain niveau d'intelligence, qui n'est pas le seul apanage de l'homme. La résistance au milieu ambiant naturel et la faculté de l'appréhender conduisent aux organisations politiques.

SECTION II

LE PHENOMENE DU POUVOIR DANS LES SOCIETES HUMAINES DITES « PRIMITIVES »

§ 1. — Les chefferies

Le fait même de la compétition physique entre « chefs » et la circonstance que ce sont, en général, les plus anciens qui « gouvernent » nous font atteindre un type de société que l'on rencontre traditionnellement en Afrique Noire : la *chefferie*. Celle-ci traduit le pouvoir plus ou moins absolu d'un homme sur les membres du groupe, plus ou moins limité par les familles et diverses associations. Le pouvoir religieux coïncide généralement avec le pouvoir politique.

§ 2. — Les anarchies

Forme subtile d'équilibre organisationnel où chacun se reconnaît l'égal de l'autre et n'admet d'autre loi que son attachement à la coutume ancestrale. Il n'y a pas de chef. La propriété privée n'existe pas. C'est là la forme la plus élaborée du « communisme » à l'état pur.

SECTION III

LES ANALYSES DU POUVOIR

Depuis que l'humanité existe, le phénomène du pouvoir s'est toujours manifesté et a sécrété des structures politiques diverses.

Pendant longtemps, pouvoir et magie ont été étroitement mêlés, la magie et la religion fondant et absorbant le pouvoir ; puis la politique s'éloignant de la religion, le pouvoir a dû s'appuyer sur le droit, création raisonnée des hommes.

§ 1. — Les croyances relatives au pouvoir : la légitimité

La légitimité est la qualité d'un pouvoir d'être conforme aux croyances des gouvernés relativement à son origine et à ses formes. La légitimité est alors naturellement acceptée par les gouvernés. Elle entraîne l'obéissance naturelle.

La légitimité, selon les époques et les lieux, peut être soit monarchique, soit démocratique : dans le premier cas, la légitimité est de droit divin ; le roi bénéficie d'une investiture divine. Dans le second cas, l'investiture vient du peuple par le canal de l'élection.

Par conséquent, si l'au-delà, la magie, la religion fondent le pouvoir du souverain qu'est le monarque, la légitimité démocratique, quant à elle, s'appuie sur la raison, sur le droit, créateur d'institutions démocratiques.

Dans les deux cas, la légitimité traduit un accord fondamental du peuple (sujets ou citoyens) sur l'identité du souverain (le monarque ou le peuple). La procédure démocratique engendre, il faut le préciser, une certaine incertitude sur le choix des personnes qui exprimeront la décision, tandis que la procédure monarchique, généralement établie sur la filiation et particulièrement sur la primogéniture, ne comporte pas cette incertitude.

A. — Pouvoir et mythe ou l'absence de légitimité démocratique

Le mythe fait accepter à la population le défaut d'identité entre les gouvernants et les gouvernés, donc l'inégalité foncière entre un ou quelques hommes faits pour commander, détenteurs du pouvoir, et le reste des hommes, faits pour obéir.

Le peuple se met au service d'un pouvoir providentiel, absolu, qui lui reste extérieur. Le pouvoir affirmera agir pour le bien du peuple : ce bien, il en est seul juge et unique garant.

1° *Le pouvoir,* quasi mystique, pourra être l'expression de la volonté divine : c'est le Pharaon, seul intermédiaire entre Dieu et les hommes. Les empereurs chinois étaient investis d'un mandat du ciel. Un nommé Mencius se fit l'interprète de Confucius pour le mettre au service du pouvoir absolu : « Dieu crée le peuple, dit Mencius, et désigne à son intention des empereurs et des prédicateurs ». Le Maître a dit : « Le peuple est fait sans doute pour suivre une voie, mais non pour en comprendre la raison ». De même, Mahomet ordonne au peuple d'obéir au souverain, juste ou injuste : « Obéissez à vos souverains quoi qu'il arrive, car si ce qu'ils vous commandent n'est pas conforme à ce que je vous ai enseigné, ils en recevront le salaire, et vous recevrez le salaire de votre obéissance... ». Le souverain musulman est « l'ombre d'Allah sur la terre ». L'Empereur d'Ethiopie était « le lion triomphant de la tribu de Juda, élu de Dieu ». De même, en France, la doctrine théologique a revêtu deux formes.

a) La doctrine du droit divin surnaturel, représentée par Bossuet : selon elle, les souverains sont choisis et investis par Dieu. Elle allait admirablement dans le sens de la monarchie absolue que Louis XIV et Louis XV ont incarnée de façon abrupte : Louis XIV, dans ses Mémoires, écrit que l'autorité dont les rois sont investis est une délégation de la providence. Dans un Edit de 1770, de Louis XV, on trouve ces mots : « Nous ne tenons notre couronne que de Dieu : le droit de faire des lois... nous appartient à nous seul sans dépendance et sans partage. »

Cela ne signifiait pas que le pouvoir du souverain fût illimité. Bertrand de Jouvenel (*De la souveraineté,* Paris, 1955, p. 256) s'est lumineusement expliqué là-dessus :

« La volonté souveraine donc ne doit pas être arbitraire. Mais quel moyen d'éviter qu'elle le soit en fait si, d'autre part, elle est absolue ? Bossuet fait sentir la difficulté : " C'est autre chose que le gouvernement soit absolu et qu'il soit arbitraire. Il est absolu, par rapport à la contrainte, n'ayant aucune autorité capable de forcer le souverain qui, en ce sens, est indépendant de toute autorité humaine. Mais, il ne s'ensuit pas de là que le gouvernement soit arbitraire... " (BOSSUET, *Politique tirée de l'Ecriture sainte*). C'est-à-dire qu'il n'a pas le droit d'agir contre la raison. Mais s'il ordonne pourtant ce qu'il ne doit pas ordonner ? »

Théodore de Bèze a fait la réponse que dicte la conscience chrétienne. Réponse qu'on aurait tort de dire protestante, car tous les Pères de l'Eglise peuvent être invoqués en renfort :

« Il n'y a d'autre volonté que celle d'un seul Dieu qui soit perpétuelle et immuable, règle de toute justice. C'est donc lui seul auquel nous sommes tenus d'obéir sans aucune exception. Et quant à l'obéissance due aux princes, s'ils étaient toujours la bouche de Dieu pour commander, il faudrait aussi dire sans exception qu'on leur devrait obéir tout ainsi qu'à Dieu ; mais n'advenant le contraire que trop souvent, cette condition y doit être apposée, pourvu qu'ils ne commandent choses irreligieuses ou iniques. J'appelle commandements irreligieux ceux par lesquels il est commandé de faire ce que la première table de la loi de Dieu défend, ou défendre de faire ce qu'elle commande. J'appelle commandements iniques ceux auxquels on ne peut obéir sans faire ou omettre ce que chacun doit à son prochain, selon sa vocation, soit publique, soit particulière. » (*Du droit des magistrats sur leurs sujets,* 1581).

b) La doctrine du droit divin providentiel, de Maistre et de Bonald, au début du XIXe siècle : l'ordre providentiel du monde inclut le pouvoir, mais celui-ci est remis entre les mains des gouvernants par des moyens humains. Comme l'écrit Maurice Hauriou (*Précis,* 1929, p. 30) :

« Cette doctrine permet aussi bien la justification du pouvoir minoritaire, assumé par une élite, que du pouvoir majoritaire, exercé par les majorités populaires (*vox populi, vox Dei*). »

D'après ces dernières doctrines (Maistre, Bonald), Dieu dirige providentiellement les événements et les volontés humaines.

J. de Maistre écrit :

« Sans son intervention (d'une puissance surnaturelle) immédiate, on ne peut expliquer la création ni la durée des gouvernements. Elle est manifeste dans l'unité nationale qui la constitue ; elle l'est dans la multiplicité des volontés qui concourent au même but sans savoir ce qu'elles font, ce qui montre qu'elles sont simplement employées ; elle l'est surtout dans l'action merveilleuse, qui se sert de cette foule de circonstances que nous nommons accidentelles, de nos folies mêmes et de nos crimes pour maintenir l'ordre et souvent pour l'établir. » (J. de MAISTRE, *Soirées de Saint-Pétersbourg,* 3e entretien, Paris, 1872, I, p. 207).

De même, Bonald s'exprime en ces termes :

« (Le) pouvoir (est) légitime, non dans ce sens que l'homme qui l'exerce y soit nommé par un ordre visiblement émané de la divinité, mais parce qu'il est constitué sur les lois naturelles et fondamentales de l'ordre social, dont Dieu est l'auteur, lois contre lesquelles tout ce qu'on fait, dit Bossuet, est nul de soi, et auxquelles, en cas d'infraction, l'homme est ramené par la force irrésistible des événements. » (L. de BONALD, *Législation primitive*, discours préliminaire, 5e éd., 1857, p. 41).

Finalement, dans la doctrine du droit divin surnaturel, comme dans la doctrine du droit divin providentiel, la volonté divine intervient de matière directe ou indirecte pour fonder et orienter le pouvoir du monarque.

« Toutes les religions, écrivait en 1972 Jacques de Lacretelle (*Formés des Dieux,* " Le Figaro ", 13 oct. 1972), à l'origine, ont été des épées qui voulaient percer la nue. Elles ont utilisé l'imagination, ému le sens du beau, créé des mythes naïfs ou sublimes. Elles ont aussi lié partie avec les passions, encouragé l'intolérance, soufflé le fanatisme. Voilà qui assure leur pérennité. Comment ne triompheraient-elles pas de l'humble esprit qui avoue sans emphase : Je sais seulement que je ne sais rien. »

2° Il y a mieux : le *chef* peut-être Dieu lui-même. Néron exigeait qu'on l'appelle « Divinité » et qu'on lui rende les honneurs dus à un Dieu. C'est la forme la plus absolue du pouvoir. Les notions de bien et de mal n'ont plus cours. Le « bon plaisir » peut mener l'empereur-Dieu aux pires extravagances, qui n'ont plus qu'un rapport lointain avec l'art du gouvernement. L'empereur du Japon fut dit « Fils du soleil ».

3° Ou bien, plus prosaïquement, le *chef* est un guide terrestre dans l'action : c'est le mythe du héros, c'est Napoléon (Symphonie n° 3 de Beethoven, sous-titrée *Symphonia heroïca*). Carlyle appelle de ses vœux, « les rois-héros », et un monde « qui dans son ensemble ne soit pas sans héroïsme... ». Qu'est-ce que l'héroïsme ? Ecoutons Carlyle :

« Héros est celui qui vit dans la sphère intérieure des choses, dans le vrai, le divin et l'éternel qui existent toujours, dérobés au regard du nombre, sous le temporaire et le trivial : en cela est son être, il déclare que cela est partout, en actes ou en paroles, en déclarant qu'il est lui-même partout. Sa vie, comme nous l'avons dit, est un morceau du cœur immortel de la nature même. Toute vie d'homme en est un, mais la foule des faibles n'est pas consciente de ce fait, elle lui est infidèle ; le petit nombre des forts est fort, héroïque, vivace, car ce fait ne peut lui être caché. » — « La place du héros est avec les étoiles du ciel... », écrit encore Carlyle (B. H. LEHMAN, *Carlyle's theory of the Hero,* North Carolina, 1928, p. 41).

Le mythe du « guide dans l'action » sera le nerf moteur du fascisme et du nazisme d'entre les deux guerres mondiales : le mythe du chef, transposé de Carlyle et de Nietzsche qui croyait aux « surhommes ». Alan Bullock met ces paroles dans la bouche d'Hitler :

« L'homme né pour la dictature n'y est pas mené de force ; il la veut. Il n'est pas poussé, il se pousse lui-même. Il n'y a aucune immodestie en cela. Est-il immodeste, le travailleur qui se hâte vers un dur labeur ? Est-il présomptueux, l'homme au front haut, le penseur qui réfléchit nuit après nuit, jusqu'au jour où il fera cadeau d'une invention au monde ? L'homme qui se sent appelé à gouverner un peuple n'a pas le droit de dire : « Si vous avez besoin de moi, ou si vous me faites appeler, je collaborerai avec vous. Non, il est de son devoir d'aller de l'avant. » (A. BULLOCK, *Hitler, a study in tyranny,* London 1952, p. 106).

Qu'il soit le représentant de Dieu sur terre, qu'il soit au besoin la divinité elle-même, qu'il soit un héros, c'est-à-dire un « dieu terrestre », le chef peut tout, en bien et en mal, malgré les réserves des théologiens (Bossuet) ou des philosophes, dans la mesure où il ne tient pas son pouvoir de la majorité du peuple, mais de l'au-delà ou de qualités surhumaines. Le mythe échappe par définition à la raison. Il est indémontrable. Par cela même, il peut être assez aisément destructible.

B. — Pouvoir et raison ou la légitimité démocratique

Certes, la légitimité est variable selon les époques. La royauté de droit divin, telle que l'entendait et la pratiquait Louis XIV, était légitime aux yeux du peuple français des XVIIe et XVIIIe siècles. Elle correspondait aux croyances de l'époque et se trouvait étayée par le droit et les légistes du grand siècle, qui n'admettaient pas d'autre système politique que le système monarchique.

A partir du moment où l'idéal démocratique inspiré des penseurs grecs a ressurgi en Europe, ce qui avait paru légitime pendant des siècles pour prendre l'exemple français, ne l'était plus. A partir du moment où l'on s'est mis à considérer que la source du pouvoir était le peuple lui-même et non plus le roi ou la divinité, la légitimité se « laïcisait », devait être fondée exclusivement sur le droit qui, en même temps, devait avoir de moins en moins de rapports, sinon de points de contacts, avec la Religion. En France, la Révolution de 1789 a marqué ce progrès considérable. Elle a signifié et manifesté l'abandon de la légitimité de droit divin et son remplacement par la légitimité populaire. A la souveraineté divine et monarchique a succédé la souveraineté démocratique.

§ 2. — L'analyse juridique ou la souveraineté démocratique

Il ne faudrait pas croire que la notion de souveraineté démocratique soit le produit de la Révolution française seule. Il existait, depuis l'Antiquité, tout un courant de pensée qui faisait du peuple la source du pouvoir.

La démocratie repose sur l'idée d'égalité entre les hommes. Les Athéniens pratiquaient la démocratie. La philosophie les intéressait plus que tout autre discipline de l'esprit.

Certes, les Grecs pratiquaient la démocratie dans un cadre restreint. On comptait en moyenne un citoyen pour dix esclaves. Sans doute. Mais la démocratie, au moins dans sa forme politique, est une notion élastique, non figée, dont les frontières s'élargissent selon les progrès du droit et de la morale : la démocratie, sous l'Antiquité, ne pouvait se concevoir qu'entre des hommes libres. L'esclave était une « res », une chose que l'on achetait, que l'on vendait, que l'on pouvait même faire disparaître (au moins dans une phase archaïque). De même, la démocratie qu'ont connue Venise et Florence aux XIVe et XVe siècles ne se concevait qu'entre les citoyens aisés qui vivaient du négoce et de la banque. Il y a très peu d'années, la démocratie était loin d'être totale en France, puisque, jusqu'à la IVe République, les femmes ne disposaient pas du droit de vote. La représentation parlementaire était essentiellement terrienne. Comme l'écrit le philosophe Armand Cuvillier, la démocratie « est un type formel d'organisation à l'intérieur duquel bien des contenus sociaux peuvent se développer et qui, par suite, présente bien des variantes » (A. Cuvillier, *Manuel de sociologie,* Paris 1950, t. II, p. 637).

Dans l'Athènes de Périclès, sur 320.000 habitants, 20.000 personnes avaient la qualité de citoyen et disposaient de leurs droits politiques. N'avaient pas le droit de vote : les mineurs, les étrangers, les femmes et les esclaves. La majorité civique était de 20 ans. Mis à part ces restrictions, à Athènes, l'égalité entre hommes était de règle. Une voix égalait une voix, le droit de se faire entendre était le même pour tous.

Au Moyen Age, Marsile de Padoue, dans son œuvre maîtresse, le *Defensor pacis,* de 1324, exprima, à la suite d'Aristote, l'idée que le pouvoir, la souveraineté résidait dans le peuple : « Le législateur ne peut être que le peuple, c'est-à-dire l'universalité des citoyens ou la majorité d'icelle, exprimant son choix ou sa volonté au sein de l'assemblée générale des citoyens. »

A. — La souveraineté populaire : la systématisation de la théorie (Rousseau)

On connaît les phrases fameuses de Rousseau, sur la démocratie idéale, dans *Du contrat social :*

> « Supposons que l'Etat soit composé de dix mille citoyens. Le souverain ne peut être considéré que collectivement et en corps, mais chaque particulier, en qualité de sujet, est considéré comme individu. Ainsi, le souverain est au sujet comme dix mille est à un : c'est-à-dire que chaque membre de l'Etat n'a pour sa part que la dix-millième partie de l'autorité souveraine, quoi qu'il lui soit soumis tout entier. Que le peuple soit composé de cent mille hommes, l'état des sujets ne change pas, et chacun porte également tout l'empire des lois, tandis que son suffrage, réduit à un cent millième, a dix fois moins d'influence dans leur rédaction. Alors, le sujet restant toujours un, le rapport du souverain augmente en raison du nombre des citoyens. D'où il suit que plus l'Etat s'agrandit, plus la liberté diminue » (1).

Ailleurs, et toujours dans *Le Contrat social,* il poursuit :

> « Tant que plusieurs hommes réunis se considèrent comme un seul corps, ils n'ont qu'une seule volonté, qui se rapporte à la commune conservation, et au bien-être général » (2).

Ce qui fonde et légitime la souveraineté, pour Rousseau, c'est justement le contrat social sur lequel Georges Burdeau s'est expliqué de la façon suivante (*Droit constitutionnel,* 1976, pp. 126-127) :

> « Par le contrat social, par le pacte, les hommes consentent l'abandon d'une partie de leurs droits à la collectivité pour bénéficier des avantages de la vie sociale. Evidemment, Rousseau ne prétend pas affirmer la réalité historique du contrat ; il le fait intervenir à titre de procédé de raisonnement, pour expliquer la formulation de l'Etat et surtout la conservation par l'individu, au sein du corps politique, des droits qu'il n'a pu aliéner, parce qu'ils sont inhérents à sa nature humaine. Ainsi, d'une part, la théorie du contrat social légitime les droits que l'individu peut opposer à l'Etat et, d'autre part, elle fonde la souveraineté, puisque l'autorité devra nécessairement résider dans le corps social qui a bénéficié de l'aliénation de la souveraineté de chacun. Le souverain a pour organe la volonté générale qui n'est pas autre chose que la loi. »

---

(1) J.-J. Rousseau, *Œuvres complètes* (Du contrat social, Livre III, chap. Ier) Bibliothèque La Pléiade, Paris 1964, t. III, p. 397.

(2) *Ibid.*, p. 437.

Rousseau écrit, en effet, dans *Du contrat social :*

« Il n'y a qu'une seule loi qui, par sa nature, exige un consentement unanime. C'est le pacte social, car l'association civile est l'acte du monde le plus volontaire... Hors ce contrat primitif, la voix du plus grand nombre oblige toujours tous les autres ; c'est une suite du contrat même. Mais on demande comment un homme peut être libre, et forcé de se conformer à des volontés qui ne sont pas les siennes. Comment les opposants sont-ils libres et soumis à des lois auxquelles ils n'ont pas consenti ? Je réponds que la question est mal posée. Le citoyen consent à toutes les lois, même à celles qu'on passe malgré lui, et même à celles qui le punissent quand il ose en violer quelqu'une. La volonté constante de tous les membres de l'Etat est la volonté générale ; c'est par elle qu'ils sont citoyens et libres. Quand on propose une loi dans l'Assemblée du Peuple, ce qu'on leur demande n'est pas précisément s'ils approuvent la proposition ou s'ils la rejettent, mais si elle est conforme ou non à la volonté générale qui est la leur ; chacun en donnant son suffrage dit son avis là-dessus, et du calcul des voix se tire la déclaration de la volonté générale... » (3).

Quant au pacte social, que nous avons déjà cerné, Rousseau lui-même le résume ainsi :

« Si donc on écarte du pacte social ce qui n'est pas de son essence, on trouvera qu'il se réduit aux termes suivants : chacun de nous met en commun sa personne et toute sa puissance sous la suprême direction de la volonté générale, et nous recevons en corps chaque membre comme partie indivisible du tout » (4).

Ainsi donc le contrat social produit « un corps moral et collectif ». Et Rousseau de poursuivre et de préciser que ce corps moral et collectif est :

« Composé d'autant de membres que l'assemblée a de voix, lequel reçoit de ce même acte son unité, son moi commun, sa vie et sa volonté. Cette personne politique, qui se forme ainsi par l'union de toutes les autres, prenait autrefois le nom de cité, et prend maintenant celui de république ou de corps politique, lequel est appelé par ses membres, état quand il est passif, souverain quand il est actif, puissance en le comparant à ses semblables. A l'égard des associés, ils prennent collectivement le nom de peuple, et s'appellent en particulier citoyens comme participants à l'autorité souveraine, et sujets comme soumis aux lois de l'Etat » (5).

Dans son style généreux, Rousseau n'a pas cependant innové. Il recueillait tout un courant de traditions dont nous avons déjà étudié quelques-unes : le député de la Bourgogne, Philippe Pot, aux Etats généraux de Tours de 1484, au nom du Tiers Etat, s'exprime en ces termes :

« L'Etat est la chose du peuple. La souveraineté n'appartient pas aux princes qui n'existent que pour le peuple. La royauté est un office, ce n'est pas un héritage. Quelle est la puissance en France qui a le droit de régler la marche des affaires quand le roi est incapable de gouverner ? Evidemment, cette charge ne retourne ni à un prince, ni au conseil des princes, mais au peuple, donateur du pouvoir » (6).

---

(3) *Ibid.*, pp. 440-441.
(4) *Ibid.*, p. 361.
(5) *Ibid.*, pp. 361-362.
(6) J. Laferrière, *Manuel de droit constitutionnel,* Paris 1947, 2e éd., p. 367.

Les écrivains monarchomaques protestants (c'est-à-dire qui nient le pouvoir unique, le pouvoir monarchique lui-même) et les écrivains catholiques sous la Ligue ne s'exprimeront pas autrement. L'exercice de ce pouvoir avait été transmis par le peuple au roi ; si le roi violait le « pacte de sujétion » ainsi intervenu, en faisant mauvais usage du pouvoir, le peuple pouvait le lui retirer. La doctrine du « contrat social » était donc ancienne : Marsile de Padoue l'avait exprimée au XIVᵉ siècle. Et c'est à sa suite que les écrivains protestants, après la Saint-Barthélémy, et les écrivains catholiques sous la Ligue, développèrent le principe de la souveraineté du peuple en tant que pouvoir absolu et originaire. Cette école remarquable ne porta pas les fruits qu'une application systématique de la théorie qu'elle prônait aurait pu laisser mûrir. La souveraineté absolue du roi, encouragée d'ailleurs par Jehan Bodin, qui concluait à « l'excellence du gouvernement monarchique tel qu'il existait en France » (7), triompha pleinement jusqu'au XVIIIᵉ siècle, c'est-à-dire jusqu'à ce que Rousseau donnât de la souveraineté du peuple la meilleure systématisation, rigoureuse et magistrale.

C'est à Rousseau que revient le mérite d'avoir parfaitement développé le principe de la souveraineté populaire : la volonté populaire, par définition, procède de la collectivité entière. Cette dernière ne saurait vouloir que son propre intérêt. Donc la souveraineté s'exerce toujours pour le bien public. Cette volonté générale sous-entend nécessairement l'égalité absolue entre tous les individus, qui renferment en chacun d'eux une parcelle de la volonté générale, de la souveraineté. La souveraineté, parce qu'elle est populaire, c'est-à-dire détenue par le peuple, non pas considéré comme une entité juridique distincte des individus qui la composent, mais par la somme des volontés des individus, signifie que la volonté générale sera celle du plus grand nombre, de la majorité.

Le gouvernement doit donc être exercé par les citoyens eux-mêmes. Il ne peut pas y avoir représentation de la volonté populaire. Il ne peut y avoir de transfert de la souveraineté populaire. Certes, le « Souverain » (c'est-à-dire le peuple), pour l'exécution de la loi qui est « une déclaration publique et solennelle de la volonté générale, sur un objet d'intérêt commun » (*VIᵉ lettre écrite de la Montagne*), doit se satisfaire d'un gouvernement. Mais il faut bien prendre garde que la souveraineté populaire, pour Rousseau, étant inaliénable, le gouvernement n'est pas une représentation du « souverain », une délégation de la volonté générale (comme c'est le cas si l'on suit et adopte la construction de la souveraineté nationale) : il n'en est que l'instrument. Il est seulement l'organe d'exécution de la volonté générale :

> « Le pouvoir législatif qui est le souverain a donc besoin d'un autre pouvoir qui exécute, c'est-à-dire qui réduise la loi en actes particuliers. Ce second pouvoir doit être établi de manière qu'il exécute toujours la loi, et qu'il n'exécute jamais que la loi. Ici vient l'institution du gouvernement. Qu'est-ce que le gouvernement ? C'est un corps intermédiaire établi entre les sujets et le souverain pour leur mutuelle correspondance, chargé de l'exécution des lois et du maintien de la liberté tant civile que politique. » (*VIᵉ Lettre écrite de la Montagne*) (8).

---

(7) G. Del Vecchio, *Philosophie du droit,* Paris 1953, p. 68.
(8) Œuvres complètes, t. III, p. 808.

Dans le « Discours sur l'économie politique », Rousseau avait déjà exposé avec une grande netteté la distinction entre le « souverain » et le « gouvernement » :

> « Je prie mes lecteurs de bien distinguer entre l'autorité publique dont j'ai à parler et que j'appelle gouvernement, de l'autorité suprême que j'appelle souveraineté, distinction qui consiste en ce que l'une a le droit législatif, et oblige en certains cas le corps même de la nation, tandis que l'autre n'a que la puissance exécutrice, et ne peut obliger que les particuliers » (9).

Et dans *Du contrat social,* il précise, par une comparaison, que le gouvernement fait « en quelque sorte dans la puissance publique ce que fait dans l'homme l'union de l'âme et du corps » (10).

Donc, la souveraineté populaire, la volonté générale est inaliénable. Elle ne peut pas être déléguée. Le gouvernement, parce qu'il en faut un, ne peut agir qu'au moyen d'actes particuliers. Ces actes n'ont d'autre raison d'être et d'autre utilisation que d'exécuter par le concret la volonté générale.

La souveraineté populaire n'a pas cours en France. On peut même dire qu'elle n'a jamais fondé le pouvoir politique. Cependant, les révolutionnaires de la Montagne, dans la Constitution du 24 juin 1793, qui ne fut jamais appliquée, calquèrent les idées de Rousseau : le peuple est souverain, il ne peut déléguer cette souveraineté; il l'exerce lui-même pour l'établissement de la Constitution et la confection des lois : l'exécutif n'est qu'un agent de l'Assemblée. Gracchus Babeuf mourra sur l'échafaud, le 27 mai 1797, pour avoir voulu prolonger l'égalité politique par l'égalité économique totale, par la « communauté des biens et des travaux ». Le babouvisme, spécialement développé dans le *Manifeste des égaux,* fut le prolongement des Déclarations des droits de 1789 et de 1793. En tout cas, la Constitution de 1793 devait acquérir une valeur quasi mythique : Babeuf s'en réclama sous le Directoire en l'intégrant dans son programme. En 1945, dans les débats à la Constituante, les communistes français se réclamèrent d'elle encore.

B. — La souveraineté nationale

L'idée de souveraineté nationale a non seulement édulcoré celle de souveraineté populaire, mais elle l'a singulièrement atténuée. Certains diront même qu'elle lui est contraire. C'est une notion essentiellement française.

Qu'est donc cette souveraineté nationale ?

D'après cette construction, le titulaire de la souveraineté est la nation. Celle-ci est considérée comme indivisible et distincte des individus qui la composent. Cette conception, finalement consacrée par la Révolution française, qui se traduisit en fin de compte par le triomphe des « modérés », fut édifiée pour éviter que les citoyens n'exercent eux-mêmes la souveraineté, car on les pensait insuffisamment éduqués pour cette tâche. La nation étant le seul titulaire de la souveraineté, les citoyens ne pouvaient donc prétendre exercer eux-mêmes la souveraineté.

---

(9) *Ibid.,* p. 244.
(10) *Ibid.,* p. 396.

Autrement dit, dans l'esprit des révolutionnaires modérés de 1789 et de 1791, la notion de nation remplaçait l'institution monarchique : ce n'était plus le roi de France qui détenait la souveraineté et en exerçait les prérogatives y attachées, mais la nation, pure construction théorique ; cela se traduisait dans les faits par une « récupération », comme diraient nos sociologues modernes, de la Révolution au profit de la bourgeoisie d'affaires et de robe.

Dans son *Traité de droit constitutionnel,* Léon Duguit a écrit des phrases lumineuses sur le thème de la souveraineté nationale (*Traité,* 1911, t. I, p. 36) :

> « Dans la doctrine de la souveraineté nationale, c'est la personne collective qui possède la souveraineté et les citoyens pris individuellement n'en ont pas la plus petite parcelle ; ils n'ont donc aucun droit à participer à l'exercice de la souveraineté. Par conséquent, le suffrage universel ne dérive aucunement, en bonne logique, du principe de la souveraineté nationale. La seule conséquence qui en découle, c'est qu'il faut trouver le meilleur système pour dégager la volonté nationale, mais rien ne prouve que ce soit le suffrage universel. »

La nation étant une entité indivisible, elle a besoin de représentants pour exercer sa souveraineté. La souveraineté nationale est indéfectiblement liée à l'idée de représentation. Celle-ci a une valeur essentielle : par elle, la nation doit s'exprimer dans son indivisibilité. C'est ce qu'exprimait Sieyès en 1789 :

> « Le peuple ne peut avoir qu'une voix, celle de la législature nationale ; les commettants ne peuvent se faire entendre que par les députés nationaux ; le peuple ne peut parler, ne peut agir, que par ses représentants. »

Et la Déclaration des droits de l'Homme et du Citoyen du 26 août 1789 proclame dans son article 3 :

> « Le principe de toute souveraineté réside essentiellement dans la nation. Nul corps, nul individu ne peut exercer d'autorité qui n'en émane expressément. »

La Constitution du 3 septembre 1791 déclare sans aucune équivoque :

> « La souveraineté est une, indivisible, inaliénable et imprescriptible. Elle appartient à la nation. »

Quelle a été la destinée du concept de souveraineté nationale en droit français ? Les lois constitutionnelles de la IIIe République, c'est-à-dire de 1875, n'ont rien prévu là-dessus : mais tous les auteurs reconnaissent que la souveraineté nationale fondait les institutions de cette République.

La Constitution de la IVe République, du 27 octobre 1946, adopte la formule suivante : « La souveraineté nationale appartient au peuple français », formule mitigée qui semblait mêler souveraineté populaire et souveraineté nationale. La Constitution actuelle du 4 octobre 1958 a repris, dans son article 3, une formule exactement semblable.

En fait, c'est le principe de la souveraineté nationale qui continue à être appliqué. Le « peuple français » est pris ici comme synonyme d'une collectivité une et indivisible, c'est-à-dire la nation. D'ailleurs, une autre disposition de la Constitution du 4 octobre 1958 est parfaitement claire : l'article 4 déclare en effet :

> « Les partis et groupements politiques concourent à l'expression du suffrage. Ils se forment et exercent leur activité librement. Ils doivent respecter les principes de la souveraineté nationale et de la démocratie. »

C'est bien de souveraineté nationale qu'il s'agit. Et le préambule de la Constitution de 1958 est encore plus net, aux termes duquel :

> « Le peuple français proclame solennellement son attachement aux droits de l'homme et aux principes de la souveraineté nationale tels qu'ils ont été définis par la Déclaration de 1789, confirmée et complétée par le préambule de la Constitution de 1946. »

C. — Mandat impératif et mandat représentatif

Ce qui montre d'ailleurs que la souveraineté nationale sous-tend les institutions françaises, c'est l'interdiction du mandat impératif.

Si l'on suit, en effet, la doctrine de la souveraineté populaire, c'est-à-dire la doctrine issue du « Contrat social », l'élection des députés n'est qu'un pis-aller, le peuple devant, dans l'absolu, prendre ses décisions lui-même. Comme cela n'est pas possible, qu'il faut bien un gouvernement, ce dernier doit exécuter fidèlement la volonté générale. Nous l'avons vu, il ne peut être question de représentation. Par conséquent, ceux qui agissent au nom de la volonté populaire, qui sont plus exactement l'expression de la volonté populaire, ont un mandat impératif qui, en tant que mandat politique, procède de l'élection. Le mandat politique est la mission que les citoyens (mandants) confient à certains d'entre eux (mandataires) d'exercer le pouvoir en leur nom et pour leur compte.

Le mandat impératif est la forme du mandat politique selon laquelle les élus, tenant leur mandat de chacun de ceux qui les ont élus, doivent se conformer strictement à leurs directives et peuvent être révoqués par eux. La notion de mandat impératif est une conséquence normale de l'idée de souveraineté populaire. Les mandataires ne sont que les commis des mandants, le peuple.

Or, le régime politique français a toujours répudié le mandat impératif : il a toujours estimé que les mandataires avaient toute liberté d'agir : ils ne devaient pas demander de consignes à leurs électeurs et ne pouvaient pas être révoqués par eux, puisqu'ils représentent un « corps » indépendant de la somme des électeurs, c'est-à-dire la nation.

La Constitution française du 4 octobre 1958 proclame dans son article 27 : « Tout mandat impératif est nul. » Cela signifie que le mandat des élus de la nation, c'est-à-dire des parlementaires, est un mandat représentatif. Ce dernier peut se définir comme la conception du mandat politique d'après laquelle les élus, tenant leur mandat de la nation, l'exercent librement, en toute indépendance à l'égard de leurs électeurs. Ceux-ci ne peuvent pas leur donner d'ordres ni d'instructions et ne peuvent pas les révoquer.

C'est exactement la situation sous la Ve République, comme sous les Républiques antérieures : les députés, élus pour cinq ans, ne peuvent pas être révoqués par leurs électeurs en cours de mandat ; tout ce que peuvent faire ceux-ci, c'est ne pas, éventuellement, leur renouveler leur confiance au terme du mandat. L'idée de mandat représentatif est une conséquence normale de celle de souveraineté nationale.

La prohibition du mandat impératif est ancienne en France, aussi ancienne que la reconnaissance de la thèse de la souveraineté nationale. Dans la Constitution de 1791, il est dit : « Les représentants nommés dans les départements ne seront pas représentants d'un département particulier, mais de la nation entière, et il ne pourra leur être donné aucun mandat » (Titre III, Chap. I, sect. III, art. 7). Près d'un siècle plus tard, l'article 13 de la loi électorale du 30 novembre 1875 s'exprimera en ces termes : « Tout mandat impératif est nul et de nul effet. »

Lié à la doctrine de la souveraineté nationale, le mandat représentatif se présente comme l'antithèse du mandat impératif dans la mesure où s'opposent souveraineté nationale et souveraineté populaire. Et comme la doctrine de la souveraineté nationale l'a emporté, en France, sur celle de la souveraineté populaire, il est aisé, comme l'a fait Léon Duguit, dans ses *Leçons de droit public général* faites à la Faculté de droit de l'Université égyptienne pendant les mois de janvier, février et mars 1926 (1926, p. 226), de justifier matériellement l'interdiction du mandat impératif :

> « Il ne faut pas oublier que les circonscriptions électorales ne sont rien, que la vérité serait que le pays tout entier ne forme qu'une seule circonscription et que tous les électeurs puissent voter pour les mêmes candidats. Il ne faut pas oublier que les circonscriptions électorales sont de simples divisions territoriales rendues nécessaires par l'étendue du pays et par l'opération matérielle du vote. Permettre aux circonscriptions de donner à leurs députés un mandat impératif, ce serait leur permettre d'usurper les prérogatives du corps électoral entier. La circonscription élit le député, mais, si celui-ci reçoit un mandat, ce ne peut être que du pays tout entier. J'ajoute que si les députés étaient rigoureusement liés par les déclarations qu'ils ont faites avant l'élection, ils perdraient à la Chambre toute indépendance ; les discussions deviendraient inutiles et la vie parlementaire serait elle-même impossible. »

La nation est représentée, en France, par les parlementaires et par le président de la République. Au niveau des parlementaires, ce principe fondamental a été quelque peu altéré par la loi du 5 juillet 1972, qui a créé les régions. En effet, cette loi a prévu la représentation des députés et sénateurs de la région au sein du Conseil régional des nouveaux établissements publics territoriaux que sont les régions. Cette présence de parlementaires au sein du Conseil régional constitue bien une atténuation de la doctrine classique selon laquelle les parlementaires sont exclusivement les élus de la nation ; en vertu de la loi du 5 juillet 1972, ils représentent en même temps une région.

§ 3. — L'analyse systémique

L'analyse systémique est d'origine américaine. Elle résulte des travaux de David Easton, de nationalité canadienne et professeur à l'Université de Chicago. Ce n'est pas, à l'heure actuelle, la seule théorie en honneur aux U.S.A. Il faut tenir compte de l'analyse organisationnelle et de l'analyse fonctionnelle. Cependant, l'analyse systémique se présente comme le type d'analyse le plus complet du phénomène politique, le système étant défini à la fois par ses fonctions propres et par ses réactions à l'environnement.

David Easton, dans ses ouvrages successifs, et spécialement dans le premier, *The political system,* paru en 1953, introduit la notion de système dans l'analyse politique.

L'auteur part résolument en guerre contre les aspects idéaux et finalistes que les philosophes et les juristes, depuis pratiquement que les civilisations existent, mettent en avant dès qu'il s'agit de construire une Cité dans l'idéal, dans l'absolu, et qui se ramène pratiquement à la démocratie, considérée comme le meilleur des régimes, que ce soit à travers les recherches des philosophes grecs, des sages du Moyen Age ou des juristes des XVIIIe, XIXe et de la première moitié du XXe siècle. Il ne s'agit plus pour notre auteur, qui a d'ailleurs fait souche, de s'orienter uniquement vers la recherche du bien, mais plutôt, et avant tout, de construire et de développer une théorie « causale ». Autrement dit, comme l'exprime bien Roger-Gérard Schwartzenberg dans son *Manuel de sociologie politique* (p. 18 et s.), il faut s'atteler à « un système cohérent et global d'interprétation des phénomènes politiques comportant l'identification des principales variables. A la théorie philosophique traditionnelle doit s'ajouter la théorie empirique, construite à partir des observations accumulées par les recherches antérieures et génératrice d'un cadre conceptuel pour les recherches futures. »

Si l'on veut établir un point de comparaison, on peut noter que l'analyse systémique, pour rendre compte du phénomène politique, est à la politique ce que la théorie des ensembles est aux mathématiques.

Un système, note R. G. Schwartzenberg (p. 19), peut se définir, en effet :

> « Comme un ensemble d'éléments en interrelations structurelles. Comme dans l'analyse structuraliste, il s'agit d'identifier un ensemble de rapports relativement stable, un assemblage de relations assez constant pour former une " structure ". L'idée de fonction est, au demeurant, implicite : une fonction étant le rôle spécifique assumé par tel ou tel élément de cet ensemble solidaire. Dans cette optique, un système politique (political system) se définit comme l'ensemble des interactions politiques constatées dans un système social donné. Car le système politique n'est que la partie d'un tout. Il se trouve englobé dans un ensemble social avec lequel il entretient des rapports complexes. »

Le système politique se présente donc comme un ensemble de relations politiques. Mais ce système politique n'est pas isolé des autres systèmes sociaux : c'est un système ouvert, qui entretient des échanges avec son environnement, c'est-à-dire avec les autres systèmes sociaux. Cet environnement est physique, biologique, social et psychologique. Le système politique n'est donc qu'une partie perméable de tout un ensemble social.

Dans son livre paru en 1965, *A systems analysis of political life* (traduit en français en 1974 sous le titre *Analyse du système politique*), David Easton écrit (p. 19) :

> « De par sa nature même de système social analytiquement distinct des autres, la vie politique doit être interprétée comme soumise aux influences qui résultent des autres systèmes parmi lesquels elle est insérée dans la réalité. C'est à partir de ces derniers que s'écoule un courant constant d'événements et d'influences qui déterminent les conditions dans lesquelles les membres du système doivent agir... Enfin, le fait que certains systèmes parviennent à se perpétuer, quels que soient les chocs qu'ils reçoivent de

leur environnement, nous rend conscients du fait qu'ils doivent avoir la capacité de réagir aux perturbations et par là-même de s'adapter aux conditions dans lesquelles ils se trouvent... l'une des propriétés essentielles qu'un système politique, dans sa structure interne, partage avec tous les autres systèmes sociaux, est cette capacité extrêmement variable de réagir à l'environnement dans lequel il fonctionne. »

Le schéma simplifié, selon Easton, d'un système politique se présente ainsi :

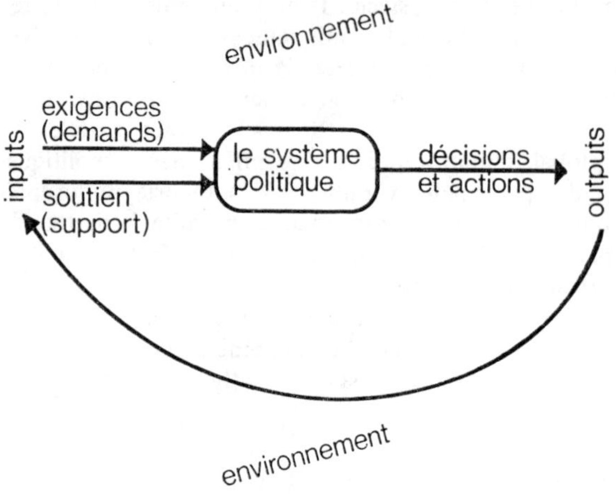

De ses divers environnements (systèmes économiques, culturels, religieux, etc.), le système politique reçoit des *inputs* qui agissent sur lui. Les *outputs* sont produits en réponse par le système politique : ils réagissent donc sur l'environnement.

Pour Easton, il existe deux catégories d'inputs : les exigences, qui consistent à demander une attribution autoritaire, sont formulées par des individus ou canalisées par des groupes (partis politiques, groupes de pression, organes de presse...), par exemple : demande d'augmentation de salaire par un syndicat ouvrier. Les soutiens du système permettent à ce dernier d'adapter sa réponse à la « demande » formulée ; car il ne peut agir que dans certaines limites. David Easton distingue trois sortes de soutiens : soutien à la communauté politique, soutien au régime, soutien aux autorités. Autrement dit, c'est essentiellement la plus ou moins grande intégration au système politique qui est ici prise en considération.

En fonction des soutiens dont il dispose et afin de répondre aux exigences de l'environnement, le système politique produit des outputs. Ceux-ci sont de deux sortes : des décisions ou des actions. Les décisions ont une valeur obligatoire : elles s'imposent avec force de droit (une nouvelle législation, par exemple). Les actions (politique économique, politique sociale...) n'ont pas cette valeur obligatoire, tout en agissant sur ceux qui sont concernés par les exigences.

Il faut bien voir que l'analyse d'Easton est construite par analogie avec le modèle cybernétique. Ainsi que l'écrit Easton (*Analyse du système politique,* Paris 1974, p. 29) :

> « ... La signification des outputs n'est pas seulement d'influencer les événements dans la société dont le système politique est un des aspects ; ils contribuent par là même à déterminer chaque série successive d'inputs qui s'introduit dans le système politique... Il existe une boucle de rétroaction (*feedback loop*)... Cette boucle a plusieurs parties. Elle comprend la production d'outputs par les autorités, une réaction de la part des membres de la société, la communication aux autorités des informations concernant cette réaction et les mesures ultérieures possibles de la part des autorités. Par-là, un nouveau cycle d'outputs, de réaction, de retour d'information et de réaction de la part des autorités est mis en route et fait partie d'un flux continu et perpétuel. »

Des outputs appropriés peuvent réagir sur les inputs. Au demeurant, les actions ou les décisions que prend le système politique — et qui réalisent la conversion des exigences — visent, de façon constante, à maximiser les soutiens disponibles. Easton conçoit donc le système politique en termes de « réponse » dynamique à son environnement social.

Nous l'avons vu, la théorie élaborée par Easton est fort en honneur, à l'heure actuelle, aux Etats-Unis d'Amérique. Il n'est que de parcourir, par exemple, un récent ouvrage intitulé *The american political system,* qui groupe des contributions de divers auteurs. Le livre est présenté par les professeurs Brown et Wahlke, de New York. Le chapitre I est intitulé « Problems for political Analysis » et inclut, en tête, un article de David Easton intitulé « Systems Analysis of Politics », reproduction de l'article déjà paru en 1966. Et les professeurs Brown et Wahlke, dans leur introduction générale à ce recueil d'articles, même s'ils reconnaissent que l'analyse systémique n'est qu'une base de départ, une hypothèse de travail, admettent aussi que le schème du professeur de Chicago a inspiré le plan général de l'ouvrage : la première partie est consacrée, disent-ils, au caractère et à la genèse du *« support »* du système politique américain ; la partie II regroupe les *« demands »*. La troisième partie nous met au cœur du pouvoir politique, plus exactement au cœur de la *décision politique.*

Le système d'Easton a le mérite de paraître objectif et neutre. Il peut être transposable à tous les systèmes politiques. Il n'est pas seulement adaptable à la démocratie. Il peut permettre d'étudier n'importe quelle dictature de fait ou de droit. Par exemple, les 21 et 22 septembre 1972, s'est tenu à Bordeaux un Colloque international organisé par les professeurs Mabileau et Lavroff, sur l'Afrique. Un des rapports présentés par M. Louis Sabourin, de nationalité canadienne, et portant sur « les grands systèmes de droit en Afrique », était entièrement fondé sur les modèles proposés par David Easton.

En bref, ce qui constitue une qualité (la neutralité) constitue probablement plus un défaut : à partir du moment où les régimes politiques sont analysés en termes de « systems » au sens d'Easton, on ne s'interroge plus sur le point de savoir si ces régimes politiques sont bons ou mauvais, s'ils répondent véritablement aux légitimes aspirations des citoyens vers davantage de liberté ou de participation ; on observe ce qui se passe et c'est tout. Le phénomène politique devient justiciable d'une analyse en apparence politique qui vise à le « désensibiliser ». Et c'est alors que la science politique, dans sa recherche de modèles théoriques, trouve ses limites et peut être sujette à de graves critiques : l'analyse systémique (comme d'autres analyses du même genre, fonctionnelle ou organisationnelle, par exemple), plus ou moins consciemment, plus ou moins volontairement, en arrive à « geler » la réalité socio-politique. L'analyse systémique, comme les autres modèles susévoqués, serait donc implicitement conservatrice. Elle ne permet plus aucun jugement de valeur sur une société réduite à l'état de pure abstraction, où n'apparaissent plus les hommes ni les citoyens.

Il ne faut pas perdre de vue que l'analyse systémique est née aux Etats-Unis, lieu du monde où existe un consensus général sur l'état de la société, pays qui n'a jamais connu le socialisme. L'individualisme libéral est la « moelle épinière » de la démocratie américaine. Tous les auteurs et les chercheurs américains reconnaissent assez explicitement que le régime politique américain est le meilleur qui soit au monde, et qu'il conviendrait de l'exporter aussi bien en France qu'en U.R.S.S. ou au Ghana !

Lors d'un colloque tenu en mars 1969 sur « l'état de la science politique en France », Maurice Duverger a critiqué l'analyse systémique dans les termes suivants :

> « Ce que je reproche aux modèles d'Easton ou d'autres, c'est essentiellement que ce sont des modèles faits à un degré de généralité tellement élevé que finalement ils sont utilisables partout sans apporter grand-chose nulle part. Est-ce que, finalement, les modèles qui se sont avérés utiles, efficaces, ne sont pas des modèles à des niveaux intermédiaires, qui ne se placeraient pas dans le problème général des actions cybernétiques du pouvoir, etc., mais qui se situeraient dans des cadres beaucoup plus limités ? »

Ailleurs en 1965, il écrivait :

> « Les questions fondamentales de la politique ne peuvent plus guère s'exprimer. Le jeu des idées pures et désincarnées masque les conflits d'intérêts et de passions. On verse dans la mystification idéaliste. »

Serrant de près l'analyse systémique, André Hauriou lui a reproché, en 1971, de ne pas s'attacher à ce qui se passe à l'intérieur du système.

> « Dans le schéma d'explication élaboré par Easton, écrit-il, on voit clairement, à l'entrée, les sollicitations, les exigences ou les soutiens (inputs). On repère, à la sortie, les réponses du système, sous forme de services, de règles ou d'injonctions (outputs). On saisit même les réactions des réponses sur les demandes (feed-back). Mais on ne sait pratiquement pas ce qui se passe à l'intérieur du système. On est ici en présence d'une " boîte noire ", dont on constate la présence, dont on analyse les activités, que l'on contourne, mais dans laquelle on ne pénètre pas » (*Recherches sur une problématique et une méthodologie applicables à l'analyse des institutions politiques :* R.D.P. 1971, p. 312).

Dans son magistral *Traité de science politique* (t. IX, 2ᵉ éd., L.G.D.J., 1976), Georges Burdeau s'est livré à son tour à une critique serrée de l'analyse systémique qui, selon lui, n'explique pas les ressorts internes de la vie politique parce qu'elle ne considère ni la diversité des structures du pouvoir, ni celle des institutions qui assurent sa mise en œuvre. D'une manière plus large, pour cet auteur, la notion même de système politique est erronée, car le phénomène politique est inséparable des autres phénomènes sociaux ; il est une de leurs manières d'être :

« Le politique est un courant qui irrigue la société tout entière et dont, en même temps, la source est partout » (*op. cit.*, p. 7 et 8).

On peut penser que l'analyse systémique n'atteint ses dimensions véritables qu'en étudiant des sociétés politiques stables et consensuelles, au moins en apparence.

Nous retrouverons plus loin ces préoccupations qui, nous l'avons dit, s'expliquent par l'intégration idéologique du peuple américain, dans la deuxième partie de ce livre, plus spécialement à la place consacrée à « L'Empire américain ». Les études des politologues américains donnent une validité aux principes de la société américaine, de la même façon qu'en U.R.S.S. la typologie marxiste apporte une justification au pouvoir du parti communiste. Aussi bien à l'est qu'à l'ouest, la science politique ne permet plus finalement de contester les éléments essentiels du contexte social dans lequel elle s'inscrit. Elle ne peut plus être critique.

Cette appréciation rejoint d'ailleurs celle d'Herbert Marcuse, dans une de ses œuvres fondamentales, *Le marxisme soviétique,* où le philosophe montre l'analogie des sociétés américaine et soviétique de la façon suivante :

« S'il y a une différence fondamentale entre les sociétés occidentale et soviétique, il y a parallèlement un fort courant vers l'assimilation. Les deux systèmes partagent les traits communs à la civilisation industrielle la plus récente : la centralisation et l'embrigadement évincent l'initiative individuelle et l'autonomie de l'individu. La concurrence est organisée et rationalisée, les bureaucraties économiques et politiques exercent conjointement le pouvoir » (*op. cit.*, 1963, pp. 103-104).

Il est des degrés dans la persuasion : elle est douce aux Etats-Unis, elle est brutale en U.R.S.S. Mais elle entraînerait une certaine identité dans le résultat.

CHAPITRE II

L'INSTITUTIONNALISATION DU POUVOIR : L'ETAT

SECTION I

L'IDEE ET LA NOTION D'ETAT

Dès le moment où un pouvoir politique est fondé sur des institutions, à partir de l'instant où il se donne des organes (gouvernement, parlement, par exemple) et aménage les compétences de ces organes et leurs rapports respectifs, au service d'une population relativement homogène, dans un cadre géographiquement limité par des frontières, naît et existe la notion d'Etat.

Cet Etat agit pour le compte de la population. Cela ne veut pas dire que la totalité du peuple (au sens constitutionnel du terme) se reconnaisse dans l'Etat qui exerce plus ou moins son emprise sur elle, en tant que pouvoir institutionnalisé détenteur du monopole de la contrainte organisée (particulièrement de celui de la force armée). Peu importe. Qu'il s'agisse d'un Etat totalitaire ou d'un Etat libéral. « Le problème de l'Etat, écrit Jacques Donnedieu de Vabres, est pour une large part un problème psychologique. L'Etat est une société dont les ressortissants acceptent généralement, pour régler leurs conflits, le pouvoir organisé, et dont les pays étrangers reconnaissent l'existence » (*L'Etat,* Que sais-je ?, 1971, p. 9).

Au point de vue historique, l'idée d'Etat prend forme à partir du moment où un pouvoir central a réussi à prendre le pas sur les multiples féodalités qui existent toujours, dans une phase donnée, dans la vie d'un pays qui se forme. La notion d'Etat est absente des préoccupations d'un chef africain, par exemple, qui dirige une chefferie. Qu'on ne se trompe pas sur l'affirmation qu'on prête toujours à Louis XIV : « L'Etat, c'est moi. » Le roi voulait signifier seulement que le pouvoir, la totalité du pouvoir était concentré dans l'institution monarchique dont il n'était que l'instrument au service du royaume de France, et ce, en vertu d'une délégation de la volonté divine.

« L'idée d'Etat, poursuit Jacques Donnedieu de Vabres (*op. cit.,* p. 13 et 14) paraît d'une ambiguïté essentielle. En un sens, l'Etat est le pouvoir suprême et transcendant, qui a mission d'exercer entre les diverses forces collectives un arbitrage souverain ; il exprime la collectivité dans son unité. Mais d'autre part, si le pouvoir politique domine théoriquement toutes les autres formes d'autorité, il doit pourtant toujours compter avec elles et n'est le plus souvent que leur reflet. L'unité de l'Etat est d'ailleurs une fiction utile, mais ce n'est qu'une fiction, surtout dans un régime qui fragmente le pouvoir pour empêcher ses abus, qui répartit l'autorité entre une pléïade d'organes plus ou moins indépendants les uns des autres, corps électoral, parlement, gouvernement, justice, collectivités diverses. L'Etat est le lieu géométrique, l'unité idéale de tous ces points d'arbitrage. Maître tout-puissant, il ne vit que dans l'esprit de ses serviteurs, que d'une certaine forme d'idéalisme. C'est dire qu'il est souvent une opération de l'esprit, en même temps qu'une orientation de l'action. »

Du point de vue de la théorie juridique, l'Etat peut donc se définir comme une personne morale titulaire de la souveraineté. D'un point de vue restreint, l'Etat englobe l'ensemble des pouvoirs publics, des gouvernants, par rapport aux gouvernés (on évoque souvent en ce sens le caractère envahissant de l'Etat ou sa réforme). D'un point de vue administratif, l'Etat désignera les éléments centraux de l'administration par rapport aux collectivités locales plus ou moins décentralisées.

Selon la doctrine marxiste, l'Etat désigne un appareil d'oppression au service de la classe dominante, que cette dernière s'identifie à la bourgeoisie dans un régime d'économie capitaliste, ou au prolétariat dans un régime d'économie socialiste, en attendant l'avènement de la société sans classe marquée par le dépérissement de l'Etat. Le philosophe marxiste italien Gramsci inclut dans l'Etat non seulement l'appareil bureaucratique et militaire, mais l'ensemble des organisations idéologiques de la classe dominante : ce ne sont donc pas seulement les appareils civils, militaires et policiers qui recouvriraient l'Etat au sens marxiste du terme, mais encore l'Eglise, le système scolaire, les partis politiques, les arts.

L'idée d'Etat, la notion d'Etat peut donc s'apprécier différemment selon qu'on l'envisage globalement ou de manière parcellaire, selon que l'on en traite du point de vue de la théorie politique pure, du droit constitutionnel, ou plus précisément de l'institutionnalisme formel.

Du point de vue du droit interne de chacun des Etats, il est établi que l'Etat est une personne morale. Cette constatation exprime bien que l'Etat est indépendant de la somme des gouvernés et des gouvernants ; les uns et les autres sont soumis à l'Etat. Celui-ci a le pouvoir de créer le droit. Il dispose de ses ressources propres (budget). L'ensemble des organes politiques qui existent dans tous les pays du monde (gouvernement et parlement ; exécutif et législatif) sont établis dans l'Etat et pour l'Etat.

L'Etat a le pouvoir de créer le droit. A cet égard, une différence importante sépare les Etats totalitaires des Etats libéraux : dans les premiers, on constate (qu'il s'agisse de totalitarisme aristocratique ou populaire) que l'Etat n'est pas soumis au droit qu'il sécrète. C'est l'inverse qui se produit : le droit est totalement soumis à l'Etat, au pouvoir ; au contraire, un Etat libéral se reconnaît soumis au droit qu'il sécrète, comme la masse des gouvernés ; le droit limite les capacités et les pouvoirs de l'Etat dans l'Etat libéral, quelle que soit la forme du régime politique : présidentiel, parlementaire ou directorial. Dans l'Etat libéral, les individus ont des droits envers l'Etat. Ils peuvent exiger le respect et l'accomplissement de ces droits par les juridictions ; dans l'Etat totalitaire, l'individu ne dispose pas de droits contre l'Etat. Il lui est totalement assujetti. De la même façon, les juridictions sont totalement soumises au pouvoir d'Etat.

Si l'on se tourne maintenant du côté du droit international public, on dira que l'Etat, chaque Etat est souverain. Cela signifie que seul l'Etat apparaît sur la scène internationale, que seul il est habilité à représenter, par l'intermédiaire de ses organes propres, la collectivité des habitants dont il n'est que l'agrégation ou en tout cas l'expression juridique et politique.

Il est certes convenu d'affirmer que chaque Etat est soumis aux règles du droit international public qui gouverne à l'heure actuelle essentiellement les relations entre Etats, entre organisations internationales, entre Etats et organisations internationales. Seulement, il ne faut pas oublier que la participation de chaque Etat à une organisation internationale plus ou moins intégrée est une participation volontaire. La société internationale est encore dans les limbes. Les règles de droit international s'appliquent, encore de nos jours, à chaque Etat dans la mesure où il accepte de s'y soumettre. Autrement dit, le droit international public continue, de nos jours, comme par le passé, d'être pratiquement dépourvu de sanctions effectives et efficaces. L'Etat demeure bien l'acteur principal du droit international.

SECTION II

ETAT TOTALITAIRE ET ETAT LIBERAL

Ces deux types d'Etat, qui trouvent leur correspondance dans le monde contemporain, se distinguent essentiellement l'un de l'autre par le fait que l'un, le totalitarisme, absorbe totalement l'individu, c'est-à-dire l'assujettit dans chaque acte de son existence, privée ou publique, à l'Etat, alors que l'autre, l'Etat libéral, accorde à l'individu des droits contre l'Etat, lui reconnaît un certain nombre de libertés publiques et respecte largement sa vie privée. Autrement dit, dans l'Etat libéral, l'individu est reconnu ; dans l'Etat totalitaire, l'individu n'existe pas, il est totalement assujetti à l'Etat.

Il faut bien prendre garde que si l'Etat libéral est toujours un Etat démocratique, en ce sens qu'il respecte les droits et les libertés individuels, l'autre forme d'Etat, l'Etat totalitaire, peut être soit démocratique, mais alors dans le sens marxiste du terme qui privilégie l'économique par rapport au politique, soit a-démocratique en ce sens que le peuple ne gouverne pas, mais une élite qui pense et agit pour lui et à sa place.

§ 1. — L'Etat totalitaire

L'Etat totalitaire est le système politique à parti unique, n'admettant aucune opposition organisée, dans lequel le pouvoir politique dirige souverainement et même tend à confisquer la totalité des activités de la société qu'il domine (activités politiques, économiques, sociales, culturelles, religieuses, etc.). L'Etat totalitaire a été parfaitement défini par Mussolini : « Rien en dehors de l'Etat. Rien contre l'Etat. Tout dans l'Etat. » C'est un effet régulier du totalitarisme qu'il tend à établir des correspondances et des liens d'interdépendance entre des domaines en apparence hétérogènes. L'Etat totalitaire impose donc le monisme idéologique.

Si les Etats totalitaires présentent tous des traits identiques, on peut, l'on doit même, distinguer le totalitarisme populaire de ce que l'on peut appeler le totalitarisme aristocratique.

A. — Les traits communs au totalitarisme

Raymond Aron, dans *Démocratie et totalitarisme* (Coll. Idées, 1965, p. 287 et 288), a dégagé cinq éléments caractéristiques du totalitarisme :

1. Le phénomène totalitaire intervient dans un régime qui accorde à un parti le monopole de l'activité politique.

2. Le parti monopolistique est animé ou armé d'une idéologie à laquelle il confère une autorité absolue et qui, par suite, devient la réalité officielle de l'Etat.

3. Pour répandre cette vérité officielle, l'Etat se réserve à son tour un double monopole, le monopole des moyens de force et celui des moyens de persuasion. L'ensemble des moyens de communication, radio, télévision, presse, est dirigé, commandé par l'Etat et ceux qui le représentent.

4. La plupart des activités économiques et professionnelles sont soumises à l'Etat et deviennent, d'une certaine façon, partie de l'Etat lui-même. Comme l'Etat est inséparable de son idéologie, la plupart des activités économiques et professionnelles sont colorées par la vérité officielle.

5. Tout étant désormais activité d'Etat et toute activité étant soumise à l'idéologie, une faute commise dans une activité économique ou professionnelle est simultanément une faute idéologique. D'où, au point d'arrivée, une politisation, une transfiguration idéologique de toutes les fautes possibles des individus et, en conclusion, une terreur à la fois policière et idéologique.

« Il va de soi que l'on peut considérer comme essentiel, dans la définition du totalitarisme, ou bien le monopole du parti, ou bien l'étatisation de la vie économique, ou bien la terreur idéologique. Le phénomène est parfait lorsque tous ces éléments sont réunis et pleinement accomplis. »

De même, Hannah Arendt, professeur de philosophie politique à la New School for Social Research de New York jusqu'à sa mort survenue le 4 décembre 1975, a écrit un ouvrage sur *le système totalitaire* (Le Seuil, 1972). La lecture de ce livre permet, une nouvelle fois, de préciser les composantes du totalitarisme ainsi que leur combinaison, à savoir :

— Une idéologie officielle, corps de doctrine couvrant tous les aspects de la vie individuelle et collective, expliquant comment l'humanité se dirige inéluctablement vers un état parfait, à partir du rejet radical du présent et d'une lutte sans merci contre cet état présent.

— Un parti unique dirigé par le seul dictateur.

— Une terreur dont la police politique est le bras séculier, dirigée non seulement contre l'adversaire d'hier et d'aujourd'hui, mais contre des portions entières de la population et de la société. Elle débouche sur ce que David Rousset a justement nommé l'univers concentrationnaire. Dans son livre *Le marxisme soviétique,* Herbert Marcuse définit ainsi la terreur :

> « La terreur est l'application centralisée, méthodique de la violence non prévisible (non prévisible pour les victimes de la terreur, mais également pour les couches supérieures, et même pour ceux qui manipulaient la terreur), non seulement dans un état d'urgence, mais même dans une situation normale. » (*Coll. Idées,* 1963, p. 148).

— L'atomisation systématique de la société, l'isolement de l'individu, réalisés de deux façons : négativement, en détruisant les anciennes structures (familles, Eglises, corps intermédiaires) et positivement, en mobilisant la population, dès l'enfance, au sein du parti et de ses organisations satellites qui quadrillent l'ensemble de la vie sociale et professionnelle.

— La mainmise sur tous les moyens d'information et de propagande.

L'ensemble de ces caractères, on les retrouve aussi bien dans l'Allemagne hitlérienne que dans la Russie stalinienne. A partir de ces deux exemples, on perçoit que le totalitarisme peut revêtir deux formes : il peut s'agir d'un totalitarisme populaire ou absolu, où le pouvoir et le peuple se confondent, dont la Chine populaire et l'U.R.S.S. spécialement stalinienne offrent de bons exemples ; il peut s'agir d'un totalitarisme que l'on peut qualifier d'aristocratique, en ce sens que le pouvoir et le peuple ne s'identifient pas l'un avec l'autre, les rênes de l'Etat étant aux mains d'une minorité qui se présente comme élite.

Bien sûr, il faut bien voir aussi que le système totalitaire, contrairement à ce qu'affirme H. Arrendt, n'est pas un phénomène spécifiquement contemporain. Dans le passé, l'Occident, pour s'en tenir à lui seul, a connu des systèmes totalitaires clos. D'autre part, il ne faut pas sous-estimer le fait que si l'identité individuelle est réduite par les systèmes totalitaires, elle l'est aussi par les sociétés de consommation.

B. — Le totalitarisme populaire ou absolu

La théorie de Rousseau, que nous avons déjà étudiée, a inspiré directement et parfaitement la démocratie marxiste. Ce qui est essentiel dans la pensée de Rousseau, c'est que l'omnipotence du corps social et la liberté des personnes reflètent une seule réalité. Chaque individu étant détenteur d'une fraction de la souveraineté, l'intégralité du pouvoir est à chaque moment confondue avec la volonté de la majorité.

Le dogme de la souveraineté populaire engendre donc le totalitarisme populaire. Le totalitarisme populaire ne se traduit pas uniquement par une conceptualisation a priori qui serait le fait de politologues et des juristes de droit public de l'Occident. Pour ne caractériser que le seul cas de la Chine populaire, ses dirigeants ne cachent pas que « L'Empire du Milieu » est un régime totalitaire ; mieux, ils l'affirment, ils le proclament, ils le veulent (V. à ce sujet, TSIEN TCHE-HAO, *La République populaire de Chine,* 1970, p. 600).

Léon Duguit a écrit :

> « Quand les collectivistes modernes invoquent en faveur de leurs doctrines les principes de la Révolution, ils n'ont pas tout à fait tort. Ni les doctrines communistes, ni les doctrines collectivistes n'étaient certainement dans l'esprit des hommes de 1789-1791, de 1793 ; mais, avec une logique rigoureuse on peut dire qu'elles étaient contenues dans les principes qu'ils formulaient. » (*Manuel de droit constitutionnel,* 1907, pp. 639-640).

La réserve de Duguit tient au respect qu'avaient du droit de propriété les révolutionnaires, mis à part Babeuf. Mais il est certain que la structure fondamentale de la société communiste, inspirée de Marx et de Lénine, trouve son origine, par-delà ce que pensaient plus ou moins confusément les révolutionnaires français de la fin du XVIIIe siècle, dans l'œuvre de Rousseau. Même si les révolutionnaires n'ont pas pensé en termes de démocratie économique, puisqu'ils conservaient un respect inné du droit de propriété, la démocratie populaire, qui fond étroitement le politique et l'économique, découlait logiquement du mouvement de pensée rousseauiste qui avait avorté durant la Révolution de 1793, ne serait-ce que par l'inapplication de la Constitution montagnarde et par la substitution de la souveraineté nationale à la souveraineté populaire.

> « Pour Rousseau, comme pour Marx, quoique dans des contextes différents, écrit Georges Vedel, si l'état social est purgé de son péché originel qui est l'inégalité, il apparaîtra vite que tous les hommes sont d'accord. Si bien que la volonté de chacun se confondra avec la volonté de tous. » (*Manuel,* 1949, p. 242).

En effet, la diversité d'opinions, qui est le propre des démocraties libérales, tient essentiellement, pour Marx, à la lutte des classes, fondée sur l'inégalité qui, selon lui, est l'apanage du capitalisme. Dès lors, pour Marx, supprimer la lutte des classes, en rétablissant l'égalité entre individus, conduit à supprimer les divergences d'opinions. A long terme, l'unanimité ne peut que régner. Mais ce résultat ne peut être obtenu dans l'immédiat : à titre transitoire, la dictature du prolétariat doit poser les conditions nécessaires à l'épanouissement de la liberté future.

L'expression « dictature du prolétariat » a été rarement utilisée par Marx ; elle vient pour la première fois dans son livre *La lutte de la classe ouvrière en France de 1848 à 1850.* Par la suite, Karl Marx l'a employée dans sa *Critique du programme de Gotha* (1875) : « Entre la société capitaliste et la société communiste se situe la période de transformation révolutionnaire de l'un en l'autre. Pendant cette période de transition politique, l'Etat ne saurait être autre chose que la dictature révolutionnaire du prolétariat. » C'est Lénine qui a développé la théorie de la dictature du prolétariat, notamment dans *L'Etat et la Révolution* (1917), et en fait un point essentiel de sa doctrine. Il faut préciser que, pour les marxistes, le prolétariat ne se réduit pas à la seule couche des ouvriers manuels ; en revanche, il n'englobe pas nécessairement toute la population laborieuse. Il est déterminé par sa place dans les rapports de production : le prolétaire est le producteur de la plus-value, exclu de la propriété et de la gestion des moyens de production. C'est cette situation qui donne au prolétariat sa spécificité historique en tant que classe.

La dictature du prolétariat est une phase intermédiaire. Elle doit préparer l'avènement du communisme, société sans classes, dans laquelle l'Etat aura disparu par dépérissement. De même, pour Robespierre, la Révolution ne pouvait pas, dans l'instantané, transmuer d'un seul coup l'antique société en une société fondée totalement sur la liberté et l'égalité. Elle pouvait avoir besoin, dans une phase intermédiaire, d'une dictature qui lutterait contre les ennemis du peuple.

La dictature du prolétariat, en démocratie marxiste, doit aussi lutter contre les ennemis de la liberté : pour les Soviétiques, le régime de l'U.R.S.S. porte actuellement la marque de la démocratie absolue ; avant même l'avènement de la phase supérieure du communisme, dès la phase initiale il y a identité parfaite entre gouvernants et gouvernés : les freins à la liberté d'expression, sous toutes ses formes, même artistiques, ne sont là que pour mater la minorité, c'est-à-dire ceux qui se sont trompés sur la volonté populaire qui doit être dégagée en permanence, ou qui en sont ennemis. Pour se sauver et pour sauver la démocratie, ils doivent être éliminés ou faire leur autocritique, ou les deux à la fois :

> « La dictature du prolétariat, disait Lénine, c'est-à-dire l'organisation de l'avant-garde des opprimés en classe dominante pour réprimer les oppresseurs, ne peut se borner à un simple élargissement de la démocratie. En même temps qu'un élargissement considérable de la démocratie devenue pour la première fois démocratie pour les pauvres, démocratie pour le peuple et non point démocratie pour les riches, la dictature du prolétariat apporte une série de restrictions à la liberté pour les oppresseurs, les exploiteurs, les capitalistes. Ceux-là, nous devons les opprimer afin de libérer l'humanité de l'esclavage salarié ; il faut briser leur résistance par la force ; or il est clair que là où il y a répression, où il y a violence, il n'y a ni liberté ni démocratie. » (LÉNINE, *L'Etat et la Révolution,* 1917).

Les idéologues marxistes affirment, et c'est la phase critique, que les libertés publiques, qui sont la caractéristique essentielle des démocraties libérales, ne peuvent être pratiquées que par ceux-là seuls qui ont les moyens matériels de les exercer, à savoir la classe possédante ; au contraire, la classe ouvrière, comme l'expose Georges Burdeau (*Manuel,* 1976, p. 211), « même en se servant des instruments que le régime lui concède, n'est pas dans le régime ; le pouvoir établi n'est pas son pouvoir. C'est un pouvoir instable, enjeu d'une lutte qu'extériorise la rivalité des partis. » Au contraire, en U.R.S.S., affirment les théoriciens soviétiques, le peuple exerce véritablement le pouvoir, ne serait-ce que par l'appropriation collective des moyens de production. Il n'est plus divisé. L'homogénéité sociale est devenue la règle. Elle permet l'intégration du peuple au pouvoir. Il s'identifie au pouvoir, alors qu'avec le pluralisme des partis, le multipartisme des démocraties occidentales, seules les classes dirigeantes participent au pouvoir.

En tout cas, quand la phase finale du communisme sera atteinte, par-delà la dictature du prolétariat qui n'est que transitoire, l'égalité absolue régnera entre les individus. Il n'y aura plus d'Etat. L'unanimité et l'égalité dans la liberté obéiront aux seuls réflexes de la spontanéité. La contrainte aura disparu.

En attendant cette phase, les élus du peuple, comme chez Rousseau, ne peuvent pas être ses représentants ; ils n'en sont que les commis. Lors d'un discours prononcé le 11 décembre 1937, Staline l'exprime : « Le député doit savoir qu'il est le serviteur du peuple, son délégué au Soviet suprême, et il doit s'en tenir à la ligne qui lui a été tracée dans son mandat par le peuple » (VEDEL, *Manuel,* 1949, p. 219). Peu importe qu'il n'y ait qu'un candidat, qu'une liste unique, puisque ceux-ci ne peuvent que servir la volonté générale. L'existence du parti unique n'est que transitoire en U.R.S.S. : le parti n'est pas permanent comme dans les régimes de dictature fasciste ; le parti hitlérien constituait une élite chargée de servir de relais entre le pouvoir (en haut) et la masse des gouvernés (en bas, au sens pur du terme). En régime de démocratie marxiste (ou de totalitarisme populaire), le parti est seulement composé des citoyens actifs de la classe ouvrière, des paysans et travailleurs intellectuels, chargés de construire la société communiste. Selon l'expression de Lénine, le Parti est « l'organisation de l'avant-garde des opprimés en classe dominante ». Le parti communiste est l'avant-garde du peuple qui est un, qui est totalité. C'est cela le totalitarisme populaire.

Bien sûr, nous le verrons ultérieurement en étudiant les institutions de l'U.R.S.S. et de la Chine, il existe des divergences d'interprétation doctrinale entre Chine et U.R.S.S. : grosso modo, l'U.R.S.S. affirme qu'il n'existe plus d'antagonismes de classes dans ce pays depuis 1961 ; mais l'Etat ne disparaît pas pour autant. Il change de nature. Il devient l'Etat de tout le peuple et a pour objet d'organiser le passage au communisme. Graduellement l'Etat disparaîtra : on sera alors totalement installé dans le communisme.

Les Chinois ont contesté vigoureusement l'analyse soviétique, tout particulièrement cette étape transitoire entre dictature du prolétariat et communisme que serait la théorie de l'Etat du peuple tout entier. Pour les Chinois, cet « Etat du peuple tout entier » conserve un caractère de classe, jusqu'à sa disparition.

C. — LE TOTALITARISME ARISTOCRATIQUE

1° Le phénomène.

Nous avons déjà exposé précédemment les traits communs au totalitarisme qui sont au nombre de cinq, que ce soit à travers l'analyse de Raymond Aron ou de Hannah Arendt. On peut aisément ramener ces composantes à trois : parti unique, terreur, asservissement total de l'individu qui n'existe plus en tant que tel mais comme membre d'une collectivité exigeante.

Le totalitarisme populaire, dans la mesure où il lutte pour la disparition des classes, se fonde sur l'égalité absolue entre individus. Le parti communiste est l'avant-garde du peuple tout entier, pour reprendre la terminologie soviétique. Tant qu'il était l'avant-garde du prolétariat, la terreur physique visait à faire régner l'unanimité ; ensuite, est apparue et l'a remplacée, une terreur idéologique qui n'entraîne plus nécessairement la disparition des opposants. Quelle que soit sa forme, la terreur vise à faire régner l'unanimité. Puis l'Etat disparaîtra : ce sera le communisme. Le parti, lui aussi, n'est donc que transitoire. Depuis longtemps, les structures économiques du capitalisme ont disparu par l'appropriation collective des moyens de production et d'échange.

Il n'en va pas de même dans les régimes qui engendrent le totalitarisme aristocratique : du point de vue économique, il ne s'agit généralement pas de faire disparaître la propriété privée, même si l'économie est plus ou moins contrôlée par l'Etat. Les structures économiques du capitalisme libéral subsistent donc.

Les mots « totalitarisme aristocratique » sont utilisés pour signifier qu'ils sont la projection, la traduction de l'absence d'égalité entre les gouvernants et les gouvernés ; il est des hommes faits pour commander : le chef, le Führer et ses fidèles et des hommes faits pour obéir : le peuple, mais dans ses aspects les plus passifs. Le pouvoir est détenu par un noyau d'hommes qui s'affirme élite.

Le parti (nazi, par exemple) n'est donc pas transitoire. Il est l'avant-garde de l'élite qui commande autour du chef, lequel est doté de qualités quasi surhumaines. Il existe essentiellement dans un but de préservation de l'Etat, qui est une entité toute abstraite et puissante ; sa seule justification est d'entraîner l'obéissance du peuple au guide ou chef qui incarne l'Etat et cela de façon permanente.

L'Etat que conduit le chef est un monde totalitaire qui subordonne là aussi, dans toutes ses activités, l'individu à l'idéal exclusif formulé par le pouvoir, par l'Etat. Le parti unique se confond avec l'Etat. C'est lui qui le conduit. Cet Etat est permanent, comme l'est le parti.

L'Etat est une réalité vivante et permanente dans les régimes totalitaires de type fasciste ; au contraire, l'Etat est un mal transitoire, mais nécessaire, dans les régimes de totalitarisme populaire ; il doit disparaître dès que les conflits de classes seront résolus, c'est-à-dire dès que la société ne comportera plus de classes.

2° Dictature et totalitarisme aristocratique.

Toutes les dictatures ne sont pas totalitaires : ainsi, le Portugal a connu une dictature qui n'était pas totalitaire. De même, l'Espagne de Franco ne participait pas du totalitarisme. C'étaient seulement des dictatures. Envisageons l'exemple du Portugal avant le coup d'Etat du 25 avril 1974 qui a rétabli la démocratie : certes, Salazar n'avait pas établi de régime de type parlementaire, mais par l'institutionnalisation du corporatisme dans la Constitution, il assurait tout de même une représentation des corps sociaux. Salazar a d'ailleurs toujours affirmé que l'Etat n'est pas tout-puissant ; qu'il est soumis aux lois, à la morale, à la religion. D'ailleurs, au Portugal, il n'y avait pas de parti d'Etat. De même, le régime espagnol est hostile à l'Etat totalitaire, tout en affirmant que l'autorité vient d'en haut et non du peuple : à la limite, les libertés du peuple espagnol sont équivalentes à celles que lui octroie une démocratie libérale surveillée, c'est-à-dire ce que Jean-François Revel appelle une « démocrature » (REVEL, *Les idées de notre temps,* 1972, p. 294).

Le régime instauré par Péron en Argentine, entre 1943 et 1955, s'il n'était pas totalitaire, était à tendance totalitaire, tout en étant certainement une dictature. C'était plus que de la dictature, mais moins que du totalitarisme. Péron a sauvegardé les apparences de la démocratie parlementaire : la Chambre des représentants incluait des membres de l'opposition (le parti de Péron y avait la majorité des deux tiers). Mais l'affiliation au parti péroniste était obligatoire pour les fonctionnaires. La liberté de la presse n'existait pas. L'Université fut épurée. En cas d' « offense » envers un fonctionnaire de l'Etat, un simple citoyen allait en prison où il était torturé. Le style plébiscitaire du régime était appuyé. Avec l'aide de sa femme, Péron créa surtout une mystique nationaliste et populiste fort en honneur encore de nos jours en Argentine ; le péronisme, avec ou sans Péron, mort le 1er juillet 1974, continue de mobiliser les masses.

Ce qui différencie donc la dictature du totalitarisme, c'est qu'à la différence du système totalitaire qui vise non à forger la conviction, mais à empêcher d'en former une, la dictature se caractérise aussi par le fait qu'une équipe prend le pouvoir, au nom de valeurs et d'intérêts déterminés et, toujours en leur nom, tend à figer les choses. Dans la dictature, la population demeure éloignée et relativement indépendante du pouvoir, tandis qu'elle subit l'emprise permanente du pouvoir et se trouve mobilisée jour et nuit par la police, par l'armée et par le parti unique, dans le système totalitaire. Le totalitarisme aristocratique, comme le totalitarisme populaire, se traduit donc nécessairement par la volonté de couvrir les crimes de la police. Mussolini parlait en 1925 de la « féroce volonté totalitaire ». En 1932, il ajoutera : « En un tel sens, le fascisme est totalitaire. » Nous l'avons vu, Mussolini a utilisé lui-même l'expression d' « Etat totalitaire ». Les nazis du IIIe Reich le rebaptiseront, eux, « Etat total ». Pour André et Francine Demichel, la dictature se caractérise « par l'osmose des appareils idéologiques et administratifs, la non-admission des conflits de classes, la dégradation du phénomène juridique », ce qui ne contredit pas la différence que nous établissons entre totalitarisme et dictature (*Les dictatures européennes,* 1973, p. 12). Le phénomène spécifique du totalitarisme n'apparaît pas dans cet ouvrage, consacré, il est vrai, aux seules dictatures espagnole, portugaise et grecque, qui ne relèvent justement pas du totalitarisme au sens où nous l'avons défini. (Les dictatures portugaise et grecque ont respectivement pris fin le 25 avril et le 23 juillet 1974).

L'homme étant isolé, imprégné par l'idéologie meurtrière du pouvoir, le totalitarisme aristocratique engendre un type d'homme méticuleux et consciencieux. Comme l'écrit Hannah Arendt (*Le système totalitaire,* 1972, pp. 65-66) :

> « Le philistin est un bourgeois coupé de sa propre classe, un individu atomisé, produit de l'effondrement de la classe bourgeoise. L'homme de la masse, que Himmler organise pour lui faire commettre les crimes massifs les plus monstrueux de l'histoire, ressemblait au philistin plutôt qu'à l'homme de la populace, il n'était autre que le bourgeois qui, dans les décombres de son univers, se souciait avant tout de sa sécurité personnelle, qui était prêt à tout sacrifier — croyance, honneur, dignité — à la moindre provocation. Rien ne s'avère plus facile à détruire que l'intimité et la moralité privée de gens qui ne pensaient qu'à sauvegarder leur vie privée. Après quelques années de pouvoir et de mise au pas systématique, les nazis pouvaient proclamer avec raison : *La seule personne qui soit encore un individu privé en Allemagne, c'est celui qui dort.* »

Les Allemands n'éprouvaient aucun sentiment de culpabilité à exterminer les Juifs pour la seule raison qu'il y avait, à la base, une légitimation de ces actes qui semblait parfaite. (On pourra consulter, à ce sujet, Friedrich Hacker, *Agression et violence dans le monde moderne,* 1972). Après la fin de l'Allemagne nazie, l'homme du totalitarisme en arrivera même à s'apitoyer sur son propre compte et à s'étonner qu'on lui demande des comptes : cela a été particulièrement net au procès d'Eichmann.

Les nouveaux Etats d'Afrique connaissent des dictatures qui ne sont pas intégrées au totalitarisme : le chef de l'Etat exerce la totalité du pouvoir, à travers un parti unique qui n'est certes pas un parti de masses, mais un parti de fidèles ; le peuple n'est pas pénétré en permanence par les multiples instruments, spécialement la propagande, que sécrète un Etat totalitaire. C'est aussi une dictature administrative. L'armée ou les milices renversent aisément les hommes au pouvoir au gré de leurs humeurs et des pressions ou des recommandations qu'elles reçoivent sans doute de l'extérieur, spécialement des pays puissants ou relativement puissants.

3° L'« imperium romanum » et la préfiguration du totalitarisme aristocratique.

Simone Weil, philosophe français, a manifesté à maintes reprises dans ses écrits sa répulsion à l'égard de l'*imperium romanum,* préfiguration, selon elle, du totalitarisme et de son règne par la mort.

Il est certain que Rome n'a jamais connu la démocratie, à l'inverse d'Athènes. On distingue traditionnellement quatre périodes dans l'histoire romaine : l'aristocratie, la république, l'empire et la dictature. La République romaine ne représente-t-elle pas la démocratie ? Tout d'abord, la « République » a été brève (de 241 à 133 av. J.-C.). Ce qui pourrait apparaître comme un semblant de démocratie a été encore plus bref ; il semble qu'une semi-démocratie ait pu fonctionner de 241 à 216 av. J.-C. A partir de 215, s'affirme et s'accentue un mouvement irréversible vers l'oligarchie : le Sénat confisque le pouvoir à son profit ; la noblesse devient la seule classe politique au détriment des classes moyennes. De 133 à 100 av. J.-C., ce sont déjà les dictatures militaires qui annoncent les dictatures impériales : Tiberius, Caius et Marius précèdent César. La brièveté de la « République romaine » est manifeste.

Rome était beaucoup plus peuplée qu'Athènes. On ne pouvait songer à réunir sur la place publique le peuple afin qu'il votât des lois. Le droit de vote n'était accordé qu'aux Romains et non à tous les citoyens de l'Empire. Ce n'est qu'à partir de 90 av. J.-C. que la *Lex Julia* et la *Lex Plautia Papiria* étendirent dans une assez large mesure le droit électoral en Italie. Et surtout une seule classe, la noblesse, allait s'arroger tous les droits économiques, donc toutes les prérogatives politiques. En 104 av. J.-C., sur près de 400.000 citoyens, on ne dénombre pas plus de 2.000 propriétaires terriens. Le prolétariat constituait donc la plus large part. La populace était tenue en main par des politiciens professionnels. Ceux-ci, agissant au nom de la noblesse, distribuaient quelques piécettes aux citoyens pauvres pour conquérir leurs voix.

Dans ces conditions, le peuple ne gouverna jamais à Rome. C'est la primauté du commandement, de l'*imperium,* qui régira à Rome, à toutes les époques, les relations politiques, alliée à un sens aigu de la hiérarchie divino-humaine.

Le philosophe contemporain italien Julius Evola, dans son livre *Les hommes au milieu des ruines* (Paris, 1972), a montré que c'est au domaine du sacré qu'appartient essentiellement l'ancienne notion romaine de l'*imperium,* laquelle, avant d'exprimer un système d'hégémonie territoriale supranationale, désigne la pure puissance du commandement, la force quasi mystique et *l'auctoritas* propres à celui qui exerce les fonctions et remplit les qualités de chef, aussi bien dans l'ordre religieux et guerrier que dans celui de la famille patricienne (la « gens ») et de l'Etat, de la *res publica*. D'après cet auteur, l'Etat apparaît ainsi comme une notion fondamentalement masculine. Ses rapports avec le peuple (la patrie, la nation) seraient analogues à ceux de l'homme avec la femme, du *pater familias* avec sa famille, voire, sur le plan des croyances indo-européennes, du ciel avec la terre.

> « C'est ainsi, écrit-il, que dans la Rome antique, la notion d'Etat et d'*imperium*, de puissance sacrée, se rattachait étroitement au culte symbolique des divinités viriles du ciel, de la lumière et du monde supérieur, opposé à la région obscure des Mères et des divinités chthoniennes. » (*op. cit.*, p. 29).

Le pouvoir vient d'en haut. C'est le magistrat qui l'incarne au nom de Rome, entité abstraite, monstre phénoménal, au nom de qui il accomplira les actes juridiques nécessaires tant aux hommes qu'aux dieux. Le peuple romain n'a jamais eu conscience qu'il pourrait, un jour, se gouverner. Les hommes politiques et les écrivains ne seront pas là non plus pour semer ce qui leur apparaît comme un germe malfaisant : aucun des grands hommes politiques, de Tiberius Gracchus à César, n'a jamais pu même envisager d'attribuer au peuple romain le droit de libre discussion et de l'initiative réelle des projets de lois. Cicéron ne parle qu'avec mépris, voire avec horreur, des pratiques, infâmes pour lui, en usage dans les assemblées grecques, où n'importe qui prenait la parole. A la question : « Qui doit gouverner ? », les Romains, même ceux du temps de la République, répondaient : « Ceux qui gouvernent. » « Pour qui doit-on gouverner ? », « Pour Rome », répondaient les Romains.

C'est déjà l'expression même du totalitarisme aristocratique. Henry de Montherlant, dans une de ses œuvres ultimes, *Le Treizième César*, parue en 1970, en relisant Tacite, a relevé ces citations caractéristiques : « Cependant, à Rome, consuls, sénateurs, chevaliers se précipitent dans la servitude » (p. 53). On rapporte que Tibère, toutes les fois qu'il sortait du Sénat, s'écriait en grec : « O Hommes, faits pour l'esclavage » (p. 58). « C'est sous Tibère... que les accusés qui sentent qu'on veut leur peau prennent l'habitude de devancer l'arrêt en se tuant » (p. 58). Et Montherlant, un peu plus loin, de circonscrire encore mieux le totalitarisme romain par cette notation (pp. 133-134) :

> « A la base de tout, le peuple romain est un peuple haineux. De là un peuple d'accusateurs. Chaque homme public a été, une fois au moins dans sa vie, mis en accusation, quelle que soit sa puissance, quels que soient les services qu'il ait rendus, et cela depuis les temps les plus reculés. A Rome, on aime tellement les mises en accusation que Caton suggère au Sénat d' " ordonner par un décret que ceux qui seraient nommés aux charges, s'ils n'avaient personne qui les accusât, seraient obligés de se présenter eux-mêmes en jugement " (Plutarque). »

Et Montherlant d'ajouter (p. 134) :

> « Quand la folie gouverne, la raison est un délit. Quand la bêtise gouverne, l'intelligence est un délit ; quoi qu'il fasse, le meilleur accuse, et parce

qu'il accuse, on l'accuse... Nul peuple, conclut-il, n'a connu le désespoir autant que ce peuple qui conquit l'univers. »

Il convient toujours de réfléchir à la rencontre du totalitarisme et de la mort et au règne du totalitarisme par la mort. Dans *Les chênes qu'on abat* (1971), André Malraux met dans la bouche de de Gaulle cette phrase : « Staline m'a dit une seule chose sérieuse, et je vous l'ai citée : " A la fin, il n'y a que la mort qui gagne " » (p. 71). C'est une autre caractéristique des systèmes totalitaires que la rapidité avec laquelle on les oublie et la facilité avec laquelle on les remplace. Fondés sur la force et la violence, récusant le droit, les systèmes primitifs que sont les systèmes totalitaires ne meurent pas facilement.

§ 2. — L'Etat libéral ou technodémocratique

L'Etat libéral sous-tend des institutions et des rapports entre elles qui sont essentiellement fondés sur la liberté et l'égalité. Plus précisément, on peut dire que la formule de l'article 1er de la Déclaration des droits de l'homme et du citoyen de 1789, selon laquelle : « Les hommes naissent et demeurent libres et égaux en droits » fonde bien l'Etat libéral.

L'Etat libéral n'est donc pas le « monstre froid » qu'a connu Rome, par exemple. Il est limité par le droit qu'il sécrète, ce qui le différencie au premier chef des Etats totalitaires. La majorité des Etats d'Europe occidentale, ainsi que les Etats-Unis d'Amérique, coïncident géographiquement avec la notion d'Etat libéral. On citera encore, comme Etats libéraux, le Canada, le Vénézuela, le Costa-Rica, Israël, le Japon, l'Australie, la Nouvelle-Zélande. Il n'y a pas plus de 25 Etats libéraux dans le monde.

Pourquoi évoquer l'Etat technodémocratique ? Parce que les assises économiques de l'Etat libéral ne sont plus les mêmes depuis 1945 : elles se sont élargies. Elles reposent non plus sur des unités capitalistes de petite dimension, mais sur des sociétés multinationales et sur ce que Galbraith appelle « technostructures » qui associent, voire confondent, le politique, l'économique et l'administratif.

L'Etat libéral présente deux faces. Dans l'introduction à *Janus, les deux faces de l'Occident* (1972), Maurice Duverger s'est expliqué là-dessus (p. XII) :

> « Comme Janus, le dieu à double visage dont l'effigie marquait les monnaies de la République romaine voici vingt-deux siècles, le système occidental présente deux faces opposées mais complémentaires, ce dualisme constituant sa nature profonde. D'un côté, le pluralisme, les libertés, les élections compétitives fournissent aux citoyens des possibilités d'action sur les gouvernants plus grandes que partout ailleurs. Si ces moyens sont restés longtemps plus apparents que réels, s'ils le demeurent encore dans une certaine mesure, ils ont atteint depuis plus de cinquante ans un degré de réalité qui ne peut être sérieusement contesté. Il ne s'agit plus seulement de démocratie " formelle ", comme au XIXe siècle, quand Marx développait son analyse, mais de démocratie authentique.
>
> « Cependant, cette démocratie reste partielle. A l'intérieur des régimes occidentaux, les citoyens et leurs organisations ne détiennent pas seuls le pouvoir politique : ils le partagent principalement avec les détenteurs de capitaux, individus et surtout grandes firmes industrielles, commerciales et

financières. Telle est l'autre face de Janus. Les députés, les ministres, les chefs de gouvernement ne sont pas de simples marionnettes aux mains des capitalistes, comme le prétend une propagande simpliste. Ils peuvent s'appuyer sur les électeurs pour résister à la pression des puissances économiques : mais celle-ci reste lourde, d'autant qu'elle peut aussi influencer les citoyens. Les décisions politiques sont prises dans le cadre du parallélogramme de forces résultant de la combinaison de ces facteurs. »

Les droits et libertés individuels reconnus par l'Etat libéral sont sous-tendus par des structures économiques qui reposent elles aussi sur la liberté, à défaut là d'égalité économique.

A. — L'Etat libéral garantit aux citoyens des droits et libertés

Une des plus anciennes expressions de protection des libertés individuelles se rencontre en Grande-Bretagne : il s'agit du célèbre *Act of Habeas Corpus* qui protège le citoyen britannique contre toute arrestation arbitraire (1679).

Depuis la Révolution française, les droits publics individuels ont trouvé leur expression quasi parfaite dans les Déclarations des droits inspirées de la Déclaration d'indépendance américaine qui date de 1776. On peut donc affirmer que l'affirmation de droits et de libertés individuels est d'origine anglo-saxonne. Nous avons d'ailleurs vu que la tradition romaine se situait aux antipodes d'une semblable philosophie humaine.

A quoi se réduisent donc ces fameuses libertés publiques qui sont les composantes essentielles de l'Etat libéral ? En tant que droits de l'homme reconnus, définis et protégés par l'Etat, on peut les classer en trois catégories.

1) Droits *individuels,* qui assurent à l'individu une certaine autonomie en face du pouvoir. Cette autonomie se manifeste aussi bien dans le domaine de l'activité physique que dans ceux de l'activité intellectuelle et spirituelle et économique (activité physique : par exemple, inviolabilité du domicile, liberté d'aller et de venir ; activité intellectuelle et spirituelle : liberté d'opinion, d'expression et de conscience ; activité économique : droit de propriété, liberté du commerce et de l'industrie).

2) Droits *politiques.* Ils permettent à l'individu de participer à l'exercice du pouvoir (droit de vote, par exemple). On peut aussi inclure dans cette catégorie les libertés de la presse, de réunion, d'association.

3) Droits *économiques* et *sociaux,* qui sont eux-mêmes de nature individuelle ou collective. Au titre des droits individuels, l'individu pourra exiger de l'Etat le droit au travail, à la santé, à l'instruction. Au titre des droits collectifs, le droit syndical et le droit de grève en sont des exigences éminentes.

L'on constate que les droits publics et individuels trouvent, en France, leur source dans les Déclarations des droits de l'homme et du citoyen de 1789 et de 1793, tandis que les droits sociaux et économiques ont été expressément prévus et organisés beaucoup plus tard, c'est-à-dire dans le préambule de la Constitution du 27 octobre 1946, auquel renvoie d'ailleurs la Constitution du 4 octobre 1958.

1° Les droits publics et individuels et les Déclarations des droits de l'homme.

La Déclaration française des droits de l'homme et du citoyen de 1789 a trouvé son inspiration dans des textes plus anciens d'origine anglaise et américaine.

La grande Charte de Jean sans Terre (12 juin 1215), qui est un contrat passé entre le roi d'Angleterre et les grands féodaux, exprime fondamentalement :

> « Nous avons aussi accordé à tous les hommes libres de notre royaume, pour nous et pour nos héritiers à perpétuité, toutes les libertés inscrites ci-dessous pour qu'ils les aient et les tiennent, eux et leurs héritiers, de nous et de nos héritiers. »

Au nombre de ces libertés, se trouve déjà la formulation du principe de légalité et du droit d'aller et de venir :

> « Aucun homme libre ne sera arrêté ou emprisonné, ou dépossédé de ses biens, ou déclaré *outlaw,* ou exilé, ou lésé de quelque manière que ce soit, et nous n'irons pas contre lui et nous n'enverrons personne contre lui, sans un jugement loyal de ses pairs, conformément à la loi du pays... Il sera permis, à l'avenir, à toutes les personnes de sortir de notre royaume et d'y revenir, librement et en toute sûreté, par terre et par eau, sauve notre fidélité, excepté en temps de guerre, pour peu de temps, pour le bien commun du royaume. »

Cette charte contient en outre l'amorce du régime parlementaire par l'exigence du consentement à l'impôt :

> « Aucun écuage ou aide ne sera établi dans notre royaume sans le consentement du commun conseil de notre royaume... »

La Pétition des droits du 7 juin 1628, faisant expressément référence à la grande Charte de 1215, rappela que le pouvoir du roi était limité par des droits et libertés individuels, en même temps qu'elle développait le principe du consentement du Parlement à l'impôt.

Le Bill des droits du 13 février 1689 établit la garantie des libertés publiques par le Parlement. Il énonce particulièrement :

> « Présentement, et comme conséquence de ce qui précède, les dits lords spirituels et temporels et les Communes assemblées en Parlement pour ratifier, confirmer et fonder ladite déclaration, et les articles et clauses et points y contenus, par la vertu d'une loi du Parlement en due forme, supplient qu'il soit déclaré et arrêté que tous et chacun des droits et libertés rapportés et réclamés dans ladite déclaration sont les vrais, antiques et incontestables droits et libertés du peuple de ce royaume, et seront considérés, reconnus, consacrés, crus, regardés comme tels ; que tous et chacun des articles susdits seront formellement et strictement tenus et observés tels qu'ils sont exprimés dans ladite déclaration ; enfin, que tous, officiers et ministres quelconques serviront à perpétuité leurs Majestés et leurs successeurs conformément à cette déclaration. »

La « Déclaration de l'indépendance des Etats-Unis du 4 juillet 1776 », qui marquait la fin de la colonisation anglaise en Amérique du Nord, au moins pour les colonies anglaises qui se constituaient en Etats-Unis d'Amérique, est l'inspiratrice directe et immédiate de la Déclaration française des droits de l'homme et du citoyen de 1789. Citons-en les extraits les plus caractéristiques :

> « Lorsque dans le cours des événements humains, il devient nécessaire pour un peuple de dissoudre les liens politiques qui l'ont attaché à un autre et de prendre, parmi les puissances de la terre, la place séparée et égale à laquelle les lois de la nature et du Dieu de la nature lui donnent droit, le respect dû à l'opinion de l'humanité l'oblige à déclarer les causes qui le déterminent à la séparation.
>
> « Nous tenons pour évidentes par elles-mêmes les vérités suivantes : tous les hommes sont créés égaux ; ils sont doués par le Créateur de certains droits inaliénables ; parmi ces droits se trouvent la vie, la liberté et la recherche du bonheur. Les gouvernements sont établis par les hommes pour garantir ces droits, et leur juste pouvoir émane du consentement des gouvernés. Toutes les fois qu'une forme de gouvernement devient destructive de ce but, le peuple a le droit de le changer ou de l'abolir et d'établir un nouveau gouvernement, en le fondant sur les principes et en l'organisant en la forme qui lui paraîtront les plus propres à lui donner la sûreté et le bonheur. La prudence enseigne à la vérité que les gouvernements établis depuis longtemps ne doivent pas être changés pour des causes légères et passagères, et l'expérience de tous les temps a montré, en effet, que les hommes sont plus disposés à tolérer des maux supportables qu'à se faire justice à eux-mêmes en abolissant les formes auxquelles ils sont accoutumés. Mais lorsqu'une longue suite d'abus et d'usurpations tendant invariablement au même but, marque le dessein de les soumettre au despotisme absolu, il est de leur droit, il est de leur devoir de rejeter un tel gouvernement et de pourvoir, par de nouvelles sauvegardes, à leur sécurité future... »

La Déclaration de l'indépendance des Etats-Unis de 1776 a eu une influence certaine sur la Déclaration française des droits de l'homme et du citoyen du 26 août 1789, toujours en vigueur, puisque le préambule de la Constitution du 4 octobre 1958 énonce :

> « Le peuple français proclame solennellement son attachement aux droits de l'homme et aux principes de la souveraineté nationale tels qu'ils ont été définis par la Déclaration de 1789, confirmée et complétée par le préambule de la Constitution de 1946. »

Quels sont ces droits de l'homme ? Ce sont : l'égalité, la liberté de conscience et d'expression de la pensée, la propriété, la sûreté et la résistance à l'oppression (la sûreté, c'est la garantie du citoyen contre les arrestations et pénalités arbitraires ; la résistance à l'oppression entraîne le droit à l'insurrection).

La Déclaration des droits de l'homme et du citoyen qui précède la Constitution montagnarde du 24 juin 1793 énumère les mêmes droits de l'homme. Mais elle proclame, en outre, d'autres droits fondamentaux : le droit à l'instruction, la liberté du commerce et de l'industrie et le louage de services.

La Déclaration universelle des droits de l'homme, votée par l'Assemblée générale des Nations Unies le 10 décembre 1948, reconnaît aux individus, dans la ligne des déclarations françaises de 1789 et de 1793, des droits et des libertés essentiels. De même, la Convention européenne des droits de l'homme, adoptée par le Conseil de l'Europe le 4 novembre 1950, a marqué, dans l'ordre européen, une reconnaissance internationale des droits de l'homme, avec cette différence que si la Déclaration universelle de 1948 n'est assortie d'aucun mécanisme de garantie, la Convention européenne de 1950 a institué un tel mécanisme : Commission et Cour européenne des droits de l'homme qui sanctionnent, dans certaines conditions, la violation des droits de l'homme dont se seraient rendus coupables les Etats signataires. Ayant ratifié la Convention en 1974, la France a cependant refusé d'accorder aux particuliers tout droit de recours auprès de la Commission (art. 25 de la Convention).

2° Les droits économiques et sociaux et le Préambule de la Constitution française du 27 octobre 1946.

Le Préambule de la Constitution du 4 octobre 1958 renvoie aux dispositions du Préambule de la Constitution de la IV° République. Les droits économiques et sociaux énumérés dans ce préambule sont formulés tantôt sous la forme d'un droit, tantôt sous celle d'une obligation à la charge de l'Etat :

> « ...chacun a le devoir de travailler et d'obtenir un emploi... Tout homme peut défendre ses droits et ses intérêts par l'action syndicale et adhérer au syndicat de son choix... Le droit de grève s'exerce dans le cadre des lois qui le réglementent... Tout travailleur participe, par l'intermédiaire de ses délégués, à la détermination collective des conditions de travail ainsi qu'à la gestion des entreprises... Tout bien, toute entreprise, dont l'exploitation a ou acquiert les caractères d'un service public national ou d'un monopole de fait, doit devenir la propriété de la collectivité... La nation assure à l'individu et à la famille les conditions nécessaires à leur développement... Elle garantit à tous, notamment à l'enfant, à la mère et aux vieux travailleurs, la protection de la santé, la sécurité matérielle, le repos et les loisirs. Tout être humain qui, en raison de son âge, de son état physique ou mental, de la situation économique, se trouve dans l'incapacité de travailler a le droit d'obtenir de la collectivité des moyens convenables d'existence. »

La reconnaissance de ces droits économiques et sociaux marquait la volonté des Constituants d'amorcer une société socialisante, tout en proclamant leur attachement aux principes libéraux hérités de la tradition modérée de la Révolution française.

Et il est vrai que cette tendance à la socialisation (1), qui demeure une des caractéristiques de la société française, ne doit pas être confondue avec le socialisme. Comme l'écrit Jean-Pierre Lassale (*Clefs pour la Politique,* 1969, pp. 37-38) :

> « Le terme de socialisation est nécessairement vague, parce qu'il exprime un mouvement, beaucoup plus qu'il ne désigne un état. Et, de plus, il est ambigu, car il risque d'être aisément confondu avec celui de socialisme qui, lui, exprime un système de valeurs, et sous-entend tout autre chose. Certes, on ne saurait nier qu'un certain nombre d'exigences ou de mécanismes considérés il y a quelques décennies encore comme socialistes soient aujourd'hui satisfaits ou utilisés dans les sociétés occidentales. Un certain nombre de revendications socialistes d'il y a cinquante ans sont devenues des évidences pour le néo-capitalisme d'aujourd'hui. Mais le concept de socialisation n'a pas en soi de coloration idéologique, même si, par ailleurs, il est susceptible d'être manipulé au bénéfice d'idéologies tout à fait étrangères au socialisme. Il traduit simplement une réalité — celle que décrivait, par exemple, l'Encyclique *Mater et Magistra* du Pape Jean XXIII : " La socia-

(1) Pour les sociologues modernes américains, tel Gabriel Almond, le terme *socialisation* a un tout autre sens : c'est « le processus par lequel les attitudes politiques sont inculquées ».

lisation, constatait ce texte, est un des signes caractéristiques de notre époque. Elle consiste dans une multiplication progressive des relations de la vie commune ; elle comporte des formes diverses de vie et d'activités associées, et l'instauration d'institutions juridiques" (*Mater et Magistra :* Lettre encyclique du 15 mai 1961). Autrement dit, la socialisation ainsi entendue s'oppose à l'individualisme et au séparatisme qui caractérisaient l'Etat libéral. Celui-ci reposait sur toute une série de cloisonnements qui délimitaient, en quelque sorte, les diverses activités sociales : le politique et l'économique, le privé et le public, l'individuel et le collectif. Or, ce sont ces différentes frontières qui tendent à s'oblitérer, à se recouvrir les unes les autres à l'époque contemporaine. »

B. — De l'Etat libéral a l'Etat technodémocratique

La socialisation dont il vient d'être fait état en tant que mouvement fait partie de ce que Maurice Duverger appelle la « technodémocratie », du mot « technostructure » tel que l'a utilisé l'économiste américain J.-K. Galbraith (2). La technostructure, politique ou économique, réunit toutes les personnes qui possèdent les informations spécialisées indispensables à la marche de l'entreprise ou de l'Etat et qui sont ainsi associées aux prises de décision collectives. Pour les firmes, il s'agit de spécialistes des techniques de production, de l'organisation sociale, du financement, du marketing, etc... Pour l'Etat, les ministres, les hauts fonctionnaires, les membres des cabinets ministériels, les leaders des partis majoritaires, les hommes politiques influents, constituent la technostructure politique.

Il est manifeste, en tout cas, que les économies occidentales sont de plus en plus des économies mixtes, qui mêlent capitaux privés et capitaux publics ; en France, l'intervention de l'Etat dans le domaine économique s'exerce à travers les politiques et techniques de la planification, de l'aménagement du territoire et de l'expansion régionale, de même qu'à travers le droit de l'urbanisme, de plus en plus réglementé et détaillé.

Un autre trait ne doit pas être négligé, au niveau international : de moins en moins les firmes industrielles sont nationales. Les entreprises tendent à dépasser les frontières nationales pour former ce qu'il est convenu d'appeler « firmes multinationales ». Le jeu des participations financières tend à former une oligarchie multinationale. Cette multinationalité, plus apparente que réelle, se traduit, en fait, par des participations majoritaires de capitaux américains à des entreprises européennes. La dimension et la puissance de ces firmes entraînent nécessairement un alignement des politiques nationales sur la politique économique américaine. La liaison, voire l'enchevêtrement des technostructures politique et économique ne s'exerce pas seulement aux divers plans nationaux : elle s'élargit et se complique au niveau international.

Du point de vue du pouvoir, de l'Etat, le temps n'est plus où Anatole France écrivait : « Je pardonne à la République de gouverner mal, parce qu'elle gouverne peu. » L'individu, le citoyen attend de plus en plus d'interventions en sa faveur de la part de l'Etat : il cherche et attend sa protection ; il ne lui demande plus seulement de lui accorder et de lui reconnaître des droits et des libertés publiques qui conservent, malgré tout, un caractère relativement formel,

---

(2) J.-K. Galbraith, *Le nouvel Etat industriel,* Paris, 1974

au moins partiellement en Europe. Il attend que l'Etat lui garantisse la croissance et l'élévation de son niveau de vie. En même temps, et de façon plus consciente, tout ce qui est idéologie tend de plus en plus à être récusé par le citoyen moyen qui fait lui-même partie des classes moyennes qui dominent, au moins quantitativement, au sein des composantes sociales d'une population donnée de l'Occident. A l'âge de la production a succédé l'âge de la consommation qui conditionne en tout l'individu. L'univers unidimensionnel, pour reprendre le terme de Marcuse, traduit bien le triomphe de l'intégration sociale à tendances et à finalités purement quantitatives et non plus qualitatives. L'analyse systémique de David Easton exprime bien les constantes de tout pouvoir. Dans *L'Homme unidimensionnel,* Herbert Marcuse (1968, p. 36) a pu écrire :

> « Que la réalité ait absorbé l'idéologie ne signifie pas cependant qu'il n'y a plus d'idéologie. Dans un sens, au contraire, la culture industrielle avancée est plus idéologique que celle qui l'a précédée, parce que l'idéologie se situe aujourd'hui dans le processus de production lui-même. Cette proposition révèle, sous une forme provocante, les aspects politiques de la rationalité technologique actuelle. »

La puissance de récupération de la technodémocratie est très grande : sans négliger le fait que l'œuvre philosophique d'Herbert Marcuse fait partie intégrante de l'intellectualisme américain et de la démocratie à l'américaine, il faut constater que les protestations de la jeunesse, les débordements révolutionnaires (dont les excès sont dénoncés par Marcuse lui-même), les mouvements étudiants, les attitudes gauchistes ou gauchisantes s'intègrent parfaitement dans l'Etat technodémocratique dans la mesure où ces divers phénomènes peuvent être utilisés pour développer davantage la consommation de plus en plus orientée par les entreprises multinationales. Il faut aussi se rendre compte que la contestation sert de soupape de sûreté à la technodémocratie. Elle l'empêche de se scléroser. Elle l'oblige à s'améliorer et à ne pas se dégrader. La contestation sert donc d'une certaine façon la démocratie occidentale. Il ne faut pas oublier que les systèmes totalitaires ne lui laissent aucune place, l'idéologie sécrétée par le parti unique étant, par définition, particulièrement intolérante.

Même en tenant compte du phénomène de l'Etat technodémocratique, qui est propre aux sociétés occidentales de tradition libérale, on constate que les pays qui le connaissent continuent d'être vigilants sur le respect des droits et libertés publics et individuels. Deux exemples récents sont convaincants : l'un regarde les Etats-Unis, l'autre la France.

La Cour suprême fédérale des Etats-Unis d'Amérique, dans un arrêt du 30 juin 1971, a réaffirmé le plein exercice de la liberté de la presse : il s'agissait d'une tentative de l'administration Nixon de s'opposer à la publication par deux grands quotidiens de documents du Pentagone sur la guerre du Viêtnam. L'arrêt de la Cour a condamné le principe de la censure préalable et cela en raison du premier amendement à la Constitution de 1787 garantissant la liberté de la presse, de parole et de religion.

L'autre exemple est français : il regarde une importante décision du Conseil constitutionnel du 16 juillet 1971 qui a clairement énoncé que la liberté d'association faisait partie des principes fondamentaux du droit républicain français et a déclaré inconstitutionnelles les dispositions d'une loi portant atteinte à cette liberté.

SECTION III

ETAT ET NATION

Nous avons déjà envisagé et étudié l'idée et la notion d'Etat ; à ce propos, il nous a été ensuite donné d'opposer et de comparer l'Etat totalitaire et l'Etat libéral. Le concept de « nation » va maintenant nous retenir : ses rapports avec l'Etat ne sont pas immédiatement aisés à appréhender. Quand, à propos du pouvoir, nous avions évoqué la souveraineté nationale, nous avions perçu que « peuple » et « nation » ne s'identifiaient pas.

§ 1 — Les deux significations du mot « nation »

Si l'on ouvre à la page une, le tome I des *Mémoires d'espoir* de Charles de Gaulle, on trouve confrontées les notions d'Etat et de Nation (tome I : *Le Renouveau,* 1958-1962) :

> « La France vient du fond des âges. Elle vit. Les siècles l'appellent. Mais elle demeure elle-même au long du temps. Ses limites peuvent se modifier sans que changent le relief, le climat, les fleuves, les mers, qui la marquent indéfiniment. Y habitent des peuples qu'étreignent, au cours de l'Histoire, les épreuves les plus diverses, mais que la nature des choses, utilisée par la politique, pétrit sans cesse en une seule *nation.* Celle-ci a embrassé de nombreuses générations. Elle en comprend actuellement plusieurs. Elle en enfantera beaucoup d'autres. Mais, de par la géographie du pays qui est le sien, de par le génie des races qui la composent, de par les voisinages qui l'entourent, elle revêt un caractère constant qui fait dépendre de leurs pères les Français de chaque époque et les engage pour leurs descendants. A moins de se rompre, cet ensemble humain, sur ce territoire, au sein de cet univers, comporte donc un passé, un présent, un avenir, indissolubles. Aussi *l'Etat,* qui répond de la France, est-il en charge, à la fois, de son héritage d'hier, de ses intérêts d'aujourd'hui et de ses espoirs de demain. »

Dans ce passage, le général de Gaulle a bien énuméré les caractères de la Nation, au sens social du terme. On peut dire, en effet, que la Nation s'exprime à travers un groupement d'hommes unis entre eux par des éléments communs à la fois d'ordre objectif (race, langue, religion, mode de vie) et d'ordre subjectif et spirituel, fondés sur un même passé et sur un sentiment d'identique parenté (civilisation, histoire, tradition), et orientés vers l'avenir par une volonté de vivre ensemble. Ces caractères les rendent solidaires et en font une entité distincte des autres communautés humaines.

Ainsi définie, la nation se présente comme une conception globale d'ordre à la fois historique et sentimental. La nation, ainsi entendue, à travers la diversité ou la communauté des liens affectifs, sociaux, culturels, géographiques, ethniques qui unissent ou rassemblent une population donnée s'apprécie essentiellement à travers l'Histoire. Elle est façonnée par l'Histoire qui, à un moment donné de son évolution, a conduit des peuplades, souvent d'origine distincte, à cohabiter ensemble à l'intérieur de frontières qui se sont définies ; ces peuples ont eu le sentiment d'appartenir à la même nation.

Entendue de la sorte, la nation se réduit-elle à la notion révolutionnaire de nation que les républicains modérés de la fin du XVIIIe siècle ont utilisée pour défendre la conception de « souveraineté nationale », ce en quoi ils s'opposaient aux révolutionnaires « radicaux », au sens américain du terme, qui, eux, prônaient la souveraineté populaire ?

Certainement pas. La nation (avec un n minuscule) rencontrée dans « souveraineté nationale » est une pure construction juridique, une abstraction à signification politique, qui entendait faire de la nation une entité distincte du peuple, et, à ce titre, titulaire de la souveraineté. Au contraire, la Nation (avec un N majuscule), dont les éléments constitutifs ont bien été mis en lumière par de Gaulle (après d'autres auteurs, comme Michelet et Renan) veut recouvrir le peuple, avec ses composantes culturelles et affectives qui vit sur un territoire donné à travers les siècles, voire se trouve doté d'une certaine immortalité.

Autrement dit, si la nation (au sens global et le plus général du terme) est une donnée finalement immédiate de la conscience universelle, la nation (indissolublement liée, par son adjectif, à la souveraineté), dans son sens plus juridique et plus restreint d'entité indivisible distincte de l'ensemble des citoyens qui composent une république, est une création purement française, forgée par la volonté des révolutionnaires modérés d'établir un écran entre le peuple et l'Etat.

Ceci montre bien que, contrairement à une doctrine jadis soutenue en droit constitutionnel français, l'Etat ne se réduit pas à la nation : dirait-on alors que les députés et sénateurs sont les représentants de l'Etat et non de la nation, projection quelque peu formelle et abstraite du peuple ? C'est faire sentir l'absurdité d'un tel propos. A la limite, les parlementaires exerçant la souveraineté au nom de la nation n'auraient pas besoin d'être nécessairement élus : ils pourraient fort bien être désignés, être nommés par l'organe gouvernemental.

Laissons là le concept de « nation » rencontré principalement sous forme adjective dans la « souveraineté nationale ». Revenons à la nation, globalisée à travers l'Histoire et le sentiment.

Alors, les rapports, les relations entre l'Etat et la Nation peuvent s'apprécier de deux façons : soit dans le temps : il s'agit alors de savoir si l'Etat préexiste à la Nation ou inversement ; soit dans l'instantané, à un moment donné de l'Histoire, mais suffisamment bien choisi pour que la Nation se soit formée et existe avec toutes ses composantes : l'Etat se réduit-il à la Nation ou est-il distinct de la Nation ?

§ 2. — Coïncidence ou non-coïncidence dans une perspective historique de l'Etat et de la Nation

L'Etat a-t-il précédé la Nation ou la Nation précède-t-elle l'Etat ?

Les deux situations se rencontrent dans l'Histoire.

La Nation a-t-elle précédé l'Etat ? C'est le cas de la majorité des démocraties de l'Europe occidentale, pour n'envisager qu'elles. La Nation allemande, la Nation italienne ont existé avant que ne se constitue un Etat allemand, un Etat italien. Un seul Etat, une seule Nation, à partir de ces exemples.

A l'époque contemporaine, on assiste, dans d'autres parties du monde, à un phénomène semblable dans le contexte de Nations préexistantes qui ont donné naissance à plusieurs Etats. Exemples : Allemagne de l'Est et Allemagne de l'Ouest ; Corée du Nord et Corée du Sud. On peut affirmer que, dans ces hypothèses aussi, la Nation préexistait à l'Etat, mais on peut prétendre aussi que, dans l'avenir, la dialectique Nation-Etat fera sentir ses effets : les deux Etats établis dans une Nation originaire engendreront des Nations différentes.

Il ne faut non plus avoir garde d'oublier qu'il existe aussi des Etats multinationaux, qui ont pris la forme de fédérations (U.R.S.S., Yougoslavie). Nous retrouverons ultérieurement ce phénomène à propos de l'étude de l'Etat fédéral.

Quant à la Grande-Bretagne et à la France, il semble que la création de l'Etat et de la Nation y aient été concomitantes : les alliances, les conquêtes ont formé le concept de Nation, en même temps que croissait l'autorité étatique.

L'Etat a-t-il précédé la Nation ? On peut dire que cette hypothèse a *grosso modo* correspondu à l'édification des Etats-Unis d'Amérique, en même temps, qu'à notre époque, elle recouvre la quasi-totalité des Etats sous-développés d'Afrique Noire.

Si la Constitution des Etats-Unis d'Amérique date de 1787, il faut cependant constater que la Nation américaine s'est définitivement fixée à partir du moment où le Congrès, au lendemain de la première guerre mondiale, a arrêté autoritairement l'immigration. Cependant, il convient aussi de remarquer que la population anglo-saxonne des treize Etats primitifs a constitué le noyau de la nation américaine et que, dans cette mesure aussi, la Nation a précédé l'Etat bien qu'elle ne fût pas achevée.

A notre époque, le cas des nouveaux Etats d'Afrique Noire est particulièrement révélateur : ces Etats se sont constitués autour de l'année 1960. Le Traité de Berlin, qui avait permis en 1885 de délimiter les zones soumises à l'influence directe de la Grande-Bretagne et de la France essentiellement, avait marqué la fixation de frontières souvent artificielles résultant d'une entente ordonnée des principales puissances européennes du XIXe siècle. Des peuplades que tout opposait se sont trouvé réunies dans des colonies qui engendreraient plus tard des Etats, alors que des peuplades que des éléments raciaux et culturels unissaient se trouvèrent brutalement scindées en plusieurs colonies dont les frontières, dans la seconde moitié du XXe siècle, ne seraient pas remises en cause et à l'intérieur desquelles se constitueraient des Etats. Tel a d'ailleurs été le sens de la Conférence panafricaine d'Addis-Abéba du 26 mai 1963 qui a donné naissance à l'Organisation de l'Unité Africaine : les Etats se sont simplement constitués à la place des anciennes colonies. Et l'on a assisté avant et après 1963 à l'échec des sécessions qui, voulant manifester et marquer certaines diversifications nationales, à l'intérieur d'un seul Etat, entendaient créer. à l'intérieur de celui-ci, un nouvel Etat. Il suffit d'évoquer l'échec de la constitution de « l'Etat katangais » à l'intérieur du Congo ex-belge, ainsi que celui du Biafra au sein du Nigéria.

Il apparaît donc que dans les Etats d'Afrique Noire l'Etat préexiste à la Nation. Cependant, il ne faut pas non plus oublier qu'en Afrique Noire aussi le nationalisme, constitué pour s'opposer et pour faire échec à la colonisation, a précédé dans une certaine mesure l'idée d'Etat. Mais le mouvement a été beaucoup moins net qu'aux Etats-Unis, en raison des structures ethniques et tribales de l'Afrique Noire, qui sont les simples manifestations d'un pouvoir non institutionnalisé.

§ 3. — Réduction ou non-réduction de l'Etat à la Nation

L'Etat est la forme institutionnalisée du pouvoir. Nous avons étudié aussi ce qu'il convenait d'entendre par *nation :* le sens abstrait, juridique que lui ont assigné les révolutionnaires modérés à travers le principe de souveraineté nationale. Le second sens du mot a aussi été envisagé : il se ramène à une communauté historique et de sentiments. Si André Hauriou affirme qu'en France « il y a coïncidence entre la Nation et l'Etat » (*Manuel,* 1975, p. 99), en revanche Georges Burdeau considère que « la collectivité nationale est le destinataire du régime étatique, elle n'en est pas la substance ». (*Manuel,* 1976, p. 21).

Nous pensons, en effet, qu'en France la Nation et l'Etat ne s'identifient pas, ne peuvent pas se confondre. La tradition monarchique de l'Ancien Régime continue d'imprégner fortement les mentalités et les institutions. Le Français de 1973 cherchait encore dans le président les signes de la royauté. Monarchique, rurale et catholique, la France demeure tout cela ensemble largement. Cependant, la tradition révolutionnaire demeure relativement vivace ; la France est, en même temps, l'un des rares pays du monde à admettre toute la gamme des partis politiques jusqu'au parti communiste qui prône une société étatisée et aux antipodes de la société libérale. Mais la tradition monarchique est présente dans l'administration et même dans chaque être. On évoque souvent « l'individualisme » des Français. M. Georges Pompidou y avait fait lui-même allusion dans un entretien télévisé du 8 février 1973. Mais on oublie généralement d'ajouter que l'individualisme mal compris n'est pas propice aux démocraties, qu'elles soient libérales ou autoritaires. (L'individualisme dans ses aspects négatifs de refus de participation à la communauté). L'individualisme ainsi entendu c'est en même temps le « monarchisme ». La coexistence des individualismes est propice au pouvoir de l'homme seul. A. de Tocqueville, dans *De la démocratie en Amérique,* a, à ce sujet, écrit les plus fortes phrases dans un chapitre intitulé « Comment les Américains combattent l'individualisme par des institutions libres » (N.R.F., 1968, p. 247) :

> « Le despotisme qui, de sa nature, est craintif, voit dans l'isolement des hommes le gage le plus certain de sa propre durée, et il met d'ordinaire tous ses soins à les isoler. Il n'est pas de vice du cœur humain qui lui agrée autant que l'égoïsme : un despote pardonne aisément aux gouvernés de ne point l'aimer, pourvu qu'ils ne s'aiment pas entre eux. Il ne leur demande pas de l'aider à conduire l'Etat ; c'est assez qu'ils ne prétendent point à le diriger eux-mêmes. Il appelle esprits turbulents et inquiets ceux qui prétendent unir leurs efforts pour créer la prospérité commune, et, changeant le sens naturel des mots, il nomme bons citoyens ceux qui se renferment étroitement en eux-mêmes. »

La démocratie, au contraire, requiert le respect d'une règle du jeu difficile qui sous-entend un consensus général moyen sur la société, le pouvoir, la manière de vivre et de se comporter. Elle exige la participation de tous. Ceci ne correspond pas encore au cas français.

En France, l'Etat exprime la Nation. Il répond à ses besoins. C'est bien ce qu'exprimait, il y a peu, le général de Gaulle, traduisant le sens de l'héritage politique français (*Mémoires d'espoir,* tome I, 1972, p. 7) :

> « Aussi l'Etat, qui répond de la France (la Nation), est-il en charge, à la fois, de son héritage d'hier, de ses intérêts d'aujourd'hui et de ses espoirs de demain. »

On a pu opposer l'Etat-Puissance à l'Etat-République (SCHWARTZENBERG, *Le Monde,* 8 janvier 1972).

L'Etat-Puissance : il est fait d'esprit monarchique. Il dérive de l'Empire romain. Il a été utilisé dans cette acception par Machiavel. Il a sans cesse été présent dans l'esprit comme dans la volonté de Louis XI, de Richelieu, de Louis XIV et de Napoléon. Alors l'Etat est synonyme avant tout d'autorité. C'est le souverain. Il est ce « monstre froid » dont on craint la puissance. L'autorité ne vient pas du peuple. Elle s'exerce de haut en bas. Le citoyen est étranger à l'Etat. L'administration française répond bien dans toutes ses composantes à l'Etat-Puissance : les fonctionnaires sont les « serviteurs » de l'Etat ; l'administration demeure étroitement centralisée autant qu'elle l'était sous Napoléon Ier. D'ailleurs, le tableau que traçait Alexis de Tocqueville dans *L'ancien Régime et la Révolution* (1856) demeure une source sûre pour qui veut étudier l'administration d'aujourd'hui.

Au contraire, ce que l'on a appelé l'Etat-République, la chose de tous, a inspiré l'indépendance américaine et la Révolution française. Alors l'Etat n'est plus une abstraction qui commande à la Nation : l'Etat, c'est la Nation juridiquement organisée. C'est un ensemble de moyens au service de la collectivité.

La conception de l'Etat-République n'a pas, seulement, inspiré la démocratie américaine. Elle a été aussi l'inspiratrice de la IIIe République. D'après cette conception, le citoyen n'est pas étranger à l'Etat, il est dans l'Etat, il compose l'Etat. L'Etat s'identifie bien à la Nation. Au contraire, d'après la conception de l'Etat-Puissance, l'individu, en face de l'Etat et de ses agents, est une sorte d'étranger. De la sorte, le comportement politique des Français va régulièrement de la torpeur à la révolte ; il n'atteint jamais les eaux claires de la responsabilité.

La conception de l'Etat-Puissance, directement issue de Louis XIV et de Napoléon, se traduit nécessairement un jour ou l'autre, au niveau des institutions, par la concentration de l'ensemble des pouvoirs entre les mains du Chef de l'Etat. C'était la conception même du général de Gaulle, telle qu'il l'a exprimée dans sa célèbre conférence de presse du 31 janvier 1964 :

> « ... Il doit être évidemment entendu que l'autorité indivisible de l'Etat est confiée tout entière au Président par le peuple qui l'a élu, qu'il n'en existe aucune autre, ni ministérielle, ni civile, ni militaire, ni judiciaire, qui ne soit conférée et maintenue par lui... »

Dans la conception de « l'Etat-République », l'Etat se confond avec la Nation ; dans la conception de « l'Etat-Puissance », l'Etat est une entité supérieure à la Nation. De telles conceptions avaient d'ailleurs déjà été exprimées au début du siècle, par la doctrine de droit public française. Carré de Malberg a particulièrement mis l'accent sur l'idée de puissance publique, de même que Maurice Hauriou. Léon Duguit, quant à lui, a insisté sur l'idée de solidarité nationale, l'Etat étant un ensemble de services publics.

Au plan des faits, dans un pays comme les Etats-Unis, l'Etat se réduit à la Nation, alors qu'il n'en va pas de même en France. Les raisons de cette différence ont été à peu près exposées par le général de Gaulle dans sa conférence de presse du 31 janvier 1964 :

> « On ne saurait méconnaître qu'une Constitution (présidentielle) a pu, jusqu'à présent, fonctionner cahin caha aux Etats-Unis, c'est-à-dire dans un pays qui, en raison de sa composition ethnique, de ses richesses économiques, de sa situation géographique, n'a connu aucune invasion, ni même depuis un siècle, aucune révolution ; dans un pays qui comprend deux partis politiques seulement, lesquels ne sont opposés par rien d'essentiel dans aucun domaine : national, social, moral ou international ; dans un pays fédéral, enfin, où le Gouvernement n'assume que les tâches générales : défense, diplomatie, finances, tandis qu'il appartient aux 50 Etats de l'Union de pourvoir à tout le reste. Mais comment ce régime conviendrait-il à la nation française, très fortement centralisée par le long effort des siècles, victime de toutes les secousses intérieures et extérieures depuis sept générations, toujours exposée à en subir d'autres, et où les multiples partis politiques, à l'exception de celui qui pousse au bouleversement, sont divisés et inconsistants ? ».

Aux Etats-Unis, modèle d'Etat fédéral, une décentralisation véritable empêche que l'Etat soit au-dessus de la Nation, ne se confonde pas avec elle. Le nouveau « régime » français, issu de l'élection présidentielle du 19 mai 1974, paraît se situer dans une ligne résolument républicaine : l'Etat serait amené à se confondre avec la Nation.

SECTION IV

ETAT FEDERAL ET ETAT UNITAIRE

§ 1. — L'Etat unitaire

La France, l'Espagne et le Portugal sont des Etats unitaires ; l'Allemagne de l'Ouest, les Etats-Unis et l'U.R.S.S. sont des Etats fédéraux. L'Etat unitaire, c'est celui qui ne comporte qu'un seul centre d'impulsion politique et gouvernementale. Le pouvoir, dans l'Etat unitaire, est représenté par un unique titulaire. Les citoyens de cet Etat sont soumis aux mêmes lois et au même régime constitutionnel.

Un Etat unitaire peut être divisé, à défaut et à l'exclusion d'autres Etats par définition, en diverses collectivités composantes : un bon exemple est fourni par l'Italie, Etat unitaire, qui est divisé en régions, reconnues par la Constitution, et dotées de certains pouvoirs législatifs. La France, depuis une loi du 5 juillet 1972, s'est dotée de régions à partir du 1er octobre 1973 ; mais celles-ci n'entament pas l'équilibre constitutionnel. La loi qui les a établies est une loi ordinaire, votée par le Parlement. Et la France est moins décentralisée que l'Italie.

§ 2. — Le fédéralisme

L'Etat fédéral s'insère dans le mouvement qu'est le fédéralisme.

Le fédéralisme vise à renforcer la solidarité des collectivités politiques tout en respectant leur particularisme. Au niveau international, il peut tendre à associer les Etats dans des communautés plus ou moins vastes et à organiser ainsi, sur la base de la solidarité, la société internationale.

Au niveau de chacun des Etats, il vise à organiser les différentes collectivités d'un Etat (régions, provinces...) et engendre ainsi la décentralisation politique.

Le fédéralisme est susceptible de différents degrés : la Confédération apparaît, à cet égard, comme une forme d'Etat composé primitive, où des Etats existent seuls, sans donner naissance à un Etat superposé ; au contraire, l'Etat fédéral participe d'un fédéralisme élaboré et intégré, puisque l'Etat fédéral renferme un certain nombre d'Etats (par exemple 50, aux Etats-Unis).

Nous constaterons que l'évolution contemporaine tend à aligner les Etats fédéraux sur les Etats unitaires, les collectivités membres de l'Etat fédéral ne conservant plus que des compétences résiduelles.

A. — La Confédération

Celle-ci se présente comme une association d'Etats qui demeurent souverains mais qui ont, par traité, délégué l'exercice de certaines compétences (défense, diplomatie) à des organes communs. La Confédération, à la différence de l'Etat fédéral, ne se traduit donc pas par la constitution d'un Etat superposé aux Etats membres.

Les compétences confédérales sont exercées par un organe de type diplomatique qui prend ses décisions à l'unanimité ou à une majorité renforcée. Ces décisions ne peuvent atteindre les populations concernées qu'à travers les divers Etats confédérés.

La Confédération n'est qu'une survivance historique. Exemples : Confédération des Etats-Unis (1781-1789), Confédération germanique (1815-1866). Elle constitue un phénomène de juxtaposition, mais non un phénomène à la fois de juxtaposition et d'agrégation en un « super-Etat » fédéral qui est, justement, le propre de l'Etat fédéral.

La Confédération est donc une union d'Etats. Ces Etats restent souverains, avec leurs territoires et leurs populations respectives, et les compétences politiques communes que la Confédération exprime s'exercent par des organes communs aux Etats. La Confédération prend naissance dans un traité, acte de droit international ; la fédération découle d'une Constitution, acte de droit public interne.

Dès lors qu'il n'y a ni transfert, ni renonciation à la moindre parcelle de souveraineté, il ne peut y avoir confédération. Par exemple, l'Organisation de l'Unité Africaine, mise sur pied à Addis-Abéba en mai 1963, relève de la coopération la plus souple, au même titre que l'Organisation des Etats américains définie par la Charte de Bogota de 1948, mais certainement pas de la confédération. C'est ce qu'exprimait Léopold Sédar Senghor, lors de la Conférence d'Addis-Abéba :

> « Nous serons prudents, en avançant pas à pas et par étapes. Vouloir du premier coup bâtir une fédération, ou seulement une confédération, c'est préparer un échec cuisant à bref délai. » (*Jeune Afrique, 3-9 juin 1963*).

Signalons que la « Confédération helvétique », quoique semble l'indiquer son nom, n'est pas une confédération, mais une fédération d'Etats. Il en est de même pour la « Confédération » du Canada.

B. — Les composantes de l'Etat fédéral

L'Etat fédéral se caractérise particulièrement, et avant tout, par la superposition d'un Etat central à l'ensemble des Etats fédérés, dont il est l'agrégation.

Il se traduit donc par une superposition identique de systèmes de droit : la fédération dispose de sa constitution, de son gouvernement, de son parlement, de ses lois. Les Etats qui composent la fédération disposent aussi de leurs constitutions, gouvernements, parlements et lois respectifs, ainsi que de leur propre organisation juridictionnelle.

Il faut noter que plus du tiers des Etats du monde sont des Etats fédéraux, et que les deux « super-Etats », Etats-Unis et U.R.S.S., leaders du monde capitaliste et du monde socialiste, sont eux-mêmes des Etats fédéraux. (La Chine, quant à elle, est un Etat unitaire). Plus précisément, l'on trouve en Amérique du Nord le Canada, les Etats-Unis, le Mexique ; en Amérique du Sud le Brésil, l'Argentine, le Venezuela; en Asie, l'Inde et la Malaisie; dans le Pacifique, l'Australie. En Europe, il existe six Etats fédéraux : Suisse, Autriche, U.R.S.S., Yougoslavie, Tchécoslovaquie et République fédérale allemande.

La systématique de la fédération explique que l'on rencontre toujours deux chambres dans l'Etat fédéral, l'une représentant la nation et élue au suffrage universel par l'ensemble des citoyens, l'autre représentant les Etats membres de la fédération et dont les membres sont désignés au sein de chacun des Etats composants.

Dans l'Etat fédéral, il existe généralement une juridiction suprême, Cour suprême (Etats-Unis), Tribunal fédéral (Suisse), Cour constitutionnelle (Yougoslavie), organe de contrôle et de régulation des compétences de chacun des Etats fédérés par rapport aux compétences beaucoup plus importantes de l'Etat fédéral (sauf en U.R.S.S.). Cet organe judiciaire tend, de la sorte, à jouer un rôle centralisateur.

Quelles sont généralement les compétences respectives de la fédération et des Etats fédérés ?

La Fédération se réserve les matières les plus importantes : affaires étrangères, défense, économie, finances, alors que les Etats fédérés se voient réserver des matières considérées comme moins importantes, parce que ne relevant pas au sens strict de la souveraineté, telles que santé, enseignement, travail, etc...

C. — LES « PHILOSOPHIES » DE L'ETAT FÉDÉRAL

A cet égard, il faut distinguer l'Etat fédéral occidental de l'Etat fédéral socialiste.

1° L'Etat fédéral occidental.

Dans ce type d'Etat, le ressort du fédéralisme c'est l'autonomie, qui n'est qu'une forme de respect des libertés individuelles.

Mais cette raison est devenue insuffisante de nos jours : aux raisons d'autonomie ont fait place des raisons d'ordre technique, le politique étant l'apanage de la fédération, l'administratif étant celui de chacun des Etats fédérés. Nous l'avons d'ailleurs relevé ci-dessus par l'énumération des compétences respectives de la Fédération et des Etats fédérés.

2° L'Etat fédéral socialiste.

Il est certain que le respect des libertés individuelles, que traduit la loi d'autonomie, ne peut servir de justification à l'Etat fédéral d'obédience marxiste. Lénine s'est expliqué, dans les termes suivants, sur la signification du fédéralisme marxiste. (Cité *in* A. JALLON, *Le fédéralisme*, 1971, pp. 57 et 58) :

> « Le droit des nations à disposer d'elles-mêmes signifie exclusivement leur droit à l'indépendance politique, à la libre séparation politique d'avec la nation qui les opprime. Concrètement, cette revendication de la démocratie politique signifie l'entière liberté de propagande en faveur de la séparation et de la solution de ce problème par la voie d'un référendum au sein de la nation qui se sépare. Ainsi, cette revendication n'a pas du tout le même sens que celle de la séparation, du morcellement, de la formation de petits Etats. Elle n'est que l'expression conséquente de la lutte contre toute oppression nationale. Plus le régime démocratique d'un Etat est proche de l'entière liberté de séparation, plus seront rares et faibles, en pratique, les tendances à la séparation, car les avantages des grands Etats, au point de vue aussi bien du progrès économique que des intérêts de la masse, sont indubitables, et ils augmentent sans cesse avec le développement du capitalisme. Reconnaître le droit d'autodétermination n'équivaut pas à reconnaître le principe de la fédération. On peut être un adversaire résolu de ce principe et être partisan du centralisme démocratique, mais préférer la fédération à l'inégalité nationale, comme la seule voie menant au centralisme démocratique intégral... De même que l'humanité ne peut aboutir à l'abolition des classes qu'en passant par la phase de transition de la dictature de la classe opprimée, de même elle ne peut aboutir à la fusion inévitable des nations qu'en passant par la période de transition de la libération complète de toutes les nations opprimées, c'est-à-dire de la liberté pour elles de se séparer. »

De la sorte, le fédéralisme soviétique n'est qu'une étape et non une fin dirigée vers l'autonomie. Le fédéralisme socialiste est fondé uniquement sur la participation. C'est ainsi que les quinze Républiques fédérées, membres de l'U.R.S.S., par le fédéralisme et par le biais des droits souverains que leur a reconnus la Constitution de 1936, participent à tous les degrés et échelons à l'exercice du pouvoir étatique centralisé. Et c'est le parti communiste qui est l'organe centralisateur.

Si l'on compare U.R.S.S. et Etats-Unis, on comprend mieux que le fédéralisme soviétique tende à une centralisation beaucoup plus accentuée qu'aux U.S.A. qui connaissent un renforcement des pouvoirs de la fédération au détriment de ceux des Etats fédérés, mais le climat libéral dans lequel baignent les institutions et la vie politique américaines empêche les excès centralisateurs. A l'heure actuelle, aux Etats-Unis d'Amérique, le processus centralisateur s'exerce surtout à propos des problèmes économiques et sociaux que seules les autorités fédérales sont à même d'envisager de façon satisfaisante et de résoudre au mieux des intérêts des citoyens.

CHAPITRE III

LES BASES FORMELLES DES ETATS : LES CONSTITUTIONS

SECTION I

L'UNIVERSALITE DES CONSTITUTIONS

Tous les Etats du monde connaissent des constitutions, à l'est comme à l'ouest, qu'ils soient socialistes ou capitalistes, qu'ils soient d'inspiration démocratique ou à tendances autocratiques.

Certains Etats, depuis qu'ils existent, continuent d'être régis par leur Constitution d'origine : c'est le cas des Etats-Unis d'Amérique (Constitution du 17 septembre 1787, toujours en vigueur). On peut y assimiler le cas de la Grande-Bretagne (Constitution non écrite, coutumière). L'U.R.S.S. a connu trois constitutions successives : celle du 10 juillet 1918 qui ne s'applique qu'à la Russie ; celles du 31 janvier 1924 et du 5 décembre 1936, cette dernière actuellement en vigueur.

La France, quant à elle, depuis que la nation française est titulaire de la souveraineté, a connu 16 constitutions différentes, et 5 textes rédigés mais demeurés à l'état de projet.

Les constitutions ne sont pas le propre des démocraties : le Portugal, comme dictature, avait ses institutions fixées dans la Constitution du 11 avril 1933, avant le coup d'Etat militaire du 25 avril 1974 et la nouvelle Constitution du 2 avril 1976 qui a rétabli des institutions démocratiques. Jusqu'en 1974, l'empire d'Ethiopie était une monarchie absolue de droit divin, et cela en vertu de la Constitution du 4 novembre 1955, qui avait remplacé celle du 16 juillet 1931.

Jusqu'à la fin du XVIIIe siècle, la dévolution et l'organisation du pouvoir furent fondées sur la coutume. Les Etats-Unis furent les premiers à élaborer une constitution écrite (Constitution de 1787). Ils furent suivis de près par les Constituants français de 1791.

SECTION II

SENS ET SIGNIFICATION DES CONSTITUTIONS

On peut définir par « constitution » l'ensemble des règles définissant les différents organes de l'Etat et fixant leurs rapports entre eux ainsi qu'avec les citoyens (s'il s'agit de démocraties) ou de sujets (s'il s'agit de monarchies absolues ou de dictatures). Ceci recouvre le sens matériel des constitutions ; il s'agit de leur matière, de leur objet.

Mais, beaucoup plus couramment, le mot « constitution » est envisagé dans son sens formel : c'est l'acte juridique écrit relatif aux institutions politiques dont l'élaboration et la modification obéissent souvent à des règles particulières, distinctes de celles en usage pour l'adoption des lois ordinaires.

Car la constitution est une loi spéciale, dite loi constitutionnelle, qui la met généralement au premier rang des normes juridiques, c'est-à-dire avant les lois ordinaires ; on parle alors de constitutions rigides, en ce sens que leur adoption et leur modification exigent une procédure spéciale. C'est-à-dire ou bien des formes spécialement appropriées, différentes des formes requises pour l'adoption des lois ordinaires, ou bien l'intervention d'un organe qualifié qui adoptera généralement aussi la Constitution selon des formes appropriées.

Les constitutions souples sont, au contraire, celles qui se situent au même plan que celui des lois ordinaires, elles peuvent donc être modifiées par une loi ordinaire, selon des formes de droit commun. La Grande-Bretagne n'a point de constitution écrite mais seulement coutumière. Celle-ci peut être qualifiée de *constitution souple* puisqu'elle se résout en lois ordinaires et en usages établis et ayant force juridique. Les constitutions écrites des démocraties marxistes sont aussi des constitutions souples en ce sens qu'elles peuvent être modifiées par une loi ou par un décret.

Donc, si le sens matériel et le sens formel des constitutions coïncident généralement, ce n'est pas le cas pour les constitutions coutumières, où le fonctionnement des organes étatiques n'est pas prévu et codifié par un texte solennel.

Les raisons des constitutions écrites ont été clairement exposées par Jacques Donnedieu de Vabres, dans son petit ouvrage : *L'Etat* (Que sais-je ?, 1971, p. 20) :

> « Cet exercice difficile de synthèse écrite répond à des motifs divers : il s'agit d'abord de définir et de justifier l'autorité politique, ensuite de distribuer le pouvoir entre les forces dominantes, afin d'expliquer à l'opinion ce qu'elle peut attendre du pouvoir. L'objet d'une constitution est d'établir un ordre rationnel, clair et stable qui évite autant que possible subversion et coup d'Etat, intrigues de cour ou de couloir, agitations collectives et délits politiques. Une constitution apparaît ainsi tour à tour comme une organisation de mise en question du pouvoir et comme une convention excluant certaines formes ou certains thèmes de mise en question. L'élaboration d'une constitution est un rite pacificateur qui achève les révolutions ou apaise les troubles ; pour les peuples qui s'affranchissent, elle est le symbole de l'indépendance. »

Pour les théoriciens marxistes, la constitution d'un Etat socialiste a seulement pour objet d'exposer ce qui existe déjà et ce qui a été obtenu et conquis. Le texte constitutionnel doit donc seulement rendre compte de la réalité, à un moment donné. Celle-ci commande donc, dans la mesure où elle évolue, des changements dans l'organisation des pouvoirs publics. On comprend d'autant mieux le caractère souple, et non rigide, de telles constitutions.

SECTION III

LA PRATIQUE DES CONSTITUTIONS EN FRANCE

La France a connu trop de constitutions pour que celles-ci aient eu le temps d'être appliquées correctement, mis à part, bien entendu, les lois constitutionnelles de 1875 qui ont forgé la IIIe République et qui, de par la brièveté de leur formulation et leur absence de dogmatisme, ont reçu une application assez correcte et conforme à l'équilibre des pouvoirs qu'elles avaient établi.

A l'étranger, la pratique des constitutions ne répond pas toujours à la lettre des textes : il n'est que d'envisager le cas des Etats d'Afrique Noire, qui changent fréquemment de constitutions, lesquelles masquent généralement beaucoup plus la dictature d'un homme que celle d'un parti.

En France, sous la IVe République et surtout sous la Ve République, la pratique politique s'écarte sensiblement du texte. La IVe République a fonctionné comme une « partitocratie » (à l'instar du régime politique italien actuel), ce qui engendre un régime parlementaire déséquilibré au profit du législatif, alors que la Ve République s'est traduite par un régime présidentiel spécifique manifestant la toute-puissance de l'exécutif, le Parlement n'ayant plus, à la limite, qu'une fonction consultative.

Les IIIe et IVe Républiques n'ont connu qu'une pratique vraiment contraire aux textes : celle des décrets-lois. (L'effacement du président de la République sous la IIIe République n'était pas formellement contraire aux lois de 1875). En revanche, les oppositions de la pratique et du texte constitutionnel, sous la Ve République, sont nombreuses. Citons les plus caractéristiques : l'article 20 de la Constitution, d'après lequel le gouvernement détermine et conduit la politique de la Nation, n'est pas appliqué. L'obligation qui découle de l'article 49 pour tout nouveau Premier ministre d'engager devant l'Assemblée nationale la responsabilité du gouvernement n'a pas été respectée entre 1966 et 1973. Aux termes de l'article 29, le président de la République a l'obligation de réunir le Parlement en session extraordinaire à la demande du Premier ministre ou de la majorité des membres composant l'Assemblée nationale. Or, en mars 1960, le général de Gaulle a refusé de convoquer le Parlement sur la demande des parlementaires. Enfin, la révision de la Constitution par la voie du referendum de l'article 11 est plus que contestable, dans la mesure où elle n'est précédée par aucun vote des Chambres. C'est pourtant ce qui s'est passé en 1962 (élection du président de la République au suffrage universel direct) et en 1969 (projet de régionalisation et de fusion du Conseil économique et social et du Sénat, mais qui a échoué).

Peut-on alors parler de coutume constitutionnelle contre la Constitution écrite ? Certainement pas. Il faut seulement parler de pratique. La coutume se fonde sur des usages et des traditions établis sur une certaine durée; elle est alors source créatrice de droit. Ici, il s'agit d'aller contre la Constitution, en justifiant par une prétendue « coutume » les atteintes les plus flagrantes à l'équilibre des pouvoirs et à l'esprit qui anime la Constitution.

Cependant, si l'on quitte le droit constitutionnel pour la science politique où la notion de coutume n'a pas cours, on se contentera d'observer certains rapports entre pouvoirs et forces politiques, que ceux-ci aient été ou non voulus par la Constitution. L'analyse systémique peut être d'un grand intérêt à cet égard. Dès lors, l'étude des normes constitutionnelles et de leur force juridique n'offre plus qu'un intérêt restreint.

On peut aussi adopter une attitude « infra-constitutionnaliste » et dire que « la Constitution suit le cheminement de la conscience d'une nation, elle épouse l'évolution d'un peuple dans sa recherche constante de la liberté. La Constitution n'est pas, elle ne peut pas être une notion uniforme. Car elle sécrète l'avenir, elle revêt des aspects multiples et variés, qui font ainsi la synthèse de ses articles, de sa pratique, de son évolution et — pourquoi pas ? — de sa violation ». (Le Mong Nguyen, *Contribution à la théorie de la Constitution souveraine par le peuple :* R.D.P. 1971, p. 926).

Ce point de vue, très « négativiste », ne peut qu'être vigoureusement contesté, au moins en démocratie libérale où les lois doivent, en premier lieu, être appliquées par les pouvoirs publics.

SECTION IV

L'ADOPTION ET LA REVISION DES CONSTITUTIONS

En France, l'on constate que, mis à part la Constitution de 1793 qui n'a jamais été appliquée, celle de 1852 qui fut remplacée par le senatus-consulte de 1870 et celle de 1946 qui a été remplacée dans l'ordre par celle de 1958, toutes les constitutions ont sombré dans des révolutions. Les tensions particulièrement vives qui se sont fait jour dans la vie politique française sont seules de nature à expliquer le grand nombre de constitutions qu'a connues notre pays. La Ve République a, elle-même été secouée par la grande crise de mai 1968, partie des Universités (B. E. Brown, *Protest in Paris : anatomy of a revolt,* U.S.A. 1974).

Dans les frontières d'une constitution donnée, celle de 1958, par exemple, peut se faire sentir la nécessité de procéder à la révision de certains articles de la Constitution parce que l'évolution semble le réclamer. Une fois établie donc, selon des formes diverses que nous allons étudier, une constitution doit pouvoir être modifiée si les circonstances, les faits l'exigent, de même que si la volonté des gouvernants ou les sentiments des gouvernés y poussent.

Comme l'établissement et la révision des constitutions sont des actes graves, on comprend qu'un formalisme particulièrement exigeant et lourd entoure les constitutions et qu'elles ne puissent généralement pas être adoptées ou modifiées comme une loi ordinaire.

§ 1. — Les monarchies et l'octroi des constitutions

Il arrive toujours un moment où le monarque, compte tenu des circonstances, consent à réglementer l'exercice de son pouvoir par une constitution qu'il concède, octroie à ses sujets. Ce phénomène a été particulièrement net en France après la Révolution et le Ier Empire, avec l'octroi par Louis XVIII de la Charte du 4 juin 1814 :

> « ... Nous avons volontairement et par le libre exercice de notre autorité royale accordé, et accordons, fait concession et octroi à nos sujets, tant pour nous que pour nos successeurs, et à toujours, de la Charte constitutionnelle qui suit... »

La Charte du 14 août 1830 ne fut pas octroyée : elle fut acceptée par Louis Philippe d'Orléans qui devint Louis Philippe Ier. Cette Charte avait été rédigée par les Chambres. Il s'agit donc d'une sorte de contrat entre le Souverain et les Chambres.

Les chartes de 1814 et de 1830 ne contenaient aucune disposition relative à leur révision. Cela se comprend aisément pour la Charte de 1814, qui avait été concédée « à toujours ». Pour la Charte de 1830, il est généralement admis que celle-ci aurait pu être révisée par accord entre le roi et les chambres.

§ 2. — Les démocraties : le vote et la révision des constitutions

Dans les démocraties, le peuple intervient dans l'édiction des constitutions, ainsi que dans leur révision, soit de façon directe par référendum, soit de façon indirecte par l'intermédiaire d'une assemblée représentative (assemblée constituante, assemblée populaire ou Parlement).

La révision constitutionnelle est parfois limitée quant à son objet et durant le temps qu'elle peut avoir lieu : certaines dispositions, d'abord, sont considérées comme intangibles et ne peuvent donc faire l'objet d'aucune révision : c'est le cas par exemple pour la France et le Portugal. En France, l'article 89 de la Constitution du 4 octobre 1958 énonce que la forme républicaine du gouvernement ne peut faire l'objet d'une révision. Ceci avait déjà été prévu par la loi du 14 août 1884 en tant qu'elle portait révision de la loi constitutionnelle du 25 février 1875. De la même façon, l'article 290 de la Constitution du Portugal du 2 avril 1976 prévoit que les lois de révision constitutionnelle sont tenues de respecter la forme républicaine du gouvernement.

Ensuite, la révision constitutionnelle est parfois limitée dans le temps : la Constitution française du 3 septembre 1791 ne pouvait pas être modifiée avant dix ans. La récente Constitution grecque du 9 juin 1975 prévoit, quant à elle, qu'aucune révision de la Constitution n'est autorisée moins de cinq ans après une précédente révision (art. 110).

A. — INTERVENTION D'UNE ASSEMBLÉE REPRÉSENTATIVE

Dans la mesure où la souveraineté appartient à la nation, et c'est la solution française, on conçoit que celle-ci, par l'intermédiaire de ses représentants, adopte la constitution : l'adoption de la constitution sera l'œuvre d'une assemblée constituante, spécialement élue à cet effet.

Ce système, inspiré des Etats-Unis, où les 13 colonies établirent selon cette forme leur constitution à la fin du XVIIIe siècle, a été utilisé trois fois en France :

— en 1791, pour la Constitution du 3 septembre 1791,

— en 1848, avec la Constitution du 4 novembre 1848,

— en 1875, où l'Assemblée nationale élue le 8 février 1871 adopta les lois constitutionnelles des 24 et 25 février et du 16 juillet 1875.

La Constitution de la Chine populaire du 20 septembre 1954 a été adoptée par l'Assemblée populaire nationale. Celle-ci est également compétente, aux termes de la Constitution, pour amender la Constitution (à la majorité des deux tiers des voix). Cette assemblée n'a pas été une simple assemblée constituante : la République populaire de Chine a adopté le monocamérisme. C'est l'organe suprême du pouvoir d'Etat, au moins d'après la Constitution. Elle a tous pouvoirs dans le domaine législatif. Lors de son élection en 1954, sa première tâche a été d'adopter une constitution. Elle devait en adopter une nouvelle, le 17 janvier 1975.

La révision des constitutions, que celles-ci aient été adoptées au référendum par le peuple ou votées par une assemblée constituante ou une assemblée législative (Chine), pourra avoir lieu, et c'est même le cas général, à la suite de son adoption par le Parlement établi par la Constitution, mais selon une procédure renforcée : sous la IIIe République, les deux Chambres devaient se réunir en formation spéciale à Versailles; dans d'autre cas, il sera exigé de l'autorité investie du pouvoir législatif une majorité spéciale ou qualifiée : Constitution française du 27 octobre 1946 (1). La Constitution italienne du 27 décembre 1947 prévoit, quant à elle, dans son article 138, que « les lois de révision de la Constitution et les autres lois constitutionnelles sont adoptées par chacune des deux Chambres après deux délibérations successives, séparées par un intervalle de trois mois au moins, et elles sont approuvées à la majorité absolue des membres de chacune des Chambres au second vote ». Il faut ajouter que la Constitution italienne prévoit aussi l'intervention du référendum pour la révision si la demande en est faite par un cinquième des membres de l'une des deux Chambres ou bien par 500.000 électeurs ou bien par 5 conseils régionaux. La Constitution grecque du 9 juin 1975 organise sa révision par la Chambre des députés, chambre unique, à la majorité absolue ou des trois cinquièmes de ses membres, selon que la proposition de révision a été ou non adoptée à la majorité des trois cinquièmes de ses membres.

La majorité des deux tiers qui est exigée pour la révision de la Constitution chinoise de 1954, révision qui est le fait de l'Assemblée populaire nationale, n'est pas destinée à protéger la Constitution, loi ordinaire et donc Constitu-

---

(1) Un référendum intervenait, à défaut de majorité qualifiée.

tion souple, mais simplement à garantir que l'amendement est bien conforme à la volonté générale (2).

La révision peut aussi être le fait d'une nouvelle assemblée constituante : Constitutions de 1793, de l'an III et de 1848.

B. — Intervention du peuple par référendum

Ce n'est assurément pas le peuple qui va élaborer lui-même le projet de Constitution qu'il va voter : ou bien le projet sera établi par le gouvernement et soumis à référendum ; ou bien le projet, ayant été voté par une assemblée constituante, sera soumis à l'approbation du peuple.

Le premier cas (proposition par le gouvernement) a été mis en œuvre en France en 1958 pour l'adoption de la Constitution de la Ve République, de même qu'il avait correspondu à la Constitution du 22 frimaire an VIII (13 décembre 1799). Il est vrai, cependant, que le gouvernement du général de Gaulle avait été investi du pouvoir constituant par la loi constitutionnelle du 3 juin 1958.

Le deuxième cas (qui fait intervenir les procédés de la démocratie semi-directe qui est la forme de démocratie qui combine la démocratie représentative et la démocratie directe) s'est rencontré en France trois fois : pour la Constitution du 24 juin 1793, élaborée par la Convention et soumise ensuite au vote du peuple ; pour la Constitution du 5 fructidor an III (22 août 1795), adoptée dans les mêmes conditions ; enfin, pour l'adoption de la Constitution du 27 octobre 1946 qui, élaborée par la seconde assemblée constituante élue à la suite du rejet par référendum d'un premier projet de Constitution, fut approuvée par le référendum du 13 octobre 1946.

La révision des constitutions peut aussi avoir lieu par référendum, que ces constitutions aient été originairement adoptées par une assemblée constituante ou par la voie du référendum. Mais cette hypothèse est peu fréquente. Elle est typique de la Suisse, terre d'élection du référendum et de la démocratie semi-directe : toute révision de la Constitution fédérale suisse du 29 mai 1874 est nécessairement soumise à la votation populaire. En droit public français, plus précisément selon la Constitution du 4 octobre 1958, l'utilisation du référendum se cumule éventuellement avec l'adoption de la révision par les deux assemblées ; en fait, la procédure du référendum a été utilisée seule en 1962, quand il s'est agi de modifier le texte constitutionnel en instaurant l'élection au suffrage universel direct du président de la République.

Or, la révision de la Constitution est expressément et seule prévue dans les termes de l'article 89 :

> « L'initiative de la révision de la Constitution appartient concurremment au Président de la République sur proposition du Premier ministre et aux membres du Parlement.
>
> « Le projet ou la proposition de révision doit être voté par les deux assemblées en termes identiques. La révision est définitive après avoir été approuvée par référendum.

---

(2) Cette majorité qualifiée a disparu du texte de la Constitution du 17 janvier 1975 ; celle-ci a été adoptée à l'unanimité.

> « Toutefois, le projet de révision n'est pas présenté au référendum lorsque le Président de la République décide de le soumettre au Parlement convoqué en Congrès ; dans ce cas, le projet de révision n'est approuvé que s'il réunit la majorité des trois cinquièmes des suffrages exprimés. Le bureau du Congrès est celui de l'Assemblée nationale. »

Sur initiative présidentielle, une révision de la Constitution par le Parlement réuni en Congrès et à la majorité des trois cinquièmes des suffrages exprimés est intervenue le 30 décembre 1963 pour modifier les dates d'ouverture et la durée des sessions. Dans son message au Parlement du 3 avril 1973, M. Pompidou avait laissé entendre qu'une procédure identique pourrait être utilisée avant la fin de l'année 1973 afin de réduire à cinq ans la durée du mandat présidentiel. Mais, si le projet de révision constitutionnelle portant modification de l'article 6 de la Constitution, c'est-à-dire ramenant de sept à cinq ans la durée du mandat présidentiel, fut bien adopté en termes identiques par l'Assemblée nationale le 16 octobre 1973 et par le Sénat le 18 octobre 1973, le Parlement ne fut finalement pas réuni en Congrès, la majorité des trois cinquièmes requise par la Constitution risquant de ne pas être atteinte. De la sorte, le Président de la République demeure élu pour sept ans.

En revanche, sur l'initiative du nouveau président, M. Giscard d'Estaing, le Parlement, réuni en Congrès à Versailles en octobre 1974, a modifié sur un point la Constitution du 4 octobre 1958 en accroissant les possibilités de saisine du Conseil constitutionnel, par révision de l'article 61 de la Constitution (Loi constitutionnelle du 29 octobre 1974); l'autre projet portant révision de l'article 25 de la Constitution relatif au remplacement des députés ou des sénateurs ayant exercé des fonctions gouvernementales n'a pas été soumis au Parlement, réuni en Congrès. Ultérieurement, sur initiative présidentielle, le Parlement réuni en Congrès en juin 1976 a complété l'article 7 de la Constitution relatif à l'élection du président de la République française (loi constitutionnelle du 18 juin 1976), en précisant la procédure d'élection du président de la République en cas de décès ou d'empêchement d'un candidat.

Le référendum, s'il a lieu, intervient donc obligatoirement après un vote par les deux chambres du texte portant révision dans la mesure où le président de la République ne soumet pas le projet de révision au Parlement réuni en Congrès. Par conséquent, seuls les projets de révision peuvent être soumis au Congrès ou au référendum ; les propositions de révision ne peuvent être soumises qu'à référendum.

Or, en 1962, quand il s'est agi de faire élire le président de la République au suffrage universel direct, le référendum a été utilisé seul, sans adoption, dans des termes identiques, par les deux assemblées d'un projet de loi relatif à une révision constitutionnelle. Pour ce faire, le président de la République s'est servi de l'article 11 de la Constitution qui n'avait pas été rédigé manifestement dans un but révisionnel. L'article 11 dispose, en effet : « Le président de la République, sur proposition du Gouvernement, pendant la durée des sessions ou sur proposition conjointe des deux assemblées, publiées au *Journal Officiel,* peut soumettre au référendum tout projet de loi portant sur l'organisation des pouvoirs publics, comportant approbation d'un accord de Communauté ou tendant à autoriser la ratification d'un traité qui, sans être contraire à la Constitution, aurait des incidences sur le fonctionnement des institutions. »

Le référendum, utilisé directement dans ces conditions, ne pouvait pas l'être pour une révision de la Constitution. De sorte que l'ensemble des « constitutionnalistes » qui se sont prononcés à ce sujet ont conclu que la procédure utilisée avait été inconstitutionnelle, sauf un, le professeur Lampué, et, d'une manière plus nuancée, René Capitant qui écrivait peu avant sa mort :

> « Dans l'interprétation qui a prévalu, et peut-être selon la coutume qui s'est établie, l'article 11 permet au Président de la République de soumettre au référendum tout projet de loi, même de révision constitutionnelle. Dans l'article 11 se trouve donc une seconde voie de révision constitutionnelle, parallèlement à celle de l'article 89. Cet article vise même essentiellement la révision du texte fondamental, car toute la Constitution est consacrée à l'organisation des pouvoirs publics. » (R. CAPITANT, *Démocratie et participation,* Bordas, 1972, p. 164).

Bien entendu, dans ses *Mémoires d'espoir* (Livre de poche, 1972, tome II, p. 27 et s.), le général de Gaulle s'est attaché à justifier l'usage qu'il avait fait de la procédure de l'article 11, dans les termes suivants :

> « L'argument brandi est celui-ci : l'article 89 prévoit la possibilité d'une révision par la voie parlementaire ; aucune autre n'est spécialement consacrée à la révision ; y procéder par référendum est donc contraire à la loi.
>
> « Si rompu que je sois aux fallacieuses querelles qui me sont faites depuis bien longtemps, il me semble que toutes les bornes sont franchies par celle-là. Car, pour soumettre la réforme au suffrage direct du peuple, je ne fais qu'appliquer une disposition constitutionnelle aussi éclatante que possible de netteté et de simplicité. Y a-t-il, en effet, rien de plus clair et de plus formel que l'article 11 qui dispose que « le Président de la République peut, sur la proposition du gouvernement, proposer au pays tout projet de loi portant sur l'organisation des pouvoirs publics » ? Y a-t-il quoi que ce soit qui, par nature et par définition, puisse plus évidemment porter sur l'organisation des pouvoirs publics que la Constitution et, notamment, ce qu'elle fixe quant au mode d'élection du Chef de l'Etat ? Cela n'est-il pas admis depuis toujours par la doctrine et le langage juridiques, au point que la Constitution de 1875, qui instaura la République, s'intitulait précisément : « Loi sur l'organisation des pouvoirs publics » ? Dans cet article 11, qui embrasse d'une manière certaine l'ordre constitutionnel, pourquoi aurait-il été nécessaire de mentionner ce qui va de soi, à savoir qu'il peut ouvrir la voie à une révision ? Si, par un extraordinaire démenti à son propre texte, le législateur entendait le contraire, comment aurait-il négligé de le spécifier ? En quoi la faculté de recourir au référendum pour modifier la loi constitutionnelle serait-elle contradictoire avec la procédure prévue à l'article 89, celle-ci jouant quand les pouvoirs publics jugent préférable d'utiliser la voie du parlement ? N'est-il pas de bon sens, d'ailleurs, qu'en matière aussi grave, ceux-ci aient, suivant les cas et les circonstances, l'une ou l'autre possibilité, et n'est-ce pas là le sens de l'article 3 qui proclame : « La souveraineté nationale appartient au peuple qui l'exerce par ses représentants et par la voie du référendum ? ». Enfin et par-dessus tout, la Constitution de 1958 procédant d'un vote direct du pays, au nom de quoi lui refuserait-on le pouvoir d'apporter lui-même un changement à ce qu'il a fait ? ».

Il n'en reste pas moins qu'en une autre occasion, le 27 avril 1969, le président de la République a essayé de modifier, une nouvelle fois, la Constitution par recours au référendum de l'article 11 : il s'agissait, cette fois, d'un projet de révision constitutionnelle relatif à la régionalisation et à la rénovation du Sénat, que le peuple n'a pas approuvé, ce qui a entraîné le départ du général de Gaulle.

Il apparaît que l'emploi de l'article 11 pour réviser la Constitution est illégal pour deux raisons décisives : l'article 11 prévoit l'emploi du référendum, s'agissant d'un projet de loi portant sur l'organisation des pouvoirs publics. Or, l'utilisation de ces termes ne peut pas s'appliquer à la Constitution elle-même. Il s'agit manifestement des seules mesures législatives d'application de la Constitution.

D'autre part, l'article 89 compose à lui seul le titre XIV de la Constitution, intitulé « De la révision ». Cet article 89 pose, en outre, deux limitations à toute révision constitutionnelle : aucune révision n'est possible lorsqu'il est porté atteinte à l'intégrité du territoire ; d'autre part, la forme républicaine du Gouvernement ne peut faire l'objet d'une révision. Cela paraît exclure toute autre voie parallèle de révision de la Constitution. L'article 89 a une portée absolument générale. Le titre XII de la Constitution relatif à la communauté, et qui prévoyait une procédure spéciale de révision touchant les institutions de la communauté (art. 85), est devenu lettre morte depuis 1960, la communauté institutionnelle ayant disparu à la suite d'une révision constitutionnelle intervenue, selon l'article 85, le 4 juin 1960.

CHAPITRE IV

LE PRINCIPE DE LEGALITE ET L'AUTORITE DES CONSTITUTIONS

La majorité des constitutions dans le monde sont des constitutions rigides dont il convient de souligner l'éclairage : l'élaboration et la modification des constitutions appellent une procédure différente de la procédure législative ordinaire, c'est-à-dire une procédure qui se caractérise par sa densité, par sa lourdeur, par des formes plus difficiles à réunir.

En régime démocratique, les constitutions font la loi de l'Etat et des citoyens. Elles occupent donc le premier rang dans la hiérarchie des normes juridiques. Elles constituent la crête de ce qu'il est convenu d'appeler le principe de légalité. La suprématie des constitutions dans l'ordre juridique apparaît donc, en bonne logique, découler du principe de légalité.

Cependant, ce principe de légalité n'est pas conçu de la même façon dans les démocraties libérales et dans les démocraties marxistes. De la sorte, le contrôle de constitutionnalité des actes inférieurs à la Constitution qui sont, sous l'angle du droit politique, les lois votées par les assemblées investies du pouvoir législatif, n'est pas organisé de la même façon à l'est ou à l'ouest. A l'ouest, le contrôle de constitutionnalité des lois est effectif, mais il emprunte des degrés divers : institutionnalisé et protecteur des droits des citoyens aux Etats-Unis, par exemple, il l'est beaucoup moins en France, encore qu'une évolution récente ait tendu à protéger davantage le citoyen français des atteintes à la légalité.

SECTION I

LE DUALISME DE LA LEGALITE

Le principe de légalité est au centre même des préoccupations constitutionnelles. D'une manière plus précise, il se présente comme le système nerveux du droit public interne.

En théorie, le droit constitutionnel constitue un ordre supérieur par rapport aux autres branches du droit public interne, par exemple le droit administratif. Mais il est aussi supérieur aux différents droits privés, qu'il s'agisse plus spécialement du droit pénal ou de l'organisation judiciaire. Ces deux branches du droit n'existent qu'en fonction des données constitutionnelles qui en fixent les limites et la finalité, que ce soit par l'affirmation de principes aussi généraux que celui de la séparation des pouvoirs (ou des fonctions) ou que celui d'un idéal socialisant, voire l'impératif du développement ou celui de la modernisation.

C'est vouloir par-là signifier que le principe de légalité est à la base même du droit constitutionnel, du droit administratif, du droit pénal et de l'organisation judiciaire, qui en dépendent.

Le principe de légalité a des dimensions internationales qui en accusent la générosité et la quasi-universalité. La Commission internationale de juristes (i.e. organisation non gouvernementale qui jouit du statut consultatif auprès du Conseil économique et social des Nations Unies) lors d'un Congrès tenu à New Delhi en janvier 1959, a entendu définir ce qu'il convenait d'entendre par « le principe de la légalité dans une société libre » : il convient d'entendre par-là le règne du droit vis-à-vis de tous et surtout vis-à-vis de l'Etat lui-même. Le principe de légalité manifeste la soumission de l'Etat au droit, à certains principes d'ordre universel. Cela est vrai des sociétés occidentales. Cela l'est-il aussi des sociétés orientales ?

Aux termes de la légalité socialiste (qui se rencontre dans les pays de démocratie marxiste), il apparaît que le droit ne s'impose pas aux gouvernants (rejet de l'idée de droit naturel, et définition du droit comme un instrument au service de la politique des gouvernants). Par conséquent, dans la légalité de type occidental, la légalité serait extérieure aux gouvernants et à l'Etat lui-même ; dans les pays socialistes, la légalité serait purement interne, et entre les mains de l'Etat, des gouvernants. Seuls les gouvernés seraient atteints et concernés par une légalité, mouvante, par définition, puisque le droit change au gré des désirs des gouvernants et des objectifs immédiats qu'ils entendent voir réalisés pour promouvoir l'idéal socialiste.

Par conséquent, le principe de légalité est un principe philosophico-juridique d'ordre supérieur dans le premier cas ; dans le deuxième cas, il s'agit d'un principe d'ordre interne auquel sont obligatoirement soumis, et seuls, les citoyens dans leur ensemble.

Légalité socialiste et légalité occidentale ne recouvrent pas les mêmes concepts, les mêmes entités.

SECTION II

LA LEGALITE OCCIDENTALE ET LA PRIMAUTE DES CONSTITUTIONS

§ 1. — Les principes

Le principe de légalité, tel qu'il a été dégagé par la Commission internationale de juristes à New Delhi en 1959, peut se définir comme exprimant :

> « Les principes, les institutions et les procédures, pas toujours identiques, mais en de nombreux points similaires, qui, selon la tradition et l'expérience des juristes des divers pays du monde ayant souvent eux-mêmes des structures politiques et des conditions économiques différentes, se sont révélés essentiels pour protéger l'individu contre un gouvernement arbitraire et pour lui permettre de jouir de sa dignité d'homme. »

Ce n'est donc pas tellement l'accent mis sur l'Etat, mais bien plutôt sur l'individu, fin même des démocraties libérales, que l'on relève dans cette définition.

Cette délimitation du principe de légalité, par-delà la philosophie humaniste qui l'anime, entrait dans les préoccupations, parmi tant d'auteurs, de Joseph Barthélémy et Paul Duez (1933) : « Qu'est-ce donc la légalité ? C'est le règne de la loi, la proclamation de la suprématie de la loi, la répudiation de l'arbitraire », le mot « loi » étant pris aussi bien au sens de loi constitutionnelle qu'à celui de loi ordinaire. Et nos auteurs de constater et de préciser qu'existerait donc une gradation dans la notion de légalité, légalité par conformité aux lois ordinaires et légalité par conformité à la Constitution, ou ce que Maurice Hauriou appelait la « super-légalité », étant entendu que, pour Hauriou, la super-légalité n'est pas seulement la conformité à la Constitution écrite :

> « Ce serait une erreur, écrit-il dans son *Précis de droit constitutionnel,* de croire que la super-légalité constitutionnelle ne comprenne que ce qui est écrit dans la Constitution ; elle comprend bien autre chose et, par exemple, tous les principes fondamentaux du régime. »

Au nombre des principes fondamentaux du régime, entrent, en droit public français, ceux qui sont inclus dans le préambule de la Constitution. Une importante décision du Conseil constitutionnel français, en date du 16 juillet 1971 (*Actualité juridique,* 1971, p. 537, note J. RIVÉRO ; Dalloz 1972, *Chronique* 247, par J.-P. LIMINANA), relative au contrat d'association, a définitivement mis fin à une controverse ouverte sous la IVᵉ République relativement à la valeur juridique du préambule de la Constitution française. Les dispositions du préambule, est-il dit en 1971 par le Conseil constitutionnel, font partie de la Constitution, ont valeur constitutionnelle. Jean Rivéro écrit dans sa note :

> « Première affirmation qui met fin à toute controverse : le préambule de la Constitution de 1958 en fait partie intégrante. Il possède la même force juridique que le reste du texte. Le contrôle de constitutionnalité s'étend aux dispositions qu'il consacre. Tout cela tient en une ligne des visas... " Vu la Constitution, et notamment son préambule... Si le turc est, selon M. Jourdain, une langue qui dit beaucoup de choses en peu de mots, le français de cette ligne ne lui cède en rien ". »

Pour la première fois, en France, le principe de la suprématie de la Constitution par rapport à la loi a trouvé sa sanction. Avant cette décision du Conseil constitutionnel, on considérait généralement que les principes de la Déclaration des droits de 1789 et ceux du préambule de la Constitution de 1946, auxquels se réfère le préambule de la Constitution de 1958, s'imposaient au respect de l'administration en raison de leur nature même : ils trouvaient leur place, considérait-on le plus souvent, en tant que sources, non parmi les règles constitutionnelles, mais parmi les principes généraux du droit. Désormais, le doute est levé : ce sont des règles constitutionnelles.

La décision du 16 juillet 1971 portait : « Vu la Constitution, et notamment son préambule ». Une décision du Conseil constitutionnel du 23 juillet 1975 (*Act. jur.* 1976, p. 44, note Rivéro) est encore plus explicite en constatant simplement : « Vu la Constitution » ; la Constitution française, y compris le préambule, forme donc définitivement un bloc. Le Conseil constitutionnel se dispense donc de rappeler que le préambule fait partie de la Constitution et qu'il est doté de la même force juridique que lui.

Dans les pays où la Constitution n'est pas précédée par une déclaration de droits, le problème est de savoir s'il existe, en dehors des textes constitutionnels, un droit fondamental de l'Etat non formellement exprimé. C'est le cas aux Etats-Unis d'Amérique, où les juges peuvent apprécier la constitutionnalité d'une loi et décider de n'en pas faire application, non seulement en raison de sa non-conformité à la Constitution de 1787, mais aussi à raison de sa non-conformité aux principes fondamentaux non écrits qui sont à la base de l'Etat américain. La justice et la doctrine américaines ont admis qu'un amendement tendant à la révision constitutionnelle peut être contrôlé au point de vue de ces principes.

§ 2. — Le contrôle de constitutionnalité des lois

Dans les démocraties occidentales, qui se caractérisent par le principe de légalité, il est nécessaire que le contrôle de la conformité des lois aux Constitutions soit assuré, sinon la primauté des Constitutions ne serait qu'une simple affirmation de principe, vide de contenu et privée d'efficacité.

Il ne faut pas l'oublier, le contrôle de constitutionnalité des lois, c'est-à-dire celui qui est destiné à assurer la conformité des lois à la Constitution, rigide par définition, doit être établi essentiellement dans l'intérêt des citoyens. En démocratie libérale, l'homme est une fin ; les institutions, les régimes politiques, doivent fonctionner essentiellement dans son intérêt, et le droit constitutionnel qu'un auteur moderne comme André Hauriou qualifie de classique, doit offrir au citoyen un certain nombre de droits et de garanties contre l'Etat dont la puissance pourrait être opprimante. Si c'était le cas, on sortirait de la démocratie.

Cependant, en droit constitutionnel comparé, le contrôle de constitutionnalité des lois n'est pas seulement réservé aux citoyens, quand il existe : il peut aussi être le fait des organes de l'Etat. Dans ce cas, il ne vise plus à empêcher que l'Etat empiète sur les libertés publiques ; il se manifeste plutôt comme une fonction chargée d'assurer la régulation des pouvoirs. Ce sera une de ses expressions dans l'Etat fédéral, mais on constate qu'en général, dans ce type d'Etat, le simple citoyen aura la possibilité de saisir l'organe juridictionnel des atteintes qu'une loi porte à la Constitution : c'est le cas notamment aux Etats-Unis et en République fédérale allemande.

De tous les systèmes mis en place, celui des Etats-Unis apparaît comme le plus perfectionné.

L'Histoire nous présente aussi, en dehors évidemment de toute intervention des citoyens, la mise en place d'un certain contrôle de constitutionnalité par le seul organe législatif. Ce système a pratiquement disparu de la carte constitutionnelle, de nos jours : il a longtemps été prédominant en France. En France, le citoyen n'en demeure pas moins absent du contrôle de constitutionnalité des lois.

A. — Le contrôle de constitutionnalité est ouvert a tout citoyen

Ce système est le plus perfectionné : il permet à tout citoyen de faire constater par la juridiction la violation qu'une loi apporte à ses droits tels qu'ils sont énumérés et garantis par la Constitution, et de faire prononcer l'annulation de cette loi ou d'en écarter l'application.

Le citoyen peut agir de deux façons : ou bien par voie d'action, ou bien par voie d'exception.

1° Le contrôle par voie d'action.

La loi sera attaquée directement devant la juridiction par le citoyen. L'intérêt de cette procédure est que la loi sera annulée *erga omnes* (à l'égard de tous). Cette possibilité est notamment offerte aux citoyens en République fédérale allemande et en Suisse.

a) *En République fédérale allemande.*

La loi fondamentale du 23 mai 1949 (i.e. la Constitution de la République fédérale allemande) a institué un tribunal constitutionnel fédéral dont les attributions et les compétences ont été véritablement précisées par une loi du 12 mars 1951. Cette dernière autorise les citoyens à saisir eux-mêmes le Tribunal fédéral dans la mesure où ils s'estiment lésés dans un de leurs droits fondamentaux. Ce recours des particuliers a été constitutionnalisé depuis une réforme de la loi fondamentale de 1949, intervenue en 1969. Depuis 1970, force de loi est conférée aux décisions du Tribunal constitutionnel qui non seulement annulent une loi sur le recours d'un particulier (cette force de loi était déjà admise avant 1970), mais aussi qui se contentent de donner de la disposition législative une interprétation conforme à la Constitution.

b) *En Suisse.*

Là aussi les citoyens ont la possibilité de saisir eux-mêmes le tribunal fédéral. Le contrôle du tribunal fédéral est cependant limité quant à son objet : il ne joue qu'à l'encontre des lois cantonales qui violent, soit la Constitution fédérale, soit la Constitution cantonale. Il ne joue donc pas à l'égard des lois fédérales.

2° Le contrôle par voie d'exception : le cas américain.

Le contrôle de constitutionnalité des lois par les juges américains découle d'une décision célèbre et ancienne : la décision *Marbury* v. *Madison* de 1803. Le juge Marshall, à cette occasion, affirma le pouvoir des juges américains pour exercer un contrôle sur la Constitution, dans la mesure où le juge était qualifié pour veiller au respect de la Constitution qu'il estime supérieure à toute autre règle.

Le système américain est le plus libéral de tous : à l'occasion d'un litige devant un tribunal quelconque, une partie se défend contre l'application d'une loi qui lui porte tort. Elle invoque alors l'inconstitutionnalité de cette loi. S'il lui donne raison, le tribunal en cause n'annulera pas la loi mais se refusera simplement à en faire application au particulier qui a invoqué l'exception d'inconstitutionnalité. La décision du juge ne bénéficie donc que de l'autorité relative de la chose jugée. En réalité, la Cour suprême des Etats-Unis, saisie par la voie de l'appel, si elle confirme la décision de la juridiction de première instance, c'est-à-dire si elle juge que la loi en cause est bien contraire à la Constitution, exercera une autorité qui s'imposera en fait au législateur : celui-ci retirera la loi en cause.

Le contrôle de constitutionnalité des lois, aux Etats-Unis, ne s'exerce pas seulement par voie d'exception, même si cette modalité est essentielle dans la pratique. Il convient de signaler deux autres procédés techniques : l'injonction, par laquelle un citoyen demande au juge d'interdire à un fonctionnaire d'exécuter une loi qui lui porte préjudice, parce que contraire à la Constitution ; le jugement déclaratoire, d'origine récente, procédé technique et procédural encore plus perfectionné : il intervient avant toute application d'une loi à un particulier qui demande alors au juge de se prononcer sur l'éventuelle inconstitutionnalité de cette loi. Si la juridiction estime que la loi est inconstitutionnelle, l'administration n'en fera pas application dans le cas d'espèce.

Ce dernier exemple démontre, s'il en était besoin, que les juges américains ne se manifestent pas seulement comme un troisième pouvoir, à la place que lui assignait Montesquieu. La Cour suprême est bien plus qu'un organe de régulation. Elle peut en arriver à se substituer au pouvoir politique et à lui dicter sa loi. L'expression « des juges qui gouvernent » a été inspirée de l'expérience américaine et rend bien compte de la place qu'occupe la justice dans l'ordre constitutionnel américain. Les juges américains, et le phénomène est loin d'être récent, occupent une place éminente dans la société : ce sont bien des « Docteurs de la Loi » au sens fort et absolu de l'expression.

Le pouvoir de contrôle de la Cour suprême ne s'exerce pas seulement à l'égard des lois, fédérales ou des Etats, mais aussi à l'encontre des règlements de l'exécutif et des décisions administratives.

Il faut préciser que le procédé de la voie d'exception a débordé le cadre géographique des Etats-Unis. Il se rencontre dans nombre d'Etats d'Amérique du Sud ; il est présent au Canada et même en Afrique du Sud.

B. — Le contrôle de constitutionnalité est dénié aux citoyens : le cas français

Dans cette hypothèse, le contrôle de constitutionnalité est ouvert seulement aux organes étatiques : il peut être le fait d'une assemblée politique ; sinon, il est accordé par la Constitution à un organe mi-juridictionnel, mi-politique.

Il est à peine besoin d'insister sur le fait que ce procédé qui éloigne le citoyen de la Constitution est de loin beaucoup moins démocratique que celui, correspondant à la première hypothèse, qui attribuait au citoyen un rôle actif, plus particulièrement lié à l'idée de participation à la vie constitutionnelle et politique du pays. Il ne s'agit pas de protéger le citoyen contre l'arbitraire des pouvoirs publics : il se présente essentiellement comme un procédé technique chargé presque uniquement de contribuer à la répartition des compétences entre les pouvoirs publics, telle que l'a fixée la Constitution.

Dans cette mesure, le principe de supériorité de la loi constitutionnelle sur la loi ordinaire se trouve dénué de signification précise, presque vidé de sa substance, dans la mesure où le citoyen ne peut agir : il correspond bien à la doctrine de la souveraineté nationale, posée par les révolutionnaires modérés, et qui vise à enlever aux citoyens toute parcelle de souveraineté. Dans la mesure de l'absence de contrôle qui lui est dénié, le citoyen français est manifestement un citoyen diminué, surtout par rapport aux citoyens américains qui ne peuvent pas concevoir que l'Etat ne soit pas « leur chose ».

A la limite, l'on pourrait prétendre que les Constitutions françaises successives ont, en fait, été plus souples que rigides, puisque, dans la réalité, la Constitution et la loi ordinaire peuvent se situer au même niveau.

1° Le contrôle par une assemblée politique.

Cette forme de contrôle s'est rencontrée en France sous le Premier Empire et sous le Second Empire.

Il revenait au Sénat de la Constitution de l'an VIII d'apprécier la constitutionnalité d'une loi après son adoption par le Corps législatif, et avant sa promulgation. Mais le Sénat ne pouvait être saisi que par l'Empereur et par le Tribunat, de sorte que son rôle, dans ce domaine, a été nul, surtout après l'éclipse du Tribunat.

Il en a été de même sous le Second Empire : cependant, le Sénat du Second Empire devait être saisi automatiquement de toute loi avant promulgation. L'article 25 de la Constitution du 14 janvier 1852 portait, en effet : « Le Sénat est le gardien du pacte fondamental et des libertés publiques.

Aucune loi ne peut être promulguée avant de lui avoir été soumise. » Cette déclaration de principe a été, en fait, annihilée par les dispositions de l'article 20 : « Le Sénat se compose : 1° des cardinaux, des maréchaux, des amiraux ; 2° des citoyens que le président de la République juge convenable d'élever à la dignité de sénateur. » La dignité impériale ayant été, dans la même année, rétablie, en vertu du sénatus-consulte du 7 novembre 1852, portant modification à la Constitution, l'on constate que le Sénat était entièrement dévoué à Napoléon III. L'on s'explique dès lors aisément que le Sénat n'ait jamais déclaré la moindre loi inconstitutionnelle, avant promulgation.

Sous la IIIe République, on ne peut pas évoquer de contrôle de constitutionnalité des lois, si ce n'est que les deux assemblées parlementaires étant égales en droit comme en fait appréciaient souverainement la discussion ou non de toute proposition de loi.

2° Le contrôle par un organe mi-politique, mi-juridictionnel.

C'est le cas sous la IVe République ainsi que durant la première période de la Ve République.

De 1946 à 1974, le contrôle de constitutionnalité revient à une juridiction constitutionnelle qui ne peut intervenir que dans des limites étroitement circonscrites et dans l'intérêt exclusif des organes de l'Etat, à l'exclusion de celui du citoyen à qui est déniée toute possibilité de saisir la juridiction.

La Constitution du 27 octobre 1946 avait institué un Comité constitutionnel qui n'a eu aucune activité... d'ordre constitutionnel. Il se réunit une seule fois, le 18 juin 1948. Ce Comité, présidé par le président de la République, comprenait le président de l'Assemblée nationale, le président du Conseil de la République, sept membres élus par l'Assemblée nationale, trois membres élus par le Conseil de la République. Il devait examiner si les lois votées par l'Assemblée nationale supposaient une révision de la Constitution. Il devait statuer dans les cinq jours de sa saisine par le chef de l'Etat et le chef du Gouvernement s'il n'était pas parvenu à un accord entre l'Assemblée nationale et le Conseil de la République. C'était un organe plus politique que juridictionnel tant par sa composition que par la façon dont il avait la possibilité d'intervenir. Il n'avait d'ailleurs pas la possibilité de contrôler la conformité d'une loi au préambule de la Constitution, porteur des libertés publiques essentielles.

Le Conseil constitutionnel de la Constitution du 4 octobre 1958 se présente comme un organisme un peu plus juridictionnel que politique. Sa composition est purement politique : il comprend les anciens présidents de la République qui en font partie à vie, plus 9 membres désignés pour 9 ans à raison de 3 par le Chef de l'Etat, 3 par le président de l'Assemblée nationale, 3 par le président du Sénat. Juge du contentieux électoral en ce qui concerne l'élection du président de la République et celle des membres des deux assemblées parlementaires et veillant à la régularité des opérations de référendum, organe consultatif dans le cas de mise en application de l'article 16 par le président de la République, chargé de constater l'empêchement du président de la République, il est, en outre, juge de la constitutionnalité des lois avant leur promulgation et des règlements des assemblées parlementaires avant leur mise en application (art. 61), ainsi que des traités avant toute autorisation parlementaire de ratification par le président de la République (art. 54). De plus, après promulgation d'une loi qui excède le domaine de la loi circonscrit par l'article 34 de la Constitution, le Conseil constitutionnel, saisi par le Premier ministre, doit constater si la disposition en cause est du domaine législatif ou réglementaire (art. 37, § 2). Dans ce dernier cas, la loi (texte de forme législative) pourra être modifiée par un décret. Au surplus, au cours de la procédure législative, saisi par le Premier ministre ou le président de l'assemblée intéressée, le Conseil constitutionnel contrôle la constitutionnalité des propositions de lois et amendements (art. 41).

Jusqu'à la révision constitutionnelle de 1974, il ne pouvait être saisi des lois ordinaires que par quatre hauts personnages politiques : le président de la République, le Premier ministre, le président de l'Assemblée nationale et le président du Sénat. C'est ainsi que, saisi par le président du Sénat, il avait été amené par une décision du 16 juillet 1971 à annuler une disposition législative qui portait atteinte à la liberté d'association. Par cette importante décision, il paraît s'être comporté comme un véritable juge constitutionnel, en sortant de la réserve dont il avait fait montre jusqu'alors. Car la décision de 1971 est la première qui ait porté, en France, dans l'intérêt des citoyens, sur la conformité d'une loi à la constitution et se soit traduite par l'annulation par le juge d'une disposition législative jugée, dans ces conditions, inconstitutionnelle. Dans cette mesure, on peut penser que cette décision est au droit constitutionnel français ce que la décision *Marbury* v. *Madison* de 1803 a été pour le droit constitutionnel américain. De même, par une décision du 20 janvier 1972, le Conseil constitutionnel n'a pas hésité à annuler certaines dispositions d'une loi organique, dont seules ont été promulguées le 24 janvier 1972 les dispositions non censurées. Cette dernière loi organique est relative aux incompatibilités parlementaires. Par une autre décision, du 27 décembre 1973, le Conseil constitutionnel a décidé que l'article 62 de la loi de finances pour 1974 qui incluait une disposition qui établissait une discrimination entre les contribuables imposés d'office sur leurs revenus, touchant à leurs recours juridictionnels, était inconstitutionnelle parce que contraire au principe de l'égalité devant la loi (Déclaration des droits de l'homme de 1789, réaffirmée par le préambule de la Constitution).

Le Conseil constitutionnel s'est surtout manifesté comme organe régulateur des compétences entre le pouvoir législatif et le pouvoir exécutif, l'article 34 de la Constitution ayant fixé à la loi un domaine d'attribution, les autres matières relevant de l'article 37, c'est-à-dire du domaine réglementaire. Veillant à ce que le Parlement ne sorte pas de ses attributions, il a particulièrement, à ce titre, protégé le domaine réglementaire contre les empiètements du pouvoir législatif. Cependant, par une importante décision du 28 novembre 1973, intervenue sur le fondement de l'article 37, § 2, il paraissait avoir amorcé un revirement en affirmant que le pouvoir réglementaire ne peut créer de contraventions assorties de peines d'emprisonnement ; celles-ci ne peuvent être établies que par une loi votée par le parlement, de la même façon que la loi seule fixe les règles concernant la détermination des crimes et des délits, ainsi que les peines qui leur sont applicables (formule de l'article 34 de la Constitution qui ne vise pas les contraventions, mais uniquement les crimes et délits). Le Conseil constitutionnel a donc jugé qu'en vertu de la

Déclaration des droits de l'homme et de l'article 66 de la Constitution, un citoyen ne pouvait être privé de sa liberté que par une loi.

3° Le « nouveau Conseil constitutionnel ».

Depuis la révision constitutionnelle du 29 octobre 1974, les possibilités de saisine du Conseil constitutionnel ont été accrues : désormais, outre les quatre premiers personnages de la République, soixante députés ou soixante sénateurs peuvent saisir le Conseil constitutionnel des lois ordinaires, avant promulgation, afin que le Conseil vérifie leur conformité à la Constitution. Cette réforme favorise les minorités parlementaires, assure une sorte de statut à l'opposition parlementaire et contribue à assurer une meilleure protection des droits et libertés des citoyens, garantis par la Constitution.

Sur la base des nouvelles dispositions portant révision de l'article 61 de la Constitution, le Conseil constitutionnel a déjà rendu un certain nombre de décisions : au 15 juillet 1976, on en dénombrait sept : décision du 30 décembre 1974, en matière budgétaire ; décision du 15 janvier 1975 relative à la loi sur l'interruption volontaire de la grossesse ; deux décisions du 23 juillet 1975, l'une sur la loi instituant la taxe professionnelle, l'autre sur le juge unique, en matière correctionnelle ; deux décisions du 30 décembre 1975 sur les Comores et sur les engagements financiers internationaux de la France ; une décision du 15 juillet 1976 relative à une loi modifiant le statut général de la fonction publique.

Si le contrôle de constitutionnalité des lois a été perfectionné à une date récente, il faut préciser que le Conseil d'Etat exerce un contrôle de constitutionnalité à l'égard des règlements de l'exécutif qui violent directement la Constitution. A la différence du Conseil constitutionnel, les administrés saisissent directement le Conseil d'Etat.

SECTION III

LA LEGALITE SOCIALISTE ET LA RELATIVITE DES CONSTITUTIONS

§ 1. — Le système

Dans la légalité occidentale, l'individu est protégé par la loi contre l'Etat. L'Etat, comme le citoyen, est soumis au droit. On évoque alors « l'état de droit » (*The rule of law*).

Il n'en va pas de même dans l'Etat socialiste. L'Etat et le droit ne sont que des instruments pour assurer le règne du socialisme. Pour les juristes des pays de l'Est, ce n'est pas le droit qui domine l'Etat, mais plutôt l'Etat qui, par l'intermédiaire du droit, domine entièrement les individus.

En effet, en droit marxiste, plus précisément selon la pensée de Karl Marx, l'Etat et le droit ne sont pas des entités subordonnées ou antérieures l'une par rapport à l'autre. Le droit et l'Etat s'accompagnent de façon simultanée. Pour Marx et ses successeurs, l'Etat et le droit reflètent seulement l'infrastructure économique et sociale, à un moment donné de l'histoire. Le droit ne fait que traduire les rapports de production qui existent entre individus.

Dans la doctrine marxiste, les rapports qu'entretiennent le droit et l'Etat sont donc de synonymie. Ils appartiennent à la superstructure sociale. Ils sont le résultat des rapports de production où s'affrontent deux classes antagonistes : la classe possédante et la classe opprimée. Dans la société primitive, société sans classes, le droit et l'Etat n'existaient pas. Ils apparaissent dès qu'une classe devient dominante en s'appropriant des moyens de production qui lui permettent d'asseoir et de conserver sa suprématie économique, source des autres supériorités. Par conséquent, aux termes de l'analyse marxiste, le droit et l'Etat relèvent des phénomènes réels, et non des idéologies.

Durant la dictature du prolétariat, phase transitoire du socialisme, le droit et l'Etat doivent être maintenus, mais, cette fois, comme reflet de la nouvelle classe dominante, le prolétariat, et cela, tant que la classe bourgeoise n'aura pas disparu. Le jour où le communisme sera devenu une réalité, le droit et l'Etat disparaîtront. C'est la célèbre thèse du « dépérissement de l'Etat ».

En 1961, lors du 22e Congrès du parti communiste de l'U.R.S.S., a été conceptualisée la théorie de l'Etat du peuple tout entier qui, selon les dirigeants soviétiques, aurait marqué la fin de la dictature du prolétariat. L'Etat n'a pas disparu pour autant : il devient l'Etat du peuple tout entier. Il traduit les intérêts de l'ensemble du peuple. L'Etat et le droit ont, désormais, pour mission en U.R.S.S. d'organiser le passage au communisme. (Nous avons déjà vu comment cette thèse avait été critiquée par les dirigeants de la Chine populaire). Selon le programme adopté au XXIIe Congrès d'octobre 1961 :

> « L'orientation principale du développement du système d'Etat socialiste dans la période de construction du communisme » doit être « le développement et le perfectionnement sous tous ses aspects de la démocratie socialiste, la participation active de tous les citoyens à la direction de l'Etat, à la direction de l'édification de l'économie et de la culture, l'amélioration du fonctionnement de l'appareil d'Etat et le renforcement du contrôle populaire sur son activité. » Pour le programme, « le développement de l'organisation d'Etat socialiste conduira progressivement à sa transformation en auto-administration communiste de la société, dans laquelle seront réunis les soviets, les syndicats, les coopératives et autres organisations de masse des travailleurs. Ce processus représentera un nouveau développement de la démocratie, assurant la participation active de tous les membres de la société à la gestion des affaires publiques. Ces fonctions sociales, analogues aux fonctions d'administration de l'économie et de la culture actuelles de l'Etat, demeureront également sous le communisme, en se transformant et en se perfectionnant conformément au développement de la société. Mais le caractère et les modes d'exercice de ces fonctions seront autres que sous le socialisme. Les organes de planification et de comptabilité, la direction de l'économie et l'essor de la culture, qui appartiennent actuellement à l'Etat, perdront leur caractère politique et deviendront des organes de l'auto-administration sociale ».

Le rôle de la classe ouvrière et celui du Parti, qui dirige la société soviétique, se trouvent confirmés ; le rôle du parti est même, est-il affirmé par ailleurs, renforcé et accru.

§ 2. — L'absence de suprématie des constitutions

On comprend alors que, dans ce système, la Constitution n'occupe pas une place supérieure dans une hiérarchie d'actes juridiques. A vrai dire, il n'existe pas de hiérarchie des actes juridiques, au sens où l'entendent les constitutionnalistes occidentaux.

La supériorité des constitutions en droit occidental tient au fait que les constitutions sont rigides. Dans les démocraties socialistes, les constitutions sont souples. Ceci explique que le respect ou le non-respect de certaines dispositions constitutionnelles n'ait pas d'importance particulière en U.R.S.S.

Il ne faut pas oublier que pour les doctrinaires marxistes, la Constitution a pour objet d' « exposer ce qui est déjà, ce qui a déjà été obtenu et conquis » (STALINE, *Les questions du léninisme,* 1947, t. II, p. 218). Elle ne s'occupe que du fait accompli. Elle doit se contenter de suivre les réalités économico-politiques. C'est ce qu'exprimait encore récemment, le 21 décembre 1972, Léonid Brejnev, en annonçant une nouvelle Constitution pour l'U.R.S.S., qui serait soumise à référendum. « Celle-ci reflétera tous les grands changements intervenus dans la vie de la nation soviétique ainsi que les grands problèmes qui se posent à elle. » L'organe moteur de la société socialiste est le parti communiste, chargé de construire la société « unanimitaire ». C'est lui qui domine et imprègne les institutions d'Etat, donc la vie politique. Le droit doit donc s'efforcer d'obtenir toujours un résultat conforme au but politique poursuivi sous la direction du parti communiste.

La Constitution étant un texte contingent, un simple acquis, peut donc ne pas être appliquée formellement, à la lettre ; elle peut être modifiée par d'autres actes juridiques (qui, dans la légalité des pays occidentaux, seraient formellement des actes de nature inférieure, si l'on suit la théorie classique de la hiérarchie des normes). Le pouvoir réside dans le parti. On comprend alors le décalage existant entre la lettre des institutions et la réalité politique.

Un éventuel contrôle de constitutionnalité des lois n'a donc pas de sens en U.R.S.S. (où n'existe d'ailleurs pas de juridiction constitutionnelle), pas plus qu'en Chine populaire, où la Constitution du 17 janvier 1975 n'organise aucune procédure de contrôle de la constitutionnalité des lois, l'assemblée populaire nationale, « organe suprême du pouvoir d'Etat », étant toujours virtuellement constituante, ou s'il en existe un (cas de la Tchécoslovaquie et de la Yougoslavie), il ne revêt pas la même signification que le contrôle de constitutionnalité tel qu'il fonctionne, par exemple, aux Etats-Unis.

Il existe, en effet, en Tchécoslovaquie et en Yougoslavie, des Cours constitutionnelles, mais dont la raison d'être profonde est surtout de constater la conformité des lois des républiques fédérées aux lois de la Fédération. Il s'agit essentiellement d'assurer le respect de la répartition des compétences entre les institutions fédérales et celles des organes fédérés. Il faut noter qu'en dehors des organes d'Etat les citoyens peuvent aussi saisir ces Cours constitutionnelles.

A l'heure actuelle, il convient de ne pas « maximiser » le monisme d'ordre politique et constitutionnel qui est cependant le principe réel des démocraties marxistes : l'arbitraire politique et administratif n'atteint sans doute plus les sommets qu'il avait connus dans un pays comme l'U.R.S.S., longtemps marqué par l'autocratisme des Tsars et par celui de Staline. Depuis quelques années, on insiste en U.R.S.S. sur la nécessité de respecter le principe de légalité ; par là, une certaine hiérarchie des normes s'installe ; la nécessité du but révolutionnaire demeure évidemment toujours présente au regard des hommes politiques et des juristes.

Comme l'exprimait récemment un juriste soviétique :

> « Le socialisme et la légalité sont inséparables l'un de l'autre. Le socialisme donne aux citoyens de larges droits : c'est seulement si la légalité règne que ces droits peuvent être exercés ; c'est grâce à l'absence de classes antagonistes que ces droits ne peuvent se transformer en privilèges au profit d'une partie de la société et léser les intérêts d'une autre de ses parties. C'est pourquoi la société tout entière a intérêt à leur mise en œuvre. Le caractère démocratique du régime soviétique — la large participation des masses à l'administration d'Etat même et au contrôle qui est exercé sur elle — est une garantie importante du régime de la légalité. » (C. A. IAMPOLSKAIA, *La protection par le droit administratif des droits des citoyens en U.R.S.S.*, Société de législation comparée, IIIe Rencontre juridique franco-soviétique 16-24 sept. 1971).

Il faut aussi constater que dans les autres Etats du « glacis » soviétique, la libéralisation des régimes politiques, sous l'angle institutionnel, est encore plus apparente : en Allemagne de l'est, en Tchécoslovaquie, en Bulgarie et en Pologne, le monopartisme n'est pas de règle : en dehors du parti communiste, il existe d'autres partis, plus ou moins indépendants ou autonomes par rapport au P.C., et qui contribuent avec lui à l'édification de la société socialiste. Dans cette mesure, l'adoption de nouvelles constitutions (Allemagne de l'est en 1974 et Tchécoslovaquie en 1968, Bulgarie en 1971) semble mener à un certain respect de la lettre constitutionnelle. A ce degré d'évolution, les Constitutions de ces Etats tendraient à se hisser à un certain niveau de supériorité par rapport aux autres actes des différents organes de l'Etat.

Ce n'est évidemment pas le cas en Chine populaire, malgré l'existence d'une Constitution promulguée le 20 septembre 1954, mais qui est demeurée inappliquée jusqu'à la nouvelle Constitution du 17 janvier 1975 pour les raisons que nous avons dégagées plus haut à propos de la Constitution de l'U.R.S.S. au moins dans sa phase d'application stalinienne : le parti, tout-puissant, est l'avant-garde de la dictature du prolétariat. La situation est identique en Albanie, dont la Constitution date du 4 juillet 1950. Bien plus, en Chine comme en Albanie, c'est l'idéologie de la Révolution permanente qui, par-delà les institutions et même le parti communiste, mobilise les populations et explique la vie politique de ces pays.

CHAPITRE V

LE PLURALISME INSTITUTIONNEL ET FONCTIONNEL OU LE FONCTIONNEMENT DES DEMOCRATIES LIBERALES

Alexis de Tocqueville écrivait en 1835 (*De la Démocratie en Amérique*, N.R.F., p. 53) :

> « La volonté nationale est un des mots dont les intrigants de tous les temps et les despotes de tous les âges ont le plus largement abusé. Les uns en ont vu l'expression dans les suffrages achetés de quelques agents du pouvoir ; d'autres dans les votes d'une minorité intéressée ou craintive ; il y en a même qui l'ont découverte toute formulée dans le silence des peuples, et qui ont pensé que du fait de l'obéissance naissait pour eux le droit du commandement. »

Le principe de majorité se trouve à la base des démocraties, libérales ou marxistes. Mais la façon dont il sous-tend le fonctionnement des institutions n'est évidemment pas le même.

Le principe de majorité, où la volonté du plus grand nombre l'emporte, exprime un accord plus ou moins fondamental entre les gouvernés et les gouvernants.

Le peuple, qu'il s'agisse d'une démocratie autoritaire ou d'une démocratie libérale, exprime ses choix, sa volonté, à travers des représentants élus à la majorité des voix, dans un climat de libre opinion (s'il s'agit de démocratie libérale) ou dans un climat d'opinion orientée et dirigée par les organes partisans (s'il s'agit de démocratie marxiste ou autoritaire).

A leur tour, les organes représentatifs, c'est-à-dire les organes essentiellement investis du pouvoir législatif, prendront des décisions à la majorité des voix.

C'est ainsi que fonctionnent les démocraties.

Il faut alors remarquer qu'en démocratie libérale, qui désigne justement le gouvernement dans lequel le grand nombre domine (« Lorsque la souveraine puissance est entre les mains d'une partie du peuple, cela s'appelle une aristocratie ; lorsque le peuple en corps a la souveraine puissance, c'est une démocratie », écrivait Montesquieu), la majorité est la résultante d'un pluralisme institutionnel et fonctionnel : elle est partie intégrante d'un équilibre difficile à rechercher et à maintenir entre les diverses opinions qui peuvent s'exprimer avec le maximum de liberté. Il s'ensuit que la majorité n'est qu'une technique, mais qui tient compte d'un ensemble d'éléments complexes qui réagissent les uns sur les autres et qui ne sont que la manifestation d'un climat de liberté politique totale.

Dans les démocraties marxistes ou autoritaires, où il n'y a plus, à un moment donné de leur évolution, d'antagonisme de classes, la majorité exprime nécessairement l'unanimité qui doit toujours être atteinte, que ce soit dans le choix des représentants du peuple ou dans la prise des décisions qui émanent d'eux. La majorité, dans ce type de démocratie, est toujours un substitut de l'unanimité. L'opposition momentanée, si elle a eu l'occasion de s'exprimer, se fond dans l'unanimité qu'exprime la majorité.

Le pluralisme institutionnel et fonctionnel est le propre des démocraties libérales, même si l'indépendance des organes politiques est plus ou moins influencée par le jeu des facteurs d'ordre économique, même si les systèmes occidentaux relèvent, à l'heure actuelle, de ce que Maurice Duverger appelle « la technodémocratie » (1). Car, dans la technodémocratie, traduction moderne de la démocratie libérale, les influences respectives du politique et de l'économique contribuent à leur unité.

SECTION I

LE PLURALISME FONCTIONNEL : LES PARTIS POLITIQUES ET L'ACCESSION AU POUVOIR

En démocratie libérale, les partis politiques ont pour caractéristique essentielle de représenter un courant d'opinion. C'est dans un climat de libre opinion que la décision majoritaire prend toute sa valeur. Ce climat compose ce que l'on pourrait appeler l'environnement idéal des démocraties libérales. Georges Vedel, comparant les démocraties libérales et les démocraties marxistes, pense que les premières ont sur les secondes l'avantage de ce qu'il appelle le « dépassement » :

> « Le dépassement, écrit-il, suppose que le conflit n'est pas tranché comme dans le choix ou pallié comme dans le compromis, mais résolu par une synthèse supérieure... Dans l'œuvre de dépassement qui paraît souhaitable, la démocratie classique a sur la démocratie marxiste un avantage évident. C'est qu'elle n'excommunie pas, ne met pas hors de la cité la conception à laquelle elle s'oppose. Même si elle la combat sur le terrain de l'action, elle lui laisse la liberté d'expression dans le domaine idéologique et laisse ainsi des chances sérieuses de voir une synthèse se réaliser. Au contraire, les régimes de démocratie marxiste n'admettent pas, même sur le terrain des

(1) *Janus, Les deux faces de l'Occident,* Paris, 1972.

idées, la contradiction, de telle sorte que les chances de les voir eux-mêmes *se dépasser* sont minimes » (*Manuel élémentaire de droit constitutionnel*, Sirey, 1949, pp. 250-251).

La liberté d'opinion, en démocratie libérale, doit permettre au citoyen d'être éclairé sur la politique suivie par les gouvernants, ou sur les intentions de ceux qui aspirent à le devenir ; par le fait même, elle permet aux citoyens d'exprimer un choix décisif quand vient l'heure de désigner les représentants du peuple ou de la nation.

§ 1. — L'environnement : La presse et la concurrence des opinions

La presse contribue fortement à créer un climat de libre opinion qui permet au citoyen d'être informé des conditions dans lesquelles se déroule la vie sociale, économique et politique du pays où il vit et du monde international. Il s'agit aussi bien de la presse écrite que de la presse audiovisuelle. Bertrand de Jouvenel l'a bien exprimé dans *De la souveraineté* (1955, p. 349) :

> « De la libre concurrence des opinions, une opinion majoritaire se dégage et commande, mais son commandement ne saurait jamais entraver le jeu de la liberté d'opinion qui se poursuit et aboutit à une opinion majoritaire différente qui commande à son tour. Interrompez ce processus, aussitôt vous sortez du régime de liberté. L'opinion majoritaire tire son autorité non de la majorité seule mais de la majorité formée dans un climat de libre opinion. »

La presse éclaire le citoyen. Les partis politiques canalisent les choix des citoyens.

La presse, la radio et la télévision constituent, dans les démocraties libérales, des courroies de transmission irremplaçables entre le gouvernement, le parlement, les institutions administratives et l'ensemble des citoyens. Les autorités publiques se doivent de ne pas redouter le jugement de la presse écrite, ni *a fortiori* la liberté de la presse. Cette dernière est la garantie que les différents courants d'opinion, y compris les plus minoritaires, pourront apprécier l'action passée, présente et à venir d'un gouvernement. Prévost-Paradol, il y a un siècle, l'exprimait avec force :

> « Quant aux services que la presse ne cesse de nous rendre, même lorsqu'elle nous fait expier le plus chèrement ses bienfaits, l'habitude nous empêche de les voir, mais la plus légère réflexion nous le rappelle. La crainte que nous inspirent le contrôle et le jugement de nos semblables a sur nos actions un pouvoir au moins égal à celui de notre conscience ; il est même un grand nombre d'hommes à qui cette crainte salutaire tient lieu du sentiment du devoir, imparfaitement développé par l'éducation ou amorti par les difficultés de la vie. La presse n'est autre chose que ce contrôle et ce jugement public, se produisant avec une puissance et une continuité inconnues aux générations qui nous ont précédés dans ce monde. Elle tend à rendre, par le seul fait de son existence, les crimes des particuliers plus rares, les grandes iniquités de l'Etat plus difficiles, les dénis de justice en matière criminelle et l'inégalité des citoyens devant la loi pénale presque impossibles. Enfin, on ne peut juger équitablement la presse si

l'on n'a point présent à l'esprit, en regard du mal qu'elle fait trop souvent, le mal qu'elle prévient ou réprime tous les jours. » (*La France nouvelle,* 2e éd., 1868, pp. 206 et s.).

L'on sait le rôle capital qu'a joué la presse américaine entre 1972 et 1974 touchant la divulgation des pratiques illicites utilisées par le président des Etats-Unis et certains de ses collaborateurs, ce qui devait aboutir à la démission du président Nixon le 9 août 1974. On comprend alors que les pouvoirs publics soient réservés à l'égard du « quatrième pouvoir ». Témoins, en France spécialement, l'Administration et la Justice, qui souhaiteraient souvent œuvrer dans le secret et le silence. Cette attitude a été particulièrement sensible durant la première période de la Ve République (1958-1974).

L'Administration : dans leur *Introduction à une philosophie de l'administration,* Robert Catherine et Guy Thuillier écrivent :

« Le journaliste : voilà l'ennemi des bureaux. On accuse ce personnage de ne pas connaître — et de ne guère se soucier de connaître — le dossier véritable, de ne comprendre ni le sens des décisions ni ce qu'on lui dit, ou lui dit de ne pas dire. Déformant la pensée exprimée, interprétant les textes qu'on lui remet, supposant toujours on ne sait quelles arrière-pensées, l'homme de presse, toujours sous pression, ne va-t-il pas par ses bavardages, ses indiscrétions, risquer de créer mille ennuis à l'administration, et souvent dans le temps même où sa bonne volonté se soucie de l'aider ? C'est lui qui va passionner l'opinion, l'induire en erreur en politisant des questions techniques, en vulgarisant des notions complexes. Partant d'une connaissance généralement superficielle du sujet, comme l'atteste souvent la naïveté ou la partialité de ses questions, créant dans le public des remous artificiels et dangereux, n'est-ce point aux yeux de l'administrateur le personnage le moins fréquentable ? ».

La Justice : le pouvoir judiciaire en France demeure encore très méfiant envers la presse. Fustigeant les journalistes, lors d'un discours prononcé le 16 septembre 1970 à l'occasion de la rentrée du Palais de justice de Paris, M. Raoul Béteille, Conseiller à la Cour d'appel, s'exclama :

« Vous pensez nous dire nos quatre vérités, entendez les vôtres ! Car vous vous les dites rarement vous-mêmes... La liberté de la presse ne vous appartient pas. Vous en êtes dépositaires et responsables : faites-en bon usage. »

A cette diatribe, Jean Ferniot, de *France-Soir,* répliqua sèchement :

« L'opinion publique serait-elle l'ennemie ? Qu'il soit permis à un journaliste de rappeler à M. Béteille non point ses quatre vérités, mais une seule : dans les pays démocratiques — c'est ce qui les différencie des régimes totalitaires — le peuple est souverain et le juge suprême. Le vrai scandale, c'est quand le scandale ne scandalise plus, ou quand il est tu. M. Béteille a raison de dire aux journalistes que la liberté de la presse « ne leur appartient pas » et qu'ils en sont seulement les dépositaires. Qu'il veuille bien ajouter que le pouvoir judiciaire n'appartient pas davantage aux juges, mais qu'ils l'exercent au nom du peuple français. » (*France Soir,* 19 sept. 1970).

La liberté de la presse n'est pas la seule garantie de la liberté. C'est en vertu d'un climat de libre opinion que toutes les tendances de la population doivent avoir accès aux moyens d'information audio-visuels, radio et télévision. Cette liberté d'accès paraît avant tout déterminée par les conditions mêmes dans lesquelles sont conçues les missions de la radio et de la télévision. L'une et l'autre doivent-elles être conçues comme un service public, susceptible d'entraîner le monopole étatique, comme c'est le cas en France ou dans les pays de démocratie populaire ? Au contraire, la radio et la télévision doivent-elles être considérées comme des moyens ordinaires de communication de la pensée, ce qui implique une liberté concurrentielle de l'émission et de l'exploitation ? Il peut s'agir en fait d'une concurrence privée, mais contrôlée par l'Etat (Etats-Unis), ou d'une concurrence entre organismes publics (Allemagne fédérale, Belgique) ou d'une concurrence entre des entreprises privées et une entreprise publique (Japon) ou d'une concurrence entre un établissement public et des entreprises privées fonctionnant sous le contrôle et la responsabilité d'un autre organisme public (Grande-Bretagne). Dans ces états, le pluralisme est le gage que toutes les tendances, y compris les plus minoritaires, pourront se faire entendre.

En France, le monopole de l'Etat est sans cesse réaffirmé. La récente loi du 7 août 1974 relative à la radiodiffusion et à la télévision demeure dans cette ligne en confiant l'exercice du monopole à un établissement public de l'Etat à caractère industriel et commercial et à des sociétés nationales. Et pourtant l'article 11 de la Déclaration des droits de l'homme et du citoyen de 1789 énonce :

> « La libre communication des pensées et des opinions est un des droits les plus précieux de l'homme ; tout citoyen peut donc parler, écrire, imprimer librement, sauf à répondre de l'abus de cette liberté dans les cas déterminés par la loi. »

Dans un contexte analogue, on s'explique qu'en Italie, où le monopole est de règle comme en France, celui-ci, tel que conçu et organisé avant la loi du 15 avril 1975 qui a, cependant, réaffirmé le monopole, ait été déclaré inconstitutionnel par une décision de la Cour constitutionnelle italienne du 10 juillet 1974. Cette dernière énonce, en effet :

> « La Constitution sanctionne la liberté de manifestation de la pensée par tous les moyens de diffusion. Quiconque, donc, a le droit de manifester de n'importe quelle manière et en toutes circonstances sa pensée, droit qui doit être considéré comme inviolable au terme de l'article 2 de ladite Constitution. Il en découle que le devoir, pour quiconque entend établir ou exercer une installation radio-électrique, de demander et obtenir la concession prescrite, constitue une limitation grave et injustifiée du droit de manifester librement sa pensée par tous moyens de diffusion. »

La démocratie ne se réduit pas à l'élection. Les conditions d'information qui imprègnent l'élection comptent au moins autant que celle-ci. « L'information est le pain de la démocratie moderne », a écrit Jean-François Revel (*En France,* 1965, p. 130). Dans cette mesure, les partis politiques vont pouvoir entrer en lutte concurrentielle pour faire prévaloir leurs idéologies, porter des hommes au pouvoir qui seront chargés d'appliquer le programme électoral proposé par le parti auquel ils appartiennent. En régime de démocratie marxiste, où le parti unique domine et imprègne les institutions, la compétition entre hommes et factions ou tendances s'exercera à l'intérieur du parti lui-même. Il en va de même en régime fasciste.

§ 2. — La concurrence des partis

A. — Caractérisation des partis politiques

Le parti politique se présente comme une association durable d'hommes ayant les mêmes opinions sur la société et qui cherchent à accéder au pouvoir, au moyen d'un soutien populaire, afin de réaliser la politique correspondant à leurs idées. Les partis politiques se livrent à l'action politique. Ils proposent des choix, des programmes aux électeurs. Ceux-ci se détermineront, dans le secret de l'isoloir, en fonction des affinités qu'ils estiment avoir avec tel ou tel parti et du consentement ou de l'accord qu'ils entendent donner au programme présenté et soutenu par le parti de leur choix. Ce programme sera défendu par un candidat proposé et soutenu par le parti.

L'existence des partis politiques est reconnue formellement par l'article 4 de la Constitution française du 4 octobre 1958 :

> « Les partis et groupements politiques concourent à l'expression des suffrages. Ils se forment et exercent leur activité librement. Ils doivent respecter les principes de la souveraineté nationale et de la démocratie. »

Il a même fallu attendre la Ve République pour qu'une Constitution mentionne expressément les partis politiques. Dans la Constitution de 1946 on n'évoque que les « représentants » du peuple et les « députés à l'Assemblée nationale » (art. 3).

De même l'article 21 de la Loi fondamentale du 23 mai 1949 (République fédérale allemande) porte-t-il :

« 1) Les partis concourent à la formation de la volonté politique du peuple. Leur création est libre. Leur organisation intérieure doit être conforme aux principes démocratiques. Ils doivent rendre compte publiquement de l'origine de leurs ressources.

2) Les partis qui, d'après leur programme ou d'après l'attitude de leurs membres, tendent à porter atteinte à l'ordre constitutionnel libéral et démocratique ou à l'éliminer ou à mettre en péril l'existence de la République fédérale d'Allemagne sont inconstitutionnels. Il appartient au tribunal constitutionnel fédéral de se prononcer sur la question de leur inconstitutionnalité. »

L'article 49 de la Constitution italienne du 27 décembre 1947 est beaucoup plus laconique et en même temps plus ouvert :

> « Tous les citoyens ont le droit de s'associer librement en partis pour concourir, selon la méthode démocratique, à déterminer la politique nationale. »

L'article 29, § 1, de la Constitution grecque du 9 juin 1975 est pareillement conçu :

> « Les citoyens grecs ayant le droit de vote peuvent fonder librement des partis politiques et adhérer à des partis politiques dont l'organisation et les activités doivent servir le libre fonctionnement des institutions démocratiques. »

Historiquement, les partis sont apparus en démocratie libérale ; plus précisément, ils sont liés au développement du régime parlementaire en Angleterre et sont apparus dans ce pays durant la seconde moitié du XVIIe siècle. En régime de monarchie absolue, les partis politiques n'existent généralement pas : ils n'ont aucune raison d'être, les sujets ne participant pas à la marche des affaires publiques. C'est ainsi que, jusqu'à la fin de la monarchie absolue en Ethiopie en 1974, il n'existait aucun parti politique. Dans un tel système, le peuple, composé de sujets, doit obéissance totale à la personne du monarque, qui tient son pouvoir du Ciel.

L'article 4 de la Constitution française et l'article 49 de la Constitution italienne présentent des affinités certaines : ils n'exigent pas, pour que les partis se voient reconnaître l'existence juridique, qu'ils prônent et défendent les idéaux de la démocratie libérale. Au contraire, la loi fondamentale allemande déclare inconstitutionnels les partis politiques qui « tendent à porter atteinte à l'ordre constitutionnel libéral ». Ceci explique que le parti néo-nazi et le parti communiste soient inconstitutionnels en Allemagne fédérale. Plus précisément, le Tribunal constitutionnel a interdit le S.R.P. (extrême-droite) en 1952, et le K.P.D. (parti communiste) en 1956, le premier pour « son comportement anti-démocratique dans la vie politique », et le second à cause « de la non-conformité de son programme politique aux principes démocratiques ». Cependant, récemment, les partis communiste et d'extrême-droite ont pu, sous d'autres sigles, se reconstituer, à un moment où ils ne représentaient plus qu'une part infime de l'électorat : le parti communiste en 1969 et le parti d'extrême-droite en 1964. Les interdictions de 1952 et de 1956 à l'égard des anciens partis n'ont pas été levées.

De la sorte, l'Italie et la France sont des démocraties ouvertes, en ce sens que reconnaissant le parti communiste (P.C.I. et P.C.F.), ces pays admettent objectivement et implicitement que la démocratie libérale puisse faire place à la démocratie marxiste dans la mesure où, en respectant les règles et les procédures de la démocratie du moment, le parti communiste pourrait parvenir au pouvoir. Ce sont donc des pays comme l'Italie et la France qui manifestent le plus grand pluralisme fonctionnel : ce sont des démocraties ouvertes. L'Allemagne de l'ouest, par opposition, apparaît comme une démocratie fermée dans la mesure même de la non-reconnaissance officielle d'un parti communiste, c'est-à-dire dans la mesure où elle n'admet pas d'autre ordre que l'ordre libéral. Si les partis communiste et d'extrême-droite ont pu se reconstituer à une date récente sous d'autres noms, c'est particulièrement en raison d'une reconnaissance de leur part de l'ordre démocratique.

On peut donc dire que l'ensemble des partis politiques qui respectent et recommandent les idéaux et les principes de la démocratie libérale qui se caractérisent par la diversité et surtout le respect des opinions sont des partis de représentation individuelle : ils n'ont pas pour objectif d'enserrer les électeurs, de les encadrer. Ils doivent seulement, dans un climat de libre opinion, leur offrir un programme qu'ils sont chargés par les électeurs d'exécuter dans la mesure où ils parviennent au pouvoir. L'existence des partis socialistes ne remet pas en cause ce schéma : ces partis n'entendent pas abolir les libertés publiques et individuelles ; leur conception de la démocratie est dans le prolongement des conceptions défendues par les partis non socialistes : il s'agit seulement d'arriver à une plus grande effectivité des droits économiques et sociaux par une extension même des principes démocratiques. Ne cherchant pas à forcer le choix des électeurs, respectant le pluralisme des opinions, ce qui éclaire et favorise la conservation et l'extension des libertés publiques, ils sont nécessairement composés de notables ou de cadres selon qu'ils envisagent la reconnaissance plus ou moins effective des droits économiques et sociaux mais qui ne mettent pas en cause l'existence d'un pluralisme d'idées et d'opinions.

Au contraire, les divers partis communistes se présentent comme des partis d'intégration totale en ce sens qu'ils exigent des citoyens une adhésion totale au monolithisme politique et économique qu'ils représentent et auquel ils ont pour charge de convaincre voire de contraindre la masse. Ils sont aussi composés de cadres s'affirmant comme l'avant-garde du peuple.

En définitive, mis à part les partis d'intégration totale, comme le parti communiste, on peut dire que « tous les partis, en un sens, sont à la fois des partis de militants, de notables et d'électeurs ; l'important est de savoir sur quoi ils mettent eux-mêmes l'accent et pourquoi ». (J. Charlot, *Les partis politiques,* 1971, p. 218).

La « globalité » des partis politiques en tant que composantes essentielles du système politique, et même comme sous-systèmes créateurs de pouvoir, a été particulièrement mise en lumière par David Apter (*The Politics of Modernisation,* 1965, pp. 181-182) :

> « ... Du point de vue d'un premier jeu de relations, l'une des fonctions primaires des partis est de structurer l'opinion publique, de mesurer ses attitudes et de les transmettre aux responsables gouvernementaux et aux dirigeants, de telle sorte que gouvernés et gouvernants, l'opinion et le pouvoir soient raisonnablement proches les uns des autres. Le principe du gouvernement représentatif repose tout entier sur ces rapports. A cet égard on peut d'abord voir les partis comme des variables intermédiaires entre l'opinion et le pouvoir.
>
> « Une deuxième caractéristique essentielle des partis politiques, c'est que leur forme dépend du cadre socio-politique d'ensemble de la société. Leur pluralisme, leur diversité sont liés au degré de modernisation de la société ; leur fonctionnement (quel que soit leur type) doit se trouver en harmonie avec le cadre institutionnel ou le régime politique ; leur clientèle dépend des divisions sociales existantes. En ce sens, les partis politiques sont des variables dépendantes, dépendantes de la société, de l'organisation du pouvoir, des procédures d'élection ou de cooptation et d'autres variables indépendantes encore. »
>
> « Troisième aspect significatif des partis politiques : leur importance manifeste comme sous-systèmes dotés de leurs propres moyens de créer du pouvoir. De ce point de vue, qui est crucial dans les nouveaux Etats où le parti est souvent comme le microcosme de la société de demain, le parti peut être saisi comme une variable indépendante. La société et le gouvernement dépendent de l'organisation partisane, des décisions des chefs de partis, du cadre que le parti impose à la société.
>
> « Si l'observateur ne distingue pas nettement ces trois aspects de la réalité partisane — les partis comme variable intermédiaire, dépendante ou indépendante — la situation politique du pays considéré lui paraîtra à la fois confuse et déconcertante. »

B. — Le pluralisme des partis

Le pluralisme des partis recouvre des réalités diverses dans les Etats technodémocratiques : ainsi, aux Etats-Unis, il n'existe ni parti socialiste ni parti communiste intégré au système politique. La France, l'Italie, le Luxembourg, le Portugal, la Grèce (2) et l'Islande possèdent les deux, c'est-à-dire un parti social-démocrate (partis socialistes en Italie et en France) et un parti communiste, en dehors des partis traditionnels récusant l'idée même de socialisation ; l'Allemagne fédérale et la Grande-Bretagne ignorent en droit ou en fait la concurrence d'un parti communiste avec un parti socialiste et un parti conservateur (au sens général de l'expression).

On peut ramener cette trilogie à une dualité de systèmes démocratiques : les démocraties *fermées* qui fonctionnent dans le cadre de l'idéologie libérale (car les différents partis socialistes ne remettent pas en cause les fondements de l'idéologie libérale qui met l'accent sur le citoyen, sur l'individu beaucoup plus que sur l'Etat) et les démocraties *ouvertes* représentées essentiellement par l'Italie et la France qui admettent, dans la concurrence entre partis, l'existence et la lutte pour le pouvoir du parti communiste qui, dans les sociétés marxistes, se présente comme l'avant-garde du peuple tout entier ou du prolétariat (le premier cas recouvrant celui de l'U.R.S.S., le second celui de la Chine et de l'Albanie). Au Chili, le parti communiste accepta de gouverner avec d'autres partis qui représentaient pourtant l'idéologie libérale (jusqu'au coup d'état militaire du 11 septembre 1973). Si lors des élections législatives françaises de mars 1973, les communistes avaient été majoritaires avec les socialistes et les radicaux de gauche, ils auraient accepté, c'est du moins ce qu'énonçait le Programme commun de la gauche unie, de ne pas gouverner sans les autres partis et de respecter ainsi le pluralisme partisan et les libertés publiques. Le 18 septembre 1972, Georges Marchais, répondant à un journaliste de *L'Essor* de Lyon, s'exprimait en ces termes :

> « Pour nous, conformément au Programme commun et comme le montrent bien toutes nos déclarations, notre position est simple et claire : nous entendons créer les conditions de la participation la plus large de tous les hommes et femmes de France à la construction de la société nouvelle, nous entendons n'écarter de cette grande entreprise aucune bonne volonté, nous entendons respecter toutes les croyances et options philosophiques. »

Si l'on suit à la lettre cette déclaration d'intention, il apparaît que si la gauche l'avait emporté en France lors des élections législatives de 1973 ou lors de l'élection présidentielle de 1974, le parti communiste n'aurait exercé, selon ses affirmations, aucune prééminence au sein de l'Union de la gauche ; il annonçait même que les droits de la minorité seraient respectés. C'était donc se placer dans le contexte du pluralisme le plus étendu possible, conformément à la pratique libérale actuellement suivie en France, puisque la majorité au pouvoir respecte aussi les droits des partis, des élus et des opinions minoritaires. Cela ne signifie pas que les partis communistes occidentaux soient intégrés au modèle capitaliste. Ils acceptent simplement de se servir pacifiquement des moyens que leur offre la démocratie libérale, essentiellement les élections, pour parvenir au pouvoir. Le pluralisme qu'ils affirment vouloir maintenir ne se conçoit finalement que dans une phase intermédiaire

(2) La Grèce dispose de deux partis communistes : celui dit « de l'intérieur » et celui dit « de l'extérieur ».

et transitoire qui amènerait la démocratie libérale dans la voie de la démocratie marxiste.

La France et l'Italie particulièrement connaissent toute la gamme des partis politiques jusqu'au parti communiste qui prône l'intégration totale de l'homme dans la société. Mais il ne faut pas oublier que toutes les démocraties européennes renferment au minimum un grand parti socialiste. Cette présence est essentielle : elle oppose au système libéral économique représenté par les partis conservateurs un système d'économie plus ou moins socialiste qui rejette donc plus ou moins la concurrence des unités économiques, selon que le désir de nationalisation est plus ou moins affirmé chez tel ou tel de ces partis socialistes. Mais il faut insister particulièrement sur le fait que les partis socialistes européens, ainsi que leurs électeurs, sont profondément attachés à ce qui demeure l'acquis essentiel des démocraties libérales jusqu'à présent : les libertés politiques. Quand le socialisme prend corps, comme c'est le cas par exemple dans les démocraties nordiques, il s'agit d'un socialisme libéral.

Aux Etats-Unis, du fait de l'insignifiance des partis socialiste et *a fortiori* communiste, règne un consensus général sur les valeurs de la société qui sont le capitalisme et la démocratie élective, dogmes aussi forts que la puissance des Etats-Unis et le respect quasi mystique du drapeau américain et de la Constitution. Mis à part quelques marginaux, le *credo libéral* est accepté et jamais remis en cause. Le culte de l'argent, instrument de promotion et d'intégration sociale et qui permet de se situer comme consommateur est essentiel pour l'Américain moyen. A l'inverse de l'Europe démocratique, le pluralisme américain est donc très limité : le parti républicain et le parti démocrate ne sont que des tendances à l'intérieur d'un vaste « parti » libéral. La société demeure fondamentalement « unanimitaire », autant que l'était, semble-t-il, la société romaine sous César.

C. — MULTIPARTISME ET BIPARTISME

1° Les multipartismes.

L'existence de plusieurs partis au sein des démocraties occidentales se rencontre tout particulièrement en Europe. Il n'est que de penser aux démocraties française, italienne ou allemande. La présence de nombreux partis qui se disputent le pouvoir entraîne nécessairement des gouvernements de coalition plus ou moins fragiles.

Certaines démocraties reconnaissent le multipartisme intégral, en ce sens qu'à certains partis qui admettent fondamentalement l'idéologie politique libérale s'ajoute un parti communiste qui agit en faveur d'une démocratie totalement socialiste : c'est notamment le cas de l'Italie et de la France. La lutte pour le pouvoir prend donc un caractère particulier dans les démocraties ouvertes. Au contraire, un pays comme l'Allemagne, où le parti communiste n'intervient pas dans la compétition pour le pouvoir, pour les raisons constitutionnelles déjà envisagées, présente une physionomie plus nette : dans ce pays s'observe ce que l'on peut appeler un multipartisme imparfait ou un bipartisme imparfait en ce sens que deux partis, l'un conservateur, l'autre socialiste, dominent la vie politique, mais doivent tenir compte, pour arriver au pouvoir, de l'existence d'un tiers-parti, de plus petite dimension, à tendance ultra-libérale : les deux grands partis en cause sont le parti social-démocrate (S.P.D.) de tendance socialiste, et l'Union chrétienne-démocrate (C.D.U.) de tendance conservatrice. La troisième formation, de beaucoup la plus réduite, porte le nom de parti libéral-démocrate (F.D.P.). Lors des élections législatives du 3 octobre 1976, le S.P.D. a obtenu 42,6 % des suffrages, le C.D.U. 48,6 % et le F.D.P. 7,9 %, le reliquat se partageant entre divers groupements.

L'Italie et la France ne comptent pas moins de six à dix partis, y compris le parti communiste. Cependant, le multipartisme conduit à une situation plus ou moins fluide : si l'on envisage le cas français, on constate que le parti gaulliste (U.N.R. devenu U.D.R. en 1967) a fait figure de parti dominant de 1962 à 1974. Aux élections législatives de 1968, l'U.D.R. avait obtenu 43,65 % des voix ; à l'issue des élections législatives du 11 mars 1973, l'U.D.R. obtenait encore 31,38 % des suffrages. Lors du premier tour de l'élection présidentielle, le 5 mai 1974, M. Chaban-Delmas, soutenu par l'U.D.R., ne recueillait plus que 15,10 % des suffrages exprimés. Le parti communiste est le parti de gauche qui rassemble le plus de voix : lors de l'élection présidentielle de 1969, M. Duclos, candidat présenté par ce parti, obtenait 21,5 % des suffrages exprimés. Le parti radical-socialiste s'est scindé en deux tendances en 1972 : les radicaux dits de gauche, sous la conduite de M. Fabre, qui ont adhéré au Programme commun de la gauche signé dès le 27 juin 1972 par le parti communiste et le parti socialiste (mais non par le parti socialiste unifié P.S.U.) et les autres radicaux de MM. Servan-Schreiber puis Peronnet. Quant aux successeurs de l'ancien M.R.P. de la IVe République, ils ont établi le 23 mai 1976 le C.D.S. (Centre des démocrates sociaux), par fusion du Centre démocrate de M. Lecanuet et du Centre Démocratie et progrès (C.D.P.). La majorité actuelle, désormais conduite par les républicains indépendants, dans la mesure où leur leader, M. Giscard d'Estaing, a été élu président de la République le 19 mai 1974 contre M. Mitterrand, leader du parti socialiste, candidat des partis de gauche, inclut, en outre, le C.D.S., le parti radical et enfin l'U.D.R., forte de son assise parlementaire, devenue le R.P.R. le 5 décembre 1976.

En Italie, la situation demeure complexe : lors des élections législatives des 20-21 juin 1976 visant à renouveler la composition des deux chambres du parlement apparaissaient dix formations politiques (nous n'évoquerons ici que les résultats relatifs à la chambre des députés) : un parti d'inspiration catholique, la Démocratie chrétienne, qui, obtenant près de 40 % des suffrages (38,7 %), se présente comme le parti dominant ; le Parti communiste qui a obtenu 34,4 % des voix en juin 1976 ; un bloc d'extrême-gauche formé du P.D.U.P. (Parti d'unité prolétarienne pour le communisme), d'Avant-garde ouvrière et de Lotta continua, sous le nom de Démocratie prolétarienne, qui a obtenu 1,5 % des suffrages exprimés ; deux partis socialistes : le parti socialiste italien, P.S.I., qui a obtenu en 1976 9,6 % des voix, et les sociaux-démocrates, qui ont réuni 3,4 % des suffrages exprimés ; deux partis libéraux dits laïques : le Parti libéral, P.L.I., qui recueillit 1,3 % des voix, le Parti républicain, P.R.I., qui obtint 3,1 % des suffrages ; un mouvement d'extrême-droite qui résulte, depuis 1970, de la fusion du Parti national monarchiste (P.N.M.) et du Mouvement social italien (M.S.I.), lequel mouvement a obtenu en 1976 6,1 % des suffrages exprimés ; enfin, un mouvement régionaliste proche de la Démocratie chrétienne, le Parti populaire sud-tyrolien, qui rassembla en 1976 0,5 % des suffrages exprimés, et le Parti radical (au sens américain du terme), qui recueillit 1,3 % des suffrages exprimés.

L'Italie, qui connaît le multipartisme, se caractérise par la puissance de fait d'un parti dominant. Cette situation a été celle de la France jusqu'aux élections législatives de 1973. D'une manière générale, le parti dominant recueille environ 40 % des voix, ce qui lui assure une situation privilégiée. L'U.D.R., en France, a perdu cette place de choix puisqu'à l'issue du premier tour des élections législatives de 1973 elle recueillait 24 % des voix contre 43,65 % lors du premier tour des élections de 1968.

Le multipartisme pur ou émietté a été le fait de la IVe République (3) en France : on peut dire que cette situation, qui se caractérise essentiellement par le fait qu'aucun parti ne remporte plus de 35 % des suffrages, conduit nécessairement à des gouvernements changeants et à des majorités de coalition dans le contexte d'un régime parlementaire. Depuis les élections législatives des 4 et 11 mars 1973, cette situation aurait tendance à se reproduire (aucun parti n'ayant obtenu plus de 35 % des voix) si ses effets n'étaient en grande partie annihilés par l'existence d'un présidentialisme de fait.

2° Le bipartisme.

Le bipartisme trouve une expression particulièrement nette en Grande-Bretagne, considérée comme le modèle des régimes parlementaires, et aux Etats-Unis, considérés comme le modèle du régime présidentiel. En Grande-Bretagne, le parti conservateur et le parti travailliste obtiennent tour à tour la majorité absolue des sièges (4) ; il en est de même aux Etats-Unis, où se succèdent régulièrement au pouvoir le parti démocrate et le parti républicain. L'alternance au pouvoir trouve alors son accomplissement optimal.

L'un des deux partis incarne le conservatisme, l'ordre ; l'autre prône au contraire le mouvement, un certain progressisme. Cela est particulièrement vrai en Grande-Bretagne. La situation est moins évidente aux Etats-Unis, même si le parti démocrate peut être considéré comme un peu plus progressiste que le parti républicain.

En tout cas, l'évolution, le mouvement, face au conservatisme même éclairé, permettent à l'électeur de faire un choix conscient et révélateur de ses tendances, même si l'esprit et le tempérament humain renferment à la fois des éléments de conservatisme et de progressisme. Ainsi que l'a écrit J.-J. Servan-Schreiber (*Le défi américain,* Livre de poche, 1969, p. 261) :

> « Le jeu, l'opposition, la dialectique, entre un parti modéré et un parti progressiste sont aussi essentiels à la croissance qu'à la démocratie. L'avance

---

(3) Sous la IVe République, aucun parti n'a jamais pu atteindre le seuil de 30 % des suffrages exprimés.

(4) Cependant, lors des élections législatives du 28 février 1974, aucun des deux grands partis britanniques n'a obtenu la majorité absolue, ce qui n'a pas empêché l'alternance de jouer en faveur du parti travailliste qui avait recueilli le plus de sièges.

prodigieuse de la technologie moderne ne périme pas le moins du monde les notions de droite et de gauche. Ni le progrès social, ni la démocratie ne sont jamais des sous-produits de l'invention technique, même quand celle-ci leur ouvre, comme aujourd'hui, des perspectives immenses. La politique, c'est-à-dire le couple vivant droite-gauche est, toujours davantage, la source irremplaçable de fécondité ».

On connaît l'appréciation d'Alain :

« Lorsqu'on me demande si la coupure entre partis de droite et partis de gauche, hommes de droite et hommes de gauche, a encore un sens, la première idée qui me vient est que l'homme qui pose cette question n'est certainement pas un homme de gauche. » (*Eléments d'une doctrine radicale,* 1925).

Quant au Centre, il a été cerné dans les termes suivants par Maurice Duverger (*Petite encyclopédie politique,* 1969) :

« A l'intérieur du centrisme, on perçoit un faible balancement entre des majorités dominées par le centre-gauche et des majorités dominées par le centre-droit : en ce sens, on parlait de la lutte entre " la résistance " et " le mouvement " sous Louis-Philippe, entre " l'ordre " et " le mouvement " sous la IIIe République. En réalité, le centre-droit domine toujours. Tout gouvernement tend naturellement à conserver l'ordre existant : c'est plus facile et moins risqué que d'innover. Même dans une majorité de gauche, il faut une pression énergique et constante des plus durs pour vaincre cette inertie naturelle. Dans un gouvernement centriste, le centre-gauche, modéré par nature, n'a ni l'envie ni les moyens d'exercer une telle pression sur le centre-droit. Les deux s'accordent dans l'immobilisme. Ainsi le centre est-il toujours un camouflage de la droite, même — ce qui est rare — quand il se situe véritablement au centre. ».

L'alternance au pouvoir, qui est intimement liée au bipartisme, s'exerce jusqu'à présent dans des pays anglo-saxons où existe un consensus notable sur des valeurs sociales considérées comme impératives. Et cependant, en France, où les divisions sont notables, G. Pompidou a pu s'exprimer en ces termes le 27 juin 1970 :

« La démocratie, telle que nous voulons la pratiquer, n'est pas celle du parti unique et des unanimités électorales. Une opposition structurée, ayant ses cadres et sa doctrine, participant en tant que telle aux débats devant le pays comme à l'action parlementaire est nécessaire. Elle constitue pour l'action gouvernementale et la majorité un aiguillon et l'instrument d'une confrontation féconde. Les problèmes sont divers, les situations évoluent, et ni la majorité ni l'opposition ne doivent se fermer sur elles-mêmes, tels des clans hostiles et jaloux. » (*Le Monde,* 30 juin 1970).

La majorité et la minorité du moment ont leurs rôles respectifs à jouer. Si l'on se sert de l'exemple britannique, constatent MM. Cotteret et Emeri (*Les systèmes électoraux,* 1970, p. 203) :

« ...le parti au pouvoir reçoit des électeurs une mission : gouverner, réaliser le programme, la plate-forme électorale en faveur de laquelle la majorité s'est prononcée ; le parti minoritaire a une fonction d'opposition très précise : alerter l'opinion publique en contrôlant le parti au pouvoir et se préparer à prendre sa suite. ».

Ce que l'on appelle le *two-party system* et qui caractérise essentiellement le système politique britannique en raison de la rigidité des deux partis en présence (alors qu'aux Etats-Unis les deux partis en compétition sont souples dans la mesure où chaque sénateur ou représentant vote comme il l'entend, tandis que les députés de la Chambre des communes britannique sont astreints à une discipline de vote) s'exprime par la conjonction de quatre éléments : deux partis politiques en compétition, parce qu'en situation de monopole électoral, la rigidité de ces partis, leur accord sur le jeu politique, leur alternance au pouvoir.

— *Partis et groupes de pression.*

La concurrence entre partis politiques se déroule dans le contexte de la lutte pour la conquête du pouvoir : faire élire des parlementaires, un chef d'Etat, participer à la formation d'un gouvernement. Au contraire, si l'on veut trancher rapidement, les groupes de pression ne cherchent pas à conquérir le pouvoir : ils essaient simplement d'exercer une influence sur le pouvoir en place. Les groupes de pression se présentent sous la forme d'associations, de syndicats, d'organisations quelconques nationales ou transnationales. Aux Etats-Unis, les groupes de pression, appelés *lobbies*, sont connus de tous : ils agissent au grand jour ; ils sont quasiment institutionnalisés et exercent une influence notable sur l'administration et les membres du Congrès.

Il convient de faire une place spéciale en Europe aux syndicats qui sont plus proches des partis politiques que n'importe quel groupe de pression. Si l'on s'en tient au cas français, on sait les liens qui unissent la C.G.T. et le parti communiste français. De même *Force ouvrière* a longtemps présenté des affinités certaines avec l'ancienne S.F.I.O. Dans cette mesure, les syndicats, tout en s'efforçant d'exercer une influence sur le pouvoir, tout en visant à infléchir ses choix et ses décisions, participent aussi à la lutte concurrentielle pour le pouvoir.

Il ne faut pas négliger le fait que la plupart des partis politiques, en démocratie libérale, reçoivent des subventions financières de la part de certains groupes économiques spécialement liés au monde des affaires. Mais l'on touche là le problème général du financement des partis politiques.

D. — Le financement des partis politiques

Les partis n'apparaissent pas seulement au moment des campagnes électorales, quitte à disparaître ensuite. Les partis politiques existent et vivent de façon permanente. Ils ont besoin de crédits pour entretenir du personnel dit permanent. Et surtout les partis accordent leur investiture à des candidats à une élection. Une campagne électorale est extrêmement onéreuse.

Envisageons le cas de la France : l'ensemble des formations politiques dans ce pays ne dépasse pas le million d'adhérents. Il est certain que les partis politiques français, pour vivre et pour participer aux campagnes électorales, ne peuvent pas se contenter des cotisations de leurs adhérents, pas plus que ne peuvent leur suffire les souscriptions qu'ils sont parfois appelés à lancer dans le public. Il faut d'ailleurs spécifier qu'en France le taux annuel des cotisations exigées des membres d'un parti est particulièrement peu élevé. C'est ainsi que, d'après le trésorier du P.C.F., le taux moyen des cotisations qui sont versées annuellement par les militants communistes se situerait autour de cinq francs. (V. à ce sujet, les deux articles de Thierry Pfister, La politique et l'argent : *Le Monde,* 12 et 13 oct. 1972).

Aux Etats-Unis et en Allemagne, le financement des partis et de leurs campagnes électorales a été réglementé par le législateur. En France, ce n'est pas le cas. En septembre 1971, à l'occasion d'une conférence de presse, M. Georges Pompidou déclara :

> « Vous savez, les ressources des partis politiques, je les connais fort peu, ne m'en étant pas occupé personnellement. Elles ne sont pas ce qu'on croit, elles sont peu claires en général, pour des raisons variées et pas forcément immorales d'ailleurs. Je veux bien qu'on les contrôle, cela ne changera pas grand-chose. »

Et cependant l'on pouvait rétorquer au chef de l'Etat que le principe du contrôle du financement des partis politiques n'aurait pas dû être écarté : il suffit de trouver un mécanisme de contrôle adéquat. Car la clandestinité favorise l'intervention des groupes de pression et de milieux économiques pas toujours scrupuleux. En démocratie, le mystère n'est pas de mise. En matière de financement, le citoyen doit être informé comme en d'autres domaines. On s'explique alors que, dans sa « réunion de presse » du 25 juillet 1974, le président Giscard d'Estaing, contrairement à son prédécesseur, se soit montré partisan d'un contrôle étatique du financement des partis politiques français.

Or, dans l'ensemble des démocraties occidentales, le coût des dépenses électorales ne cesse de grandir. Aux Etats-Unis, le montant de l'ensemble des dépenses électorales, tant au niveau des communes, des Etats fédérés que de la Fédération, a été de 175 millions de dollars en 1960, 200 millions en 1964 et 300 millions en 1968. En 1972, ce chiffre est passé à 400 millions de dollars. La seule campagne présidentielle de 1972 a coûté cent millions de dollars, dont soixante pour le Président Nixon et trente pour son rival démocrate, le sénateur Mac Govern. La revue américaine *Time* du 23 septembre 1970 estime qu'un siège de représentant peut coûter 70 000 dollars, et qu'un siège de sénateur « coûte » 1 million 500 000 dollars. En Allemagne, les élections législatives de 1969 ont coûté 200 millions de marks, les deux principaux partis, S.P.D. et C.D.U., ayant dépensé chacun 75 millions de marks. En France, une campagne d'affichage couvrant l'ensemble du territoire et consacrée à un homme politique coûte au minimum 3 millions de francs. L'hebdomadaire *Valeurs actuelles,* du 8 janvier 1973, estimait que les élections législatives de mars 1973 allaient coûter aux formations politiques quelque 90 millions de francs, dont la moitié pour l'U.D.R. D'une enquête effectuée en 1976, il ressort qu'un siège de député, en France, coûte au minimum 150 000 F.

Or il faut, en démocratie libérale, que les partis disposent d'une égalité de chances pour faire connaître leur programme aux citoyens. C'est d'ailleurs ce qu'a exprimé le Tribunal constitutionnel de la République fédérale d'Allemagne :

> « Si l'article 38 de la loi fondamentale pose le principe de l'égalité des suffrages, il veut non seulement assurer un traitement égal aux électeurs pris individuellement mais encore donner aux partis politiques eux-mêmes dans toutes les phases de l'élection le droit à des chances égales. »

Pour égaliser le financement privé des partis politiques américains, le Federal Election Campaign Act de 1971, entré en vigueur le 7 avril 1972, et amendé le 15 octobre 1974, interdit, depuis le 1er janvier 1975, les dons individuels supérieurs à 1 000 dollars à un candidat au Sénat, à la chambre des Représentants ou à la présidence des Etats-Unis. La limitation est de 5 000 dollars pour les dons effectués à un comité politique. On a aussi essayé de limiter le montant des dépenses des partis pendant les campagnes électorales. Il existe des législations en ce sens au Japon, au Canada et en Grande-Bretagne.

Aux Etats-Unis, le Federal Election Campaign Act amendé en 1974 limitait, dans sa forme initiale, les dépenses électorales des candidats à la présidence des Etats-Unis, à la Chambre des Représentants et au Sénat. Mais la Cour Suprême, dans un arrêt du 31 janvier 1976, a supprimé les « plafonds » imposés aux dépenses faites par les candidats : pour la Cour, les « plafonds » étaient contraires au premier amendement à la Constitution touchant particulièrement la liberté de la parole (1791). Dans sa version définitive et révisée en 1976, l'Act prévoit donc que les candidats au Congrès peuvent dépenser autant d'argent qu'ils le veulent. Pour les élections présidentielles, la loi prévoit un financement par le Trésor public pour les candidats qui s'engagent à ne pas dépasser certains « plafonds » : 10 millions de dollars pour toutes les primaires et 20 millions pour chacun des candidats désignés par la Convention des deux grands partis, laquelle convention sera prise en charge si son budget n'excède pas 2 millions de dollars. Bien entendu, le recours aux fonds publics est facultatif pour les candidats à la Maison-Blanche. Ceux qui le refusent ne se voient imposer aucun plafonnement à leurs dépenses électorales. Il faut préciser qu'aucun financement public par le Trésor n'existe en faveur des candidats au Congrès.

Un moyen beaucoup plus efficace d'assurer l'égalité entre partis consiste à faire subventionner les partis par l'Etat. On aboutit ainsi à un financement public. Cela peut engendrer deux courants : rembourser aux partis les frais entraînés par la campagne électorale; financer globalement l'activité des partis, soit indirectement, soit directement.

Les frais de campagne électorale des partis sont remboursés par l'Etat du Costa Rica au prorata des voix obtenues. Cette méthode est également pratiquée en Allemagne fédérale. Dans ce dernier pays, la loi sur les partis politiques du 24 juillet 1967, modifiée par une loi du 22 juillet 1969, a fixé à 0,5 % des suffrages exprimés sur le territoire fédéral (ou 10 % des voix exprimées dans une circonscription électorale) le seuil à partir duquel sont remboursés par l'Etat les frais des campagnes électorales. Depuis 1974, ces frais sont estimés à 3,5 DM par électeur au niveau fédéral et à 1,5 DM au niveau des Länder. Le financement public des partis s'exerce donc tant au niveau de l'Etat fédéral qu'à l'échelon provincial. Il faut préciser en outre que, dans les législations américaine, anglaise, japonaise, turque et allemande, les budgets des différents partis doivent être rendus publics. C'est ainsi qu'en Allemagne fédérale, l'article 21 de la loi fondamentale du 23 mai 1949 prévoit notamment que les partis « doivent rendre compte publiquement de l'origine de leurs ressources ». En France, le programme commun de gouvernement de la gauche, adopté le 27 juin 1972, prévoyait de même que « les partis et les candidats aux élections devront publier leur budget. Les frais de campagne électorale seront plafonnés ».

En Suède, les partis occupent une position privilégiée dans la mesure où ils sont réellement considérés comme participant à la définition et à l'expression de la volonté populaire. Depuis le 1er janvier 1969, les partis politiques reçoivent des subventions de la part du Parlement à raison de 60 000 couronnes par député, par l'intermédiaire du « système de la contribution étatique à la presse des partis ». Pour obtenir des subventions, les formations politiques doivent être représentées au parlement et avoir recueilli au moins 2 % des suffrages aux dernières élections. Par le biais de la presse politique, on aboutit donc à un financement indirect des partis politiques par l'Etat.

En Italie, un financement public direct des partis politiques a été récemment institué : une loi du 2 mai 1974, en effet, a organisé pour la première fois dans ce pays, un financement par l'Etat des partis politiques ayant un caractère national. Pour être financés, les partis italiens doivent avoir présenté des listes de candidats pour l'élection de la Chambre des députés dans plus des deux tiers des circonscriptions, et obtenu au minimum 300 000 voix. C'est dans ces conditions que l'ensemble des partis politiques doit percevoir 45 milliards de lires chaque année et 15 autres lors des élections générales, tous les cinq ans en principe, sauf élections anticipées après dissolution des chambres. Il y a donc en Italie deux catégories de contributions publiques : l'une pour participer aux frais de fonctionnement des partis ; l'autre pour participer aux dépenses électorales.

En Finlande, la loi du 10 janvier 1969, relative aux partis politiques, institue une subvention destinée à financer l'activité des partis politiques en faveur des partis représentés au Parlement. Cette subvention est répartie entre les partis, proportionnellement au nombre de sièges qu'ils ont obtenus aux dernières élections législatives.

Il est certain que l'intervention des pouvoirs publics en vue de participer directement ou indirectement au financement des partis politiques ne peut que moraliser la vie politique et surtout contribuer à éclairer le choix des citoyens : en 1972, deux films, l'un américain « The candidate », l'autre français « Aux urnes, Citoyens » ont suffisamment démontré comment les électeurs peuvent être persuadés de voter pour un candidat dans la mesure où celui-ci peut se servir, proportionnellement aux moyens financiers dont il dispose, des techniques commerciales du « marketing », qui visent à imposer son image de marque au citoyen peu averti enclin à croire ce qu'on lui dit de la même façon qu'il est impressionné par les vertus vantées d'un produit alimentaire ou d'une laque pour cheveux. Certains pensent cependant, tel Denis Lindon, que :

> « Le marketing politique n'est pas l'arme suprême et magique que certains imaginent ou redoutent. Il permet de mieux connaître les électeurs, mais il est impuissant à les tromper. Il permet aux partis et aux candidats de se faire mieux connaître mais non de passer pour ce qu'ils ne sont pas. Loin d'être une menace pour la démocratie, il peut, s'il est utilisé intelligemment, en améliorer le fonctionnement. » (*Le Management*, janvier 1973).

L'utilisation de certains organismes privés pour établir des sondages d'opinion en période pré-électorale crée aussi une situation d'inégalité au profit du gouvernement en place (qui n'hésite pas à recourir à cette technique de marketing) comme au profit des hommes politiques et des partis politiques les plus puissants du point de vue financier. Pour notre part, nous pensons que l'utilisation massive des techniques du marketing politique ne contribue pas à moraliser et à éclairer les choix du citoyen. Dans le choix des hommes politiques, elle ne permet pas de faire appel au « premier venu ». Dans sa *Lettre à un jeune partisan* de novembre 1956, Jean Paulhan, dont la pensée fut rigoureuse, écrivait ces lignes : « Il n'est pas un homme normal qui ne trouve que les riches tiennent dans ce monde-ci trop de place et usurpent trop d'autorité. Mais qui saurait leur faire pièce ? Les partis dépensent gros. Ils ont leurs frais de publicité, leur propagande, leurs affiches et leurs banquets. Bref, cent mille dépenses, et pas de recettes. Il en coûte cher pour faire élire un député, plus cher pour un ministre. Qui donnera l'argent, sinon les riches ? Or ils exigeront d'être payés, sinon en monnaie, en honneurs, en monopoles, en influence. » (*Œuvres complètes,* t. V, p. 474 et s.).

Le financement et le contrôle du financement des partis politiques posent le problème grave de l'achèvement de la démocratie et de sa perversion éventuelle, la ploutocratie.

§ 3. — La participation des citoyens et les techniques électorales

A. — Le principe de l'élection

Dans les régimes démocratiques, les représentants du peuple ou de la nation sont élus par les citoyens. De la sorte, l'ensemble des organes constitutionnels procède de l'élection, même indirectement.

Mais dans les sociétés industrialisées, l'élection est plus que cela : devant l'emprise croissante des mass media, l'élection permet au citoyen d'approuver ou non la politique menée par les gouvernants. Elle est elle-même un moyen de communication entre les gouvernés et les gouvernants. Si l'on s'inspire de l'analyse systémique de David Easton, on constatera que les citoyens expriment leurs besoins par des demandes. Celles-ci sont reprises par les partis politiques. Le système politique les traduira en décisions applicables et appliquées aux citoyens, lesquels réagissent à ces décisions. L'élection permet bien à l'électeur d'approuver ou de rejeter une politique, en même temps qu'elle se traduit pour l'électeur par le choix d'une équipe chargée d'appliquer une politique donnée.

1° Suffrage direct et indirect.

Le suffrage peut être direct ou indirect.

Le suffrage direct est celui par lequel les citoyens élisent eux-mêmes, sans intermédiaires, leurs représentants. C'est ainsi qu'en France l'élection du président de la République et des membres de l'Assemblée nationale se fait au suffrage direct.

Le suffrage indirect est celui qui comporte deux ou plusieurs degrés d'élection, les citoyens élisant certains d'entre eux qui élisent eux-mêmes les représentants; c'est le cas en France pour l'élection des sénateurs. Ces derniers sont élus dans chaque département par un collège électoral comprenant les députés, les conseillers généraux et les délégués des conseils municipaux. Les sénateurs sont donc les élus des élus.

2° Suffrage universel et restreint.

Au XIXe siècle notamment, le suffrage était restreint en Europe en ce sens que ne pouvaient voter que les citoyens justifiant de certaines conditions, de fortune ou autres. Le suffrage censitaire, à la lettre, se traduit par l'attribution du droit de vote aux électeurs justifiant d'un certain chiffre d'impôt.

A l'heure actuelle, dans l'ensemble des démocraties, le suffrage est universel, en ce sens qu'il est reconnu à tous les citoyens, sous réserve de certaines restrictions, en nombre aussi limité que possible.

C'est ainsi que les femmes ne sont appelées à voter que depuis une date récente en France, 1945. La Suisse n'a accordé le droit de vote aux femmes, dans le cadre de l'Etat fédéral, que depuis le 7 février 1971. Dans la petite république de Saint-Marin, les femmes n'ont exercé leur droit de vote, pour la première fois, que le 8 septembre 1974.

Les études de science politique montrent que l'attribution du droit de vote aux femmes entraîne un glissement des régimes politiques vers la droite ou le conservatisme. En France, par exemple, les sondages d'opinion ont révélé que si les femmes n'avaient pas eu le droit de vote, c'est M. François Mitterrand qui aurait été élu président de la République en 1965 et non le général de Gaulle. Plus récemment, il est apparu qu'à l'occasion de l'élection présidentielle du 19 mai 1974, 54 % des femmes ont voté pour M. Giscard d'Estaing et 53 % des hommes pour M. Mitterrand. L'électorat conservateur et libéral comporte plus de femmes que d'hommes. Il faut préciser que, dans le corps électoral français, les femmes sont majoritaires : 52,5 % du corps électoral. On constate aussi qu'à l'occasion des référendums de la Ve République, les femmes votent « oui » dans la proportion de 53 %, contre 43 % pour les hommes. D'une manière générale, sous la Ve République, l'électorat gaulliste a été assuré par 55 % des femmes. On a constaté aussi que la proportion des gaullistes s'accroissait trois fois plus chez les électrices que chez les électeurs après 50 ans.

Le suffrage universel, ensuite, est conditionné par l'exigence d'un certain âge qui détermine la majorité politique. En Europe, la majorité électorale demeure fixée à 21 ans en Espagne et en République irlandaise ; elle est de 20 ans au Danemark. Dans la plupart des pays industrialisés, la majorité électorale a été abaissée à 18 ans : c'est notamment le cas aux Etats-Unis, en U.R.S.S., au Canada, en Grande-Bretagne, aux Pays-Bas, en Allemagne fédérale, en Suède, en Autriche, au Luxembourg et en France. La fixation à 18 ans de la majorité civile et électorale en France résulte d'une loi du 5 juillet 1974 qui dispose dans son article 2 : « Sont électeurs les Françaises et Français âgés de dix-huit ans accomplis, jouissant de leurs droits civils et politiques et n'étant dans aucun cas d'incapacité prévu par la loi. » La parité entre droit de vote et droits civils était nettement affirmée par l'article 3 de la Constitution du 4 octobre 1958 qui énonce : « Sont électeurs, dans les conditions déterminées par la loi, tous les nationaux français majeurs des deux sexes, jouissant de leurs droits civils et politiques. » En 1972, le Parlement de Strasbourg avait souhaité que l'ensemble des pays de la Communauté adopte les mêmes règles électorales et il s'était prononcé pour le seuil de 18 ans.

Aux dires de certains, l'abaissement de la majorité électorale spécialement à 18 ans permettrait de compenser le conservatisme de la vie politique dû notamment au vote des femmes. En réalité, il apparaît que la situation varie suivant les pays : en Allemagne fédérale, les deux tiers des quelque quatre millions huit cent mille jeunes ayant voté le 19 novembre 1972 se sont prononcés pour la coalition gouvernementale libérale-socialiste, apportant ainsi une contribution importante à la victoire du S.P.D. et du F.D.P., tandis qu'un tiers seulement votait pour la démocratie chrétienne : les jeunes se sont bien prononcés, dans une forte majorité, pour le socialisme réformiste de M. Willy Brandt, mais, lors des élections du 3 octobre 1976, cette préférence a été moins marquée. En revanche, lors des élections législatives hollandaises de 1972, les jeunes Hollandais de 18 ans, appelés à voter pour la première fois, ont réparti leurs suffrages d'une façon sensiblement égale à celle des électeurs plus âgés. Il en a été de même en Italie, lors des élections législatives des 20-21 juin 1976 : les pourcentages de suffrages obtenus par la Démocratie chrétienne et le parti communiste ont été à peu près identiques dans les deux chambres, alors que la majorité requise pour participer aux élections de la Chambre des députés est de 18 ans depuis 1975 et demeure fixée à 25 ans en ce qui concerne le Sénat.

Par ailleurs, il convient de noter que, appelés à désigner pour la première fois le président des Etats-Unis en novembre 1972, près de la moitié des 11 millions d'Américains de 18 à 21 ans, exactement 48 %, se sont abstenus de participer à l'élection. En revanche, la participation a atteint 51 % pour les électeurs se situant dans la tranche d'âge de 21 à 24 ans.

En France, divers sondages, intervenus avant la loi du 5 juillet 1974, ont montré que le vote des jeunes de 18 ans n'aurait que peu d'influence sur l'issue d'un scrutin. (V. *Le Monde*, 21 fév. 1973, « L'attitude des jeunes »), d'autant que la proportion de personnes âgées, peu suspectes de favoriser le changement, ira en s'accroissant : à l'heure actuelle, l'électorat compris entre 18 et 21 ans représente en France environ 2 500 000 voix. Or, la base électorale française repose pour une notable part sur les personnes âgées : en 1973, un électeur sur trois avait plus de 60 ans, un sur quatre plus de 65 ans. Deux millions et demi de Français avaient plus de 75 ans. Pour l'avenir, il faut tenir compte qu'en 1973 l'espérance de vie à la naissance était de 67 ans et demi pour le sexe masculin et de 75 ans 3 mois pour le sexe féminin. La population âgée va continuer de s'accroître : en 1980, il y aura en France 7 500 000 personnes de plus de 75 ans, parmi lesquelles 3 millions de vieillards de 80 ans et plus.

Enfin, le suffrage universel est limité par la condition de nationalité, sous réserve que les naturalisés puissent exercer le droit de vote un certain nombre d'années après leur naturalisation (5), et par la condition de dignité qui exclut du droit de vote provisoirement ou définitivement les individus condamnés à certaines sanctions pénales. Une évolution timide commence à se manifester dans certaines nations industrialisées, tendant à accorder le droit de suffrage

(5) En France, les naturalisés sont assimilés aux nationaux pour l'exercice du droit de vote depuis la loi du 9 janvier 1973 : cette loi a supprimé le délai de cinq ans après la nationalisation précédemment exigé pour être électeur.

à des non-nationaux ; c'est ainsi qu'en Suède, le droit de vote a été reconnu aux immigrés, donc à des non-nationaux, à partir de 1976, mais uniquement pour les élections municipales et provinciales.

3° Les modalités du droit de vote.

En France, le suffrage est égal en ce sens qu'il confère à chaque électeur le même pouvoir électoral : chaque citoyen dispose donc d'une voix et d'une seule voix.

Certains pays ont connu le suffrage plural : celui-ci confère une ou plusieurs voix supplémentaires aux électeurs ayant un intérêt spécial dans les affaires de l'Etat (propriétaires, diplômés, chefs de famille, etc...). Si le nombre de voix est proportionnel au nombre des enfants, on se trouve en présence du suffrage familial : le chef de famille a un nombre de voix correspondant à l'importance de sa famille. Ce système a l'avantage de pallier les inconvénients de l'âge électoral, de la majorité politique, car les enfants votent ainsi par l'entremise de leur père. Ce sont surtout les partis conservateurs qui prônaient le système du vote familial, présumant que les pères de famille étaient plus modérés que les célibataires. En Belgique, notamment, le suffrage plural et familial a existé entre 1893 et 1921, succédant au suffrage censitaire.

Enfin, il faut distinguer du suffrage plural le suffrage multiple : ce système a été en vigueur en Grande-Bretagne jusqu'en 1951. Il permettait aux électeurs remplissant certaines conditions de voter dans plusieurs circonscriptions à la fois. Dans le vote plural, un individu dispose de plusieurs voix ; dans le vote multiple, un individu dispose d'une seule voix, la sienne, mais il peut l'utiliser dans plusieurs circonscriptions.

4° L'exercice du droit de vote.

Celui-ci nous met en présence des modalités suivantes : le vote est-il libre ou obligatoire ? Est-il personnel à l'électeur ? Est-il secret ou public ? Peut-il être anticipé ?

a) *L'inscription sur une liste électorale.*

En France comme à l'étranger, l'exercice du droit de vote est subordonné à l'inscription sur une liste électorale. En France, cette inscription est obligatoire, mais elle n'a pas lieu d'office. Elle doit être demandée. Aux termes de la loi du 31 décembre 1975 modifiant certaines dispositions du Code électoral, et notamment l'article L. 11, sont inscrits sur la liste électorale, sur leur demande :

1° Tous les électeurs ayant leur domicile dans la commune ou y habitant depuis six mois au moins.

2° Ceux qui figurent pour la cinquième fois sans interruption, l'année de la demande d'inscription, au rôle d'une des contributions directes communales et, s'ils ne résident pas dans la commune, ont déclaré vouloir y exercer leurs droits électoraux.

3° Ceux qui sont assujettis à une résidence obligatoire dans la commune en qualité de fonctionnaires publics.

La révision annuelle des listes électorales a lieu chaque année en France, du 1er septembre au 31 décembre : on ne peut légalement s'inscrire que durant cette période. Aux Etats-Unis, l'inscription est plus facile : les listes d'inscription ne peuvent être closes, pour les élections fédérales, qu'un mois au plus tôt avant la date des élections ; les formalités sont très simples, en raison de l'absence de papiers d'identité aux U.S.A. ; elles varient suivant les Etats.

b) *La liberté de vote.*

Voter ressortit-il à une obligation ou à une faculté ? En France, les électeurs sont libres de voter ou de ne pas voter. Il n'en va pas de même partout : en Belgique, au Luxembourg ou en Autriche, le vote est obligatoire. Il en est de même en Australie et en Grèce. L'institution du vote obligatoire entraîne des sanctions à l'encontre du citoyen qui ne peut justifier son abstention : amende, privation de droit de vote...

c) *Le secret du vote.*

Celui-ci est la garantie que l'électeur effectuera son choix dans une atmosphère de totale liberté sans être soumis à la pression de ceux qui l'entourent et des autorités publiques. Le secret du vote garantit son indépendance. En pratique, il est assuré par le passage dans l'isoloir, par le fait de glisser le bulletin de vote de son choix dans une enveloppe opaque et par l'interdiction des signes sur les bulletins.

Dans le vote public, le sens du vote émis par chacun est connu de tous : ce type de vote est caractéristique des sociétés qui visent à l'unanimité ; il entraîne généralement des majorités massives et conformistes.

d) *Le vote personnel.*

L'électeur doit voter lui-même. Cependant, en raison de l'éloignement ou de son état de santé, il peut être admis à voter par correspondance ou par procuration.

Le vote par correspondance permet à l'électeur d'adresser son bulletin au bureau de vote, sans se présenter.

Le vote par procuration fait intervenir une autre personne qui agit à la place de l'électeur.

En France, le vote par correspondance a été supprimé aux termes de la loi du 31 décembre 1975 portant révision du Code électoral. En conséquence, le vote par procuration se trouve étendu : la loi précise les conditions dans lesquelles plus de trente catégories de citoyens peuvent exercer ce droit. On notera que chaque mandataire ne peut disposer de plus de deux procurations.

e) *Le « vote anticipé »* (sondages d'opinion).

La pratique des sondages est devenue courante dans les démocraties occidentales. Sans verser d'une manière excessive dans l'humour, on pourrait fort bien envisager qu'une démocratie puisse, à la limite, se passer d'élections, les sondages réalisés à partir d'un noyau de 1 000 personnes représentatives en tenant lieu.

Il est incontestable qu'en période préélectorale les sondages ont tendance à favoriser l'abstentionnisme des plus indécis lors des élections, ceux-ci ayant l'impression (juste ou fausse) que le résultat des élections est déjà acquis, en même temps qu'il peut inciter les « personnalités plastiques » à voler au secours de la victoire. On peut se demander si la pratique des sondages n'est pas un instrument de pression politique plus qu'un moyen d'action démocratique.

En réalité, il faut distinguer trois catégories de sondages : les sondages de popularité qui créent le contact entre les gouvernés et les gouvernants, les « sondages fourchettes » qui se réalisent alors qu'un certain nombre de suffrages ont déjà été exprimés : ils préfigurent seulement les résultats officiels ; c'est ce genre de sondage qu'ont pris l'habitude de réaliser les chaînes de radio et de télévision, une ou deux heures avant le dépouillement officiel des bulletins de vote. Et enfin, les sondages préélectoraux, qui traduisent l'intention de vote de l'électeur, avant que celui-ci n'ait voté. C'est cette dernière catégorie que nous avons qualifiée de « vote anticipé ».

Cette pratique peut être dangereuse pour la démocratie : *Le Monde* du 20 décembre 1972 a développé sous le titre « Le sondeur et le sondé » les protestations d'un « sondé » : il ressort de celles-ci que l'anonymat auquel il pouvait prétendre n'avait pas été respecté par la SOFRES, que dirige M. Pierre Weill. Ceci est grave : alors que toute décision de vote, dans un pays démocratique, a lieu dans le secret de l'isoloir, la relation de cet incident tendrait à montrer que le secret des intentions de vote, à l'occasion d'un sondage, ne serait pas respecté.

Le 19 décembre 1972, le Sénat avait adopté à l'unanimité une proposition de loi de M. Etienne Dailly visant à interdire, pendant la durée de la campagne électorale, la diffusion de « certains sondages d'opinion », ceux qui portent sur les intentions de vote. Cependant cette proposition n'a pas été discutée devant l'Assemblée nationale. Et effectivement, cette interdiction aurait été regrettable : privant l'opinion d'un élément notable d'information, elle aurait porté atteinte, en quelque sorte, à une liberté fondamentale. Tout au plus, peut-on chercher à réglementer les sondages d'opinion, comme l'a souhaité le Conseil constitutionnel en proclamant le 24 mai 1974 les résultats de l'élection présidentielle du 19 mai 1974. Le Conseil constitutionnel a, en effet, déclaré :

> « Aussi, conviendrait-il que les conditions dans lesquelles les sondages sont réalisés et dans lesquelles leurs résultats sont rendus publics fissent l'objet d'un code de déontologie de nature à éviter que le choix des citoyens ne soit influencé par une appréciation, qui peut être erronée, des chances respectives des candidats », afin d'aboutir à « un véritable statut de la pratique des sondages d'opinion en période électorale. » (*Act. Jur.*, 1974, *II*, p. 377, note L. PHILIP. — V. aussi R. LINDON, Les enseignements de l'élection présidentielle de mai 1974 : *J.C.P.* 74, *I*, 2644).

Certes, les résultats des intentions de vote sont parfois démentis par les résultats des élections. Mais on peut considérer, en définitive, que neuf fois sur dix, ils anticipent de manière assez exacte les résultats des élections. Après publication des résultats des sondages préélectoraux, les influences opposées, lors des élections, de ceux qui volent au secours de la victoire et de ceux qui viennent conforter les vaincus paraissent se neutraliser.

B. — Une déviation électorale : le référendum-plébiscite

La démocratie directe qui consiste à faire décider le peuple en corps, réuni à propos des affaires publiques dont il demeure le maître, appartient au domaine de l'utopie. D'un point de vue technique, seule la démocratie représentative peut se concevoir, qui consiste à remettre à des élus le soin de décider à la place des citoyens, que ceux-là représentent la nation ou le peuple.

Cependant, dans certaines démocraties modernes, on a vu apparaître le gouvernement semi-direct, qui consiste à combiner le régime représentatif qui demeure le principe, et des procédés de consultation directe du peuple qui demeurent l'exception puisque cette consultation populaire est épisodique.

Parmi ces procédés, deux paraissent parfaitement démocratiques : le veto populaire et l'initiative populaire. Tous deux sont notamment utilisés en Italie et surtout en Suisse. Le veto populaire permet au peuple, à son initiative, d'intervenir après l'adoption d'une loi par le parlement. Il s'agit là d'un référendum facultatif. C'est ainsi que la Constitution italienne du 27 décembre 1947 prévoit que, sur requête de 500 000 électeurs ou de 5 conseils régionaux, un référendum est ouvert, dont le résultat sera d'abroger ou non un texte de loi, constitutionnel ou ordinaire. La même constitution permet au peuple de déposer auprès du parlement une proposition législative formulée : il s'agit là de l'initiative populaire. En Suisse, le système est plus perfectionné : une initiative populaire ayant recueilli 50 000 signatures au moins permet de soumettre au référendum n'importe quelle révision constitutionnelle. Il faut seulement 30 000 signatures pour solliciter l'organisation d'un référendum visant à modifier une loi ordinaire, un « arrêté fédéral urgent » (décret gouvernemental) ou un traité international dans un délai de 90 jours après son adoption.

On peut, en théorie, distinguer le référendum du plébiscite : le référendum porte sur un texte, qu'il s'agisse d'un projet de constitution ou d'un projet de texte modifiant la Constitution (on parle alors de référendum constituant ou constitutionnel) ou d'un texte législatif ordinaire (on parle de référendum législatif), tandis que le plébiscite se présente comme un vote du peuple affirmant sa confiance dans un homme qui a pris le pouvoir et approuvant un acte de cet homme.

Mais cette distinction est pure œuvre de juristes. Car le plébiscite se présente habillé à la façon d'un référendum en ce sens que les votants sont appelés à se prononcer sur un texte aussi bien au cas de plébiscite qu'au cas de référendum. Théoriquement, le référendum ne ferait pas apparaître l'homme politique qui l'a provoqué ; dans le plébiscite, le texte proposé au peuple s'efface derrière l'homme qui l'a provoqué.

Mais cette distinction n'est qu'une vue de l'esprit : si l'on regarde l'histoire française, on constate que tout référendum est plus ou moins teinté d'éléments plébiscitaires ; il s'agit moins d'approuver un texte que l'homme qui en est l'initiateur et qui requiert purement et simplement un vote massif de confiance de la part de la population. Tout référendum est à double face, comme ces idoles qu'évoque Montherlant et que Jean Ferniot, dans son ouvrage incisif *Ça suffit* (1973), cite en première page :

> « L'homme marche entre deux rangées d'Idées-toutes-faites, semblables aux rangées de statues colossales entre lesquelles on marche dans les temples d'Egypte... Ces idoles, aujourd'hui, ont souvent sur leur visage un air d' " amour ". Mais elles portent un second visage, par derrière, d'ordinaire une sorte de tête de buffle effrayante. Sur leur masque d'amour et sur leur masque effrayant, il y a toujours, en outre, un air de stupidité, qui authentifie leur caractère divin. »

La Suisse est un des rares pays au monde à pratiquer correctement le référendum, mais dans un cadre très décentralisé et sur initiative populaire. La Grande-Bretagne, toujours considérée comme un modèle démocratique, ne pratiquait pas le référendum au plan national jusqu'en 1975. Le 5 juin 1975, a eu lieu, en effet, le référendum sur le maintien du Royaume-Uni dans la Communauté européenne (67 % de oui contre 32,8 % de non). C'est la première fois qu'un référendum était organisé au plan national. La France, pays centralisé, est une terre d'élection du référendum-plébiscite (spécialement Premier et Second Empires, Ve République jusqu'en 1972). Depuis la Révolution française, notre pays a connu près de vingt consultations référendaires ; six portaient sur le texte intégral d'une Constitution, et quatre sur une réforme constitutionnelle. Deux échecs seulement ont été enregistrés : le 5 mai 1946, lors du rejet du premier projet de Constitution de la IVe République et le 27 avril 1969 lors du projet de loi tendant à la création de régions et à la rénovation du Sénat. Les *non* l'ayant emporté sur les *oui* lors de ce référendum, le général de Gaulle s'est retiré des affaires publiques, ce qui montre bien que le caractère plébiscitaire l'emportait sur la matière faisant l'objet du référendum. Le référendum du 23 avril 1972 a été un semi-échec : près de 40 % des électeurs se sont abstenus ; à cela, il faut ajouter plus de 7 % de votes nuls. A ce référendum, le *oui* l'a emporté avec 67 % des suffrages exprimés, mais il ne représentait que 36 % des inscrits. (Cette consultation portait sur l'élargissement de l'Europe des Six).

Au total, sous la Ve République, en dehors du référendum constituant du 28 septembre 1958, on compte jusqu'à présent cinq référendums dont le caractère plébiscitaire a été plus ou moins accusé : le 8 janvier 1961, le 8 avril 1962, le 28 octobre 1962, le 27 avril 1969 et le 23 avril 1972. Au moins pour les référendums intervenus sous la présidence du général de Gaulle, le président Pompidou avait lui-même admis leur caractère plébiscitaire (entretien télévisé du 24 octobre 1973) :

> « ...il savait bien qu'il ne pouvait exercer ses responsabilités que s'il avait la confiance populaire, et c'est pourquoi il usait du référendum : je ne parle pas du référendum constitutionnel, je parle du référendum sur tous les sujets, si graves qu'ils aient été, où, à chaque fois, il laissait entendre ou même disait clairement : " Vous allez voter sur une question, mais en même temps, vous allez renouveler ou non votre confiance à de Gaulle... ". La preuve en est d'ailleurs, qu'en avril 1969, sur une question qui, après tout, était importante mais n'était pas capitale, il a suffi que la majorité des électeurs votent *non* pour qu'il se retire. »

Les référendums législatifs ont été prévus par l'article 11 de l'actuelle Constitution : « Le président de la République, sur proposition du gouvernement, pendant la durée des sessions ou sur proposition conjointe des deux assemblées, publiées au *Journal Officiel,* peut soumettre au référendum tout projet de loi portant sur l'organisation des pouvoirs publics, comportant approbation d'un accord de Communauté ou tendant à autoriser la ratification d'un traité qui, sans être contraire à la Constitution, aurait des incidences sur le fonctionnement des institutions. » On sait que cet article 11 a servi, en fait, à réviser le texte constitutionnel. L'article 11 sert donc, en droit ou en fait, de fondement tant au référendum législatif qu'au référendum constituant. De plus, jusqu'à présent, aucun président de la République n'a eu l'occasion de prendre l'initiative d'un référendum sur proposition conjointe de l'Assemblée nationale et du Sénat. Les propositions gouvernementales n'ont eu qu'un caractère formel.

Malgré ses apparences, le référendum est peu démocratique en France : d'abord se traduisant par un vote de confiance (ou de défiance) envers un homme éminent, voire considéré par beaucoup comme providentiel, il repose beaucoup plus sur le sentiment que sur la raison. Et ceci entraîne cela : le référendum abuse les citoyens, surtout dans un pays comme la France où le corps électoral sort à peine du sous-développement. Comme l'écrit Jacques Georgel en tête du petit livre *Référendum et plébiscite :*

> « Le (...) danger tient à l'incompétence — fréquente — du corps électoral appelé à donner son opinion. Montesquieu écrivait que le fonctionnement d'un régime démocratique se concevait seulement si le peuple était éclairé et vertueux, c'est-à-dire compétent et fair play. La question posée devrait donc être toujours d'une grande simplicité. On peut accepter ou refuser un roi, être favorable à la monarchie ou à la république, pour ou contre le suffrage féminin ; mais un référendum qui porte sur un projet de Constitution ou sur un projet de loi minutieux, long de plusieurs dizaines d'articles, n'a pas de sens. Ce n'est pas abuser le peuple que lui demander s'il veut élire directement son chef d'Etat mais on se moque de lui en proposant cent-six articles de Constitution, comme en 1946, ou soixante-sept articles traitant de la régionalisation, comme en 1969. ».

On constate enfin que les référendums-plébiscistes sont particulièrement en usage ou l'ont été dans des régimes qui n'ont rien de démocratique : en France, sous les Premier et Second Empires ; en Allemagne, sous Hitler ; en Espagne sous la dictature du général Franco et dans la Grèce des colonels (par exemple, pour ce dernier pays, référendum-plébiscite du 29 juillet 1973 relatif à l'instauration d'une « République présidentielle parlementaire »).

Les constitutionnalistes classiques, partisans de la démocratie libérale et du gouvernement représentatif, ont été généralement réservés à l'égard du référendum. Ainsi Maurice Hauriou, dont le jugement est empreint de méfiance : « La vérité est que le maniement du référendum exige des populations dont l'éducation civique soit plus développée que pour le maniement du régime électoral... Il serait dangereux de débuter avec des citoyens insuffisamment préparés » (6). Esmein, qui s'est livré à un véritable réquisitoire contre le gouvernement direct, pense que le système est malsain parce que « l'on soumet au vote du peuple une loi tout entière, un bloc indivisible, que dans ces conditions le vote n'est plus libre, le votant étant souvent pris dans cette alternative ou de repousser une loi qu'il croit bonne dans son principe, à raison de telle disposition qu'il juge inadmissible, ou d'admettre

(6) HAURIOU, *Précis de droit constitutionnel,* 2e éd., 1929, p. 550.

cependant cette disposition pour ne pas repousser la loi tout entière » (7). Carré de Malberg, à l'instar de Duguit, n'est pas, en principe, opposé au référendum législatif, car, écrit-il, « l'avantage de l'institution du référendum est de développer chez le peuple la conscience de sa responsabilité, et, par là même, d'accroître sa culture politique... » (8). Mais ces critiques rejoignent celles d'Esmein en ce qui concerne le référendum constituant qu'il appelle plébisciste :

> « ...Le plébiscite a un inconvénient général, qui résulte de ce que ce mode de consultation se réduit à demander au peuple un vote par oui ou par non, et cela en bloc, d'une façon indivisible, sans amendement possible. Dans ces conditions, le vote populaire n'est plus suffisamment libre, parce que le peuple se trouve placé dans l'alternative, ou de rejeter totalement une Constitution, dès qu'elle lui déplaît en un point quelconque, ou de l'adopter pour le tout malgré peut-être de graves défectuosités » (9).

A une date plus récente, Georges Liet-Veaux (*Droit constitutionnel,* 1949, p. 147) a écrit que les référendums, qu'ils soient constituants ou législatifs, « discréditent plus qu'ils ne servent les institutions ». Pour notre part, nous pensons aussi que le référendum-plébisciste, dans la mesure où il contribue à asseoir et à affermir le pouvoir charismatique est, dans l'état actuel des consciences et des esprits, peu propice à l'exercice de la démocratie. Pour Georges Berlia, « le référendum ne peut devenir ce qu'il devrait être, c'est-à-dire une procédure de gouvernement populaire, qu'à la condition qu'à une spécificité littérale de la question posée, s'ajoute une spécificité réelle qui isole, en quelque sorte, le problème en cause du contexte politique général ». (Le référendum du 23 avril 1972 : *Rev. dr. pub.* 1972, p. 931). Cela n'a jamais correspondu à la réalité de la Vᵉ République. Les sondages et les référendums ne peuvent à eux seuls tenir lieu de démocratie.

C. — Les techniques électorales

1° Les circonscriptions électorales.

Dans les démocraties libérales, les élections législatives ont lieu dans le cadre de circonscriptions électorales. Celles-ci sont des portions du territoire dans lesquelles sont élus un ou plusieurs représentants.

Les circonscriptions électorales peuvent coïncider avec les circonscriptions administratives; c'est ainsi que sous la Vᵉ République, comme sous les IIIᵉ et IVᵉ Républiques, les élections sénatoriales ont lieu dans le cadre du département ; les circonscriptions électorales peuvent aussi se présenter comme des circonscriptions spéciales. En France, les circonscriptions électorales coïncidaient avec les circonscriptions administratives sous la IIIᵉ République où les élections à la Chambre des députés se déroulaient dans le cadre de l'arrondissement, sauf de 1885 à 1889 et de 1919 à 1927 où fut rétabli le scrutin de liste départemental. Sous la IVᵉ République, les élections législatives eurent lieu dans le cadre départemental.

---

(7) Esmein, *Eléments de droit constitutionnel,* 5ᵉ éd., 1905, p. 348.

(8) Carré de Malberg, *Contribution à la théorie générale de l'Etat,* t. II, p. 348, note 24.

(9) Carré de Malberg, *op. cit.,* t. II, p. 499, note 12.

Sous la Ve République, les circonscriptions électorales, pour l'élection des députés, ne coïncident pas avec les circonscriptions administratives ; en effet, l'Ordonnance du 13 octobre 1958, rétablissant le scrutin uninominal, découpa la France métropolitaine en 465 circonscriptions (autant que de députés à élire). A l'époque, chaque circonscription comprenait environ 92.000 habitants. Actuellement, l'Assemblée nationale comprend 490 membres, soit 473 au titre de la métropole, 17 au titre des départements d'outre-mer et des territoires d'outre-mer (10 pour les D.O.M. et 7 pour les T.O.M.) (lors de l'accession de l'Algérie à l'indépendance les effectifs de l'Assemblée nationale étaient de 482. Six départements ayant été créés dans la région parisienne (loi du 12 juillet 1964), 487 députés furent élus lors des élections de 1967 et 1968 ; une loi du 29 juin 1972 ayant porté de 10 à 13 le nombre de circonscriptions du Rhône, furent élus 490 députés lors des élections des 4 et 11 mars 1973).

Lors des prochaines élections générales pour la désignation des députés en 1978, le nombre de sièges à l'Assemblée nationale sera de 491 : en effet, une loi du 15 mai 1975 a porté le nombre total de députés métropolitains à l'Assemblée nationale de 473 à 474, en raison du fait qu'une loi du même jour portant réorganisation de la Corse a substitué deux départements au seul département que constituait l'île. Une loi du 31 décembre 1975, modifiant le Code électoral en ce qui concerne les départements d'outre-mer, vise à supprimer toute distinction entre parlementaires des départements d'outremer et parlementaires de la France métropolitaine quant à leur désignation.

Tout découpage électoral doit être objectif et rationnel pour éviter que ne soient constituées des majorités artificielles. Il s'agit d'éviter le *Gerrymandering,* du nom d'un gouverneur américain, Gerry, qui vivait au début du XIXe siècle. Le *Gerrymandering* consiste à procéder à un découpage des circonscriptions pour des raisons purement contingentes visant à « fabriquer » des majorités, et non pas en considération de la rationalité ou de l'intérêt général. Le Second Empire a particulièrement utilisé cette pratique et la IIIe République a eu recours à ce procédé à plusieurs reprises en réunissant dans une même circonscription des cantons souvent isolés les uns des autres.

Si, pour les élections à l'Assemblée nationale, le découpage opéré par l'Ordonnance du 13 octobre 1958 a été satisfaisant à l'époque, il ne l'est plus à l'heure actuelle du fait des importants mouvements de population effectués depuis près de 20 ans : de nos jours, les circonscriptions ne comprennent plus toutes autour de 92.000 habitants : c'est ainsi que sur la base des élections législatives de 1973, la deuxième circonscription des Hautes-Alpes a un député pour 25 749 électeurs inscrits, alors que dans l'Essonne, la troisième circonscription compte 116 424 électeurs inscrits. On peut ajouter qu'en moyenne un député de Paris représente 15 000 électeurs, un député de la Seine-Saint-Denis, 35 000 ; le rapport est même, dans certains cas, de un à quatre au profit de Paris. Les mouvements de population accomplis depuis 1958 se sont accomplis au bénéfice des zones urbanisées ; le découpage des circonscriptions, alors qu'aucune refonte d'ensemble n'est intervenue depuis 1958, défavorise donc les zones industrielles et avantage les zones agricoles et les villes rurales, qui répugnent au changement. Si cette situation continue de s'accentuer, on assisterait à la résurrection des « bourgs pourris » de Grande-Bretagne : entre le XVIe siècle et le XIXe siècle, aucune redistribution des sièges à la Chambre des communes n'ayant eu lieu malgré la révolution industrielle, il se faisait qu'en 1831, une ville comme Manchester (137 000 habitants) n'avait pas de député, tandis qu'un bourg avec sept électeurs inscrits devait envoyer deux députés à la Chambre. A cette époque, le chef du parti conservateur pouvait prononcer un discours annuel à l'endroit où le village principal de sa circonscription avait été envahi par les eaux.

La justice la plus élémentaire commande donc, dans les Etats démocratiques, une révision périodique du découpage des circonscriptions électorales. C'est d'ailleurs ce que recommandait la commission internationale de juristes (*Congrès de Bangkok,* 1965, commission I, art. I à X), au titre des « Exigences fondamentales d'un régime représentatif selon la primauté du droit » :

> « Lorsque les élections ont lieu par circonscriptions, le découpage des circonscriptions électorales et la répartition des sièges devront être révisés périodiquement, de manière à assurer, dans la mesure du possible, que chaque bulletin de vote possède le même pouvoir. »

Cette « recommandation » n'a eu aucun effet en France, sous la Ve République. En revanche, aux Etats-Unis, en Grande-Bretagne et en République fédérale d'Allemagne, cette règle démocratique élémentaire est appliquée : aux Etats-Unis, la Cour suprême, depuis les décisions *Baker* v. *Carr* de 1962 et *Wesberry* v. *Sanders* de 1964, oblige au découpage égalitaire des circonscriptions : chacune doit avoir un nombre d'électeurs à peu près équivalent. En Grande-Bretagne, une commission spécialisée procède tous les dix ou quinze ans à une révision du tracé des circonscriptions pour les élections à la Chambre des communes : c'est ainsi qu'entre 1970 et 1974, près de la moitié des circonscriptions électorales ont fait l'objet d'un nouveau découpage (le total des circonscriptions était, en 1974, de 635 ; 300 avaient fait l'objet d'un redécoupage). En Allemagne fédérale, le redécoupage des circonscriptions électorales est fixé de façon purement mathématique : pour les élections au Bundestag, en effet, le découpage des circonscriptions électorales, pour l'attribution des sièges attribués au scrutin uninominal majoritaire à un tour, soit la moitié, est automatiquement modifié dès que se produit un déplacement de population (gain ou perte) de 33,33 %, d'une circonscription à l'autre.

De même, la Cour suprême du Japon, par une décision du 14 avril 1976, a déclaré que la répartition des sièges de députés et de sénateurs en 1976 était inconstitutionnelle en raison du principe constitutionnel d'égalité des citoyens devant la loi. Cette situation a été engendrée par l'exode rural. Le jugement de la Cour suprême du Japon aura donc pour conséquence une nouvelle répartition des sièges de députés et sénateurs.

2° Les modes de scrutin.

Ceux-ci ne doivent pas seulement être considérés en eux-mêmes, c'est-à-dire comme de simples modalités de calcul des résultats électoraux ; les modes de scrutin exercent une influence sur les partis politiques et donc sur les systèmes politiques.

a) *Les aspects techniques.*

Deux séries de distinctions sont à établir : le scrutin uninominal et le scrutin de liste ; le scrutin majoritaire et le scrutin à la représentation proportionnelle.

— Scrutin uninominal et scrutin de liste (ou plurinominal) : l'électeur peut être appelé à voter pour un ou plusieurs candidats : dans le premier cas, le scrutin est uninominal ; dans le second cas, le scrutin est dit de liste parce que l'électeur vote pour plusieurs candidats présentés sur une liste (10). C'est ainsi qu'en France, les députés sont élus au scrutin uninominal ; en revanche, les conseillers municipaux sont élus au scrutin de liste.

— Scrutin majoritaire et scrutin à la représentation proportionnelle :

Le scrutin majoritaire peut être uninominal ou plurinominal. La représentation proportionnelle, par définition, est toujours plurinominale.

Le scrutin majoritaire permet l'élection du candidat (scrutin uninominal) ou de la liste de candidats (scrutin de liste ou plurinominal) qui a obtenu le plus de voix, c'est-à-dire de suffrages exprimés. Ne sont pas considérés comme tels les votes blancs ou nuls. En France, l'élection des députés, comme des conseillers municipaux, a lieu au scrutin majoritaire.

Le scrutin majoritaire est à un tour ou à plusieurs tours :

— dans le scrutin majoritaire à un tour est élu immédiatement le candidat ou la liste de candidats qui a obtenu le plus de voix, même à la majorité relative ou simple. (La majorité simple se définit comme un groupement de voix plus important que celui des concurrents, par opposition à la majorité absolue qui est la moitié des voix plus une). Par exemple, l'élection des membres de la Chambre des communes, en Grande-Bretagne, a lieu au scrutin majoritaire uninominal à un tour. Un tel système n'a pas cours en France ;

— dans le scrutin majoritaire à deux tours est élu au premier tour le candidat ou la liste de candidats qui a obtenu la majorité absolue, c'est-à-dire la moitié des voix plus une ; est élu au second tour, le candidat ou la liste de candidats qui, n'ayant pas obtenu la majorité absolue au premier tour, obtient la majorité simple ou relative au second tour. En France, le scrutin majoritaire à deux tours est de règle aussi bien pour l'élection des députés (scrutin uninominal) que pour celle des conseillers municipaux (scrutin plurinominal).

La représentation proportionnelle est l'autre mode de scrutin qui s'oppose fondamentalement au précédent : dans ce système, en effet, toutes les tendances partisanes vont se trouver représentées, et non plus seulement le ou les candidats du groupe qui a obtenu le plus de voix. Avec la représentation proportionnelle, qui s'exerce nécessairement et seulement dans le cadre du scrutin de liste, l'attribution des sièges entre les listes a lieu proportionnellement au

(10) Le scrutin plurinominal ne se confond pas toujours avec le scrutin de liste dans la mesure où les candidatures sont isolées et où, par conséquent, les électeurs classent eux-mêmes les candidats.

nombre de voix recueilli par ces listes. La représentation proportionnelle est notamment appliquée en France en partie pour l'élection des sénateurs : en effet, dans les départements qui ont droit à quatre sièges de sénateurs ou moins, l'élection a lieu au scrutin majoritaire à deux tours ; en revanche, dans les départements qui ont droit à cinq sièges de sénateurs ou plus, l'élection a lieu à la représentation proportionnelle.

L'objectif de la représentation proportionnelle est d'aboutir à une représentation des différents partis politiques, proportionnelle au chiffre des suffrages obtenus par eux. Les partis minoritaires seront donc représentés. Ceci pose quelques problèmes au niveau de l'attribution des mandats politiques.

A cet égard, on distingue la représentation proportionnelle intégrale et la représentation proportionnelle approchée :

— La représentation proportionnelle intégrale : le cadre de l'élection est le cadre national. Les listes concurrentes sont donc nationales.

Il faut alors déterminer le quotient électoral : celui-ci sera obtenu dans le cadre du territoire national en divisant le nombre total des suffrages exprimés dans le pays par le nombre total des sièges à pourvoir. Les sièges seront donc attribués aux listes autant de fois qu'elles auront obtenu le quotient électoral. Bien sûr, les voix obtenues par les diverses listes ne sont pas exactement des multiples du quotient électoral. Les sièges non pourvus seront attribués aux listes ayant obtenu les plus forts restes au plan national. C'était le système appliqué par l'Etat d'Israël jusqu'en 1973. A partir de 1973, la répartition des sièges non attribués directement par le quotient national ne se fait plus par le système du plus fort reste, mais par celui de la plus forte moyenne : les sièges restants sont attribués dans l'ordre aux partis politiques qui ont obtenu le plus grand nombre de sièges dans la première répartition. Cette réforme a eu pour but d'avantager les grands partis. Lors des élections du 31 décembre 1973, elle n'a eu qu'une portée limitée puisqu'elle n'a concerné que deux sièges (sur un total de 120). Il faut noter l'originalité du système italien : il s'agit d'une R.P. à l'échelon provincial avec répartition des restes à l'échelon national après utilisation d'un quotient rectifié.

— La représentation proportionnelle approchée : celle-ci a lieu dans le cadre de circonscriptions électorales (et non plus dans le cadre national). La R.P. approchée consiste à répartir les restes à l'intérieur des circonscriptions, le département par exemple (cas des circonscriptions sénatoriales en France où une partie des sénateurs est élue à la R.P. dans le cadre du département). Cette opération entraîne, pour les listes, des voix non représentées dans toutes les circonscriptions où elles se sont opposées. Le quotient électoral a été obtenu par circonscription, en divisant le nombre total des suffrages exprimés par le nombre de sièges à pourvoir. Il va de soi que lorsque le nombre des suffrages exprimés est peu élevé, le quotient électoral obtenu sera supérieur aux voix obtenues par les partis politiques. Il faudra donc recourir à certaines approximations pour arriver à la répartition des sièges.

Il existe un certain nombre de systèmes : la R.P. avec attribution de sièges au plus fort reste : la R.P. avec attribution des sièges restants à la plus forte moyenne ; la méthode d'*Hondt* utilisée notamment en Belgique et au Portugal, qui aboutit au même résultat qu'avec l'utilisation du système de la plus forte moyenne ; le quotient rectifié appelé aussi système *Hagenbach-*

Bishof appliqué en Suisse et en Autriche. Retenons les deux principaux, qui sont les plus connus : la R.P. avec attribution des sièges au plus fort reste et la R.P. avec attribution des sièges restants à la plus forte moyenne.

Le système des plus forts restes consiste, après avoir calculé le quotient électoral, à diviser le nombre de voix obtenues par chaque parti par ce quotient électoral et à attribuer à chaque parti autant de sièges qu'il a obtenu de fois le quotient. Dans un second temps, les partis qui ont les plus forts restes obtiendront les sièges restants. Ce sytème favorise donc les petits partis.

La R.P. avec attribution des sièges restants à la plus forte moyenne : ce système est un peu plus compliqué que le précédent. Le premier temps est identique au précédent : chaque parti obtiendra autant de sièges qu'autant de fois il aura obtenu le quotient électoral. Pour l'attribution des sièges restants, on attribuera fictivement chacun de ces sièges à chacune des listes ; le siège sera alors attribué à la liste dont le rapport du nombre de voix obtenues au nombre de sièges est le plus élevé, étant entendu que le siège fictif est compris dans ce nombre de sièges. Le parti qui obtient dans ces conditions la plus forte moyenne reçoit le siège restant. Les grands partis sont donc avantagés par ce système. Le système de la règle de la plus forte moyenne est appliqué en France pour l'élection de ceux des sénateurs qui sont choisis à la représentation proportionnelle (c'est-à-dire dans les départements qui ont droit à cinq sièges de sénateurs ou plus).

Dans le contexte de la représentation proportionnelle, le vote préférentiel et le panachage permettent de porter remède à la présentation par les organes partisans de la liste des candidats proposée à l'électeur : l'électeur, par sa volonté, pourra corriger cette présentation « officielle ».

Le vote préférentiel consiste, pour lui, à classer, à l'intérieur d'une seule liste, les candidats selon ses préférences.

Le panachage est plus élaboré : le choix de l'électeur ne s'exerce plus à l'intérieur d'une liste, mais recouvre plusieurs listes. Il autorise l'électeur à opérer un choix sur plusieurs listes. Quand le panachage n'est pas autorisé, on dit que les listes sont bloquées. Le panachage est donc la faculté pour l'électeur de dresser lui-même sa liste en choisissant des candidats sur plusieurs des listes en concurrence. Reprenons le cas des sénateurs français élus dans les départements qui ont droit à cinq sièges ou plus : le Code électoral prévoit que l'élection à la R.P. selon la règle de la plus forte moyenne a lieu sans panachage ni vote préférentiel.

Le scrutin majoritaire et le scrutin à la représentation proportionnelle sont en général utilisés isolément ; mais ils ne sont pas toujours exclusifs l'un de l'autre : l'exemple de la République fédérale allemande le montre : dans ce pays, la moitié des députés est choisie au scrutin uninominal majoritaire à un tour et l'autre moitié est choisie au scrutin de liste à la proportionnelle. En Allemagne, la part réservée à chaque système est égale.

La loi française du 9 mai 1951 avait institué un système mixte, mais qui privilégiait nettement le choix à la représentation proportionnelle : le système était dit des apparentements. Il s'agissait d'un scrutin de liste dans le cadre du département : lorsqu'un groupe de listes apparentées obtenait la majorité absolue, il se voyait attribuer la totalité des sièges, lesquels étaient ensuite répartis entre les listes à la représentation proportionnelle. Si le groupement de listes apparentées n'obtenait pas la majorité absolue, la répartition des sièges s'opérait à la représentation proportionnelle avec utilisation de la règle de la plus forte moyenne, les listes apparentées intervenant comme seule et unique liste. Le but de ce système était de favoriser les centristes au détriment des extrémistes de droite et de gauche. Ce système fut utilisé lors des élections législatives de 1951 et de 1956.

b) *Les aspects politiques.*

La représentation proportionnelle est appliquée en Belgique, aux Pays-Bas, en Italie et dans les pays scandinaves, pays qui se caractérisent par le multipartisme ; la Grande-Bretagne et les Etats-Unis pratiquent le scrutin majoritaire à un tour et connaissent le bipartisme ; la France connaît actuellement le scrutin majoritaire à deux tours et se caractérise par un multipartisme qui exprime cependant une tendance à la bipolarisation.

Cette première constation doit être suivie d'une seconde : la Grande-Bretagne et les Etats-Unis prolongent le bipartisme par l'alternance au pouvoir ; par exemple, la Grande-Bretagne, dans le contexte du régime parlementaire, connaît à l'issue de chaque élection nationale un gouvernement majoritaire qui s'appuie sur le parti vainqueur à la Chambre des communes.

1) L'influence des modes de scrutin sur la représentation.

Il est indéniable que la représentation proportionnelle qui favorise toutes les tendances de l'opinion permet d'obtenir au Parlement une représentation aussi fidèle que possible de l'opinion. Les minorités électorales, comme les majorités électorales, sont représentées au Parlement. On peut dire que le principe d'égalité y trouve son compte. Et ce souci est poussé très loin : on l'a vu, la représentation proportionnelle s'accompagne de techniques élaborées dans l'utilisation des restes pour que l'égalité règne toujours, dans la mesure des suffrages obtenus par les différents partis, dans l'attribution des sièges. La R.P. est certainement le système qui projette le mieux au Parlement l'état et la diversité de l'opinion publique au moment de l'élection. Elle se traduit par une photographie à peu près exacte de l'opinion. De plus, l'absence de second tour, dans la R.P., est une garantie d'honnêteté : les marchandages n'y sont pas possibles puisqu'il n'est pas question de désistement, ni de retrait. On comprend, dès lors, que la R.P. ne favorise pas le bipartisme, ni la bipolarisation : le multipartisme pur s'épanouit et se maintient dans les pays qui sont attachés à cette technique.

Au contraire, sous ce dernier rapport, le scrutin majoritaire à un ou deux tours peut paraître injuste : il privilégie une majorité, le parti qui aura obtenu la majorité absolue ou relative des voix. Le parti majoritaire au Parlement peut être minoritaire dans l'opinion publique. Ainsi en a-t-il été en Grande-Bretagne en 1951 : le parti travailliste avait obtenu 48,8 % des suffrages et les conservateurs 48 %. La marge était mince, mais le parti travailliste était majoritaire. Cependant, il a obtenu à la Chambre des communes moins de sièges que le parti conservateur : 295 sièges contre 321 au parti conservateur. De la même façon, lors des élections du 28 février 1974, les travaillistes, avec 37,2 % des voix, ont obtenu plus de sièges, 301, que les conservateurs qui, avec 38,1 % des voix, ont été crédités de 296 sièges. On comprend qu'un tel système aboutisse nécessairement, dans un souci d'efficacité, à une réduction du nombre des partis : le scrutin majoritaire à un tour aboutit facilement au bipartisme ; le scrutin majoritaire à deux tours peut tendre à une certaine réduction du nombre des partis ou en tout cas tend à des alliances tactiques entre partis entre les deux tours : de la sorte, les partis sont momentanément dépendants les uns des autres. Et surtout, l'on constate que le système majoritaire à deux tours tend à entraîner la constitution de deux blocs partisans : un de droite, un de gauche, ce que l'on traduit par un phénomène de bipolarisation. On l'a bien vu lors des dernières élections législatives françaises de mars 1973 : l'U.R.P. (Union des Républicains de Progrès), associant les partis conservateurs et libéraux, s'est opposée au bloc des partis de gauche ayant signé le Programme commun (27 juin 1972). D'une manière générale, le scrutin majoritaire se traduit par un laminage des minorités. Les tendances les plus extrémistes et les plus minoritaires ont très peu de chances d'accéder au Parlement.

Carré de Malberg, Esmein et, à notre époque, Georges Burdeau, se sont fait les défenseurs du système majoritaire. Au contraire, Kelsen, ainsi que Léon Duguit ont particulièrement défendu la représentation proportionnelle, en raison du respect du principe d'égalité entre toutes les fractions électorales. Duguit avait ensuite changé d'avis. Dans ses *Leçons de droit public général* (1926) il écrit (p. 230) :

> « Pour ma part, j'ai été un fervent du système proportionnel. On se demande, et je me demande aujourd'hui si, à côté d'avantages évidents, il n'y a pas de graves inconvénients, s'il n'aboutit pas... à la suppression dans les assemblées politiques d'une majorité de gouvernement, indispensable pour que la machine parlementaire puisse fonctionner. »

2) L'influence des modes de scrutin sur les systèmes politiques.

Il faut bien considérer que si le scrutin majoritaire paraît plus injuste que la R.P., il est, en revanche, plus efficace quant à la consolidation et au fonctionnement de la démocratie : il permet des majorités de gouvernement solides et favorise l'alternance au pouvoir. Le scrutin majoritaire permet à la majorité du moment de décider et d'agir.

Paradoxalement, on peut prétendre que le système de la R.P. dévalorise la minorité au lieu de la valoriser : par la multiplicité des partis représentés, il aboutit à un fractionnement tel de l'opinion que la minorité ne peut espérer devenir demain majorité à son tour. La R.P. qui aboutit à donner au Parlement une représentation à chaque parti ne permet d'obtenir, pour la prise des décisions, que des majorités de circonstance plus ou moins hétéroclites. Seules des majorités et des gouvernements de coalition se font et se défont (c'est le cas de la démocratie italienne). Le caractère statique d'un tel système l'emporte sur le dynamisme du couple majorité-minorité. On constate effectivement que les Parlements scandinaves, élus à la proportionnelle, détiennent le record de longévité.

A la limite, en faisant abstraction de cas trop particuliers, la représentation proportionnelle est impuissante à dégager la volonté nationale considérée non seulement comme différente des multiples opinions et aspirations particulières, mais transcendantes à celles-ci. Comme l'a noté Georges Burdeau :

> « ...C'est un fait révélé par l'expérience la plus courante et confirmé par les études de sociologie politique qu'il existe un clivage essentiel qui, dans

chaque pays, répartit les opinions en un très petit nombre de lignes de force. Clivage qui est le fait plus encore des tempéraments que d'une pensée politique parfaitement consciente et qu'illustre l'opposition entre le réactionnaire et le progressiste, entre le conservateur et le radical, ou, en France, entre la " droite " et la " gauche ", entre l'*ordre* et le *mouvement*. C'est cette donnée fondamentale que la R.P. tend à minimiser en grossissant arbitrairement les divergences de détail. Elle n'incite pas, d'une façon suffisamment pressante, l'électeur à se situer, à se définir ; elle individualise à l'excès des volontés qu'il faudra, tôt ou tard, regrouper. Or ce regroupement c'est, à l'intérieur des organes étatiques, aux formations parlementaires ou aux comités directeurs des partis qu'il appartiendra de l'effectuer pour mettre sur pied une majorité gouvernementale. Si bien que, pour avoir prétendu donner une expression exacte de la volonté nationale, la R.P. conduit en définitive à laisser largement celle-ci à la discrétion des oligarchies politiques. » (*Traité de science politique,* 1re éd., t. IV, pp. 284-285).

Le général de Gaulle rappelant les événements de 1958 notera lui aussi, dans ses *Mémoires d'espoir* (t. I, p. 44) :

« Afin d'avoir une majorité, il faut un scrutin majoritaire. C'est ce que décide mon gouvernement qui fixe le système électoral en vertu de ses pouvoirs spéciaux, rejetant la représentation proportionnelle, chère aux rivalités et aux exclusives des partis mais incompatible avec le soutien continu d'une politique et adoptant tout bonnement le scrutin uninominal à deux tours. »

Dans *Les princes qui nous gouvernent,* Michel Debré, quant à lui, a écrit à propos du régime parlementaire :

« Il faut alors un scrutin majoritaire, sinon l'absence de majorité condamne, tantôt à l'instabilité, tantôt à l'immobilisme dans l'incohérence, deux défauts qui suppriment le pouvoir. Il est bien entendu que le seul scrutin majoritaire digne de ce nom, c'est le scrutin du type anglo-saxon où, du premier coup, le candidat ayant le plus de voix est élu. Ce mode de scrutin domine les partis en les obligeant aux simplifications et aux fusions nécessaires pour triompher dans une lutte brutale mais claire. Toute altération approche de la proportionnelle, c'est-à-dire, au moins dans un pays tel que le nôtre aujourd'hui, provoque la pulvérisation du pouvoir. » (1957, p. 92).

Un hebdomadaire comme *Le nouvel observateur,* dans son numéro du 23 décembre 1972, a longuement développé les inconvénients du scrutin majoritaire qu'il qualifie de « caricature du suffrage universel, le parlement n'étant même plus le reflet déformé de la volonté populaire ». Mais cet article n'entend pas pour autant vanter les mérites de la R.P. : il propose simplement de s'inspirer de la solution de la République fédérale allemande qui réalise plus une combinaison qu'une synthèse des deux systèmes.

Raymond Aron, pour sa part, s'est récemment montré partisan du scrutin proportionnel pour des raisons tenant essentiellement à la pratique, selon lui, monarchique de la Constitution de 1958 :

« L'idée, aujourd'hui courante, écrit-il, que le scrutin proportionnel est en tant que tel funeste vient d'une méconnaissance des deux fonctions de la représentation. Quand l'Assemblée doit par elle-même susciter un gouvernement, la représentation proportionnelle est le plus souvent un facteur de paralysie. Mais le président de la République, élu au suffrage universel, détient de toute manière l'autorité suprême ; il incarne une volonté. La représentation équitable de tous les partis lui permettrait de tenir compte des renversements d'opinion sans perdre la face ni renoncer au rôle du guide qui fixe les grandes mutations. » (*Le Figaro,* 18 janvier 1973).

Pour notre part, nous pensons qu'aucun des deux systèmes, comme tout ce qui est humain, ne peut viser à la perfection : tout au plus peut-on constater que les avantages du scrutin majoritaire l'emportent largement sur ceux de la représentation proportionnelle. Le scrutin majoritaire à deux tours favorise, sinon le bipartisme, du moins une certaine bipolarisation des tendances de l'opinion, spécialement dans les sociétés industrialisées où la réponse par oui et par non des gouvernés doit se manifester par rapport à la politique des gouvernants. Une majorité et une minorité structurées, avec leurs doctrines, sont nécessaires aux démocraties contemporaines. Dans son message au parlement du 30 mai 1974, le président Giscard d'Estaing ne notait-il pas :

> « Je suis, on le sait, partisan d'une possibilité d'alternance. J'ai, par ma fonction, le devoir de veiller qu'elle respecte les institutions de la Vᵉ République. Pour que s'exerce la possibilité de l'alternance, l'opposition doit être à même de jouer son rôle, et d'exercer ses responsabilités. » (*Le Monde,* 1ᵉʳ juin 1974).

Le scrutin majoritaire, dans sa simplicité brutale, s'il apparaît moins favorable à la minorité dans l'instantané, dans un relativisme temporel, exalte au contraire celle-ci, en la considérant déjà comme une réalité virtuelle, comme une majorité en puissance. Le « Cabinet fantôme » britannique, constitué par la minorité du moment, illustre bien cette promotion de la minorité et cette préoccupation incessante. La minorité, avec ce système, ne peut se voir dénier le droit de faire tous ses efforts pour devenir à son tour majorité.

SECTION II

LE PLURALISME INSTITUTIONNEL : LES REGIMES POLITIQUES

Les démocraties libérales reposent toutes sur le principe de séparation des pouvoirs. Celui-ci permet la mise en place de deux régimes politiques essentiels : le régime parlementaire et le régime présidentiel. La séparation des pouvoirs, inhérente à la démocratie libérale, s'accompagne de l'équilibre des pouvoirs.

§ 1. — Le principe de séparation des pouvoirs

A. — La formulation du principe

La démocratie libérale ou la technodémocratie dans sa phase actuelle, c'est-à-dire depuis 1945, est l'aboutissement d'une longue érosion de la monarchie absolue (cas britannique essentiellement) et de l'adoption par les révolutionnaires modérés (cas français) des principes formulés par Montesquieu dans *De l'Esprit des Lois,* dont particulièrement celui de la séparation des pouvoirs, formulé d'abord par Locke, lequel s'inspirait de la réalité britannique. Elle s'est traduite par la limitation, puis la disparition du pouvoir de la monarchie que la pression des faits et la volonté des monarques avaient faite absolue et qui avait trouvé son accomplissement total sous Louis XIV en France.

Les idées de Locke ont été développées au XVIIe siècle dans les *Deux essais sur le pouvoir civil.* Dans ces œuvres, Locke a exposé la doctrine de l'Etat libéral qui s'oppose par nature à l'absolutisme étatique de Hobbes. Il présente les traits caractéristiques donc les aboutissants de la monarchie limitée : dans cette optique, il s'agit d'arriver à un équilibre satisfaisant des pouvoirs, des prérogatives de l'Etat et des droits fondamentaux ou naturels de l'individu. Les bases techniques de la démocratie libérale sont tout entières dans l'œuvre de Locke. On peut dire que toute l'œuvre de Locke renferme en germe ce qui composera plus tard les grands régimes contemporains, c'est-à-dire le régime parlementaire, inspiré de l'expérience anglaise, et le régime présidentiel américain que les « Pères fondateurs » mettront en place à l'extrême fin du XVIIIe siècle. Hobbes, autre auteur anglais du milieu du XVIIe siècle, s'est fait le chantre de la monarchie absolue : Hobbes recommandait la concentration de l'ensemble des pouvoirs dans les mains du monarque. Locke entend voir limitées les prérogatives de la monarchie et préconise, à cette fin, la séparation des pouvoirs. Il y aura donc pluralité des organes étatiques. Trois pouvoirs ont été ainsi distingués par Locke : le pouvoir législatif, le pouvoir exécutif et le pouvoir judiciaire. Ce qu'il faut bien percevoir, c'est que ces trois pouvoirs ne sont pas sans contact les uns avec les autres : au contraire, l'harmonie constitutionnelle exige que chacun soit sous la dépendance des autres et soit contrôlé par eux. Chacun des trois pouvoirs doit contrôler les deux autres. De la sorte, les abus de pouvoirs ne risquent pas de se manifester ; l'autonomie, donc les droits naturels des individus, seront préservés.

Cette vision équilibrée des pouvoirs, qui visait à installer et à conforter une monarchie limitée, a exercé une influence considérable sur *l'Esprit des Lois* de Montesquieu, plus spécialement, pour ce que nous étudions, sur les idées exprimées par l'auteur français dans le chapitre consacré à la Constitution d'Angleterre (Livre XI, Chapitre 6, intitulé précisément « De la Constitution d'Angleterre »).

Ce chapitre commence ainsi :

> « Il y a dans chaque Etat trois sortes de pouvoirs : la puissance législative, la puissance exécutrice des choses qui dépendent du droit des gens, et la puissance exécutrice de celles qui dépendent du droit civil.
>
> « Par la première, le prince ou le magistrat fait des lois pour un temps ou pour toujours, et corrige ou abroge celles qui sont faites. Par la seconde, il fait la paix ou la guerre, envoie ou reçoit des ambassades, établit la sûreté, prévient les invasions. Par la troisième, il punit les crimes, ou juge les différends des particuliers. On appellera cette dernière la puissance de juger, et l'autre simplement la puissance exécutrice de l'Etat.
>
> « La liberté politique dans un citoyen est cette tranquillité d'esprit qui provient de l'opinion que chacun a de sa sûreté ; et pour qu'on ait cette liberté, il faut que le gouvernement soit tel qu'un citoyen ne puisse pas craindre un autre citoyen.

« Lorsque dans la même personne ou dans le même corps de magistrature, la puissance législative est réunie à la puissance exécutrice, il n'y a point de liberté, parce qu'on peut craindre que le même monarque ou le même sénat ne fasse des lois tyranniques pour les exécuter tyranniquement.

« Il n'y a point encore de liberté si la puissance de juger n'est pas séparée de la puissance législative et de l'exécutrice. Si elle était jointe à la puissance législative, le pouvoir sur la vie et la liberté des citoyens serait arbitraire : car le juge serait législateur. Si elle était jointe à la puissance exécutrice, le juge pourrait avoir la force d'un oppresseur.

« Tout serait perdu si le même homme, ou le même corps des principaux, ou des nobles, ou du peuple, exerçaient ces trois pouvoirs : celui de faire des lois, celui d'exécuter les résolutions publiques, et celui de juger les crimes ou les différends des particuliers.

« Dans la plupart des royaumes de l'Europe, le gouvernement est modéré, parce que le prince, qui a les deux premiers pouvoirs, laisse à ses sujets l'exercice du troisième. Chez les Turcs, où ces trois pouvoirs sont réunis sur la tête du sultan, il règne un affreux despotisme. »

Bien entendu, comme l'avait déjà exprimé Locke, Montesquieu, après avoir posé les bases essentielles de la monarchie limitée telle qu'il la conçoit à l'époque, et à partir de l'observation qu'il a faite de la réalité anglaise et qui consiste à prévenir les abus du pouvoir en en confiant l'exercice à plusieurs organes chargés chacun d'une fraction différente, ne va pas laisser ces organes agir indépendamment l'un de l'autre. Ces organes vont se faire mutuellement contrepoids, vont non seulement se contrôler, mais agir, en partie, l'un sur l'autre.

Le roi, détenteur du pouvoir exécutif, aura une certaine participation à l'exercice du pouvoir législatif qui lui permettra parfois de le freiner, voire de s'opposer à lui. D'où l'attribution du *veto* législatif ou de la *sanction* législative (la loi n'est parfaite, sous ce dernier rapport, qu'après assentiment du roi). De la même façon, le pouvoir judiciaire doit pouvoir exercer son contrôle sur l'exécutif et le législatif pour les freiner dans leur expansion éventuelle, toujours nuisible aux intérêts et aux droits fondamentaux des individus.

La faculté de statuer doit en même temps être tempérée par la faculté d'empêcher. Chacun des deux organes essentiels, exécutif et législatif, est détenteur des deux facultés, c'est-à-dire de la faculté de statuer dans la limite de ses attributions et de la faculté d'empêcher à l'égard des attributions de l'autre organe.

« J'appelle faculté de statuer, écrit Montesquieu, le droit d'ordonner par soi-même, ou de corriger ce qui a été ordonné par un autre. J'appelle faculté d'empêcher le droit de rendre nulle une résolution prise par quelque autre. »

Mieux, l'organe législatif sera composé de deux parties, de deux chambres :

« Voici donc la constitution fondamentale du gouvernement dont nous parlons. Le corps législatif y étant composé de deux parties, l'une enchaînera l'autre par sa faculté mutuelle d'empêcher. Toutes les deux seront liées par la puissance exécutrice, qui le sera elle-même par la législative. Ces trois puissances devraient former un repos ou une inaction. Mais comme, par le mouvement nécessaire des choses, elles sont contraintes d'aller, elles seront forcées d'aller de concert. »

L'organe judiciaire a le pouvoir de juger les actes de l'exécutif comme ceux du législatif. Ce sont les Etats-Unis qui ont le mieux tenu compte de ce dernier impératif : non seulement les juridictions américaines veillent au strict respect de la légalité, mais elles contrôlent (et l'on sait le rôle régulateur important joué dans ce domaine par la Cour suprême) la constitutionnalité des lois. Une loi jugée inconstitutionnelle ne sera pas appliquée au citoyen. Il en va de même pour les règlements de l'exécutif.

B. — La portée du principe : séparation rigide et séparation souple

La distinction de l'exécutif et du législatif tracée dans *l'Esprit des Lois* ne se réduit pas à une totale séparation de l'autorité exécutive et de l'autorité législative. Une certaine collaboration des pouvoirs est nécessairement impliquée par le système tempéré que décrit Montesquieu dans le chapitre « De la constitution d'Angleterre ».

L'exécutif, comme organe, peut être monocratique (confié à un seul homme, président en régime présidentiel), collégial (les consuls romains, égaux entre eux), directorial (un petit groupe d'hommes : Directoire de la Constitution de l'an III) ou dualiste (le chef de l'Etat et le Cabinet ministériel en régime parlementaire). Comme organe ou ensemble d'organes, c'est-à-dire comme gouvernement, sa fonction est d'assurer l'exécution des lois ; à notre époque, l'exécutif a tendu à se manifester comme organe d'impulsion de l'Etat.

Le législatif, comme organe, est représenté par le parlement dont la fonction consiste à voter les lois.

Dans la mesure où le parlement et l'exécutif sont séparés l'un de l'autre, sont théoriquement sans prise l'un sur l'autre, l'on se trouve en présence du régime présidentiel. Celui-ci, représenté par les Etats-Unis d'Amérique, se caractérise essentiellement, en effet, par les deux traits suivants : le président, détenteur du pouvoir exécutif, est irresponsable devant le Congrès lequel, de son côté, ne peut pas être dissous par le président. Le régime présidentiel est l'expression d'une séparation des pouvoirs rigide.

Au contraire, quand le législatif et l'exécutif, tout en ne se confondant pas, sont appelés à collaborer l'un avec l'autre, on est en présence du régime parlementaire. Dans ce type de régime parfaitement illustré par la Grande-Bretagne, le chef du gouvernement (le premier ministre) peut prononcer la dissolution du Parlement, en l'espèce la Chambre des communes. La collaboration des pouvoirs implique donc une séparation souple de ceux-ci.

§ 2. — L'équilibre des pouvoirs : régime présidentiel et régime parlementaire

L'un et l'autre régimes, particulièrement illustrés par des pays anglo-saxons (Etats-Unis et Grande-Bretagne) trouvent leur origine dans la monarchie limitée telle qu'elle fonctionnait en Grande-Bretagne au XVIIIe siècle.

Les Pères de la Constitution américaine, pour rédiger le célèbre texte de 1787, se sont attachés à « républicaniser » la monarchie limitée britannique : le monarque anglais est devenu le président ; le Sénat élu est la transposition de la Chambre des lords héréditaire. Les neuf juges composant la Cour suprême sont la transposition des neuf Lords d'appel.

Quant au régime parlementaire britannique tel qu'il fonctionne actuellement, il est aussi la continuation de la monarchie britannique, les organes de celle-ci étant demeurés inchangés, mais non leurs fonctions. Il s'agit, dans les faits, d'un glissement opéré sur plusieurs siècles des fonctions propres, à chaque moment de l'évolution, aux différents organes : le roi a vu son pouvoir progressivement tempéré par le Parlement. Celui-ci, composé de deux Chambres, une Chambre basse (Chambre des communes) élue, et une Chambre haute héréditaire (Chambre des lords) a vu l'essentiel de ses pouvoirs monopolisés, en son sein, par la Chambre des communes, en même temps que la responsabilité des ministres, du Cabinet, s'affirmait pour devenir pleinement effective devant la Chambre des communes.

A. — Le modèle américain : le régime présidentiel

1° Les traits du régime présidentiel.

Le régime présidentiel tel qu'il est habituellement systématisé l'est toujours à partir du modèle américain. Et cela est normal : les Etats-Unis offrent dans le monde le seul exemple correct de ce type de régime. La France, écrit-on souvent, l'aurait cependant connu en 1791 (Constitution du 3 septembre 1791), ainsi qu'en l'an III (Constitution du 22 août 1795) et en 1848 (Constitution du 4 novembre 1848). Mais l'institution d'un tel régime en 1791 peut être contestée : Hugues Taÿ a montré dans sa thèse (*Le régime présidentiel en France*, 1968) que « les fonctions étaient hiérarchisées par rapport à la prépondérance de la puissance législative ». Sous l'empire de la Constitution de l'an III il en allait de même : l'indépendance de l'exécutif par rapport au législatif n'était pas assurée. Quant à la Constitution de 1848, elle se présente comme une véritable mosaïque : on y trouve des emprunts à toutes les constitutions révolutionnaires ainsi qu'aux institutions impériales et à celles de la Restauration et de la Monarchie de juillet.

Aux Etats-Unis, la séparation des pouvoirs est assurée. Le pouvoir exécutif a, à sa tête, le président. Celui-ci, entouré de secrétaires d'Etat, est indépendant du Congrès en ce sens qu'il ne procède pas de lui. Les ministres (Secrétaires d'Etat) ne sont donc pas responsables devant le Parlement, pas plus évidemment que le président lui-même. Le président est élu au suffrage universel. Il peut apparaître, à certains égards, comme une sorte de monarque électif : tout en étant « le monarque qui incarne l'unité nationale, il est aussi le Premier ministre qui prend l'initiative des lois (en fait), dirige l'administration du pays et se trouve à la tête d'un parti politique ». (D. Calleo, Le système politique des Etats-Unis, Seghers 1972, p. 123).

Elu par le peuple en vertu d'un système à deux degrés, il peut représenter une majorité politique différente de celle du Congrès, lequel est composé de deux chambres : la Chambre des Représentants (qui représente le peuple) et le Sénat (qui représente les Etats, comme expression du système fédéral).

N'étant pas responsable devant le Parlement, l'exécutif, par symétrie, ne dispose pas du droit de dissolution à l'égard du Congrès.

Le régime présidentiel américain n'est pas le système « bloqué » qu'a rapidement évoqué le président Pompidou dans sa conférence de presse du 9 janvier 1973. Sans entrer dans le détail de la vie politique américaine, il faut d'ores et déjà noter que le président dispose du droit de veto qui lui permet de s'opposer aux lois votées par le Congrès. Ce veto peut être surmonté en seconde lecture à condition de réunir la majorité des deux tiers. Par ailleurs, le Sénat a le pouvoir de rejeter les nominations du Président aux charges judiciaires, aux postes ministériels et à diverses autres charges administratives. Une certaine « collaboration » de l'exécutif et du législatif s'est fait jour par les contacts officieux qu'entretiennent les Secrétaires d'Etat avec les membres du Congrès. Le pouvoir judiciaire et la presse contrôlent le pouvoir exécutif.

Cependant, à notre époque, le pouvoir présidentiel a pris le pas sur le Congrès, même si ce dernier essaie de freiner les initiatives présidentielles (affaire du Watergate en 1973 : écoutes illégales au siège du parti démocrate par des conseillers républicains du président des Etats-Unis). La prééminence des pouvoirs du président des Etats-Unis s'était déjà affirmée durant la crise économique de 1929-1930 ; la seconde guerre mondiale l'a confirmée ; enfin, la « guerre froide », puis le dialogue entre l'U.R.S.S. et les Etats-Unis ont amené les présidents américains à prendre des initiatives sous leur seule responsabilité. Il n'en reste pas moins que, devant une menace de destitution par le Sénat, le président des Etats-Unis a été conduit à démissionner le 9 août 1974. Un meilleur équilibre des pouvoirs paraît ainsi avoir été rétabli.

2° Présidentialisme et régime présidentiel.

Il ne faut pas assimiler « présidentialisme » et régime présidentiel. Le présidentialisme est au régime présidentiel ce que la monarchie absolue est à la monarchie tempérée ou constitutionnelle. Le présidentialisme ne correspond pas à un certain équilibre des pouvoirs : il traduit, en effet, un profond déséquilibre accompli au détriment du pouvoir législatif et au profit du président : ce système est caractéristique de la plupart des Etats d'Amérique latine et d'Afrique Noire.

Certains auteurs, tel Benoît Jeanneau, qualifient de « présidentialiste » le système français actuel, qui ne serait donc pas mi-parlementaire, mi-présidentiel comme l'affirment Maurice Duverger et Georges Vedel (par exemple, G. VEDEL, *Les deux Constitutions,* « Le Monde », 10 janv. 1973). Certains hommes politiques (par exemple Achille Peretti ; les leaders du Mouvement réformateur) préconisent pour la France l'institution d'un véritable régime présidentiel qui, selon eux, serait de nature à résoudre la contradiction existant actuellement entre deux « constitutions », l'une d'inspiration parlementaire, l'autre d'inspiration présidentielle. L'ancien chef de l'Etat français, dans sa conférence de presse du 9 janvier 1973, s'était déclaré adversaire d'une telle transposition en raison de ce que, selon lui, le système présidentiel serait un système bloqué, tempéré par la recherche du compromis aux Etats-Unis, alors que la France n'est pas « un peuple de compromis ». On le verra, cependant, le régime de la Ve République fonctionne en fait comme un régime présidentiel spécifique.

B. — LE RÉGIME PARLEMENTAIRE ET LE MODÈLE BRITANNIQUE

Le régime parlementaire tel qu'il fonctionne en Grande-Bretagne est le résultat d'une longue évolution inscrite dans les faits et dans les mœurs politiques. La Grande-Bretagne, faut-il le rappeler, n'a jamais disposé de constitution écrite.

Le régime parlementaire s'est imposé au XIXe et surtout au XXe siècle dans la plupart des démocraties européennes : actuellement, mis à part notamment la France de la Ve République qui pratique un régime présidentiel spécifique, le régime parlementaire fonctionne aussi bien en Suède qu'en Belgique, qu'en Allemagne de l'Ouest ou qu'en Italie, pour ne donner que ces exemples.

1° Les caractéristiques du régime parlementaire.

Le régime parlementaire est un régime de collaboration des pouvoirs, qui contribue à leur équilibre, traduction d'une séparation souple des pouvoirs. Cette collaboration s'exprime par le fait que les deux organes politiques (exécutif et législatif) ont des domaines d'action communs : par exemple, l'initiative des lois qui n'est pas seulement l'apanage des parlementaires (propositions de lois) mais qui est aussi le propre du gouvernement (projets de lois).

La caractéristique essentielle du régime parlementaire tient au fait que le gouvernement peut voir sa responsabilité engagée devant le Parlement. S'il n'a plus la confiance du parlement, il doit se retirer. La responsabilité du gouvernement est engagée de deux façons : soit sur l'initiative du chef du gouvernement qui pose la question de confiance ; soit sur l'initiative des membres de l'Assemblée (généralement la Chambre basse) qui déposent une motion de censure.

Le contrepoids de la responsabilité du Cabinet réside dans l'existence du droit de dissolution du gouvernement à l'égard de la Chambre basse. En Italie, l'une ou l'autre des deux Chambres peut mettre en cause la responsabilité du gouvernement ; de ce fait, l'une ou l'autre peut faire l'objet du droit de dissolution.

En Grande-Bretagne, le premier ministre dispose du droit de dissolution à l'égard de la chambre des communes ; en France, sous la Ve République, ce droit, qui s'exerce à l'égard de l'Assemblée nationale, appartient en propre au président de la République, chef de l'Etat.

Le modèle britannique est qualifié de régime parlementaire moniste en ce sens que le chef de l'Etat (le monarque anglais) s'étant complètement effacé au fil de l'histoire, le Cabinet n'est responsable que devant l'Assemblée.

Au contraire, le régime parlementaire est dit dualiste quand le gouvernement est responsable à la fois devant le parlement et devant le chef de l'Etat qui, par définition, ne s'est pas complètement effacé. Le chef de l'Etat est irresponsable devant le parlement, mais il nomme les membres du gouvernement et peut révoquer le premier ministre. L'exécutif est à deux têtes : chef de l'Etat et chef du Gouvernement. Cette hypothèse qui correspond à une transition historique entre la monarchie limitée et le régime parlementaire moniste s'est rencontrée en Grande-Brtagne avant le règne de Victoria et en France sous la Restauration et la Monarchie de juillet. (Auparavant Louis XVIII, lors de son exil, avait été impressionné par les institutions britanniques). En France, on parle de « parlementarisme orléaniste ». La Constitution française du 4 octobre 1958, au moins dans sa rédaction, s'est inspirée de ce précédent lié à la monarchie de la première moitié du XIXe siècle.

Les traits du régime parlementaire n'ont pas varié, en Grande-Bretagne, depuis 1782, année où la solidarité ministérielle devient effective. Cette année-là, Lord North et son ministère préfèrent démissionner sur un blâme de la Chambre des communes plutôt que d'attendre la mise en œuvre de la responsabilité pénale des ministres par la procédure de l'*Impeachment :* à une responsabilité pénale d'ordre individuel succède alors pleinement la responsabilité politique d'ordre collectif du gouvernement. Jacques Cadart (*La personnalisation du pouvoir en Grande-Bretagne :* volume collectif *La personnalisation du pouvoir,* 1964, p. 234) a parfaitement rassemblé les traits du régime parlementaire :

> « Un gouvernement collégial et solidaire est issu de la majorité parlementaire et électorale ; il est responsable politiquement d'abord et à tout moment devant le Parlement ou tout au moins devant la Chambre élue au suffrage universel direct et ensuite devant le corps électoral lors des élections générales ; il détient à tout moment le pouvoir inconditionnel de dissoudre cette Chambre et il peut par suite utiliser et il utilise fréquemment la menace de la dissolution pour maintenir une cohésion de sa majorité. »

2° Bicaméralisme ou monocaméralisme.

Historiquement, le bicaméralisme c'est-à-dire le partage du législatif en deux Chambres est lié à l'évolution du régime parlementaire.

Par-delà cette évolution, on peut considérer qu'il est une donnée particulière de la séparation des pouvoirs exprimée particulièrement par Montesquieu à partir d'une observation raisonnée de la vie politique et des mœurs politiques anglaises. Dans le célèbre chapitre VI (Livre 11) *De la Constitution d'Angleterre* le passage qu'il faut relever est le suivant : « Le corps législatif y étant composé de deux parties, l'une enchaînera l'autre par sa faculté mutuelle d'empêcher ». Les deux Chambres doivent se limiter l'une l'autre. En fait, l'on constate que l'évolution politique s'est généralement accomplie en faveur de la première Chambre, élue au suffrage universel direct (dite Chambre basse) au détriment de la seconde Chambre (dite Chambre haute). C'est le cas notamment en Grande-Bretagne où la Chambre des lords, essentiellement d'origine héréditaire, n'exerce pratiquement plus d'influence dans le fonctionnement des institutions, alors que la Chambre des communes, élue démocratiquement, a monopolisé la quasi-totalité des attributions législatives. En France, le bicaméralisme est aussi une donnée des institutions ; mais les deux Chambres sont élues, l'une au suffrage direct, l'autre, le Sénat, au suffrage indirect. En vertu de dispositions constitutionnelles, le Sénat a vu ses attributions diminuées, mais comme au cours des dernières années l'évolution des faits a amené un effacement notable de l'Assemblée nationale, le Sénat français de la Ve République, composé essentiellement de notables traditionnels ou terriens, s'est affirmé, sous de Gaulle et Pompidou, comme une force d'opposition à l'exécutif et à la première Chambre. Sous la IIIe République, les attributions du Sénat étaient égales à celles de la Chambre des députés : le Sénat avait notamment le droit de renverser les gouvernements et les chefs de gouvernement posaient devant lui la question de confiance.

En théorie, le bicaméralisme peut être considéré comme une donnée fondamentale du libéralisme politique : il participe lui-même de la limitation du pouvoir. Le bicaméralisme est la concrétisation du principe de séparation des pouvoirs.

Cependant, par suite de l'évolution contemporaine qui a tendu à privilégier la Chambre basse, la nécessité du bicaméralisme ne paraît plus évidente : en Grande-Bretagne, on assiste à un « monocaméralisme de fait », en raison de l'effacement et du déclin de la Chambre des lords. Le gouvernement de Cabinet fait seulement intervenir deux partenaires : la Chambre des communes et le Cabinet, ce dernier étant l'émanation de celle-là.

Et surtout, en droit, un certain nombre de pays qui pratiquent le régime parlementaire n'ont pas de seconde Chambre : toutes les démocraties nordiques ont un parlement monocaméral : la Norvège n'a jamais eu qu'une seule Chambre ; la seconde Chambre a été supprimée en Suède en 1970 ; le Danemark avait agi de même en 1953. En dehors des démocraties nordiques, le monocaméralisme est traditionnel au Luxembourg. Il en va de même en Grèce d'après la Constitution du 9 juin 1975 où le Parlement s'identifie à la seule chambre des députés, ainsi qu'au Portugal où, selon la Constitution du 2 avril 1976, le parlement est monocaméral. Dans l'ensemble, on peut bien parler de « crise du bicaméralisme », pour reprendre le titre d'un article d'Yves Weber (*Rev. dr. publ.*, 1972, p. 573 et s.). En France, le projet de référendum de 1969 visait aussi à amoindrir le Sénat en obtenant sa fusion avec le Conseil économique et social, ce qui aboutissait à en faire un organe consultatif.

Or on le constate, c'est dans les systèmes monocaméraux de droit ou de fait que la protection de la minorité par la majorité est le mieux assurée : par exemple, le jeu des majorités qualifiées ou des minorités qualifiées dans les pays nordiques permet de tenir compte au mieux de l'existence et des droits de la minorité. En Grande-Bretagne, l'alternance au pouvoir s'exerce de manière remarquable par le two party system dans le contexte d'un monocaméralisme de fait.

Le bicaméralisme ne semble plus essentiel de nos jours à un fonctionnement harmonieux du régime parlementaire.

N. B. — Tout au plus doit-on rappeler l'existence de deux Chambres dans les systèmes fédéraux et leur nécessité : le problème concerne le régime parlementaire (République fédérale d'Allemagne), mais il le déborde puisque le régime présidentiel américain fonctionne dans le cadre du fédéralisme. Le fédéralisme touche exclusivement aux problèmes de fond de l'Etat : alors il est normal qu'à la représentation du peuple s'ajoute, et c'est l'objet de la seconde Chambre, une représentation des divers Etats composant la fédération. Le bicaméralisme est une nécessité inhérente à la philosophie et à l'harmonie de l'Etat fédéral. Il ne semble pas l'être à celles de l'Etat unitaire.

3° Un mythe, une déviation ou une utopie : le régime d'assemblée.

a) *Le régime conventionnel et le régime d'assemblée helvétique : un mythe.*

Le régime parlementaire, en partant du principe de séparation souple ou de collaboration des pouvoirs qui le sous-tend, aboutit dans les faits à privilégier le parlement comme l'indiquent les mots mêmes de « régime parlementaire », même si l'évolution de la seconde moitié du XXe siècle a tendu à avantager en fait l'exécutif. On peut encore aller plus loin et estimer que la volonté populaire doit avoir et ne peut avoir comme seule expression politique qu'une assemblée élue, unique par définition. Le régime d'assemblée repose sur l'idée de souveraineté populaire et non sur celle de souveraineté nationale. Dans cette mesure, il traduit un rejet de l'idée de séparation des pouvoirs qui fonde la démocratie libérale et est inspiré en droite ligne des idées développées par Jean-Jacques Rousseau.

La systématique du régime d'assemblée se réduit donc à un seul pouvoir : celui de l'assemblée; l'exécutif n'est donc plus qu'une simple émanation de l'Assemblée qui est le législateur du peuple. L'assemblée législative, comme seule et unique émanation du Souverain, est en même temps le seul pouvoir dans l'Etat. L'exécutif nommé par l'Assemblée, n'est qu'un simple exécutant : il ne peut pas poser la question de confiance devant l'assemblée ; il ne peut pas démissionner. En revanche, il peut, à tout moment, être démis par l'Assemblée toute-puissante.

Les traits d'un tel régime se retrouveraient essentiellement dans la Constitution montagnarde du 24 juin 1793, restée inappliquée, et dans le régime de la Convention tel qu'il aurait fonctionné en fait entre 1792 et 1795. Le régime d'assemblée serait aussi celui de la Suisse où l'exécutif, le Conseil fédéral, serait seulement l'exécutant de l'Assemblée fédérale (Conseil national et Conseil des Etats).

En réalité, et Maurice Duverger l'a montré (11) le régime d'assemblée n'a pratiquement jamais fonctionné en Europe occidentale : si l'on prend l'exemple conventionnel, il apparaît que le Comité gouvernemental a exercé une véritable dictature de fait sur l'assemblée, et non l'inverse. Quant à la Suisse, bien loin de constituer un régime d'assemblée, il s'agirait en fait d'un régime directorial où le Conseil fédéral exerce l'essentiel des pouvoirs dans l'Etat.

De la sorte, le régime d'assemblée, en Occident, n'aurait jamais été qu'un mythe, voire une utopie. Benoît Jeanneau estime au contraire, comme l'ensemble des auteurs, y compris Maurice Duverger, que le régime d'assemblée a existé sous la Convention avant et après Robespierre, qu' « il pourrait, d'une manière transitoire, connaître quelque jour d'autres applications et qu'il serait imprudent de rayer trop rapidement le régime d'assemblée de la carte constitutionnelle » (12).

En définitive, le jugement de Maurice Duverger, fondé sur une simple observation de la pratique politique, peut être corroboré par des observations identiques à propos des régimes présidentiel et parlementaire : là aussi, sans aller certes jusqu'à la dictature de l'exécutif, on constate un déclin plus ou moins marqué, mais réel de presque tous les parlements contemporains ; au mieux, les parlements n'ont plus qu'une fonction de contestation ou de contrôle plus ou moins développé selon les régimes à l'égard des gouvernements qui, loin d'être les exécutants de la volonté parlementaire, deviennent de plus en plus des organes d'impulsion et d'action. Les démocraties libérales, que l'on peut qualifier de technodémocraties depuis 1945 (V. M. DUVERGER, *Janus, les deux faces de l'Occident,* 1972) coïncident avec les sociétés sur-développées. Les sociétés sur-développées se caractérisent précisément au niveau des institutions par l'effacement des parlements, et l'effacement des parlements

(11) *Institutions politiques,* 14e éd., 1975, p. 174.
(12) *Droit constitutionnel et institutions politiques,* 4e éd., 1975, p. 95.

et même des gouvernements devant la technostructure administrative et industrielle. Georges Burdeau a pu qualifier, à cet égard, l'administration de « maîtresse-servante ». Traitant des institutions politiques de la Ve République, MM. Hauriou et Sfez, dans leur récent ouvrage *Institutions politiques et droit constitutionnel* (1972), ont réservé un chapitre entier à l'administration, entre le chapitre sur le pouvoir exécutif et celui consacré au Parlement. L'administration, dans presque tous les Etats du monde, s'est émancipée du pouvoir exécutif et rend de moins en moins compte de ses activités propres devant le parlement et même devant le gouvernement. Devenant un pouvoir autonome, non contrôlé, elle tend à imposer une « dictature administrative » ou une « monarchie administrative ».

b) *Les IIIe et IVe Républiques : une déviation.*

Les IIIe et IVe Républiques ont souvent été qualifiées de « régimes d'assemblée ». En réalité, il s'agit d'un abus de langage : les IIIe et IVe Républiques ont été des régimes parlementaires simplement déséquilibrés, le déséquilibre s'exerçant en faveur du Parlement : le gouvernement était responsable devant le Parlement ; l'exécutif disposait du droit de dissolution à l'égard de la Chambre des députés (IIIe République) ou de l'Assemblée nationale (IVe République). En fait, sous chaque République, il ne fut utilisé qu'une seule fois (crise du 16 mai 1877 et 2 décembre 1955, sous le gouvernement d'Edgar Faure).

Les régimes parlementaires des IIIe et IVe Républiques ont simplement été des régimes parlementaires déséquilibrés ou déformés, manifestant une nette prépondérance du Parlement. La collaboration des pouvoirs ne s'y est jamais réellement affirmée. Et cela se comprend, en considération du multipartisme : en raison de ce multipartisme et de l'existence de partis extrémistes, les gouvernements ne pouvaient être que de coalition dont la durée était brève et conditionnée par les combinaisons partisanes. Par ce fait, les partis politiques, au travers du Parlement, exerçaient leur emprise sur les gouvernements. Le « régime des partis » ou « la République des députés » recouvraient la même réalité.

Il ne faut pas se laisser abuser par l'expression « régime des partis », souvent utilisée par le général de Gaulle : une république a besoin de partis ; elle ne peut fonctionner sans partis. Ces derniers permettent d'exprimer les besoins et les aspirations des citoyens. Une « république » sans partis ou dans laquelle les partis seraient laminés se transforme *ipso facto* en monarchie absolue, même si elle est élective, ou en présidentialisme pur et simple.

c) *Un régime d'assemblées : une utopie ?*

L'auteur américain Alvin Toffler a développé dans *Le choc du futur,* 1971, une conception de la démocratie représentative intéressante à plus d'un titre et qui pourrait prendre corps et s'exercer dans le contexte des sociétés post-industrielles. Cette conception relèverait, selon Toffler, de « l'anticipation démocratique ».

En un mot, il s'agirait de restituer aux citoyens l'essentiel des pouvoirs dont la technocratie les a peu à peu dépossédés : « Le temps est venu, écrit-il (p. 451), de réévaluer de A à Z la direction du changement, réévaluation qui doit être le fait non des politiciens, des sociologues, des hommes d'Eglise ou des recteurs d'université, mais du peuple lui-même ». Pour ce faire, Alvin Toffler préconise l'institution dans chaque pays, dans chaque ville, dans chaque quartier, d' « assemblées pour l'avenir de la société » qui, associant les divers groupes ethniques et les diverses communautés culturelles et sociales, définiraient des objectifs sociaux et politiques à réaliser dans l'avenir. Ces assemblées pour l'avenir de la société ne seraient pas des institutions stables et fixées une fois pour toutes en raison de la « civilisation de l'éphémère » dans laquelle l'humanité semble s'être engagée. Ces assemblées prendraient la forme de groupements spécifiques, convoqués à intervalles irréguliers, avec des délégués différents selon les problèmes à résoudre et selon la compétence vraie ou supposée des divers groupes sociaux.

Pourquoi de telles assemblées ? Alvin Toffler s'en est expliqué (pp. 456 et 457) :

> « Encore plus dangereuses pour la démocratie sont les limites temporelles du jeu politique. L'horizon d'un parlementaire ne va généralement pas au-delà de l'élection à venir. Les congrès, les diètes, les parlements, les conseils municipaux — de façon générale tous les corps législatifs — manquent du temps, des ressources ou du cadre institutionnel nécessaires pour se pencher sérieusement sur l'avenir lointain. Quant au citoyen, la dernière chose qu'on soumette à son approbation, ce sont les ambitions globales, à longue échéance, de sa ville, de son Etat ou de sa Nation.
>
> « On l'interroge parfois sur des problèmes spécifiques, mais jamais sur l'allure générale qu'il désire donner à l'avenir. En fait, il n'existe pas dans tout l'ensemble du monde politique une seule instance par l'intermédiaire de laquelle l'homme de la rue puisse exprimer les idées, les sensations et les sentiments qui se rattachent à sa vision du futur. Jamais on ne lui demande de se pencher sur cette question et s'il le fait à l'occasion, il ne dispose d'aucune filière officielle pour faire parvenir ses conceptions sur la scène parlementaire, Coupé du futur, il devient un eunuque politique.
>
> « Pour ces raisons et pour bien d'autres encore, nous courons vers la ruine fatidique des institutions représentatives. Si les corps législatifs veulent survivre, ils doivent se tisser de nouveaux liens avec leurs mandants, tresser de nouveaux nœuds avec le futur. Les assemblées pour l'avenir de la société pourraient être le trait d'union entre le législateur et sa base, entre le présent et l'avenir ».

La démocratie du dialogue et de la participation ainsi entendue pour l'avenir est ressentie comme une nécessité du monde contemporain. Les propositions d'Alvin Toffler n'ont rien qui puisse apparaître comme déraisonnable, à condition, bien entendu, que les assemblées très lâches et assez informelles qu'il préconise ne prennent pas la place purement et simplement des institutions politiques qui participent à l'équilibre des pouvoirs, aussi bien dans le régime présidentiel à l'américaine que dans le régime parlementaire à l'anglaise. Il s'agirait donc moins d'un « régime d'assemblées » que d'un approfondissement aux niveaux corporatifs, économiques, ethniques et sociaux de la démocratie régionale et locale. Sinon, les « assemblées de citoyens », fonctionnant seules et isolément, bien loin de diminuer l'emprise de l'administration et des milieux économiques, favoriseraient plutôt le renforcement de « la monarchie administrative » (l'expression est d'André Hauriou). Les institutions politiques, il ne faut pas le perdre de vue, sont au service des citoyens, donc de la démocratie. Ce sont elles qu'il faut favoriser ou restaurer.

CHAPITRE VI

LE MONISME DES DEMOCRATIES AUTORITAIRES OU MARXISTES

Par l'institution d'une société unanime, sans classes, les démocraties autoritaires ou marxistes entendent faire du peuple le seul et véritable maître du pouvoir. L'opposition n'a donc plus de sens et doit être rejetée, par répudiation du pluralisme. Le parti communiste se trouve donc dans une situation de monopole. La séparation des pouvoirs n'a pas de sens et se trouve remplacée par l'unité du pouvoir d'Etat.

On peut donc conceptualiser par monisme des démocraties autoritaires un système matérialiste qui considère l'ensemble des choses comme réductible à l'unité. Les démocraties autoritaires se réclament en effet de la philosophie marxiste.

Dès lors, le fonctionnement des démocraties qui visent à l'unanimité est radicalement différent de celui des démocraties occidentales. Non seulement les institutions politiques existent et fonctionnent dans une perspective unanimitaire, mais, en vertu du monisme, les domaines juridiques, politiques, économiques et sociaux forment un tout, l'économique étant le soubassement de tout le reste et le primant.

La conception marxiste du pouvoir opère un renversement complet des perspectives qui sont celles des démocraties libérales. A un certain niveau de développement de la société socialiste, c'est-à-dire essentiellement après la fin de la dictature du prolétariat, puisqu'il n'y a plus d'antagonisme de classes, l'Etat ne s'oppose plus au citoyen, il est la propriété de l'ensemble des citoyens. Mieux, dans une perspective plus lointaine, quand le communisme total sera devenu une réalité, l'Etat disparaîtra puisqu'il n'a plus de raison d'exister, « l'Etat du peuple tout entier » tel qu'il existe à l'heure actuelle au moins en U.R.S.S. constituant lui-même une étape de plus après la dictature du prolétariat, donc avant l'avènement du communisme.

Un certain esprit de tolérance semble être apparu en 1961 en U.R.S.S. coïncidant avec la théorisation de l'Etat du peuple tout entier. Le système demeure totalitaire mais les moyens dont il use à l'égard des individus ne se traduisent plus par l'élimination physique, comme sous Staline, ni par des liquidations de fractions entières de la population (1). Les intellectuels demeurent cependant opprimés et les camps de travail sont loin d'avoir disparu.

La Chine populaire vit actuellement sous la dictature du prolétariat, mais il apparaît que, contrairement à la phase stalinienne de l'U.R.S.S., en Chine la persuasion par les organes du parti communiste l'a toujours emporté sur la contrainte.

SECTION I

LE PARTI COMMUNISTE ET L'OPINION PUBLIQUE

En U.R.S.S., comme dans les démocraties populaires (2), qui recouvrent notamment les régimes de l'Europe centrale et orientale qui figurent dans la zone d'influence de l'U.R.S.S. et qui, tout en édifiant une société socialiste, se caractérisent par rapport à l'U.R.S.S. par des éléments originaux : collectivisation moins avancée, voie nationale vers le socialisme, tentatives de libéralisation, affirmation d'une politique extérieure essayant de se démarquer de celle de l'U.R.S.S. (Roumanie notamment), le parti communiste est au centre des institutions qu'il anime, de la même façon qu'il entraîne le citoyen dans la voie du communisme en lui servant de « garde-fou ». Cependant, certaines démocraties populaires connaissent un multipartisme au moins apparent.

§ 1. — Une opinion dirigée

Le parti communiste étant le noyau de la société, il sécrète par la voie de ses divers organes la doctrine officielle du pays sur l'ensemble des problèmes économiques, politiques, culturels. Aucun domaine n'est étranger à l'action du parti. On peut parler à juste titre d'idéologie officielle. Les citoyens ne disposent pas comme dans les démocraties libérales d'une information diversifiée entraînée par la liberté de la presse et de l'information.

La diversité culturelle de l'Occident doit, en théorie, contribuer à la formation et au sens critique des nationaux. Mais le philosophe canadien MacLuhan n'est pas de cet avis : il pense que la culture des nationaux occidentaux décline, en ce sens que recevant une multitude de nouvelles et d'informations, sans aucun classement entre elles, sans aucune hiérarchie, ils n'en retiennent qu'une part infime et sont de plus en plus incapables de les reclasser dans le contexte de la société nationale où ils vivent, encore moins dans celui de la société internationale caractérisée par des rapports de puissance

(1) On se reportera à cet égard, au livre d'Alexandre SOLJÉNITSYNE, *L'archipel du Goulag,* Paris, 1974 : vingt millions d'êtres humains, au moins, auraient été « éliminés » sous Staline.

(2) Sur Cuba et les régimes communistes d'Asie, V. Patrice GÉLARD, *Les systèmes politiques des Etats socialistes,* Cujas, 1976, t. II.

et d'équilibre difficiles à saisir pour un non-initié. Et les non-initiés composent la masse des populations des sociétés occidentales. Maurice Duverger, quant à lui, estime

> « qu'en U.R.S.S. et dans les démocraties populaires, les citoyens reçoivent beaucoup moins de nouvelles qu'en Occident et (qu') elles sont plus unilatérales. Mais elles sont présentées de façon rationnelle, avec le souci de les replacer dans un ensemble qui est celui de la doctrine officielle. La conséquence est que le Soviétique, le Polonais, le Hongrois moyens connaissent moins de faits que l'Américain, l'Allemand, le Français ou l'Anglais, mais qu'ils les comprennent mieux et qu'ils sont plus cultivés. Leur culture est tendancieuse et orientée, mais elle existe. Ils savent trier les faits et les situer dans un contexte global, ce que les Occidentaux ignorent de plus en plus ». (*Janus, les deux faces de l'Occident,* 1972, p. 170).

Le parti communiste engendre l'opinion, mais il ne la fait pas totalement. Entre lui et le public s'établissent, en flux et en reflux, un courant d'impulsions, d'acceptations ou de refus. Le parti ne peut donc pas être indifférent aux réactions de l'opinion publique. C'est ainsi que l'éviction de Khrouchtchev, le 14 octobre 1964, a été décidée par le parti dans la mesure où il savait qu'elle n'irait pas contre le sentiment populaire, contre l'opinion publique. De la même façon, le parti reçoit des citoyens quantité de lettres et de télégrammes lui demandant d'intervenir dans tel ou tel secteur ou domaine de l'administration ou de l'entreprise, par exemple. Là encore, les organes partisans sont amenés à prendre des décisions en considération des revendications ou des récriminations qui émanent des citoyens. Une décision du Comité central du P.C.U.S. de septembre 1967 invite d'ailleurs « les comités du Parti à assurer un contrôle permanent de l'examen des lettres des citoyens par les organisations du Parti et les organisations soviétiques, syndicales et économiques, en temps opportun ».

Il n'en reste pas moins que l'information est unitaire en ce sens que la maîtrise du parti couvre tous les domaines de la pensée et de la culture : il n'existe, pas plus en U.R.S.S. que dans les démocraties populaires, aucun périodique, aucune chaîne de télévision qui puisse s'opposer à la ligne d'action définie par les organes du parti communiste, même si la doctrine du parti se trouve, le cas échéant, quelque peu infléchie par les réactions populaires.

§ 2. — Parti unique et partis associés

En U.R.S.S., le parti communiste a une situation de monopole : il est le seul parti politique qui contribue à l'édification du socialisme. Mais il faut constater qu'un certain nombre de démocraties populaires, dont la Chine, admettent un certain multipartisme : à côté du parti communiste existent d'autres partis. Ceux-ci ne sont pas dans une situation d'indépendance par rapport à lui : ils sont chargés, en liaison avec lui, d'édifier la nouvelle société. Ce sont des partis associés.

En 1976, l'effectif total du parti communiste de l'Union soviétique était de 15 millions 694 000 membres, pour une population de 255,5 millions d'habitants. Le parti communiste de la Chine populaire comprend 28 millions de membres pour 800 millions d'habitants.

La Constitution soviétique de 1936 a officialisé l'existence du parti communiste comme parti unique dans son article 126 :

> « Les citoyens les plus actifs et les plus conscients appartenant à la classe ouvrière, aux paysans travailleurs et aux travailleurs intellectuels s'unissent librement au sein du Parti Communiste de l'Union soviétique, avant-garde des travailleurs dans leur lutte pour la construction de la société communiste et noyau dirigeant de toutes les organisations de travailleurs, aussi bien des organisations sociales que des organisations d'Etat. »

Dans la mesure où le parti a un rôle d'entraînement, le nombre relativement peu élevé de ses membres par rapport au chiffre de la population (cela est particulièrement évident pour la Chine) s'explique aisément.

Dans la mesure où la société tend à l'homogénéité, il ne saurait se concevoir une pluralité de partis comme dans les sociétés occidentales. Les théoriciens marxistes affirment que les partis des démocraties occidentales ne représentent pas les différentes aspirations et tendances de la population : pour eux, ces partis représentent et expriment les différentes classes sociales qui sont le propre de ce qu'ils appellent « l'Etat bourgeois ». Le phénomène du multipartisme, dans les démocraties occidentales, n'exprimerait que la lutte des classes. Pour les auteurs marxistes, l'autonomie du politique et la thèse de la neutralité de l'Etat ne sont que des mythes pour masquer la réalité de la détention du pouvoir effectif par la classe dominante, seule à détenir le pouvoir économique.

Une société homogène, unanimitaire, où les classes ont disparu ou sont en voie de l'être, ne peut donc tolérer qu'un seul parti, instrument unique dans l'action. Et les organes constitutionnels des démocraties marxistes, c'est-à-dire les assemblées, un conseil des ministres et un président de la République ou un exécutif collégial (3) sont les instruments du parti communiste : ils doivent appliquer de façon incessante et permanente les directives qu'ils reçoivent du parti. Ce sont des organes de figuration.

Les démocraties populaires européennes, qui se situent à un stade transitoire entre les démocraties de type occidental et la démocratie de type soviétique, se caractérisent, pour la plupart d'entre elles, par un multipartisme au moins apparent : ainsi s'explique la consolidation des blocs ou des fronts qui expriment une pluralité de partis groupés autour du parti communiste qui demeure le noyau de la société. Cette situation se rencontre en Albanie, en République démocratique allemande, en Bulgarie, en Pologne et en Tchécoslovaquie. Mais il faut bien voir que les partis politiques, autres que le parti communiste, ne constituent que l'expression momentanée de certaines catégories sociales et ethniques en voie de disparition ou d'intégration. Le parti communiste inspire ces partis d'accompagnement, il coordonne leur travail et dirige leurs activités.

De même, la République populaire de Chine, à l'heure actuelle, connaît la présence, autour du parti communiste, de partis associés, au nombre de huit. Ces partis continuent d'exister dans la mesure où la société chinoise

(3) Actuellement, la moitié des Etats socialistes dans le monde, dont l'U.R.S.S. et la Chine, ont un exécutif collégial ; l'autre moitié a un président de la République (Tchécoslovaquie, Roumanie par exemple).

n'est pas encore unitaire, c'est-à-dire tient compte encore de l'existence de plusieurs classes, dont les communistes entendent, selon leur doctrine, résoudre les antagonismes. Le parti communiste chinois étant dirigé par la classe ouvrière et fondé sur l'alliance des ouvriers et des paysans (art. 1 de la Constitution de 1975 : « La République populaire de Chine est un Etat socialiste de dictature du prolétariat dirigé par la classe ouvrière et basé sur l'alliance des ouvriers et des paysans »), les autres partis expriment les intérêts des classes en voie d'extinction qui construisent aussi le socialisme sous la conduite du parti communiste. Les huit partis associés sont : le Comité révolutionnaire des Guo Mindang; la ligue démocratique de Chine; la Société pour la construction démocratique de la Chine; l'Association chinoise pour la démocratie; le Parti démocratique paysan et ouvrier; la Société du 3 décembre; le Zhigongdang; la Ligue pour l'autonomie démocratique de Taiwan.

Ces huit partis et le parti communiste chinois appartiennent au Front uni révolutionnaire. Les huit partis forment donc une minorité non opposante; ils se chargent de rallier à l'Etat chinois les classes non prolétariennes qu'ils représentent en prônant et en défendant l'idéologie communiste. Mao Tsé Toung s'était d'ailleurs exprimé en ces termes en 1945 :

> « Nous n'avons aucune raison de ne pas coopérer avec les partis politiques non communistes, les groupes sociaux, les individus qui désirent coopérer avec le Parti communiste chinois et ne lui sont pas hostiles ». (Tsien Tche-Hao, *La République populaire de Chine,* 1970, p. 205).

D'après Tsien Tché-Hao, le rôle de particularisation et d'agrégation qui revient jusqu'à présent aux partis associés aurait semblé toucher à sa fin, surtout depuis l'élimination de Liu Shao Chi qui a été dénoncé par la Révolution culturelle comme « révisionniste » et « contre-révolutionnaire ». Liu Shao Chi était un partisan convaincu du rôle éminent joué par les partis associés et pensait qu'il fallait pérenniser ces partis. Il faut remarquer que, dans son rapport sur les activités du gouvernement, présenté le 13 janvier 1975 à l'Assemblée populaire nationale, Chou En-laï a insisté sur la nécessité de développer davantage le Front uni révolutionnaire. Le Préambule de la Constitution du 17 janvier 1975 a finalement consacré la persistance du Front uni révolutionnaire.

SECTION II

LA PARTICIPATION DU PEUPLE ET LES ELECTIONS

Il est évident que les élections aux assemblées représentatives en U.R.S.S. et dans l'ensemble des démocraties populaires, n'ont pas la même signification que dans les démocratries libérales. Il ne s'agit pas pour les candidats de lutter et de s'opposer pour accéder au pouvoir. Il s'agit pour le peuple d'apporter un soutien massif et sans faille à la désignation des meilleurs par les organes du parti communiste. Le parti est le noyau de la démocratie marxiste. Les assemblées représentatives prévues par la Constitution ne présentent qu'un aspect formel : elles sont chargées de mettre en œuvre les directives qu'elles reçoivent du Parti communiste.

Dès lors, pour les auteurs marxistes, les contradictions propres aux démocraties libérales n'existant pas dans un régime socialiste qui, à un moment donné de son évolution, est devenu une société sans classes, il n'y a aucun inconvénient à ce que les électeurs se voient proposer par le Parti un seul candidat dans une circonscription donnée. C'est effectivement et par exemple le cas en U.R.S.S. pour les élections aux différents soviets. Le scrutin est uninominal.

L'identification des gouvernants et des gouvernés étant une donnée fondamentale des régimes communistes, les candidats présentés par le Parti recueillent évidemment des majorités très importantes proches de l'unanimité. Voter est considéré comme un devoir et l'on constate qu'en U.R.S.S. il n'y a pas plus d'un abstentionniste sur 1 000 en moyenne. Ceci est vrai pour les élections aux échelons supérieurs des soviets. Mais aux échelons inférieurs des soviets, particulièrement au niveau des soviets de villages, il arrive que les électeurs d'une circonscription repoussent majoritairement le candidat présenté par le parti.

Dans l'ouvrage qu'il a consacré aux régimes politiques de l'U.R.S.S. et de l'Europe de l'Est (1971), Michel Lesage note (p. 310) que « en 1965, le problème de la multiplicité des candidatures a été évoqué publiquement dans la revue *L'Etat soviétique et le droit* par un spécialiste du droit constitutionnel, A. I. Lepechkine », mais aucun changement n'est intervenu :

> « Dans de nombreux articles et propositions des lecteurs de notre revue, le problème est posé de savoir s'il ne serait pas convenable de laisser sur le bulletin de vote non pas un, mais plusieurs candidats, présentés aux électeurs pour l'élection à un siège vacant de député au Soviet pour une circonscription électorale donnée. Certes, le caractère démocratique d'un système électoral ne s'apprécie pas seulement en fonction du nombre de candidatures inscrites sur le bulletin de vote — une ou deux — mais il n'en demeure pas moins que ce problème n'est pas secondaire et que sa solution correcte dans nos conditions revêt une grande importance pour le développement des principes démocratiques du système électoral soviétique. »

Dans les démocraties populaires de l'Europe orientale, se manifeste une plus grande souplesse dans le mécanisme de désignation des candidats aux organes représentatifs : d'abord les candidats aux élections ne sont pas présentés par le seul parti communiste, mais par le front ou bloc qui rassemble, sous l'autorité du parti communiste, les divers partis associés et les différentes organisations sociales du pays. En Bulgarie, Yougoslavie, Roumanie et Albanie, le scrutin est uninominal. En R.D.A., Pologne, Hongrie et Tchécoslovaquie, il est plurinominal. En fait et en général est présenté au suffrage et à la ratification des électeurs un nombre de candidats équivalant au nombre de sièges à pourvoir. On notera qu'en Roumanie, pour la première fois le 9 mars 1975, le Front de l'Unité socialiste, coiffant le parti et les organisations de masses tels les syndicats, a eu la possibilité de désigner deux candidats pour un seul siège à l'assemblée nationale. Le cas s'est produit dans 139 des 349 circonscriptions législatives.

Conformément à une tendance déjà rencontrée, c'est aux échelons locaux qu'un certain choix paraît laissé aux électeurs, en ce sens que, spécialement en Yougoslavie, en Roumanie, en Tchécoslovaquie, en Hongrie et en Pologne, plusieurs candidats sont offerts au choix des électeurs (4). C'est surtout en Yougoslavie que la pluralité des candidatures se constate le plus.

En République populaire de Chine, les premières élections eurent lieu en 1953 en vertu d'une loi électorale du 1er mars 1953. En vertu de la Constitution du 17 janvier 1975 l'organe décisionnel unique, au moins en apparence, est l'Assemblée nationale populaire. Il existe aussi des assemblées populaires locales. Le suffrage est universel et direct pour ce qui a trait uniquement aux échelons locaux de base, plus exactement au niveau des assemblées de district. Les élus à l'assemblée de district choisissent alors les représentants à l'assemblée de province. Ces derniers, ainsi que ceux des régions autonomes, municipalités relevant directement de l'autorité centrale et l'Armée populaire de libération, choisissent enfin les députés à l'Assemblée nationale. (Cette dernière, qui ne fonctionnait plus depuis janvier 1965, s'est réunie en janvier 1975).

En vertu du caractère spécifique de la souveraineté populaire, tous les élus, aussi bien en U.R.S.S. qu'en Chine populaire, ne sont titulaires que d'un mandat impératif et non représentatif comme dans les démocraties libérales. Cela signifie qu'à tout moment les élus doivent rendre compte de leur mandat aux électeurs et peuvent être destitués par eux. En U.R.S.S. ou dans les démocraties populaires, les élus aux diverses assemblées prennent leurs décisions à la majorité, généralement à la majorité des membres qui est le système le plus courant. La majorité n'est pas considérée comme une technique mais comme un principe absolu : elle n'est qu'un succédané de l'unanimité, inhérente aux monocraties populaires. La minorité, au niveau de la décision, ne peut que s'incliner devant la majorité, car elle s'est momentanément trompée : ses vœux ne correspondaient pas à ceux du peuple, entraîné à tous les échelons par le parti.

La minorité qui s'est trompée le manifestera particulièrement en faisant son autocritique qui démontrera son erreur, même involontaire, par rapport à la ligne imposée par le parti. Participe de cette même tendance la pratique des procès politiques, si en honneur en U.R.S.S. à l'époque stalinienne. Dans un ouvrage publié en 1972, *Les grands procès dans le système communiste,* Annie Kriegel a bien montré la signification « pédagogique » de ces procès. Le grand récit d'Arthur London, *L'aveu,* qui lui est antérieur, a, quant à lui, très bien décrit le mécanisme de la mise en condition de celui qui doit se présenter en accusé après qu'une majorité au sein du système s'est cristallisée, donnant ainsi tort à la minorité à laquelle appartenait, par définition, celui qui est présenté à l'ensemble des citoyens comme un « déviationniste », pour reprendre la terminologie en honneur dans les pays communistes. Le procès public permettait de manifester à l'opinion quelle était, au moins dans

(4) Sur le système hongrois, V. Ch. Zorgbibe, Printemps hongrois ? Le parti communiste s'adapte à la situation nouvelle... : *Le Monde diplomatique,* août 1974.

l'immédiat, la véritable ligne d'action qu'il convenait de suivre. Ce n'est donc pas l'aveu en tant que tel qui a toujours été recherché dans les grands procès politiques en usage dans les systèmes communistes, mais la recherche d'un enseignement de masse. Dans cette mesure, les procès politiques ont une valeur pédagogique.

Le centralisme démocratique qui est le propre des régimes marxistes explique aussi que le principe de séparation des pouvoirs qui est une donnée des démocraties libérales, plus ou moins respectée selon les régimes, n'aurait aucune signification dans les systèmes communistes. Au contraire, le pouvoir étant issu du peuple par le parti, tous les organes partisans, sociaux et constitutionnels sont étroitement subordonnés les uns aux autres.

Dans *La démocratie* (1966, p. 168), Georges Burdeau écrit :

> « Il est incontestable que ce système va aussi loin qu'il est possible dans la réalisation de l'idéal démocratique d'un gouvernement du peuple par lui-même. Mais, et c'est là l'infirmité inguérissable de toute formule démocratique, le peuple n'est qu'une donnée brute, incapable d'agir directement. Même si on l'admet à décider sous les traits spontanés de sa réalité sociologique, il lui faut s'organiser, établir des liens entre les individus, centraliser les mots d'ordre. Cette organisation que les démocraties classiques abandonnent à la discrétion des individus ou des groupements privés, la monocratie populaire l'officialise dans l'institution du parti. »

Le socialisme n'est pas une recette convenant à toutes les civilisations, à tous les peuples et à tous les Etats : la coexistence pacifique exprime bien cette nécessité fondamentale de tenir compte de la diversité des aspirations des peuples, des nations, comme de la diversité des régimes politiques dans le monde, qu'ils soient fondés sur la séparation des pouvoirs ou sur la confusion des pouvoirs.

DEUXIÈME PARTIE :

SYSTÈMES POLITIQUES CONTEMPORAINS

Qu'est-ce qu'un système politique ? Dans l'*Analyse politique contemporaine,* p. 28 (Paris, 1973), le politologue américain Robert Dahl en donne la définition suivante :

> « Un système politique est n'importe quel ensemble constant de rapports humains qui impliquent, dans une mesure significative, des relations de pouvoir, de gouvernement ou d'autorité. »

On est alors mieux en mesure d'apprécier le jugement d'Henry de Montherlant (*Carnets,* années 1930 à 1944, Paris 1957, p. 265) :

> « Tous les régimes politiques sont bons, puisque tous les gouvernements, quel que soit le régime, satisfont en définitive aux besoins vitaux de leur nation ; il n'est pas si facile d'entraîner un peuple dans une direction contraire à ses besoins. Tous les régimes, d'ailleurs, chevauchent l'un sur l'autre, assouplis qu'ils sont par les nécessités. Il faut avoir la tête d'un jeune homme, qu'on en ait ou non l'âge, je veux dire : il faut donner trop d'importance à l'abstrait, pour croire à l'excellence de telle forme particulière de gouvernement. »

Le scepticisme fondamental du grand écrivain doit-il être partagé ? Parallèlement au jugement de Churchill qui pensait que la démocratie est le pire de tous les régimes politiques, à l'exception de tous les autres, peut-être conviendrait-il de manifester que la démocratie doit être l'art du meilleur possible.

On constatera que la démocratie est la forme politique la plus répandue dans le monde au niveau de ce que l'on appelle volontiers les « super-Etats » ainsi qu'à celui des Etats moyens : les Etats-Unis pratiquent une démocratie ultra-libérale; l'U.R.S.S. et la Chine pratiquent l'un, la démocratie du peuple tout entier, l'autre, la dictature du prolétariat, qui relèvent, l'une et l'autre, surtout la dernière, de ce qu'on pourrait appeler si l'on osait accoler des termes antinomiques « le totalitarisme démocratique », mais que nous avons déjà qualifié de « totalitarisme populaire » (1); les Etats moins puissants connaissent la démocratie libérale ou la démocratie marxiste, selon les zones d'influence où ils sont inclus; les dictatures, les monocraties fondées sur le pouvoir d'un homme se rencontrent de manière privilégiée dans ce qu'on appelle le Tiers Monde.

Notre étude portera sur les Empires et les démocraties de l'Europe occidentale en négligeant les monocraties du Tiers Monde (2).

Cette présentation offre l'avantage d'associer l'étude des régimes politiques des principaux pays du monde à la hiérarchisation globale qui affecte le monde contemporain : des Empires au Tiers Monde il existe un réseau de fils qui relient les uns aux autres, par la force militaire, la diplomatie et la dépendance économique, les Etats pauvres et moyens aux Etats puissants.

---

(1) V. p. 52 et s.

(2) On se reportera, à cet égard, pour l'Afrique notamment, à P.-Fr. GONIDEC, *Les systèmes politiques africains,* Paris, 2 vol., 1971 et 1974.

TITRE I

LES EMPIRES

A l'heure actuelle, trois Etats exercent une emprise et une influence manifeste sur les autres Etats : les Etats-Unis d'Amérique, l'Union Soviétique et la Chine populaire.

Chacun de ces « super-Etats » occupe une aire géographique importante sur laquelle vit une population beaucoup plus nombreuse que dans n'importe quel Etat d'Europe ou d'Afrique, par exemple.

Les Etats-Unis d'Amérique couvrent 9 363 353 km²; leur population s'élevait, au 1er juin 1975, à 213 millions 466 000 d'habitants, dont 23 millions 471 000 Noirs.

L'U.R.S.S. couvre 22 402 200 km², dont 16 831 000 en Asie et 5 571 000 en Europe, pour une population estimée au 1er janvier 1976 à 255,5 millions d'habitants.

La République populaire de Chine couvre 9 561 000 km². Sa population est sans aucune commune mesure avec celle de n'importe quel pays du monde : en 1970, elle était estimée à 759 600 000 habitants. En 1974, elle paraît être de l'ordre de 800 millions.

La géographie, l'étendue du territoire, expliquent que chacun des trois grands Etats puisse trouver sur son sol la quasi-totalité des ressources naturelles qui permettent de vivre, de progresser et de s'affirmer vis-à-vis d'Etats et de peuples moins favorisés comme des leaders naturels.

Ceci n'empêche pas les trois « Grands » d'envisager d'exploiter et d'utiliser à leur avantage la quasi-totalité des matières premières de la planète. C'est ainsi que les Etats-Unis, dont la population représente 6 % de la population mondiale, consomment à eux seuls la moitié de la production de matières premières du monde entier. L'U.R.S.S. particulièrement, leur dispute aussi la possession des gisements de matières premières du Tiers Monde.

Les Empires américain, russe et chinois sont des Empires fonctionnels fondés sur la maîtrise des économies étrangères, et sur des idéologies concurrentes; les empires européens, par exemple belge, anglais, français du XIXe siècle, tendaient à étendre leurs frontières, étaient des empires territoriaux reposant sur la présence militaire et civile, et sur l'administration directe des populations locales. Au contraire, l'U.R.S.S., la Chine et les Etats-Unis ne cherchent pas à étendre leurs frontières, ne visent pas à la possession de nouveaux territoires : leur maîtrise s'exerce par le canal de l'économie qu'accompagne une idéologie donnée. Les empires territoriaux se sont effondrés; les empires économiques sont plus solides parce qu'ils laissent la responsabilité du domaine politique aux populations locales, à condition que ces politiques ne desservent pas les Empires.

On l'a vu, les systèmes politiques des trois grands Etats s'opposent fondamentalement : démocratie libérale aux Etats-Unis; démocraties marxistes en U.R.S.S. et en Chine populaire. Il faut cependant constater que les trois grandes sociétés présentent, au-delà des apparences strictement constitutionnelles, juridiques et économiques, un élément commun qui sert leur puissance et que celle-ci, leur *imperium,* a imposé à l'ensemble de leurs citoyens : les sociétés américaine, soviétique et chinoise sont des sociétés « unanimitaires ». Il existe dans chacune d'elles un consensus d'ensemble sur des valeurs de civilisation qui constituent le ciment de la société : impératif du profit, affirmation des valeurs individuelles face à l'administration et à l'Etat aux Etats-Unis; édification d'une société sans classes, loi d'airain du parti communiste en Chine et en U.R.S.S.; conviction des citoyens de ces trois Etats que la puissance de leur pays n'a jamais été autant affirmée et manifeste qu'en cette fin du XXe siècle. La puissance de chacun des trois « Grands » s'affirme en même temps du point de vue militaire : les crédits budgétaires des trois Etats, consacrés à la couverture des dépenses militaires, sont considérables. La puissance économique et idéologique ne va pas, l'Histoire le montre, sans démonstration de la puissance militaire : l'arme conventionnelle et l'arme atomique expriment, ne serait-ce qu'à titre de dissuasion, la puissance de l'Etat vis-à-vis de ses concurrents et des Etats plus faibles.

Le *credo* communiste et le *credo* libéral sont le meilleur ciment des sociétés des trois grands Etats.

Du point de vue institutionnel, si l'on constate qu'aux Etats-Unis les partis républicain et démocrate ne sont, en fait, comme l'exprime Maurice Duverger, « que des tendances à l'intérieur d'un même parti libéral, pas plus éloignées que la droite et la gauche du parti conservateur anglais ou de la démocratie-chrétienne allemande » (*Janus, Les deux faces de l'Occident,* 1972, p. 213) et qu'en Chine ou en U.R.S.S. le parti communiste est le noyau de la société, force est de constater que le pluralisme des opinions et des partis politiques ne s'observe véritablement qu'en Europe occidentale. C'est ainsi que la démocratie française est une des plus ouvertes au monde : le pluralisme idéologique et la gamme des partis politiques, de l'extrême-droite à l'extrême gauche, garantissent la liberté de chacun. Cependant, l'inconvénient principal d'un pluralisme politique plus ou moins ouvert (très ouvert en France, ainsi qu'en Italie) tient à l'équilibre plus fragile des institutions. A cet égard, on peut penser que les démocraties française et italienne demeurent instables par rapport à la Grande-Bretagne et à l'Allemagne de l'Ouest, par exemple.

A un niveau supérieur, il est certain qu'une crise politique de quelque ampleur si elle surgit dans l'un des trois Empires est vite absorbée. Thierry Maulnier en a exposé les raisons :

« Imaginons une crise du pouvoir prolongée durant deux mois aux Etats-Unis ou en U.R.S.S. Hypothèse totalement invraisemblable, puisque le régime présidentiel américain, et plus encore la structure collégiale et la dictature du parti dans le système soviétique, rendent de telles situations impossibles. Le fait est que, de toute façon, ni les Etats-Unis ni l'U.R.S.S. ne pourraient se les permettre. Les très grandes puissances n'ont pas le droit de s'attarder à certains jeux. Dans un monde où tout ou presque tout dépend de leur autorité et de leur vigilance, où la moindre perte de prestige, le moindre signe de faiblesse compromettent un empire, font naître les inquiétudes des peuples vassaux ou leurs espoirs de libération, le moindre relâchement peut comporter des conséquences à l'échelle mondiale : révoltes des satellites, paniques monétaires. » (*Le Figaro,* « Les petits et les grands », 27-28 janv. 1973).

La volonté de puissance et d'extension accompagnent les Empires et les caractérisent. Pour envisager simplement le cas américain, il est certain qu'il existe une distorsion entre un système démocratique intérieur très respectueux de la liberté et de l'égalité individuelles, et l'expression de sa puissance militaire et économique à l'extérieur. Mais on peut aussi penser que c'est en raison de leur puissance dans le monde que les Etats-Unis d'Amérique peuvent, à l'intérieur de leurs frontières, pratiquer et entretenir un système fondamentalement démocratique. Le système démocratique serait finalement un des principaux sous-produits de l'abondance. On le constate aussi, mais à un degré moindre, en U.R.S.S. où la recherche du mieux-être et du mieux-vivre a conduit, spécialement depuis 1960, ce pays à accorder à ses citoyens, même à la plupart des intellectuels, une plus grande liberté d'expression, tout en desserrant l'étau de la force : les procès politiques sont beaucoup moins nombreux qu'à l'ère stalinienne; les liquidations physiques semblent avoir disparu.

Alexis de Tocqueville, dans *De la démocratie en Amérique,* avait pressenti, dès 1835, la formidable puissance des Etats-Unis et de la Russie au XXe siècle :

« Il y a aujourd'hui sur la terre deux grands peuples, qui, partis de points différents, semblent s'avancer vers le même but ; ce sont les Russes et les Anglo-Américains. Tous deux ont grandi dans l'obscurité, et, tandis que les regards des hommes étaient occupés ailleurs, ils se sont placés tout à coup au premier rang des nations, et le monde a appris presque en même temps leur naissance et leur grandeur. Tous les autres peuples paraissent avoir atteint à peu près les limites qu'a tracées la nature, et n'avoir plus qu'à conserver ; mais eux sont en croissance, la Russie est de toutes les nations de l'Ancien monde celle dont la population augmente le plus rapidement, proportion gardée... Pour atteindre son but (l'Américain) s'en repose sur l'intérêt personnel, et laisse agir sans les diriger la force et la raison des individus. Le Russe concentre en quelque sorte dans un homme toute la puissance de la société. L'un a pour principal moyen d'action la liberté, l'autre la servitude. — Leur point de départ est différent, leurs voies sont diverses ; néanmoins, chacun d'eux semble appelé par un dessein secret de la Providence à tenir un jour dans ses mains les destinées de la moitié du monde. »

Charles Maurras, dans *Kiel et Tanger,* de 1910, a prévu aussi le monde actuel :

« Composé de deux systèmes : plusieurs empires avec un certain nombre de nationalités petites ou moyennes dans les entre-deux. Un monde ainsi formé ne sera pas des plus tranquilles. Les faibles y seront trop faibles, les puissants trop puissants et la paix des uns et des autres ne reposera guère que sur la terreur qu'auront su s'inspirer réciproquement les colosses. Société d'épouvantement mutuel, compagnie d'intimidation alternante. »

(Cité par M. POMPIDOU lors de la célébration du centenaire de l'Institut d'études politiques, *Le Monde,* 10-11 déc. 1972.)

Le jugement prophétique de Tocqueville et le réalisme de Maurras ne coïncident-ils pas, à notre époque, avec l'appréciation portée par Herbert Marcuse dans une de ses œuvres maîtresses : *Le marxisme soviétique ?* Mais le jugement du philosophe américain est global en ce sens qu'il rend compte beaucoup plus des traits communs qui caractérisent ces deux Empires et qui sont des facteurs de rapprochement que des différences apparentes qui les opposeraient et qui seraient fondées uniquement sur une comparaison de leurs systèmes politiques respectifs :

« S'il y a une différence fondamentale entre les sociétés occidentale et soviétique, il y a parallèlement un fort courant vers l'assimilation. Les deux systèmes partagent des traits communs à la civilisation industrielle la plus récente : la centralisation et l'embrigadement évincent l'initiative individuelle et l'autonomie de l'individu. La concurrence est organisée et rationalisée, les bureaucraties économiques et politiques exercent conjointement le pouvoir ; le comportement de la population est coordonné grâce aux « mass media », à l'industrie des distractions, à l'enseignement. Si ces instruments se révèlent efficaces, les droits et institutions démocratiques pourront être accordés par la Constitution sans qu'il y ait danger que l'on en abuse pour s'opposer au système. La nationalisation, l'abolition de la propriété privée des moyens de production ne constitue pas par elle-même une distinction fondamentale aussi longtemps que la production est centralisée et contrôlée sans que la population y prenne aucune part. » (*Le marxisme soviétique,* 1963, pp. 103-104).

Il faut apprécier, malgré tout, ce qu'écrit Marcuse en fonction essentiellement des développements futurs de la société soviétique : l'industrialisation est une réalité de l'heure aux Etats-Unis; elle commence à l'être en U.R.S.S., encore qu'il faille nuancer, selon les domaines de la production; la société de la Chine populaire n'est certes pas encore une société sur-développée, elle n'est même pas encore une société développée du point de vue économique. Mais la synthèse de Marcuse a au moins le mérite de révéler l'aspect « unanimitaire » des trois sociétés, des trois Empires, lesquels reposent à l'intérieur sur une identité de valeurs culturelles même si l'une des sociétés appartient au monde capitaliste et les deux autres au monde socialiste. A l'extérieur, le rapprochement entre les trois Etats, malgré certains accords conclus entre les Etats-Unis et l'U.R.S.S. dont l'acte final de la Conférence sur la sécurité et la coopération en Europe signé le 1er août 1975, à Helsinki, par 35 pays dont les Etats-Unis et l'U.R.S.S., est certainement plus apparent que réel : lutte ouverte entre eux pour la domination du monde et la constitution de « clientèles » étatiques, voilà la réalité du monde impérial.

CHAPITRE I

LE SYSTEME POLITIQUE DES ETATS-UNIS D'AMERIQUE

Les Etats-Unis pratiquent le régime présidentiel. On constate que si de nombreux Etats d'Amérique centrale et du sud et d'Afrique Noire se sont inspirés du modèle américain en adoptant des constitutions qui établissent en apparence des régimes présidentiels, la totalité de ces régimes « secondaires » s'identifie en fait au présidentialisme où prédomine à l'état permanent et brut la toute-puissance du président et des administrations policière et militaire qui lui sont étroitement subordonnées. Dans ce type de régime, l'individu est soumis par la force à un pouvoir entièrement personnalisé, voire personnifié.

Aux Etats-Unis, au contraire, en régime présidentiel, le citoyen contribue à la marche des affaires publiques. La notion d'Etat, au sens d'Etat-puissance, d'Etat-monarque, si caractéristique des structures françaises par exemple, comme de la plupart des nations européennes, la Grande-Bretagne exceptée, n'a pas cours outre-Atlantique. L'idéologie américaine ignore à peu près la notion d'Etat. Il n'en reste pas moins vrai que la Constitution des Etats-Unis est révérée à l'instar des antiques « Tables de la Loi » et que la séparation des pouvoirs, théoriquement rigide, est en fait assez souple en raison du consensus d'ensemble de la société, donc des hommes politiques, sur la primauté des valeurs du système politique américain. Cependant la tendance à la supériorité du pouvoir présidentiel sur le pouvoir législatif est une caractéristique de ces dernières années. Mais elle ne nuit pas à la démocratie américaine : l'exercice des libertés publiques y est plus grand qu'ailleurs en raison particulièrement de la vigilance du Congrès et de la Cour suprême. La démission du président Nixon, le 9 août 1974, en constitue l'illustration la plus notable.

SECTION I

LA CONSTITUTION DE 1787

La Constitution des Etats-Unis date du 17 septembre 1787. C'est la plus ancienne constitution écrite du monde. Elle a suivi de peu la Déclaration d'indépendance du 4 juillet 1776 par laquelle les 13 colonies américaines manifestèrent la rupture des liens organiques les unissant à l'Angleterre et le Traité de Confédération conclu le 14 novembre 1777 entre les nouveaux Etats ayant accédé à l'indépendance.

La Constitution de 1787 est le type même d'une constitution rigide : sa supériorité sur les lois ordinaires, fédérales ou locales, est tellement naturelle et évidente qu'il existe un contrôle très poussé de constitutionnalité des lois qui a abouti à un rôle éminent de la Cour suprême.

D'autre part, autre conséquence du caractère rigide de la Constitution américaine, la procédure de révision est particulièrement lourde. Elle est prévue et organisée par l'article 5 du texte constitutionnel dans les termes suivants :

> « Le Congrès, toutes les fois que les deux tiers des membres des deux chambres le jugeront nécessaire, proposera des amendements à cette Constitution ou bien, si les législatures des deux tiers des Etats en font la demande, il réunira une Convention pour proposer des amendements ; ces amendements, dans un cas comme dans l'autre, seront validés à tous égards et en tout point, comme partie intégrante de cette Constitution, quand ils auront été ratifiés par les législatures des trois quarts des Etats, ou par les trois quarts des Conventions réunies à cet effet dans chacun des Etats, selon que l'un ou l'autre mode de ratification aura été proposé par le Congrès. »

On le constate, l'initiative de la révision appartient aussi bien au Congrès qu'aux différentes législatures de chacun des Etats composant la Fédération.

En fait, on observe que les amendements adoptés depuis l'entrée en vigueur de la Constitution le 1er janvier 1789 ont été le fait du Congrès, et les Etats fédérés les ont ensuite ratifiés.

Jusqu'à présent, 26 amendements à la Constitution ont été promulgués. Il faut noter que le texte d'origine étant particulièrement bref et aéré, et laissant une large marge à la pratique et à la coutume, les modifications et les changements intervenus aux XIXe et XXe siècles dans le déroulement de la vie politique américaine ont été entraînés plus par la pratique que par la vertu du texte des amendements eux-mêmes.

Les dix premiers amendements, entrés en vigueur dès le 15 décembre 1791, constituent ce que l'on a coutume d'appeler la Déclaration des droits. Il s'agit essentiellement de garanties précises pour l'exercice des droits individuels et leurs dispositions évoquent beaucoup plus le *Bill of rights* anglais de 1689 que la Déclaration française des droits de l'homme de 1789, plus philosophique que juridique (au moins à l'époque).

D'autres amendements, intervenus aux XIXe et XXe siècles, sont relatifs à l'extension du droit de suffrage : il faut particulièrement citer, à ce titre, le 19e amendement accordant le droit de suffrage aux femmes le 26 août 1920 et le 26e amendement, très récent, ratifié le 5 juillet 1971, qui a abaissé la majorité électorale de 21 à 18 ans (1).

Une autre série d'amendements, enfin, est relative aux organes politiques, tels le 17e, du 31 mai 1913, aux termes duquel les sénateurs sont désormais élus au suffrage universel, et le 22e, du 26 février 1951, qui interdit au président des Etats-Unis d'être réélu plus d'une fois, de sorte que, la durée du mandat présidentiel étant de 4 ans, un président ne peut occuper la Maison-Blanche plus de 8 ans.

SECTION II

LE FEDERALISME ET LES CONSTITUTIONS DES 50 ETATS

L'on comprend mal la vie politique américaine si l'on ne tient pas compte du fait que celle-ci est très décentralisée, même si le président des Etats-Unis est, à l'heure actuelle, une sorte de monarque élu gouvernant essentiellement grâce à l'appui recherché de l'opinion publique. Ce qui est vrai, et cette dernière constatation l'implique nécessairement, c'est qu'au fil du temps les compétences du pouvoir central de la Fédération se sont affirmées jusqu'à devenir prépondérantes : les matières les plus importantes, d'intérêt général, sont devenues l'apanage de la Fédération : affaires étrangères, défense, économie, finances. Les différents Etats, quant à eux, ont conservé ce qui relève de la gestion quotidienne, ce qui ne découle pas au sens strict de la souveraineté, c'est-à-dire essentiellement les problèmes d'enseignement, de santé, de droit au travail... Mais ces dernières matières sont suffisamment importantes pour concerner et atteindre le citoyen qui, dans le champ des collectivités locales, par l'intermédiaire des innombrables assemblées représentatives et des associations privées qui ont toujours été en honneur aux Etats-Unis a vraiment l'impression de diriger lui-même son destin et de participer à la marche des affaires publiques, ce qui est moins clair au niveau des démocraties européennes, y compris la France.

Chacun des 50 Etats de l'Union est doté de sa propre Constitution qui est une sorte de réduction de la Constitution de 1787. Comme le note André Kaspi (*La vie politique aux Etats-Unis,* A. COLIN 1970, p. 356) :

---

(1) Dans le même ordre d'idées, on indiquera qu'un 27e amendement sur l'égalité des droits (Equal Rights Amendment) est en cours de ratification par les trois quarts des Etats : voté par le Congrès des Etats-Unis le 22 mars 1972, il avait été ratifié au 15 mai 1976, par 34 Etats sur 38 pour pouvoir entrer en vigueur : la Constitution américaine donnera ainsi explicitement et sans restriction les mêmes droits aux hommes et aux femmes.

« Comparer les cinquante Etats à nos quatre-vingt-quinze départements est une absurdité : ceux-ci ont été créés par une Assemblée nationale qui s'était assigné, entre autres tâches, celle de refaire la carte administrative de la France ; ceux-là se sont fédérés pour constituer une Union, à laquelle ils ont délégué certains de leurs pouvoirs. Par leur population, bon nombre d'Etats sont plus importants que des nations souveraines : le New York est aussi peuplé que le Canada, la Californie que l'Australie, le New Jersey que la Suisse, l'Ohio que le Portugal, le Minnesota que l'Irlande, le Texas que la Grèce, l'Illinois que la Belgique, la Caroline du Nord que la Finlande et le Massachusetts dépasse le Danemark. Par leur superficie, deux d'entre eux l'emportent sur la France : l'Alaska d'environ deux fois et demie, le Texas de plus de 110 000 km^2 ; l'Arizona, la Californie, le Nevada, l'Oregon correspondent à la moitié, le Montana aux deux tiers du territoire fançais. »

Chaque Constitution est précédée d'une déclaration des droits. Chacune définit trois pouvoirs séparés qui établissent en réduction un régime présidentiel au niveau de chaque Etat : un pouvoir législatif bicaméral (sauf l'Etat du Nebraska qui n'a qu'une Chambre); les deux Chambres s'appellent respectivement Sénat et Chambre des représentants. L'exécutif a, à sa tête, un gouverneur élu par le peuple pour quatre ans dans 36 Etats et pour deux ans dans les 14 autres. A la différence du président des Etats-Unis, la plupart des gouverneurs ne choisissent pas eux-mêmes les autres membres de l'exécutif : ceux-ci sont élus par la population. Comme le président des Etats-Unis, les gouverneurs disposent du droit de veto à l'égard des propositions de lois émanant des « legislatures », c'est-à-dire des parlements des Etats considérés.

Pour ce qui regarde le législatif, 49 Etats connaissent le bicamérisme parce que, mettant à profit la réflexion de Montesquieu, ils pensent que ce système assure les contrepoids nécessaires : la faculté d'empêcher doit accompagner la faculté de statuer. Le Nebraska est le seul Etat à ne posséder qu'une seule Chambre. La majorité des Sénats sont élus pour 4 ans tandis que les Chambres basses le sont pour 2 ans. Il faut noter que les procédures de démocratie semi-directe sont en usage dans un certain nombre d'Etats : dans 22 Etats, situés surtout dans l'ouest, le peuple partage avec les Chambres l'initiative des lois. Au total, 27 Etats pratiquent le référendum. En outre, certains Etats connaissent la procédure du « recall » (rappel) qui se traduit par la destitution d'un fonctionnaire ou d'un député par les électeurs. Mais, en pratique, le recall ne reçoit jamais application.

Chaque Etat possède une Cour suprême qui se trouve à la tête du pouvoir judiciaire. Leurs sentences peuvent être révisées par la Cour suprême des Etats-Unis.

A l'intérieur des Etats, le pouvoir local décentralisé s'exerce au niveau des comtés et des municipalités. Mais beaucoup des attributions inhérentes à l'exercice de ce pouvoir local sont désormais prises en charge par les Etats, en raison des difficultés financières que connaissent les collectivités locales, ce qui constitue d'ailleurs un phénomène propre à l'ensemble des démocraties libérales.

Il est certain, on l'a déjà observé, que le fédéralisme occidental, s'il demeure un modèle sûr, a été dans l'ensemble victime d'un phénomène d'érosion, spécialement au XXe siècle, qui tend de plus en plus à le réduire à l'unité. Dans un article au titre si évocateur : *Réflexions sur le vieillissement de la constitution fédérale américaine* (*Rev. dr. publ.* 1972, p. 1005 et s.), Karl Lœwenstein pense qu'il faudrait reconsidérer le problème des relations entre la Fédération et l'ensemble des Etats qui composent l'Union, afin de faire correspondre au mieux le texte de la Constitution de 1787, complété par les divers amendements, et la réalité politique de la fin du XXe siècle, qui favorise de plus en plus le pouvoir fédéral. Dans cette mesure, et on peut le constater, le fédéralisme ne serait plus qu'une technique de répartition hiérarchisée des pouvoirs, donc des compétences, au sein du « super-Etat » américain au sens national du terme. Cette tendance, et cette volonté de tenir compte du phénomène unitaire qui atteint de plus en plus le phénomène du fédéralisme dans le monde « libre » aboutiraient à rapprocher encore, faut-il le souligner, l'Empire américain de l'Empire russe, au moins au niveau du droit interne; le fédéralisme, en Union Soviétique, il faut le rappeler, n'est qu'une technique de participation à l'exercice du pouvoir étatique centralisé.

SECTION III

UN BIPARTISME UNITAIRE

Le bipartisme américain est unitaire en ce sens qu'il ne présente que les éléments d'une seule entité sociale, politique et économique. Les deux partis qui se partagent l'exercice du pouvoir, le parti républicain et le parti démocrate, sont les simples composantes d'une société fondamentalement unanime. Ces partis ne sont finalement que des tendances à l'intérieur d'un même parti libéral. Le Congrès peut être démocrate et le président républicain, quoique élus en même temps. Il faut savoir, en effet, que, depuis 1926, les démocrates détiennent la majorité dans les deux chambres du Congrès, sauf de 1924 à 1930, de 1946 à 1948 et de 1952 à 1954 pour la Chambre des Représentants ; et sauf de 1926 à 1930 et de 1946 à 1948 pour le Sénat. Le bipartisme américain est donc particulièrement limité dans la mesure où les deux partis, même si des tendances marginales existent, se présentent comme les « fanions » du libéralisme économique et politique. La liberté de critique à l'égard de l'Administration en place n'en est d'ailleurs que plus grande.

Au surplus, le bipartisme à l'américaine est un bipartisme souple ou un pseudo-bipartisme par comparaison et par opposition au bipartisme anglais qui, lui, est rigide : le bipartisme anglais est rigide, en effet, en ce sens que l'appartenance au parti conservateur ou au parti travailliste signifie discipline, enrégimentement et permanence des choix; en Grande-Bretagne la discipline des deux partis se traduit par la prise du pouvoir par l'un d'eux, en ce sens que les élections législatives ne servent pas seulement à désigner des députés, mais en même temps le chef du gouvernement dans le contexte du régime parlementaire. Dans cette mesure la majorité parlementaire est appelée à soutenir constamment l'exécutif; l'opposition, non moins structurée, critique le gouvernement.

Aux Etats-Unis il n'en va pas de même : d'abord, le bipartisme n'intervient qu'au niveau et qu'au moment des élections; lors des votes au Congrès, il existe des majorités changeantes qui varient suivant la nature des questions. On assistera fréquemment à des votes où certains républicains ajouteront leurs voix à celles des démocrates et où certains démocrates viendront grossir les votes des républicains. Nous avons vu, d'autre part, qu'il arrive fréquemment que le parti du président ne détienne pas la majorité au Congrès; et cependant les élections ont lieu le même jour. Et surtout, le système partisan des Etats-Unis est très décentralisé. Le rôle des partis s'exerce au niveau des cinquante Etats de l'Union. En dehors de l'élection présidentielle, on peut dire qu'en raison de l'absence de discipline des élus américains on découvre finalement un « parti » par sénateur, soit cent partis (puisque chaque Etat a droit à deux sénateurs). Selon la formule de l'historien Samuel Eliot Morison, les partis américains « ont pour caractéristique fondamentale d'être un conglomérat de factions et d'intérêts locaux ». Ils entrent pratiquement en « hibernation » entre deux élections. Ils ne tiennent pas d'assises nationales régulières. Ils ne confèrent évidemment pas d'investitures. Les « élections primaires » permettent aux candidats aux différentes charges électives de s'affirmer.

Comme l'écrit Clinton Rossiter :

> « Un parti américain n'est pas une armée, ni une Eglise, ni un mode de vie, ni une loge. A chacun de ses adhérents, il ne demande rien que son bulletin de vote, quelques dollars et, s'il le désire, quelques heures de son temps pour peupler les bureaux de vote, coller les enveloppes, sonner aux portes. Il se contenterait fort bien de la certitude d'une voix. » (KASPI, *La vie politique aux Etats-Unis,* 1970, p. 178).

La Constitution de 1787 ne mentionne pas les partis. Ce fut pourtant sous la présidence de Washington que furent établis les fondements du bipartisme américain.

Le parti républicain est le continuateur du parti fédéraliste établi à la fin du XVIIIe siècle à partir des idées d'Hamilton, qui voulait favoriser les pouvoirs de la Fédération au détriment de ceux des Etats. Ses membres étaient essentiellement composés de gros commerçants et de financiers. John Adams, en 1796, fut leur premier et dernier président. En 1820 leur parti disparut et les divisions s'affirmèrent entre les fédéralistes.

A la fin du XVIIIe siècle, Jefferson, membre du Cabinet de Washington, au même titre qu'Hamilton, avait voulu limiter l'emprise du pouvoir central pour favoriser l'autonomie des Etats. Il rallia les planteurs de Virginie et les politiciens de New York pour constituer ce qui devait s'appeler les « républicains jeffersoniens ». Puis, une partie des jeffersoniens fonda le « parti des républicains démocrates ». C'est de ce parti que découle directement le parti démocrate.

Les conservateurs, quant à eux, attribuèrent à leur parti le nom de « parti républicain national » qui devait ultérieurement entraîner la formation du parti « whig » avant de devenir parti républicain par regroupement de la majeure partie de l'ancien parti fédéraliste. Affirmant un idéal antiesclavagiste, le parti républicain réussit à porter Lincoln à la présidence des Etats-Unis en 1860.

Depuis plus d'un siècle, les deux partis totalisent 90 % des voix aux élections présidentielles et se partagent les suffrages selon la proportion 60 %-40 % au niveau des élections au Congrès (Sénat et Chambre des représentants). Au niveau des élections présidentielles, les présidents élus avec 60 % des voix sont très peu nombreux : Harding, élu en 1920 avec 60,3 %; Roosevelt, réélu en 1936 avec 60,8 %; Lyndon Johnson, élu en 1964 avec 61,1 %; Richard Nixon, réélu le 7 novembre 1972 par 61 % des suffrages exprimés contre 38 % à Mac Govern. (En 1968, Nixon n'avait obtenu que 43,4 % des suffrages exprimés contre 42,7 % à Humphrey [démocrate] et 13,5 % à Wallace [indépendant]; en 1960, Kennedy avait totalisé 49,7 % des suffrages contre 49,5 % à Nixon.)

Si le parti démocrate et le parti républicain sont dans une situation de monopole, il faut spécifier qu'il existe cependant aux Etats-Unis des « partis-tiers » qui ne jouent qu'un rôle négligeable, voire infime, dans la vie politique. Il suffit de citer à cet égard le parti socialiste du travail, d'obédience marxiste, qui dénonce l'intégration des syndicats au système capitaliste américain; son candidat aux élections présidentielles de 1960 n'obtint que 47 000 voix. Pour mémoire, il faut évoquer le parti socialiste, né d'une scission avec les socialistes du travail, qui connut quelque influence avant 1939, mais n'en exerce plus aucune actuellement, le parti démocrate ayant réalisé l'essentiel des réformes qu'il préconisait. Il en va de même pour le parti communiste, créé en 1921 sous le titre de Workers Party; il n'est pas interdit (la Cour suprême s'y est d'ailleurs refusé) ; en 1976, il ne comprenait que 14 000 membres et en 1968 il présenta une candidate noire à la présidence.

L'audience de ces derniers partis est pratiquement nulle : en novembre 1968, l'ensemble de ces partis que l'on peut qualifier d' « idéologiques » n'a recueilli que 120 000 voix sur un total de 72 244 780, soit une proportion de 0,17 %. Ils n'ont aucune chance d'infléchir le jeu des institutions, d'abord à cause du système électoral (scrutin uninominal majoritaire à un tour) et surtout en raison du consensus général des citoyens américains sur les valeurs libérales de l'Empire américain.

SECTION IV

UN SYSTEME ELECTORAL DECENTRALISE

Un président, un Congrès composé de la Chambre des représentants et du Sénat, des « legislatures » dans les cinquante Etats de l'Union incluant, dans l'ensemble, deux Chambres englobant plus de 7 000 élus; au total, plus de 500 000 élus sur le territoire des Etats-Unis si l'on y ajoute les comtés, les municipalités, les « districts scolaires ».

Grâce à une décentralisation très poussée, le citoyen américain a, plus que tout autre, l'occasion de participer à la vie publique par le canal d'élections très diverses.

Lors des élections du 7 novembre 1972, le corps électoral virtuel (inscrits et non inscrits) se composait de 140 millions de citoyens, compte tenu du 26e amendement de 1971 abaissant la majorité électorale de 21 à 18 ans. Dix pour cent étaient composés de Noirs, soit 14 millions (à Washington, le pourcentage des Noirs atteint 70 %). A l'issue de ces dernières élections, il apparaissait que les abstentions s'étaient élevées à 45 % des électeurs inscrits. Elles atteignaient 62 % lors des élections du 5 novembre 1974. Lors des élections du 2 novembre 1976 le nombre d'électeurs virtuels était de l'ordre de 150 millions.

Le suffrage est relativement inégalitaire en ce sens que si sont électeurs les citoyens âgés d'au moins 18 ans, non condamnés à des peines d'emprisonnement et qui justifient d'une résidence d'Etat de six mois à deux ans, la moitié des cinquante Etats exige que l'électeur sache lire et écrire; d'autres Etats exigent même que l'électeur soit en état de pouvoir commenter la Constitution, ce qui aboutit à écarter du suffrage de nombreux Noirs.

Certes la Cour Suprême a interdit le cens et les tests d'alphabétisation depuis le 21 décembre 1970 et les exigences de résidence supérieures à un mois (nous l'avons vu, elles pouvaient atteindre deux ans auparavant) pour les élections fédérales depuis le 21 mars 1972. Mais les exigences et limitations anciennes subsistent partiellement ; elles ont du mal à disparaître dans un certain nombre d'Etats.

Les élections américaines se déroulent dans le cadre des Etats et les partis y jouent un rôle important en ce sens que, dans presque tous les Etats, peuvent seuls présenter des candidats les partis officiellement enregistrés.

Toutes les élections s'effectuent, dans presque tous les Etats, de nos jours, selon le procédé dit des « primaires ». Il s'agit d'une sorte de pré-choix, de pré-élection permettant de désigner les candidats aux élections locales ou fédérales. Dans le système des primaires fermées, ce sont les citoyens favorables à l'un des deux partis qui choisissent les candidats. Dans le système des primaires ouvertes, c'est l'ensemble des électeurs, sans avoir à manifester une préférence pour l'un ou l'autre des deux partis, qui procèdent à la pré-élection. Il existe enfin le système des primaires non partisanes qui ont cours pour les élections administratives et judiciaires : l'appartenance politique des candidats en lice n'apparaît pas. En fait, ces élections de nature administrative sont aussi politisées que les autres en raison du « spoils system » ou système des dépouilles si caractéristique du système américain de l'alternance au niveau des Etats et aux divers échelons locaux : quand un homme politique a obtenu la majorité dans un poste important, il amène avec lui toute une équipe qui chasse la précédente. Cette pratique permet aux deux partis d'exercer leur emprise sur la police, les magistrats, les divers fonctionnaires locaux. Le maire ou le premier magistrat du comté est le patron (*boss*) de cette machine électorale.

Le président des Etats-Unis est élu pour 4 ans. Il ne peut être réélu qu'une fois. Le vice-président est élu en même temps que lui. Pour être candidat à la présidence il faut avoir 35 ans et être américain de naissance. Selon la Constitution, si le président est élu au suffrage universel, il ne l'est pas directement par chacun des citoyens : il est élu par un collège dit des « grands électeurs ». Ceux-ci, élus dans chacun des Etats, ont un mandat impératif de leurs électeurs. De la sorte, il faut considérer que c'est le peuple américain lui-même qui choisit son président.

D'après l'article 2 de la Constitution, le nombre de grands électeurs est égal au nombre d'élus, sénateurs et représentants, que chaque Etat envoie au Congrès. Les électeurs sont au nombre de 538, qui correspond au nombre des membres des deux Chambres du Congrès (435 représentants, 100 sénateurs), auquel s'ajoutent 3 électeurs présidentiels pour le district de Columbia. Pour accéder à la présidence, le candidat doit obtenir 270 voix, représentant la majorité absolue. La majorité absolue des électeurs présidentiels coïncide généralement avec la majorité des voix des citoyens américains, qui votent au premier degré, dont sont porteurs les grands électeurs (2).

Les électeurs présidentiels sont élus au scrutin de liste majoritaire à un tour, dans le cadre des Etats (le mardi qui suit le premier lundi de novembre, tous les quatre ans). Les candidats à ces fonctions ont, au préalable, indiqué s'ils voteraient républicain ou démocrate, dans le cas où ils seraient élus. Dès lors que la composition du collège des grands électeurs est connue, comme ceux-ci détiennent de leurs électeurs un mandat impératif, on sait à l'avance qui sera président des Etats-Unis.

L'élection confirmative du président a lieu le lundi suivant le second mercredi de décembre à la majorité absolue des mandats électoraux, et non des voix populaires. Le 20 janvier suivant, le président et le vice-président sont investis de leurs fonctions à Washington.

Comment sont désignés les candidats à la présidence des Etats-Unis ? La sélection, là aussi, revêt un caractère profondément original par rapport à ce que connaissent les démocraties européennes : il faudra d'abord choisir les délégués de chacun des deux partis dans le cadre des Etats; ensuite, ces délégués se réuniront en « convention » (il y a donc deux conventions, une pour chaque parti) pour désigner le candidat du parti.

Il existe deux systèmes pour le premier temps de l'opération, c'est-à-dire pour le choix des délégués des Etats aux conventions des partis : tantôt le choix des délégués a lieu dans des « primaires » qui se dérouleront successivement au niveau des municipalités, des comtés et des Etats. Ce système est actuellement pratiqué dans les trois cinquièmes des Etats. Il a d'ailleurs le vent en poupe et pourrait dans l'avenir supplanter l'autre mode de désignation, moins démocratique en ce sens qu'il ne fait pas intervenir l'ensemble des électeurs d'un parti : il s'agit de la désignation des délégués par les comités des partis, c'est-à-dire par les militants actifs des partis.

En 1976, 31 Etats ont organisé des primaires (contre 24 en 1972 et 17 en 1968) destinées à élire les délégués aux conventions des deux grands partis devant désigner leur candidat à la Maison blanche. Certaines primaires se font sur des listes de délégués engagés à l'égard d'un candidat à l'investiture de son parti, d'autres sur des listes de délégués non engagés, d'autres à la fois sur un candidat et des délégués qui se trouveront automatiquement

(2) En 1876 et en 1888 cependant, les présidents Hayes et Harrison ont été élus par une minorité de suffrages exprimés (1er degré), qui a pourtant correspondu à la majorité absolue des électeurs présidentiels, en raison du poids plus important des électeurs présidentiels des petits Etats (chaque Etat ayant droit à deux Sénateurs, quelle que soit son importance).

mandatés. Certains délégués s'engagent du reste non pour un candidat à l'investiture, mais pour un « favorite son » (un fils favori), souvent un « boss » local, qui monnayera sa position à la convention nationale. Pour la première fois en 1976, les primaires pouvaient avoir lieu à la proportionnelle, en dehors du système majoritaire : en effet, le nouveau règlement démocrate répartit les délégués au prorata des voix qui se seront portées sur les rivaux en présence. C'est ainsi que, lorsque le 8 juin 1976 la Californie a proclamé le résultat de ses deux primaires, elle a appliqué le système majoritaire aux républicains et le système proportionnel aux démocrates.

Les deux conventions nationales des partis se réunissent quelques mois avant le mois de novembre et choisissent leur candidat à la majorité absolue (Pour les élections présidentielles de 1976 la convention démocrate s'est tenue du 12 au 15 juillet 1976 à New York, la convention républicaine du 16 au 19 août 1976 à Kansas City. M. Carter a été désigné comme candidat des démocrates et M. Ford comme celui des républicains. C'est finalement M. Carter qui fut élu le 2 novembre 1976).

SECTION V

LES TROIS POUVOIRS ET LE PROBLEME DU « LEADERSHIP » PRESIDENTIEL

En théorie, le régime présidentiel américain est un régime de séparation absolue des pouvoirs. Dans la réalité, une collaboration assez souple s'était instaurée au fil des ans entre le président et le Congrès. La Cour suprême des Etats-Unis qui occupe le sommet de la pyramide judiciaire s'est affirmée comme un authentique pouvoir face aux deux autres. Cependant, l'évolution contemporaine avait tendu à faire du président élu par le peuple un véritable « monarque », de sorte que le système des *checks and balances* (poids et contrepoids) voulu par les Pères fondateurs, n'avait plus sa signification d'origine. A l'équilibre institutionnel avait fait place un déséquilibre certain au profit du président. Ce déséquilibre s'était particulièrement amplifié après la fin de la seconde guerre mondiale et avait atteint son point culminant sous la présidence de Richard Nixon (1969-1974). Il ne fallait évidemment pas pour autant incliner à penser que le Congrès avait vu ses attributions réduites à néant : bien au contraire, en vertu de la séparation de la fonction présidentielle et de la fonction parlementaire, le Congrès est parfaitement en mesure de s'opposer à la politique du président ou de la freiner. Bien mieux, en entamant la procédure d'*impeachment* qui conduisait éventuellement à la destitution du président américain, il a provoqué la démission de Nixon. On peut estimer que, dans cette mesure, un meilleur équilibre des pouvoirs a pu, à nouveau, être obtenu. La Cour suprême, quant à elle, est le « supérieur hiérarchique » de l'ensemble des juridictions américaines; elle exerce un rôle très important en matière de contrôle de la constitutionnalité des lois et elle est l'arbitre de la répartition des compétences entre le gouvernement central et chacun des Etats de l'Union.

§ 1. — Le président

Le président des Etats-Unis est à la fois chef d'Etat et chef de gouvernement. Sans être illimitées, ses attributions sont très importantes et son influence sur le Congrès a cru dans la mesure où les Etats-Unis se sont comportés de plus en plus dans le monde en « super-Etat », voire en première puissance mondiale et dans la mesure où, dans l'ordre interne, le président a pris de plus en plus l'habitude de rechercher l'appui de l'opinion publique.

Le Cabinet et le Bureau assistent le président dans l'accomplissement de ses tâches et de ses responsabilités écrasantes.

Le Cabinet est formé des secrétaires d'Etat qui sont à la tête de départements ministériels (3). Le terme de Cabinet est d'ailleurs impropre : les secrétaires d'Etat, nommés par le président, avec l'accord du Sénat, et révoqués librement par le président, ne sont que ses auxiliaires. L'entourage du président ne constitue donc pas un organe collectif avec pouvoir de décision. C'est le président qui décide seul, après avoir recueilli l'avis de ses secrétaires d'Etat. Et, on le sait, la principale caractéristique du régime présidentiel, qui l'oppose fondamentalement au régime parlementaire de style britannique, est que l'exécutif est totalement irresponsable devant le Parlement : la responsabilité politique du président et de son Cabinet ne peut jamais être mise en jeu devant le Congrès. (L'impeachment ne vise que la responsabilité pénale (V. *infra*, p. 179).

L'Executive Office of the President ou Bureau du Président a été créé en 1939 par Roosevelt. Il regroupe les conseillers personnels et immédiats du président (White House Office ou Secrétariat à la Présidence) et un certain nombre de bureaux ou conseils techniques. Citons notamment le bureau du budget qui assiste le président dans la préparation et l'exécution du budget (l'exercice budgétaire s'étend du 1er octobre au 30 septembre suivant) ; le Comité des conseillers économiques, composé de trois économistes, qui prépare le rapport économique semestriel du président au Congrès ; le Conseil national de Sécurité, le Conseil de l'Aéronautique et de l'Espace, le Conseil des Affaires Urbaines.

Le président des Etats-Unis est le commandant en chef des armées; à ce titre, il dirige personnellement les opérations militaires. Comme seul exemple, il suffit de faire référence aux rôles personnels joués par les présidents Johnson et Nixon relativement aux bombardements sur le Vietnam du Nord. Cependant, une loi d'octobre 1973 a limité à soixante jours tout engagement militaire américain non autorisé par le Congrès; on peut d'ailleurs noter que le *veto* mis à cette loi par le président Nixon le 24 octobre 1973 a été surmonté par le Congrès le 8 novembre 1973 à la majorité des deux tiers. En temps de guerre, le président dispose de pouvoirs exorbitants sur les biens et sur les personnes.

Il dirige aussi personnellement la politique extérieure de son pays : il conduit les relations diplomatiques, il négocie et conclut les traités, il nomme les ambassadeurs et les consuls. En ce qui concerne les traités et les nominations, il existe une collaboration entre le Sénat et le président : le Sénat doit donner son agrément à la nomination des hauts fonctionnaires; d'autre part, si les traités internationaux sont négociés et conclus par le président,

---

(3) Le « département d'Etat » désigne le ministère des Affaires étrangères dont le titulaire est appelé « secrétaire d'Etat ». Il est chargé, en outre, de la conservation des archives et de la publication des lois.

leur ratification par le président doit être autorisée par le Sénat à la majorité des deux tiers.

Le président dirige toute l'administration fédérale par l'intermédiaire des membres de son cabinet placés à la tête des départements ministériels.

Chef de l'exécutif, le président dispose du pouvoir réglementaire en vue d'assurer l'exécution des lois. La Cour suprême veille à ce que celui-ci ne se transforme pas en pouvoir législatif délégué, ce qui enlèverait tout poids au Congrès dont l'une des fonctions essentielles est de voter les lois.

Le président n'a pas, en droit, l'initiative des lois en raison de la séparation des pouvoirs. Cependant, en fait, par l'exercice du message annuel qui est un droit personnel et qui porte le nom de « message sur l'état de l'Union », le président, au début de chaque session parlementaire, attire l'attention des membres du Congrès sur les matières à propos desquelles il souhaite que des lois soient adoptées. Il intervient ensuite indirectement en faisant déposer une proposition de loi par un parlementaire appartenant au même parti que lui.

Depuis 1921, le président a l'initiative en matière budgétaire : le budget fédéral est préparé par le président, assisté du bureau du budget.

En dehors du droit de message qui permet au président d'exercer une influence certaine sur le Congrès, le président dispose du droit de veto à l'égard des lois adoptées par le Congrès.

Le *veto* présidentiel est le pouvoir reconnu au premier personnage des Etats-Unis de s'opposer aux lois votées par le Congrès. Ce droit est inscrit dans la Constitution de 1787 dans les termes suivants (section 7 de l'article 1er) :

> « Tout *bill* qu'auront approuvé la Chambre des représentants et le Sénat devra, avant d'être promulgué comme loi, être présenté au président des Etats-Unis. S'il l'approuve, il le revêtira de sa signature ; sinon, il le renverra avec ses objections à la Chambre dont il émane ; celle-ci contresignera *in extenso* sur son procès-verbal les objections du président et soumettra le *bill* à un second examen. Si, après ce second examen, le *bill* réunit en sa faveur une majorité des deux tiers des membres de cette Chambre, il sera renvoyé avec les objections présidentielles à l'autre Chambre, qui le discutera également une deuxième fois ; et si les deux tiers de cette Chambre l'approuvent également, il deviendra loi. Mais, dans tous les cas de ce genre, les votes des deux Chambres seront comptés par oui ou par non, et les noms des membres votant pour ou contre le *bill* seront consignés avec tous leurs votes sur le procès-verbal de leur Chambre respective. Tout *bill* qui n'aura pas été renvoyé par le président dans les dix jours (dimanche excepté) de la présentation qui lui en aura été faite, aura force de loi comme s'il l'avait revêtu de sa signature, à moins que le Congrès, en s'ajournant, n'en empêche le renvoi, auquel cas le *bill* ne deviendra pas loi. »

Le Congrès ne peut donc passer outre au veto que par un vote des deux tiers. Il est rare que le Congrès s'oppose au veto. Le droit de veto est d'une application très fréquente de la part des présidents des Etats-Unis : durant les 12 années de son mandat, le président Roosevelt a opposé 631 vetos aux décisions du Congrès; le Congrès n'a pu lever le veto que dix fois. Le président Truman a aussi largement utilisé le droit de veto. Au 15 mai 1976, donc en vingt mois, le président Ford avait opposé quarante-neuf vetos. A titre d'exemple récent où le Congrès a passé outre à un veto présidentiel, il faut citer le vote intervenu au Congrès du 8 novembre 1973 : les deux

Chambres, à la majorité requise des deux tiers, ont passé outre à un veto du président Nixon pour approuver une loi restreignant les pouvoirs du chef de l'exécutif d'engager les Etats-Unis dans une action militaire. Il faut préciser que le droit de veto du président ne peut pas s'appliquer à une partie de la loi seulement. Il couvre donc toute la loi.

A côté du veto qui est de droit, institutionnalisé, existe un veto de fait, le *veto de poche* (pocket veto) : celui-ci ne peut intervenir qu'en fin de session. Le président dispose, en effet, d'un délai de 10 jours pour faire connaître son avis. Si durant ce délai, le parlement s'est ajourné, parce que l'on se trouve en fin de session parlementaire, et que le président n'a pas fait connaître son avis, la loi adoptée en fin de session devient caduque.

Le vice-président des Etats-Unis : il est élu le même jour que le président. Il ne joue qu'un rôle négligeable. Il est président du Sénat, mais il n'y vote pas, sauf en cas de partage égal des voix. Sa raison d'être essentielle est de pouvoir être appelé à remplacer le président si celui-ci décède, démissionne ou se trouve empêché d'exercer ses fonctions. Dans ces hypothèses, le vice-président remplace automatiquement le président jusqu'à la fin de son mandat. Il peut ensuite être candidat à la présidence. Ce cas s'est récemment produit lors de l'assassinat en 1963 du président Kennedy; il fut *ipso facto* remplacé par le vice-président Johnson qui fut ensuite élu président des Etats-Unis en 1964 avec 61,1 % des suffrages exprimés. Plus récemment, à la suite de la démission de Richard Nixon le 9 août 1974 (c'est d'ailleurs la première fois qu'un président démissionne de ses fonctions, dans l'histoire des Etats-Unis), le vice-président Gerald Ford est devenu président le même jour. Cas sans précédent, les Etats-Unis disposent désormais d'un président non élu puisque, en vertu du 25e amendement à la Constitution, Ford avait été désigné par Nixon le 12 octobre 1973 pour succéder au vice-président Agnew qui avait démissionné de ses fonctions le 10 octobre 1973. Le 25e amendement à la Constitution, entrée en vigueur en 1967, a eu l'ambition de résoudre une controverse juridique : en cas de remplacement du président, était-ce la présidence elle-même qui était transmise au vice-président ou était-ce seulement l'ensemble des pouvoirs et des devoirs de sa charge ? Depuis l'adoption de l'amendement, aucun doute n'est plus autorisé : c'est la présidence elle-même qui est transmise. L'amendement 25, section I, s'exprime en effet en ces termes : « En cas de destitution, de mort ou de démission du président, le vice-président devient président ». C'est la section II de l'amendement qui a prévu le cas de vacance de la vice-présidence : « En cas de vacance de la vice-présidence, le président nomme un vice-président qui entre en fonctions après confirmation des deux chambres du Congrès par un vote à la majorité ». Le vice-président Agnew ayant démissionné le 10 octobre 1973, son successeur, Gerald Ford avait été nommé le 12 octobre 1973, et sa désignation confirmée par le Sénat le 26 novembre 1973 et par la Chambre des représentants le 6 décembre 1973. Ultérieurement, à la suite de l'accession à la « Maison-Blanche » de Gerald Ford, en 1974, celui-ci devait choisir comme vice-président, le 20 août 1974, Nelson Rockefeller, dont la désignation n'était pas encore confirmée par le Sénat ni par la Chambre des représentants fin novembre 1974. A tel point que le président Ford, au cours d'une conférence de presse le 14 novembre 1974, a suggéré que soit apporté à la Constitution un nouvel amendement fixant un délai-limite pour la nomination officielle du vice-président; au-delà de ce délai, c'est le président de la Chambre des représentants qui serait automatiquement désigné comme vice-président. En définitive la nomination de Rockefeller à la vice-présidence des Etats-Unis devait être confirmée par le Sénat le 10 décembre 1974 et par la Chambre des représentants le 19 décembre 1974.

Durant les présidences de Richard Nixon et de Gerald Ford, il semble que la fonction de vice-président ait acquis quelque caractère : le vice-président fait figure, en quelque sorte, de collaborateur privilégié du président et on a pu constater qu'il était parfois amené à exprimer publiquement ce que le président n'osait sans doute pas exprimer lui-même. Certaines déclarations agressives du vice-président Agnew, à propos de problèmes d'ordre intérieur, ont pu laisser créer cette impression, au moins en 1969 et 1970. En tout cas, en 1973, Nixon et Agnew ont été associés dans l'esprit du public américain, l'un à propos de l'affaire du Watergate (espionnage du siège du parti démocrate), l'autre à propos d'une affaire de concussion qui devait entraîner la démission du vice-président le 10 octobre 1973. C'est la seconde fois, dans l'histoire des Etats-Unis, qu'un vice-président a été amené à démissionner (le 28 décembre 1832, John C. Calhoun avait démissionné de son poste de vice-président).

§ 2. — Le Congrès

A. — Le statut des parlementaires

Le Congrès est l'organe législatif de la Fédération. Il est composé de deux Chambres : le Sénat et la Chambre des représentants.

La représentation politique des 50 Etats de l'Union est assurée par le Sénat. Chaque Etat a droit à deux sénateurs, quelle que soit sa superficie et sa population. Le Sénat comprend donc cent membres. Ni le district de Columbia (où se trouve Washington, la capitale des Etats-Unis), ni les territoires d'outre-mer (Caraïbes, Porto-Rico, Iles Vierges...) n'y sont représentés.

Les sénateurs sont élus dans leurs Etats respectifs pour une durée de six ans. Ils peuvent briguer autant de mandats qu'ils le désirent. Avant le 17ᵉ amendement, entré en vigueur en 1913, les sénateurs étaient élus par les « legislatures » des Etats. Le Sénat est renouvelable par tiers tous les deux ans. A la fin de 1974, 34 sénateurs sont retournés devant leurs électeurs. Pour être éligible au Sénat, il faut avoir 30 ans, être citoyen américain depuis au moins neuf ans et habiter l'Etat que l'on entend représenter.

Si le Sénat est l'expression du fédéralisme, la Chambre des représentants est composée des élus de l'ensemble de la population des Etats-Unis. La Chambre des représentants comprend 435 membres. Ils sont élus dans le cadre du district pour deux ans au scrutin uninominal à un tour et proportionnellement au nombre d'habitants des Etats. Les élections ont lieu la même année que l'élection présidentielle. En vertu du mandat de 2 ans, elles se déroulent aussi à la fin de la deuxième année du mandat présidentiel. Pour être candidat, il faut être citoyen américain depuis 7 ans, être âgé de 25 ans et résider dans la circonscription. Chaque Etat, quelle que soit sa dimension, doit avoir à la Chambre au moins un représentant. La répartition des sièges entre les Etats (3 *bis*) est corrigée tous les dix ans à l'occasion d'un *census* (recensement général). En 1789, un représentant s'exprimait au nom de 30 000 Américains Il représente aujourd'hui 480 000 citoyens. Le dernier *census* date de 1970 : à la suite de celui-ci dix redistributions de sièges ont été opérées. Le mandat des représentants est bref, 2 ans. Mais, en fait, beaucoup de représentants sont réélus. C'est ainsi qu'en 1968, 396 représentants ont été réélus.

La société américaine exprime son unanimité au niveau de la représentation : un président républicain peut, en effet, coexister avec un Congrès à majorité démocrate. C'est ainsi que, depuis 1969 (4), le président, républicain, a, en face de lui, un Congrès à majorité démocrate. A la suite des élections de novembre 1972, la Chambre des représentants comprenait 244 démocrates, 190 républicains et un indépendant, et le Sénat 43 républicains et 57 démocrates.

Depuis les élections du 5 novembre 1974, la représentation démocrate s'est encore accrue au sein des deux chambres : à la Chambre des représentants, les démocrates détiennent désormais 292 sièges, les 143 autres étant occupés par les républicains; de même, au Sénat, les démocrates occupent-ils 61 sièges, contre 39 aux républicains.

La coexistence président républicain/Congrès à majorité démocrate s'explique par le fait que, si l'alternance joue au niveau présidentiel, elle a peu l'occasion de s'exercer au niveau du Congrès où depuis 1926, sauf exception (V. *supra*, p. 167) les démocrates détiennent la majorité.

B. — Les attributions du Congrès

Les deux Chambres ont des pouvoirs égaux en matière législative : c'est là l'essentiel de leurs attributions. Elles votent les lois, y compris la loi budgétaire. La séparation des pouvoirs explique que le président ne puisse voir sa responsabilité engagée devant le Congrès et ne puisse pas dissoudre le Congrès. De la même façon, il ne peut pas en principe déposer de projet de loi devant le Congrès. L'initiative appartient aux seuls parlementaires.

Cependant, on l'a vu, par l'exercice du droit de message et par celui du veto, dont le « veto de poche », le président dispose de moyens d'action et de pressions efficaces à l'égard du Congrès.

La séparation des pouvoirs est d'autre part atténuée au bénéfice du Congrès par le pouvoir d'investigation et d'enquête reconnu aux commissions permanentes du Congrès, dont la raison d'être normale est de préparer le travail législatif.

D'autre part, des commissions *ad hoc* peuvent toujours être créées pour enquêter sur une affaire déterminée.

Les commissions du Congrès (il existe 26 commissions permanentes à la Chambre des représentants et 16 commissions au Sénat, en dehors des commissions *ad hoc* nécessairement fluctuantes) ont le pouvoir, en effet,

---

(3 *bis*) Une loi du 19 octobre 1976 a institué un recensement général tous les cinq ans.

(4) Les mandats du président et du vice-président commencent le 20 janvier qui suit la désignation des électeurs présidentiels (novembre).

d'ordonner la comparution devant elles de toute personne susceptible d'éclairer le Congrès. C'est là un moyen puissant, en fait, de contrôler l'exécutif, malgré la séparation des pouvoirs. Dans un arrêt de 1957, la Cour suprême s'est exprimée en ces termes sur l'*investigating power* du Congrès :

> « Le pouvoir du Congrès d'ouvrir une enquête est inhérent à la fonction législative. Il inclut la critique des déficiences de notre système social, économique et politique, afin de permettre au Congrès d'y remédier. Il comprend le droit d'inspecter les différents départements ministériels pour y traquer la corruption, l'inefficacité et le gaspillage. »

Les commissions permanentes du Congrès disposent, depuis 1946, du pouvoir d'enquêter dans les limites de leurs compétences. D'autre part, des commissions spéciales et temporaires sont régulièrement établies, depuis la fin du XVIIIe siècle, pour enquêter sur une affaire donnée. La première commission fut ainsi constituée le 27 mars 1792 après la défaite infligée par les Indiens à l'Armée du Général Saint-Clair. Depuis cette date, plus de quatre cents commissions d'enquête ont été créées. Les commissions *ad hoc* sont parfois communes à la Chambre des Représentants et au Sénat (V. J. M. CROUZATIER, *Le rôle des Commissions d'enquête du Congrès des Etats-Unis : Rev. dr. pub.* 1975, p. 997 et s.).

Comme exemple récent de commission spéciale d'enquête, il suffit d'évoquer la Commission sénatoriale, présidée par le sénateur Sam Ervin, née d'une résolution du Sénat adoptée le 7 février 1973 et donnant mandat de faire toute la lumière sur les circonstances de la réélection « triomphale » du président Nixon en novembre 1972; il est apparu, en effet (l'affaire a éclaté le 17 juin 1972) que des conseillers personnels du président des Etats-Unis avaient ordonné des écoutes clandestines au siège du parti démocrate (immeuble du Watergate). Le rapport de la Commission Ervin, dont le titre officiel était « Commission spéciale sur les activités ayant trait à la campagne pour les élections présidentielles » a été rendu public le 11 juillet 1974. Il se limite à des recommandations d'ordre général destinées à éviter de nouvelles affaires du type de celle du Watergate :

> « L'affaire du Watergate témoigne de la part de certaines personnes occupant des fonctions publiques élevées d'une indifférence alarmante à l'égard des concepts de moralité, de responsabilité et de confiance publique »,

énonce notamment le rapport. Il poursuit :

> « A coup sûr, l'une des leçons les plus frappantes du Watergate est que les pratiques des campagnes électorales doivent subir un contrôle effectif, et que l'application des lois pénales doit être poursuivie avec vigueur contre tous les contrevenants, même ceux de haute fonction, si l'on veut que les institutions survivent... »

Il faut spécifier qu'en dehors de l'*impeachment,* le président des Etats-Unis ne dispose nullement d'une immunité générale et permanente qui l'autoriserait à se soustraire au pouvoir d'enquête du Congrès comme aux injonctions du pouvoir judiciaire. La prétention du président Nixon d'invoquer le caractère absolu du « privilège de l'exécutif » à son profit comme à celui de ses collaborateurs immédiats a été réduite à néant par une importante décision de la Cour suprême du 24 juillet 1974 : cet arrêt a déclaré « indéfendable du point de vue constitutionnel » le refus du président Nixon de remettre à la justice américaine les documents qui lui avaient été demandés dans le cadre de l'enquête sur l'affaire du Watergate. Cet arrêt, rappelant que le président des Etats-Unis doit se soumettre aux lois comme n'importe quel citoyen, a manifestement contribué à rétablir l'équilibre des pouvoirs (exécutif, législatif, judiciaire) qui avait été compromis ces dernières années au profit de l'exécutif. De la sorte, on s'explique que le président Gerald Ford se soit présenté, le 17 octobre 1974, devant une sous-commission de la Chambre des représentants pour expliquer et justifier la grâce amnistiante accordée par lui à son prédécesseur, Richard Nixon, après la démission de ce dernier.

La séparation des pouvoirs ne s'oppose pas à la mise en jeu de la responsabilité pénale du président devant le Congrès par la procédure de l'*impeachment* organisée par la Constitution : outre le président, l'*impeachment* s'applique aussi au vice-président ainsi qu'à tous les fonctionnaires fédéraux : depuis la Constitution de 1787, quatre juges fédéraux ont ainsi été condamnés en vertu de cette procédure; c'est la Chambre des représentants qui vote l'*impeachment* à la majorité simple et c'est au Sénat, présidé par le président de la Cour suprême, que revient la charge de prononcer la destitution éventuelle du président des Etats-Unis à la majorité des deux tiers de ses membres. Depuis l'entrée en vigueur de la Constitution américaine, la procédure de l'*impeachment* n'a été réellement mise en œuvre jusqu'au bout qu'une seule fois, et sans succès (il manqua une seule voix pour que la majorité des deux tiers fût atteinte au Sénat), contre le président Andrew Johnson en 1868. Aucun président américain n'a donc encore été destitué par le Congrès. En mai et en octobre 1973, l'éventualité de la destitution du président Nixon par l'emploi de cette procédure difficile avait été envisagée par certains hommes politiques américains à propos de l'affaire du Watergate (V. à ce sujet : M. DUVERGER, *L'impeachment et ses obstacles,* Le Monde, 19 mai 1973).

Si le président des Etats-Unis n'avait pas été conduit à démissionner le 9 août 1974, il aurait peut-être été mis en accusation par la Chambre des représentants, et, éventuellement, destitué par le Sénat, car la procédure d'*impeachment* avait été ouverte contre lui : le 9 mai 1974, la Commission judiciaire de la Chambre des représentants, chargée de formuler ou non une recommandation d'*impeachment* à l'encontre du président américain, entamait l'examen des chefs d'accusation pouvant motiver la mise en accusation du président par la Chambre des représentants. Si cette dernière avait voté « l'Impeachment bill », le Sénat aurait été automatiquement saisi. Dans ces circonstances, ou il destituait le président ou il l'acquittait. Les 27, 29 et 30 juillet 1974, la commission judiciaire de la Chambre des représentants recommandait à la Chambre des représentants, en retenant trois chefs d'accusation, de mettre le président des Etats-Unis en accusation devant le Sénat pour « abus de pouvoir » et « obstruction à la justice ». Mais on en resta là; car, le 5 août 1974, Nixon reconnaissait que les accusations portées contre lui étaient exactes et, le 9 août 1974, il démissionnait.

Finalement, la conciliation et la volonté d'accommodement viennent toujours à bout, aux Etats-Unis, des raidissements momentanés et des antagonismes passagers entre le président et le Congrès. Ce que l'on appelle « parlementarisme de couloir » qui se manifeste par les contacts officieux qu'entretiennent les membres de l'exécutif avec tel ou tel parlementaire en est la manifestation permanente.

Les deux Chambres sont à égalité pour le vote de la loi, sauf en matière d'impôts où l'initiative revient à la Chambre des représentants. En fait, la majeure partie des propositions de lois émane de la Chambre des représentants. Le Congrès dispose donc de l'intégralité du pouvoir législatif : aucune délégation de ce pouvoir ne peut être consentie au profit de l'exécutif. Ceci a été jugé par la Cour suprême en 1937. En théorie, le Congrès pourrait paralyser l'action présidentielle en ne votant pas les lois et en refusant au président les crédits dont il a besoin. Mais la volonté de conciliation l'emporte presque toujours sur les velléités oppositionnelles. En cas de désaccord entre les deux Chambres, relativement au vote d'une loi, intervient une commission de conciliation, qui réunit des représentants des deux assemblées, pour élaborer un texte unique. Si le désaccord persiste, la proposition est abandonnée.

Le Congrès, on l'a vu, dispose du pouvoir constituant : les amendements à la Constitution doivent réunir la majorité des deux tiers dans chaque assemblée. Le Congrès, en outre, supervise le fonctionnement des services publics fédéraux : il les crée, les contrôle et vérifie leur gestion financière. Signalons, pour mémoire, que si au niveau des « grands électeurs » une majorité absolue ne se dégageait pas au moment de l'élection présidentielle, la Chambre des représentants a le pouvoir d'élire le président et le Sénat le vice-président. Mais, depuis l'entrée en vigueur de la Constitution de 1787, le Congrès n'a eu à intervenir de la sorte que deux fois, en 1800 et 1824. Depuis que le bipartisme est solidement installé, cette procédure n'a pas eu à jouer.

Dans deux domaines spécifiques, le Sénat détient une prééminence certaine sur la Chambre des représentants : l'accord du Sénat doit être obtenu du président pour la nomination des secrétaires d'Etat et des hauts fonctionnaires (il est rare que la Chambre haute s'oppose à ces nominations) ainsi que des juges à la Cour suprême; d'autre part, les traités internationaux, négociés et conclus par le président doivent recueillir l'accord du Sénat à la majorité des deux tiers. Mais pour éviter tout risque de blocage en ce domaine, le président a pris l'habitude de signer avec les Etats étrangers, pour des questions en principe mineures, des « executives agreements » non soumis à autorisation du Sénat.

Il faut noter que les groupes de pression, fort nombreux aux Etats-Unis, jouent un rôle important à l'égard du Congrès. L'action des groupes de pression est publique quand elle prend la forme du *lobbying,* qui essaie d'infléchir l'action des parlementaires dans le domaine législatif. Au niveau fédéral, il existe environ 2 000 groupes de pression à Washington. Défendre des intérêts personnels est considéré aux Etats-Unis comme parfaitement normal dans la mesure où les notions d'Etat et d'intérêt général ne sont pas des abstractions supérieures aux citoyens comme dans la quasi-totalité des nations européennes, la Grande-Bretagne exceptée.

§ 3. — La Cour suprême

A. — ORGANISATION ET COMPÉTENCE

La Cour suprême des Etats-Unis est sans doute la plus étonnante et la plus surprenante des institutions américaines. Elle comprend neuf juges nommés à vie par le président des Etats-Unis avec l'accord du Sénat. Le *chief Justice,* le président de la Cour suprême, est le second personnage de l'Etat; il prend donc rang avant le vice-président des Etats-Unis. Recevant un traitement financier important, les membres de la Cour suprême sont à l'abri des pressions des partis, de l'administration et des groupes de pression.

La Cour suprême est au sommet du système judiciaire américain : au-dessous d'elle, siègent les Cours d'appel, avec onze « circuits » judiciaires; ces « circuits judiciaires » sont composés chacun de trois à neuf juges. En dessous des Cours d'appel, l'on rencontre 87 cours de district comprenant chacune de 1 à 24 juges. Comme juge d'appel des décisions rendues par ces juridictions, la Cour suprême a une compétence plénière en ce sens qu'elle est juge à la fois du fait et du droit, ce qui la différencie nettement de la Cour de cassation française qui ne juge que le droit. Il y a mieux : comme il n'existe pas aux Etats-Unis de principe équivalent au principe français de séparation des autorités administrative et judiciaire qui entraîne dualité de juridictions et dualité de droits applicables, la Cour suprême connaît aussi bien des litiges privés opposant des personnes privées, physiques ou morales, que des litiges administratifs opposant essentiellement l'administration à une personne privée.

Là ne s'arrête pas le rôle de la Cour suprême : elle est juge de la répartition des compétences entre l'Etat fédéral et les différents Etats fédérés. Ce contrôle de fédéralisme, non prévu par la Constitution de 1787, dérive de l'arrêt *Marbury* v. *Madison* de 1803 rendu sous la présidence du chief Justice Marshall. Le contrôle de fédéralisme s'exerce pratiquement par un contrôle des arrêts des Cours d'Etat.

Le contrôle de fédéralisme entraîne nécessairement le contrôle de constitutionnalité des lois et des décisions administratives par voie d'exception, déjà rencontré. Tout citoyen américain a le droit d'exciper devant la juridiction saisie d'un procès où il est partie de l'inconstitutionnalité d'une loi. Par la voie de l'appel, la Cour suprême sera donc appelée à juger si le texte est ou non contraire à la Constitution.

André Kaspi, dans son ouvrage *La vie politique aux Etats-Unis,* Paris 1970, a bien synthétisé le rôle du pouvoir judiciaire fédéral. Ce pouvoir :

> « connaît des différends qui intéressent toute la fédération : disputes entre deux Etats, entre un Etat et l'Union, entre citoyens apartenant à deux Etats distincts, entre un citoyen et l'Union ; conflits mettant en jeu la Constitution, les lois, les traités et les règlements de l'Union. Depuis la première moitié du XIXe siècle, il juge aussi de la constitutionnalité des lois, des décisions de la Maison Blanche et des départements de l'exécutif, de la conformité des constitutions et des lois des Etats avec la charte fédérale et ses amendements. Gardien, interprète, contrôleur, le pouvoir judiciaire fédéral fait office de contrepoids aux deux autres pouvoirs, pour

les empêcher d'abuser de leur autorité, de violer la légalité ou les droits de la minorité. Au sein de ce judiciaire fédéral, la Cour suprême, de par sa position au sommet de la pyramide, tient le rôle essentiel. Conseil d'Etat et Cour de cassation, elle ne peut intervenir que sur la demande d'un plaignant : son intervention dans le processus politique se fait par l'intermédiaire d'un procès, c'est-à-dire dans le cadre de son activité judiciaire. Ses décisions sont exécutoires par le président et les autres détenteurs du pouvoir exécutif dans le pays. » (p. 342).

Le contrôle exercé par la Cour suprême sur la constitutionnalité des lois fédérales et des règlements fédéraux par rapport à la Constitution des Etats-Unis et à ses amendements contribue à faire de la Cour suprême un organe politique important qui contrôle à la fois, en définitive, le Congrès et le pouvoir présidentiel, par l'intermédiaire des actes législatifs et administratifs dont ils sont les auteurs.

B. — Le rôle politique de la Cour suprême

Dès 1921, un auteur français, Edouard Lambert, à propos de la Cour suprême, a pu employer une expression qui, depuis lors, a fait fortune : « des juges qui gouvernent ». Disons simplement que le pouvoir judiciaire, aux Etats-Unis, a la faculté d'empêcher, au sens de « L'Esprit des lois », et qu'il est une manifestation évidente du système des poids et contrepoids voulu par les « Pères fondateurs ».

Après avoir essentiellement lutté avant 1939 pour la liberté économique, la Cour suprême, depuis une vingtaine d'années, s'est essentiellement attachée à promouvoir, à étendre et à défendre l'exercice des libertés publiques individuelles au profit de l'ensemble des citoyens, sans aucune considération raciale ou ethnique. C'est ainsi que, luttant contre le « maccarthysme » qui s'était signalé par une attitude d'intolérance manifeste à l'encontre des personnes soupçonnées de « communisme », la Cour suprême a jugé que les communistes ou les personnes soupçonnées de communisme devaient être traitées à l'instar de n'importe quel citoyen américain et bénéficier d'une protection identique et de droits et de liberté égaux. A partir de 1954, elle a aussi joué un rôle important pour lutter contre la ségrégation raciale. Par cette attitude courageuse, elle a favorisé l'adoption de lois récentes accordant les mêmes droits civiques à l'ensemble des citoyens, de peau noire ou de peau blanche.

Depuis l'arrêt *Backer* v. *Carr,* de 1962, la Cour a voulu censurer les découpages électoraux arbitraires pour les élections aux « législatures » (parlements) des Etats. En 1964, elle a adopté une attitude similaire pour les élections à la Chambre des représentants fédérale.

Par une décision du 30 juin 1971 (U.S.A. v. *New York Times* and *Washington Post*) elle a défendu vigoureusement la liberté de la presse à l'occasion de la diffusion du rapport Mac Namara sur la guerre du Vietnam. Dans cet arrêt, la Cour a notamment déclaré : « Tout système de restriction préventive à la liberté d'expression apparaît à cette Cour frappé d'une lourde présomption d'inconstitutionnalité » (Sur cette décision, V. J. Beauté, *Liberté de la presse et sécurité nationale : Rev. dr. publ.* 1974, p. 721 et s.). Plus récemment, par un arrêt du 25 juin 1974, la Cour suprême a, une nouvelle fois, réaffirmé la liberté de la presse en invalidant une loi de l'Etat de Floride qui imposait aux journaux l'obligation d'apporter à un candidat politique attaqué dans un éditorial un droit de réponse sous forme d'un article de même dimension. La Cour a énoncé qu' « une presse responsable... ne peut faire l'objet d'une législation ». La liberté de la presse (1er amendement à la Constitution, 1791) est donc totale aux Etats-Unis.

David P. Calleo, auteur américain, a pu écrire non sans enthousiasme, que la Cour suprême « est devenue la principale force révolutionnaire au sein du système tout entier « (*Le système politique des Etats-Unis,* Paris, 1972, p. 164). Ce jugement porte, sans doute, la marque d'une certaine exagération, mais il signifie cependant que des juges indépendants ont contraint les hommes politiques américains à considérer avec justesse et avec le souci de la justice les grands problèmes politiques intérieurs, sans considération de personnes. A cet égard, on peut dire que, de nos jours, les juges de la Cour suprême perpétuent l'idéal humanitaire qui avait été celui des constituants américains à la fin du XVIIIe siècle.

§ 4. — Le problème du « leadership » présidentiel

Il ne faut jamais le perdre de vue, le président des Etats-Unis est élu par le peuple. Et l'évolution contemporaine marquée par la prodigieuse puissance et l'impact certain des *mass media* a fait que le président américain recherche sans cesse l'appui de l'opinion publique. La crise économique de 1929, la seconde guerre mondiale, ont accru les pouvoirs présidentiels. Tout au long de la guerre froide, et cette situation s'est prolongée au-delà, le président des Etats-Unis a été amené à prendre des décisions urgentes d'une gravité manifeste pour la protection des Etats-Unis et plus largement de ce que les Américains appellent « le monde libre » par opposition au totalitarisme communiste.

Dans le domaine de la politique intérieure, l'on a déjà eu l'occasion d'évoquer l'accroissement des tâches du pouvoir central fédéral relativement aux affaires économiques et politiques d'intérêt général, la gestion quotidienne et les affaires administratives étant réservées aux cinquante Etats de l'Union.

En matière de politique internationale, la pratique des « executive agreements » à propos desquels le président se passe de l'approbation sénatoriale s'est sensiblement accrue ces dernières années.

Le principe de séparation des pouvoirs, même atténué dans la pratique, peut conduire à une certaine prééminence du pouvoir exécutif sur le pouvoir législatif. Le président est maître du choix de ses collaborateurs qui sont irresponsables devant le Congrès et qui agissent, surtout en matière de politique extérieure, comme de véritables *missi dominici.* Il suffit de penser au rôle essentiel joué par Henry Kissinger dans les affaires internationales, spécialement à propos du conflit du Vietnam, avant qu'il ne devienne secrétaire d'Etat aux affaires étrangères en 1973; mais le président, en dernière analyse, demeure maître de ses décisions.

Cependant, on l'a déjà exprimé, les trois pouvoirs (exécutif, législatif et judiciaire) agissent de concert. Durant le premier mandat du président Nixon (1969-1973), le Congrès a, à plusieurs reprises, bloqué les initiatives présidentielles en matière de politique intérieure.

Le pouvoir présidentiel ne risque pas de se transformer en dictature aux Etats-Unis, parce que les hommes politiques de ce pays ne sont que les mandataires de la volonté populaire. La fréquence des élections, entraînée par la brièveté des mandats, y contribue pour une notable part. Le citoyen américain est trop conscient de ses droits et de ses prérogatives pour tolérer qu'un pouvoir tutélaire et despotique puisse le soumettre à ses *diktats*. Si la primauté du pouvoir présidentiel est manifeste en matière de politique extérieure, c'est beaucoup moins le cas en matière de politique intérieure. La croyance du peuple américain dans la supériorité des valeurs du libéralisme et du capitalisme s'accompagne d'un sentiment commun de la toute-puissance des Etats-Unis dans le monde et de la conviction que les Etats moyens et les Etats du Tiers Monde n'ont que bienfaits à attendre de la « protection » américaine. Henry Kissinger, secrétaire d'Etat aux affaires étrangères, l'a vigoureusement marqué, au début de 1974, par la formule suivante : « Les Etats-Unis ont des responsabilités mondiales, l'Europe a seulement des responsabilités régionales. »

En enquêtant sur les agissements du président Nixon à propos de sa réélection en 1972 et de l'affaire du Watergate, et en entamant les actes qui auraient peut-être amené la destitution du président des Etats-Unis, le Congrès a manifesté avec éclat les prérogatives du pouvoir législatif. De même, par sa décision du 24 juillet 1974, la Cour suprême, en condamnant le président Nixon à remettre à la justice des documents sonores, a pris soin de préciser que le président des Etats-Unis était soumis aux lois de son pays, à l'instar de n'importe quel citoyen. L'équilibre voulu par la Constitution entre les trois pouvoirs, l'exécutif, le législatif et le judiciaire, et qui avait été compromis, spécialement, entre 1969 et 1974, s'est donc trouvé rétabli. En prêtant serment le 9 août 1974, le président Gerald Ford pouvait, à juste titre, déclarer : « Notre Constitution fonctionne. Notre grande République est un gouvernement de lois et non d'hommes. Ici, le peuple règne. »

CHAPITRE II

LES INSTITUTIONS DE L'U.R.S.S. ET DE LA CHINE

L'on a déjà été amené à opposer les points de divergence entre l'U.R.S.S. et la Chine sur l'édification du socialisme et du communisme.

L'organe dirigeant et moteur de ces deux sociétés est le parti communiste. Celui-ci est, pour les Soviétiques, l'avant-garde du peuple tout entier, et ce, depuis le XXIIe Congrès du P.C.U.S. de 1961 où a été élaborée la théorie de l'Etat du peuple tout entier : la dictature du prolétariat a pris fin ; d'après les dirigeants soviétiques, elle a été un succès; néanmoins, l'Etat ne disparaît pas alors que la dictature de la classe ouvrière a pris fin. L'Etat change de nature : il devient l'Etat de tout le peuple et il a pour mission essentielle d'assurer le passage du socialisme au communisme; l'unité de la société soviétique étant devenue une réalité, celle-ci ayant acquis, dans toutes ses classes, les traits et caractères de la classe ouvrière, le parti communiste devient le parti du peuple soviétique tout entier, après avoir été l'avant-garde du prolétariat; il demeure, depuis 1961, une avant-garde, mais qui se manifeste désormais comme le « détachement avancé » du peuple tout entier. Dès lors, ses effectifs peuvent croître puisqu'il doit s'ouvrir à toutes les catégories de travailleurs entre lesquelles les différences doivent s'estomper. On constate, en effet, que de 7 millions de membres en 1959, les effectifs du parti passent à 10 millions en 1961, à 12,5 millions en 1966 (XXIIIe Congrès), puis à 14,5 millions en 1971 (XXIVe Congrès) et enfin à 15 millions 694 000 en 1976 (XXVe Congrès). Le parti communiste demeure centralisé. Finalement, depuis une quinzaine d'années, les Soviétiques ont théorisé une forme d'Etat intermédiaire entre la dictature du prolétariat et l'auto-administration communiste.

Les thèses soviétiques ont été vivement contestées par le parti communiste chinois dans une lettre dite des « 25 points », du 14 juin 1963 : il résulte des thèses chinoises qu'il ne peut pas y avoir de stade intermédiaire entre la dictature du prolétariat et l'avènement du communisme caractérisé par la disparition de l'Etat; la dictature du prolétariat ne peut pas prendre fin avant l'avènement du communisme. Car, dans la phase du socialisme, les classes et la lutte des classes n'ont pas disparu, d'autant que pour le P.C. chinois de nouveaux éléments bourgeois apparaissent durant et malgré la dictature du prolétariat. Les Russes sont donc qualifiés de « révisionnistes » en ce sens que, pour les Chinois, la théorie de l'Etat du peuple tout entier est un non-sens, car, pour eux, l'Etat exprime toujours les intérêts d'une classe. Pour le P.C. chinois, les thèses soviétiques sont de nature à aider à la restauration du capitalisme étant donné que s'il n'y a pas d'Etat sans caractère de classe, il ne peut pas y avoir d'Etat au-dessus des classes. La théorie de « l'Etat du peuple tout entier » serait donc équivalente à celle de l'Etat dans les démocraties occidentales, où l'Etat est considéré comme exprimant, en forme juridique, la nation entière, alors que pour les théoriciens marxistes, il n'exprime que les intérêts de « la classe dominante ». Alors que les Etats-Unis sont qualifiés par les dirigeants chinois d' « Etat impérialiste », l'U.R.S.S. est dénommée par eux « Etat social-impérialiste ». C'est ce qu'a déclaré Chou En-Lai dans son rapport présenté le 24 août 1973 au Xe Congrès du P.C. chinois :

> « La clique dirigeante révisionniste soviétique, de Khrouchtchev à Brejnev, a fait dégénérer, au cours des vingt années écoulées, un Etat socialiste en un Etat social-impérialiste. A l'intérieur, elle a restauré le capitalisme, exercé une dictature fasciste et soumis à l'asservissement le peuple des différentes nationalités, si bien que les contradictions politiques, économiques et nationales s'exacerbent de jour en jour. »

Au plan des faits, la théorie chinoise a trouvé une application dans la pratique de la « Révolution culturelle » entre 1965 et 1970 qui servirait, selon les théoriciens chinois, à consolider la dictature du prolétariat, en luttant contre les éléments de la bourgeoisie existant encore et surtout aussi contre les nouveaux éléments bourgeois que sécrète le socialisme dans sa lutte pour l'édification du communisme; plus largement encore, il s'agit de modeler et de « construire » un nouveau type d'homme, mission assumée par le P.C. chinois.

La rivalité et l'opposition de doctrines entre l'U.R.S.S. et la Chine ne doivent pas abuser. Comme l'écrit René-Jean Dupuy (Préface à Mario Bettati, *Le conflit sino-soviétique,* Paris, 1971, t. 1) :

> « L'analyse doctrinale, quelle que soit son importance, ne saurait masquer cependant l'enjeu réel du différend sino-soviétique. L'opposition de ces deux grands que sont l'U.R.S.S. et la République populaire de Chine s'inscrit dans une analyse plus vaste ; il s'agit en fait sinon de contrôler, du moins d'ausculter avec soin la « zone des tempêtes », des peuples et des Etats du Tiers Monde affrontés à la faim et à la misère. Qui donc saura leur apporter l'instrument décisif de leur affranchissement, l'indépendance économique et l'égalité raciale ? La Chine est charnellement de leur côté après les violences d'un siècle de domination, d'ailleurs non exclusivement européenne, et dont ont tiré profit l'ensemble des Etats industrialisés, Etats-Unis et Japon compris... Les Chinois savent que les peuples sous-alimentés forment actuellement les trois-quarts de l'humanité, et que leur nombre va être multiplié par 2,5 dans les quarante prochaines années. »

Par là est affirmée la volonté de l'U.R.S.S. et de la Chine de se comporter en Empires.

SECTION I

LES INSTITUTIONS DE L'U.R.S.S.

Les questions fondamentales intéressant l'U.R.S.S. : développement doctrinal du socialisme, signification du fédéralisme « centralisé », principe de légalité socialiste, place de la Constitution dans l'ordonnancement politico-juridique, rôle du parti communiste, ont déjà été étudiés précédemment (Théorie générale). L'on se bornera ici à exposer les institutions politiques telles que les a établies la Constitution du 5 décembre 1936 toujours en vigueur. Depuis le 25 avril 1962, l'U.R.S.S. s'attache à la confection d'une nouvelle Constitution qui, si l'on en croit des déclarations récentes des dirigeants soviétiques (30 décembre 1972, à l'occasion de la célébration du cinquantenaire de l'U.R.S.S.), pourrait ultérieurement faire l'objet d'un référendum. La Constitution de 1918, qui s'appliquait à la seule Russie, après la Révolution d'octobre 1917, avait consacré la naissance de la dictature du prolétariat; celle de 1924, l'existence de l'Etat multinational; celle de 1936, « la suppression des classes d'exploiteurs et la victoire du socialisme ». Celle qui est en préparation doit refléter les changements intervenus depuis la période stalinienne, c'est-à-dire la réalisation de l'Etat socialiste du peuple tout entier, doctrine qu'à la suite de Khrouchtchev, Brejnev a érigée en doctrine justificative de l'Etat soviétique et de son appareil de contrainte (L. Brejnev, *Le cinquantenaire de l'U.R.S.S.*, Moscou, 1972, p. 36).

Avant d'étudier les institutions de la Fédération et des Etats fédérés, il faut décrire l'organisation du Parti, organe intégrateur de la société communiste.

§ 1. — Structures du parti communiste

Depuis le *XIXe Congrès du Parti,* tenu en octobre 1952, l'article 126 de la Constitution de 1936, entre autres dispositions, inclut le passage suivant relatif au parti :

> « Les citoyens les plus actifs et les plus conscients appartenant à la classe ouvrière, aux paysans travailleurs et aux travailleurs intellectuels s'unissent librement au sein du Parti communiste de l'Union soviétique, avant-garde des travailleurs dans leur lutte pour la construction de la société communiste et noyau dirigeant de toutes les organisations de travailleurs, aussi bien des organisations sociales que des organisations d'Etat. »

Ce passage constitutionnel est à rapprocher des « statuts du parti communiste de l'Union soviétique », texte adopté par le XXIIe Congrès (1961) et modifié par le XXIIIe Congrès (1966) :

> « Le parti communiste de l'Union soviétique est l'avant-garde combative et éprouvée du peuple soviétique : il groupe sur la base du libre consentement la partie la plus progressiste, la plus consciente de la classe ouvrière, de la paysannerie kolkhozienne et des intellectuels de l'U.R.S.S...

Le parti communiste, parti de la classe ouvrière, est désormais devenu le parti du peuple soviétique tout entier. Le parti existe pour le peuple et est au service du peuple. Il est la forme supérieure d'organisation politique et sociale, la force qui dirige et oriente la société soviétique. Le parti dirige la grande activité créatrice du peuple soviétique ; il imprime un caractère organisé, harmonieux, scientifiquement fondé, à la lutte que mène le peuple pour atteindre son but final : la victoire du communisme. L'activité du P.C.U.S. est basée sur le respect rigoureux des normes léninistes de la vie du parti, sur le principe de la direction collective, sur le large développement de la démocratie à l'intérieur du parti, sur l'activité et l'initiative des communistes, sur la critique et l'autocritique... L'unité du parti sur le plan de l'idéologie et de l'organisation, le monolithisme de ses rangs, le haut degré de discipline consciente de tous les communistes, telle est la loi fondamentale de vie du P.C.U.S. Toute manifestation de fractionnisme (1) et d'esprit de groupe est incompatible avec l'esprit de parti marxiste-léniniste, avec l'appartenance au parti... Le parti communiste de l'Union soviétique est un élément constitutif, organique du mouvement communiste et ouvrier international. Il se tient fermement sur la base des principes marxistes-léninistes éprouvés de l'internationalisme prolétarien et contribue activement au renforcement de l'unité de l'ensemble du mouvement communiste et ouvrier international, au resserrement des liens fraternels avec la grande armée des communistes de tous les pays. »

Le principe directeur de la structure du parti communiste est le centralisme démocratique : ce qui signifie, d'après l'article 19 du texte relatif au parti :

a) élection de tous les organismes dirigeants du parti, de la base au sommet;

b) comptes rendus périodiques des organismes du parti devant leurs organisations respectives et devant les organismes immédiatement supérieurs;

c) discipline rigoureuse dans le parti et subordination de la minorité à la majorité;

d) obligation stricte pour les organismes inférieurs d'appliquer les décisions des organismes supérieurs.

Le principe majeur de la direction du parti est la direction collective; à ce titre, le culte de la personnalité ne peut être toléré dans le parti (Ceci avait été effectivement le cas sous Staline).

Le parti, se présentant comme l'avant-garde du peuple tout entier, groupe nécessairement une élite : il ne suffit pas de le souhaiter pour devenir membre du parti. Il faut suivre un stage probatoire et avoir été accepté. La durée du stage est d'un an. Pour être admis comme stagiaire, il faut présenter trois recommandations de membres du parti ayant eux-mêmes au moins cinq ans de présence dans le parti et connaissant ceux qu'ils recommandent pour avoir travaillé et milité avec eux pendant un an au minimum. C'est l'organisation de base qui décide de l'admission comme stagiaire; sa décision doit recueillir la majorité des deux tiers des membres du parti présents à l'assemblée générale de l'organisation de base. Elle devient définitive après approbation du comité de district rural ou de quartier urbain ou dans les villes non divisées en quartiers par le Comité de ville du parti.

Si, au bout d'un an, le stagiaire a donné satisfaction sous l'angle des qualités politiques, pratiques et morales, il sera admis comme membre du parti selon la procédure lourde et difficile qui lui a permis, un an auparavant, d'être

(1) L'interdiction des fractions à l'intérieur du parti date du Xe Congrès du P.C. russe de mars 1921.

admis comme stagiaire. Lors du XXVe Congrès du P.C.U.S. (24 fév.-6 mars 1976), le parti incluait exactement 15 millions 694 000 membres. Depuis 1953, le parti a élargi son recrutement : lors du XXVe Congrès de 1976 le P.C.U.S. comprenait 41,6 % d'ouvriers, 13,9 % de kolkhoziens, environ 20 % de techniciens de l'économie et plus de 24 % de représentants du monde scientifique, littéraire, artistique, médical, militaire, du corps enseignant et des organismes de gestion.

En vertu du centralisme démocratique, l'organisation du parti se présente comme une pyramide: les organes inférieurs doivent se soumettre aux décisions des organes supérieurs. Quels sont ces organes ?

A la base, l'on rencontre les cellules qui sont créées sur le lieu de travail des communistes et groupées en organisations de district, de quartier, de ville, etc., selon le territoire.

L'organisme dirigeant supérieur de l'organisation du parti est : l'assemblée générale (pour les organisations de base), la conférence (pour les organisations de quartier, de ville, de district, d'arrondissement, de région, de territoire), le Congrès (pour les partis communistes des 15 Républiques fédérées et pour le parti communiste de l'Union Soviétique). Chaque République fédérée dispose, en effet, de son propre parti communiste. Il faut faire exception pour la République de Russie : dans celle-ci, c'est le Comité central et le Bureau politique du P.C.U.S. qui dirigent le parti.

Les organes centraux du parti sont le Congrès du parti et le Comité central du parti qui en est l'émanation.

Avant 1971, le Congrès du parti, organe suprême, devait se réunir au moins une fois tous les quatre ans. En fait, cette périodicité n'était pas toujours observée : c'est ainsi que le XVIIIe Congrès du parti s'est réuni en 1939, cinq ans après le XVIIe (1934). De même, le XXIIIe Congrès s'est réuni en 1966, alors que le XXIIe avait siégé en 1961. Le XXIVe s'est réuni en mars-avril 1971... Ce dernier Congrès a alors porté la périodicité de quatre à cinq ans afin que le Congrès puisse approuver les orientations du plan quinquennal. En 1976, le Congrès a réuni environ 6 000 délégués.

Dans l'intervalle des Congrès, l'activité permanente du parti et des organismes locaux est dirigée par le Comité central du parti communiste. Le Comité central du parti est élu par le Congrès. En vertu de son rôle de direction, le Comité central choisit et met en place les organes dirigeants, oriente le travail des organismes centraux de l'Etat et des organisations sociales des travailleurs par l'intermédiaire des groupes du parti de ces organisations : il crée les différents organismes, institutions et établissements du parti et en dirige l'activité; il désigne les comités de rédaction des revues et journaux centraux qui fonctionnent sous son contrôle; il répartit les ressources du budget du parti et en contrôle l'exécution. En outre, le Comité central représente le P.C.U.S. dans ses rapports avec les autres partis. Il tient une session plénière au moins une fois tous les six mois. Depuis le XXVe Congrès de 1976, le Comité central comprend 287 membres titulaires et 139 suppléants. C'est au niveau du Comité central que sont prises les grandes décisions; c'est d'ailleurs lui qui a décidé, le 14 octobre 1964, la destitution de Khrouchtchev.

Le Comité central du parti élit un *Politburo* qui inclut 16 membres titulaires et 6 membres suppléants, et qui dirige le travail du parti dans l'intervalle des sessions plénières du Comité central, et un secrétariat de 11 membres qui s'occupe de la gestion courante, notamment en ce qui concerne le choix des cadres et le contrôle de l'application des décisions. Le Politburo se réunit au moins une fois par semaine depuis la mort de Staline en 1953. Le Secrétaire général du Comité central du P.C.U.S. est actuellement Leonid Brejnev. Depuis le XXVe Congrès, l'âge moyen du Politburo est en 1976 de 67 ans pour les membres de plein droit et de 63 ans pour les suppléants ; celui des secrétaires est de 63 ans.

Auprès du Comité central existe le Comité de contrôle du parti. Celui-ci vérifie si les membres et les stagiaires du P.C.U.S. observent la discipline du parti, entame des poursuites contre les communistes coupables d'infractions au programme et aux statuts, à la discipline du parti et de l'Etat, ainsi que contre ceux qui enfreignent la morale du parti; il instruit en outre les pourvois en appel contre les décisions prises par les Comités centraux des partis communistes des Républiques fédérées, les Comités de territoire et de région en ce qui concerne les exclusions et les sanctions du parti.

Sous Staline, de nombreuses « purges » eurent lieu au sein du parti. D'autre part, par le changement des cartes des membres du parti, de nombreux militants ont été écartés : cela s'est produit 6 fois jusqu'à présent : en 1919, en 1922, en 1926, en 1936, en 1953. Un nouveau changement de cartes a eu lieu en 1973. Par le procédé de l'échange des cartes, Staline, en 15 ans, outre les véritables purges, écarta 2 millions de militants. Lors du XXIVe Congrès du P.C.U.S. en 1971, Brejnev soulignait :

> « On ne saurait réduire cette campagne à un aspect purement technique de changement de cartes, mais il faut avoir en vue qu'il ne s'agit pas d'une purge, parce que les changements radicaux intervenus dans le pays à la suite de la victoire du socialisme ont fait disparaître les causes des purges. »

L'échange des cartes du parti permet d'accroître le rôle du parti et de renforcer la discipline des communistes. En 1973, comme auparavant, il s'agit bien d'une reprise en main idéologique. Il s'agit toujours, comme l'expriment les statuts du P.C.U.S., d'éviter tout fractionnisme (2).

Tous les dirigeants du parti communiste sont élus au scrutin secret. Sont élus les candidats ayant recueilli plus de la moitié des voix des participants. Dans la réalité, la cooptation est très largement pratiquée à tous les niveaux du parti.

Il faut considérer que l'ensemble des organisations politiques, administratives, sociales, économiques, intellectuelles est étroitement soumis aux directives du parti; de la sorte, le parti imprègne la totalité des institutions et des activités du pays. L'on ne peut se livrer à une étude descriptive des organes politiques de l'U.R.S.S. si l'on ne tient pas compte de la place tout à fait particulière qu'occupe le parti dans l'ensemble des rouages qui animent la vie économique et politique en U.R.S.S. Le domaine économique, on le sait, se caractérise par l'appropriation collective des moyens de pro-

---

(2) Lors du XXVe Congrès (février-mars 1976), Brejnev a annoncé qu'au cours de l'échange des cartes 1973-1975, 340 000 membres du parti avaient été exclus.

duction et d'échange qui engendre le socialisme. L'individu n'existe qu'au service de la collectivité. Toute manifestation de pensée, spécialement de la part des intellectuels, qui irait à l'encontre des directives du parti ne peut qu'être condamnée dans un système qui doit viser sans cesse à l'unanimité. C'est pour cette raison que tous les organes d'information sont contrôlés par le parti.

Les candidats aux élections, dans les différentes circonscriptions de l'Union, sont présentés par le parti. Le parti exerce un contrôle permanent sur le Plan et la Direction de l'économie. Il exerce un contrôle identique sur l'ensemble des syndicats qui groupent environ 100 millions de membres. De même surveille-t-il étroitement le *Komsomol,* Union des jeunesses communistes léninistes de l'U.R.S.S., qui agit sous la direction du parti; le Komsomol groupe actuellement 32 millions d'adhérents. D'après l'article 61 des Statuts du Parti communiste de l'Union Soviétique, le Komsomol se présente comme

> « une organisation sociale des jeunes ayant une activité propre ; elle est l'auxiliaire actif et la réserve du parti. Le Komsomol aide le parti à éduquer les jeunes dans l'esprit du communisme, à les faire participer à l'édification pratique de la société nouvelle, à former une génération d'hommes harmonieusement développés qui vivront, travailleront et dirigeront les affaires publiques à l'époque du communisme. »

Enfin le parti communiste est présent dans l'armée soviétique : les organisations du parti de l'armée soviétique assurent la mise en œuvre de la politique du parti dans les forces armées et contribuent, entre autres tâches, à la consolidation de l'unité de l'armée et du peuple.

De la sorte, aucun domaine de la vie civile et militaire n'échappe à l'emprise du parti. Celui-ci est présent dans la totalité des institutions de l'U.R.S.S.; il les anime et il les dirige. D'ailleurs, et ce fait l'illustre, le personnage le plus important du pays est le secrétaire général du parti, Brejnev, qui a remplacé Khrouchtchev en 1964.

Le parti étant le « noyau dirigeant » de l'Etat, toutes les décisions importantes sont arrêtées par le parti. Les institutions étatiques n'interviennent ensuite que de manière purement formelle.

§ 2. — Les institutions de l'Union et des Etats

Il faut considérer que le rôle des instances politiques est beaucoup plus considérable que dans n'importe quel pays occidental, en raison du soubassement économique : appropriation collective des moyens de production et planification rigoureuse. Ainsi que le rappelle une récente résolution du Comité central du P.C.U.S. (*Pravda,* 22 février 1972), adoptée dans la perspective du cinquantenaire de l'Union soviétique :

> « Le peuple soviétique s'est formé sur la base de la propriété collective des moyens de production, de l'unité de la vie économique, socio-politique et culturelle, de l'idéologie marxiste-léniniste, des intérêts et des idéaux communistes de la classe ouvrière. »

A. — Les collectivités composantes et les soviets

L'U.R.S.S. comprend quinze Républiques fédérées. Celles-ci disposent de leur propre constitution qui doit être établie en pleine conformité avec la

Constitution de l'Union de 1936. Au nombre de ces Républiques, celle de Russie englobe plus de la moitié de la population : 133 millions d'habitants sur une population totale de 255,5 millions.

Les organes des Républiques fédérées sont identiques à ceux de l'Union, c'est-à-dire : un Soviet suprême, un Presidium, un Conseil des ministres et une Cour suprême. Le Soviet suprême de chaque République ne comprend qu'une seule Chambre.

Certaines des Républiques fédérées sont divisées en Républiques autonomes : il en existe 20 au total, dont 16 pour la seule Russie. Ces Républiques autonomes disposent d'une Constitution et d'organes politiques semblables à ceux de l'Etat fédéral et des Républiques fédérées.

En dehors des Républiques autonomes, il existe d'autres collectivités et circonscriptions, soit au total : 6 territoires ; 8 régions autonomes ; 10 districts nationaux ; 120 régions ; 3 003 arrondissements.

Les quinze Républiques fédérées disposent du droit de quitter l'Union, mais cette liberté est toute théorique; deux d'entre elles, l'Ukraine et la Biélorussie, sont membres de l'O.N.U. Le fédéralisme soviétique, on l'a déjà vu, n'a rien de comparable avec le fédéralisme américain : les Etats membres ne disposent d'aucune autonomie dans le domaine politique; le fédéralisme soviétique est fondé uniquement sur la participation. Les collectivités fédérées participent simplement à l'exercice du pouvoir étatique centralisé, le parti communiste étant l'organe centralisateur. Le dogme du centralisme démocratique ne caractérise pas seulement le fonctionnement du parti, même s'il y est plus évident qu'ailleurs; il imprègne et caractérise les différentes institutions d'un Etat qui n'est « fédéral » qu'en apparence.

A tous les échelons territoriaux et politico-administratifs, les Soviets des travailleurs représentent la base politique de l'U.R.S.S. Les Soviets des travailleurs sont composés d'élus, de députés, dont le mandat est impératif, comme dans tous les Etats socialistes; chaque député est donc responsable devant ses électeurs et peut, en conséquence, à tout moment être relevé de ses fonctions sur décision de la majorité.

« Les députés sont mandatés par le peuple pour participer à l'exercice du pouvoir de l'Etat par les Soviets, pour exprimer la volonté et les intérêts du peuple », exprime la loi de l'U.R.S.S. du 20 septembre 1972 portant statut du député aux Soviets des députés des travailleurs de l'U.R.S.S. De la sorte, en considération de la structure fédérale de l'Etat, se rencontrent dans l'ordre suivant : le Soviet suprême de l'U.R.S.S., le Soviet suprême d'une République fédérée ou autonome, le Soviet territorial ou régional des députés des travailleurs, le Soviet des députés d'une région autonome, d'un arrondissement national, le Soviet de district, le Soviet urbain, le Soviet de district urbain, le Soviet de bourg ou le Soviet rural, dont l'ensemble des membres est élu au suffrage universel direct et au scrutin secret.

Quelles sont les tâches exercées par les membres des Soviets des travailleurs ? La loi de l'U.R.S.S. du 20 septembre 1972 (*Documentation française,* Problèmes politiques et sociaux, 10 nov. 1972, n° 149) les définit comme suit :

> chaque député « intervient en matière d'aménagement administratif, économique et socio-culturel ; il organise la mise en application des déci-

sions des Soviets, participe au contrôle du bon fonctionnement des instances de l'Etat, des entreprises, administrations et organisations, ainsi qu'à d'autres fonctions. Il s'inspire donc dans son activité de l'intérêt national, il tient compte des intérêts de la population de sa circonscription, des particularités économiques, culturelles, nationales et autres de la République fédérée ou autonome, de la région autonome, de l'arrondissement national qui l'a élu ou sur le territoire duquel se trouve sa circonscription. Le député exerce son mandat en vertu de la législation de l'U.R.S.S. (République fédérée ou autonome), ou conformément aux décisions des Soviets compétents des députés des travailleurs. »

B. — Les institutions fédérales

1° Le Soviet suprême.

Renouvelable tous les quatre ans, il est composé de deux Chambres : le Soviet de l'Union et le Soviet des Nationalités. Les deux Chambres ont des pouvoirs égaux : elles votent les lois et le budget. La Constitution prévoit deux sessions annuelles, mais, en fait et souvent, les deux Chambres ne siègent qu'au maximum une semaine par an, pendant une seule session ou durant deux sessions bloquées. Elles se contentent de ratifier les décisions prises par le *Presidium.*

Le Soviet de l'Union représente l'ensemble de la population. Il comprend en principe un député pour 300 000 habitants, ce qui donne 767 députés (élections du 14 juin 1970 et du 16 juin 1974).

Le Soviet des Nationalités représente les Etats membres et comprend en tout 750 députés : il y a 32 députés par République fédérée, 11 par République autonome, 5 par région autonome et un par district national.

Les deux Chambres disposent chacune de 14 Commissions permanentes.

Pour être électeur, il suffit d'avoir 18 ans; pour être élu, il faut avoir 23 ans. Les élections, au scrutin majoritaire à deux tours, se déroulent, en fait, à partir d'une liste unique établie par le parti communiste et diverses organisations sociales. De la sorte, les candidats sont généralement élus dès le premier tour.

Après les élections au Soviet suprême du 16 juin 1974, celui-ci comprend un tiers de femmes, un peu plus de 50 % d'ouviers et kolkhoziens, 28 % de « sans parti ».

2° Le Presidium.

Il s'agit d'un organisme restreint, élu au sein du Soviet suprême et chargé de le suppléer dans l'intervalle des deux sessions annuelles de principe. Il n'a aucun équivalent dans l'ensemble des démocraties libérales.

Il comprend actuellement 37 membres (1 président, 15 vice-présidents qui sont en même temps les présidents des Presidiums des Soviets suprêmes des 15 Républiques fédérées, un secrétaire et 20 membres), élus au sein du Soviet suprême par les deux assemblées réunies.

Le président du Presidium est actuellement M. Podgorny, depuis le 9 décembre 1965; le président du Presidium occupe le rang d'un chef d'Etat vis-à-vis des puissances étrangères.

Le Presidium se présente à la fois comme un chef d'Etat collégial et comme une délégation permanente du Soviet suprême.

a) Comme chef d'Etat collégial. A ce titre, le Presidium :

— convoque les sessions du Soviet suprême de l'U.R.S.S.;

— dissout le Soviet suprême dans les conditions de l'article 47 de la Constitution :

> « En cas de divergence entre le Soviet de l'Union et le Soviet des Nationalités, la question est renvoyée devant une Commission de conciliation formée par les Chambres sur une base paritaire. Si la Commission de conciliation n'aboutit pas à une solution concordante ou que sa décision ne satisfasse pas l'une des Chambres, la question est examinée une seconde fois dans les deux Chambres. A défaut de décision concordante des deux Chambres, le Presidium du Soviet suprême de l'U.R.S.S. dissout le Soviet suprême de l'U.R.S.S. et fixe de nouvelles élections. »

— nomme et révoque les ministres dans l'intervalle des sessions du Soviet suprême;

— procède aux consultations populaires (referendums) sur sa propre initiative ou à la demande des Républiques fédérées (ce pouvoir n'a jamais encore été exercé);

— ratifie les traités;

— exerce le droit de grâce;

— nomme et rappelle les représentants plénipotentiaires de l'U.R.S.S. dans les Etats étrangers;

— reçoit les lettres de créance et de rappel des représentants diplomatiques des Etats étrangers accrédités auprès de lui.

b) A titre de délégation permanente du Soviet suprême, en dehors de ses sessions, le Presidium :

— prend des décrets;

— annule les arrêtés et dispositions du Conseil des ministres de l'U.R.S.S. et des Conseils des ministres des Républiques fédérées, dans les cas où ils ne sont pas conformes à la loi;

— interprète les lois de l'U.R.S.S. en vigueur.

Les décrets qu'adopte le Presidium sont de trois sortes : d'une part, des décrets pris pour application de la Constitution et des lois adoptées par le Soviet suprême de l'U.R.S.S.; d'autre part, des décrets qui peuvent modifier la Constitution et les lois ordinaires et qui sont ensuite soumis pour ratification au Soviet suprême; enfin, des décrets invitant les Presidiums des Soviets suprêmes des Républiques fédérées à modifier la législation en vigueur dans ces Républiques.

3° Le Conseil des ministres.

Il constitue une formation étoffée puisqu'il comprend actuellement 101 personnes groupant trois catégories de membres :

— le président, les premiers vice-présidents et les vice-présidents du Conseil des ministres : ils surveillent l'activité des ministères et des services et constituent à ce titre le presidium du Conseil des ministres de l'U.R.S.S.;

— les présidents de comités d'Etat du Conseil des ministres, les ministres et les chefs de quelques services; parmi les ministres, on distingue des « ministres fédéraux » qui supervisent directement une activité fédérale sur l'ensemble du territoire et les ministres « fédéraux-républicains », qui coordonnent l'action des Etats membres pour une activité déterminée;

— les présidents des Conseils des ministres des Républiques fédérées. Leur présence, au sein du Conseil des ministres de l'U.R.S.S., tend à faciliter la coordination entre l'Union et les Républiques fédérées.

Il faut bien considérer que le Conseil des ministres de l'U.R.S.S. n'est pas un gouvernement au sens occidental du terme : il applique simplement les décisions prises par le Soviet suprême et le Presidium; il ne dispose pas de pouvoir réglementaire autonome, ce dernier appartenant au Presidium du Soviet suprême. La pratique a cependant vu se développer un important pouvoir réglementaire autonome du Conseil des ministres. En fait, étant l'organe supérieur de « l'administration d'Etat », le Conseil des ministres est un organe étroitement subordonné au Bureau politique et au Comité central du parti communiste qui sont composés des principaux responsables des différentes administrations ; plus précisément encore, comme les membres du Conseil des ministres sont des dignitaires du parti communiste, l'imbrication du parti et de cet organe est complète.

La tâche essentielle du Conseil des ministres est d'exécuter le Plan. Comme la planification recouvre l'ensemble des activités de l'U.R.S.S., le Conseil des ministres est amené à prendre des mesures importantes, mais en exécution fidèle des décisions arrêtées par les organes supérieurs du Parti. De la sorte, sa responsabilité, telle que prévue par la Constitution du 5 décembre 1936, devant le Soviet suprême et, dans l'intervalle des sessions, devant le Presidium, n'est que théorique : c'est ainsi qu'à la réunion du Soviet suprême du 26 juillet 1974, M. Kossyguine, l'actuel président du Conseil des ministres, a présenté la démission du Conseil des ministres; le Soviet suprême l'a immédiatement confirmé dans ses fonctions. En dehors de la hiérarchisation très poussée au sein de l'appareil d'Etat, il existe corrélativement toute une pompe soigneusement respectée et pratiquée par les hauts responsables de la « politique-administration » et de l'économie et qui est une autre caractéristique de l'U.R.S.S.

4° La Cour suprême, la Prokuratura et la police politique.

La Cour suprême de l'U.R.S.S. est l'organe judiciaire le plus élevé de l'Union. Elle supervise et contrôle étroitement l'ensemble des activités judiciaires de l'Union et des différentes Républiques fédérées qui disposent elles-mêmes de leur propre Cour suprême. La Cour suprême de l'Union est composée de membres élus par le Soviet suprême. Elle ne dispose pas du pouvoir de contrôler la constitutionnalité des lois, à l'inverse des Etats-Unis, et cela en vertu de l'unité du pouvoir d'Etat et de l'absence de hiérarchie réelle, en U.R.S.S., entre la Constitution, la loi et le règlement.

La *Prokuratura* est une institution originale créée en 1922; aux termes de l'article 113 de la Constitution, en effet, « la surveillance suprême de la stricte exécution des lois par tous les ministères et les institutions de leur ressort, de même que par les fonctionnaires publics, ainsi que par les citoyens de l'U.R.S.S., incombe au Procureur général de l'U.R.S.S. ». Ce dernier est nommé par le Soviet suprême de l'U.R.S.S. pour une durée de sept ans. Sous l'autorité du Procureur général de l'U.R.S.S. se trouvent les procureurs des Républiques, territoires, régions, ainsi que les procureurs des Républiques autonomes et régions autonomes qui sont d'ailleurs tous nommés par le Procureur général pour une durée de cinq ans. Les procureurs d'arrondissement, de région et de ville sont nommés par les procureurs des Républiques fédérées pour une durée de cinq ans avec l'approbation du Procureur général de l'U.R.S.S. Là encore, une stricte hiérarchisation est caractéristique de l'unité du pouvoir d'Etat. L'indépendance ou la relative autonomie du « pouvoir judiciaire » qui participent de la philosophie de l'Etat libéral n'auraient là encore aucun sens, les juges participant eux-mêmes à l'exercice du pouvoir d'Etat.

Dans le Règlement sur la surveillance exercée par la Prokuratura en U.R.S.S., approuvé par le Soviet suprême de l'U.R.S.S. le 28 décembre 1955, il est dit que l'un des objectifs principaux de la surveillance suprême sur la stricte exécution des lois est la protection contre toutes les atteintes aux droits politiques, aux droits en matière de travail, de logement et à tous les autres droits personnels et patrimoniaux et aux intérêts des citoyens protégés par la loi, garantis par la Constitution de l'U.R.S.S. et par les Constitutions des Républiques fédérées et autonomes.

La surveillance suprême exercée par la Prokuratura se divise en plusieurs branches spécialisées : la surveillance de l'exécution des lois dans l'activité des organes d'enquête et d'instruction préparatoire; la surveillance de la légalité et du bien-fondé des jugements, décisions et arrêts des organes judiciaires; la surveillance du respect de la légalité dans les lieux de privation de liberté.

La Prokuratura n'a pas le pouvoir de se substituer à l'Administration : sa tâche ne consiste pas à s'ingérer dans le contenu de l'activité administrative, mais simplement à veiller à ce qu'elle s'exerce dans le cadre de la loi. Les formes que revêt l'action de la Prokuratura sont au nombre de trois :

— la *protestation* (protest) : il s'agit d'un acte par lequel le procureur attire l'attention des organes d'Etat sur les violations de la loi commises par eux ou par leurs subordonnés, propose de mettre fin à la violation commise et de rétablir le droit violé;

— les *représentations,* mesures approfondies, qui consistent pour le procureur à donner à l'Administration des indications impératives à propos de violations de la loi qui ne présentent pas un caractère isolé;

— enfin, mesure la plus grave et la plus coercitive, l'*engagement de poursuites* contre les fonctionnaires qui ont enfreint la loi, commis des abus de pouvoir ou des négligences. Le procureur a le droit d'engager des poursuites pénales contre ces fonctionnaires ou de réclamer à l'Administration dont ils dépendent des sanctions disciplinaires.

La Prokuratura agit non seulement de son propre chef en vertu de son pouvoir de surveillance générale sur les organes d'Etat, mais aussi et surtout sur plaintes et réclamations des citoyens soviétiques. En vertu de l'article 14 du Règlement sur la surveillance exercée par la Prokuratura en U.R.S.S., le procureur est tenu de recevoir et d'examiner les demandes et réclamations des citoyens concernant les violations de la loi, de les vérifier dans les délais fixés par la loi et de prendre des mesures pour le rétablissement des droits violés et la défense des intérêts légaux des citoyens. D'après les auteurs soviétiques, il semble que la Prokuratura porte une attention toute particulière aux violations de la législation du travail, en particulier les violations du Règlement sur les droits du Comité de fabrique, d'usine ou le comité local du syndicat; en vertu de ce texte, les ouvriers et employés ne peuvent être licenciés sans le consentement du comité local du syndicat.

Si la Prokuratura constitue une garantie pour la protection des droits et intérêts des citoyens, spécialement économiques, il faut considérer que les droits politiques de ceux-ci sont réduits dans la mesure de l'existence d'une toute-puissante police d'Etat, le K.G.B., successeur de la Tchéka et de la Guépéou. Sous Staline, la police politique a été toute-puissante et s'est particulièrement signalée par une répression féroce et impitoyable : de nombreux dirigeants du parti et des millions de citoyens ont été éliminés physiquement par l'appareil policier contrôlé par Staline en personne (3). Depuis la mort du dictateur, les services de la Sécurité d'Etat, détachés du Ministère de l'Intérieur, s'ils agissent de manière évidemment moins provoquante qu'à l'époque des grandes purges, continuent, d'après les textes en vigueur, de rechercher « les infractions contre l'Etat particulièrement dangereuses : trahison, espionnage, terrorisme, diversion, sabotage, agitation et propagande antisoviétiques », et d'en mener l'instruction préparatoire. Ils assurent également le contrôle et la répression préparatoire des entrées et sorties illégales de l'U.R.S.S. et des trafics de devises. Ils assurent aussi la protection des frontières de l'U.R.S.S.

Staline avait concentré sur sa personne un pouvoir personnel considérable et en fait sans limites. Depuis 1964, le principe de collégialité a repris une certaine ampleur et se trouve, en droit, partagé entre trois hommes : Brejnev, Premier secrétaire du parti communiste ; Kossyguine, président du Conseil des ministres de l'U.R.S.S. ; et Podgorny, président du Presidium du Soviet suprême. En fait, il apparaît aux observateurs étrangers que Brejnev, Premier secrétaire du parti, tend à éclipser les deux autres dignitaires du régime. Cette prééminence est fatalement commandée par le fait que le parti, en U.R.S.S. comme dans l'ensemble des démocraties populaires, est le véritable détenteur du pouvoir; de la sorte, le Secrétariat du parti communiste agit comme un état-major de la direction du parti, lequel est le « moteur » de l'Etat.

SECTION II

LES INSTITUTIONS DE LA REPUBLIQUE POPULAIRE DE CHINE

A la différence de l'U.R.S.S., la République populaire de Chine, proclamée le 1er octobre 1949, n'est pas un Etat fédéral, mais un Etat unitaire. Aux

(3) Les crimes de Staline ont été dénoncés par Khrouchtchev dans son célèbre rapport présenté au XXe Congrès du P.C.U.S. en 1956.

termes de la Constitution du 20 septembre 1954, comme aux termes de la Constitution du 17 janvier 1975 qui l'a remplacée, la République populaire de Chine est un Etat multinational uni (article 4 de la Constitution du 17 janvier 1975). Il existe au sein de ce vaste pays six régions autonomes, des départements et des districts autonomes.

L'article 1 de la Constitution du 17 janvier 1975 ajoute que :

> « la République populaire de Chine est un Etat socialiste de dictature du prolétariat, dirigé par la classe ouvrière et basé sur l'alliance des ouvriers et des paysans ».

La Chine est un Etat où la paysannerie est prédominante par rapport à une classe ouvrière à laquelle le régime, conformément au marxisme-léninisme, entend faire jouer un rôle majeur : la Chine est un Etat fondé sur la dictature du prolétariat.

Le 10 novembre 1965, a débuté la *Révolution culturelle* qui a pris fin en 1970-1971, au moins dans ses aspects les plus apparents. La Constitution du 20 septembre 1954 avait prévu un certain nombre d'institutions dont le schéma était volontairement simple. La Constitution du 17 janvier 1975 les a encore réduites à l'état d'épures. De 1966 à 1971, ces institutions, sauf le parti communiste, avaient été mises en sommeil : avaient été érigées aux échelons locaux de nouvelles communautés politico-administratives où le rôle du parti communiste, en dépit des apparences était resté décisif, et qui ont été institutionnalisées par la nouvelle Constitution du 17 janvier 1975, adoptée par l'Assemblée populaire nationale qui s'est finalement réunie du 13 au 17 janvier 1975 après dix ans de mise en sommeil.

L'article 2 de la Constitution de 1975 énonce que, en dehors du marxisme et du léninisme, la « pensée maotsétoung », cette dernière étant tout particulièrement marquée par la remise en cause permanente des acquis de la Révolution, constitue le fondement théorique de l'Etat chinois.

Il faut bien voir, en effet, que le fondement idéologique du régime politique de la Chine populaire, comme celui de l'Albanie d'ailleurs, est celui de la révolution permanente, dont la *Révolution culturelle* n'a été qu'un moment. Ainsi que l'énonçait Wang Hong-Wen, à l'époque second vice-président du Comité central du P.C.C. dans son *Rapport sur la modification des statuts du parti* (présenté le 24 août 1973 au 10ᵉ Congrès du parti communiste chinois et approuvé le 28 août 1973) :

> « La grande révolution culturelle prolétarienne... est tout à fait indispensable et on ne peut plus opportune pour consolider la dictature du prolétariat, prévenir la restauration du capitalisme et édifier le socialisme... En 1966, alors que la grande révolution culturelle prolétarienne venait de commencer, le président Mao souligna : " Le désordre sur la terre engendre l'ordre sur la terre, au bout de sept ou huit ans, cela recommence. " Les génies malfaisants bondissent eux-mêmes sur la scène, cela est déterminé par leur nature de classe et ils ne peuvent faire autrement. La réalité de la lutte de classes a confirmé et continuera de confirmer cette loi objective mise en lumière par le président Mao ; nous devons redoubler de vigilance et comprendre que cette lutte sera longue et complexe. Pour pouvoir consolider sans cesse la dictature du prolétariat et arracher de

> nouvelles victoires dans la cause du socialisme, il faut poursuivre en profondeur la révolution socialiste dans les domaines idéologique, politique et économique, réformer tout ce qui, au niveau de la superstructure, ne correspond pas à l'infrastructure économique du socialisme, et mener encore à de nombreuses reprises de grandes révolutions politiques du genre de la grande révolution culturelle prolétarienne. »

L'étude des structures du parti précèdera celle des institutions étatiques telle qu'elles découlent de la Constitution de 1975.

§ 1. — Le parti communiste chinois et la révolution permanente

Le parti communiste chinois est l'avant-garde du prolétariat. Cela découle, ne serait-ce que formellement, des derniers statuts du P.C.C. adoptés le 28 août 1973 par le 10e Congrès du parti qui s'est tenu du 24 au 28 août 1973. Les précédents statuts dataient de 1945, de 1956 et de 1969. Les statuts de 1969, adoptés au bout de trois ans de révolution culturelle, s'exprimaient dans les termes suivants :

> « Le P.C.C. est composé d'éléments avancés du prolétariat, il est une organisation d'avant-garde dynamique qui dirige le prolétariat et les masses révolutionnaires dans leur combat contre l'ennemi de classe. ».

Les nouveaux statuts adoptés le 28 août 1973 portent, d'une manière ramassée et plus concise :

> « Le parti communiste chinois est un parti politique prolétarien et constitue le détachement d'avant-garde du prolétariat. »

Cette formulation a été à nouveau exprimée par l'article 2 de la Constitution du 17 janvier 1975 :

> « Le parti communiste chinois est le noyau dirigeant du peuple chinois tout entier. La classe ouvrière exerce sa direction sur l'Etat par l'intermédiaire de son détachement d'avant-garde, le parti communiste chinois ».

La Constitution du 20 septembre 1954 ne faisait pas mention du parti, sauf dans son préambule; mais celui-ci a toujours dirigé l'Etat chinois.

Le parti communiste chinois groupe actuellement 28 millions de membres, pour une population évaluée en 1975 à 800 millions d'habitants; en 1961, il comptait 17 millions de membres. Il comprend des représentants des trois âges, des vétérans, des gens d'âge moyen et des jeunes.

D'après l'article 1 des statuts adoptés lors du 10e Congrès (1973) : « Peut être membre du parti communiste chinois tout ouvrier, paysan pauvre, paysan moyen pauvre, militaire révolutionnaire et autre révolutionnaire chinois ». L'âge requis est 18 ans.

L'admission se fait par la cellule du parti sur présentation de deux membres du parti. La demande est ensuite approuvée par l'assemblée générale de la cellule; le Comité du parti, immédiatement supérieur, doit ensuite ratifier la résolution de l'Assemblée générale de la cellule.

Aux termes des anciens statuts du P.C.C., adoptés lors du 8e Congrès tenu en septembre 1956, un stage d'un an était nécessaire avant d'être admis comme membre titulaire. Ce stage pouvait même être prolongé d'un an au plus.

Le stage a été supprimé par les statuts de 1969, la Révolution culturelle ayant constaté que des barrages avaient lieu au sein du parti, que le parti avait tendance à se replier sur lui-même, à se bureaucratiser : ce qui compte, c'est l'opinion des masses et non celle, en propre, de l'appareil du parti. Les statuts du 28 août 1973 ont confirmé la suppression du stage.

Entre autres conditions, pour demeurer au sein du parti et ne pas en être exclu, l'alinéa 3 de l'article 3 des statuts du 10ᵉ Congrès porte qu'il faut

> « être capable de s'unir avec le plus grand nombre, y compris ceux qui, à tort, se sont opposés à lui, mais qui se corrigent sincèrement de leurs erreurs. Cependant, il faut être particulièrement vigilant afin d'empêcher les arrivistes, les comploteurs et les individus à double face d'usurper la direction du parti et de l'Etat, à quelque échelon que ce soit, et de garantir que la direction du parti et de l'Etat sera à jamais entre les mains des révolutionnaires marxistes. »

La sanction la plus forte qui puisse être appliquée à l'encontre d'un membre du parti qui ne respecte pas l'éthique partisane est l'exclusion définitive du parti prévue dans les termes suivants par l'article 4 des statuts de 1973 :

> « Les renégats, les agents secrets, les responsables irréductiblement engagés dans la voie capitaliste, les éléments dégénérés et les éléments étrangers à nos rangs de classe, contre lesquels on possède des preuves irrécusables, seront expulsés du parti et ne seront jamais autorisés à le réintégrer. »

Comme dans les organes d'Etat, le principe directeur du parti est le centralisme démocratique. La minorité doit se soumettre à la majorité et la décision prise à l'échelon supérieur s'impose aux échelons inférieurs.

Pourtant, la révolution culturelle, spécialement en 1967, s'est élevée contre ce qu'elle appelait une « soumission servile » : il faut réfléchir, s'interroger en son for interne et n'obéir que si l'ordre est conforme aux intérêts du prolétariat. Un texte chinois du 16 juin 1967 porte en toutes lettres :

> « Une direction erronée qui porte atteinte à la révolution, on ne doit pas l'accepter inconditionnellement, on doit lui résister résolument... Sacrifier la vérité, brader les principes, capituler devant une « majorité » erronée, c'est de l'opportunisme à cent pour cent... En ce qui concerne une organisation dirigeante qui applique la ligne révolutionnaire prolétarienne du président Mao, il est nécessaire d'établir son prestige et son autorité. Ses directives et ses décisions correctes doivent être observées consciemment et appliquées résolument... Le critère d'obéissance à une directive ou à une décision d'une organisation dirigeante doit être la conformité aux intérêts révolutionnaires du prolétariat... On ne doit pas combattre le servilisme par l'anarchisme... L'anarchisme qui préconise la suspicion envers tout, ainsi que le renversement et la négation de tout, est une idée réactionnaire propagée afin de semer la confusion et de s'opposer à la dictature du prolétariat. Servilisme et anarchisme ne font qu'un en essence... »

Le centralisme démocratique n'exclut donc pas la critique, à condition qu'elle ne verse pas dans l'anarchie. L'article 5 des statuts du P.C.C., du

28 août 1973, consacré au centralisme démocratique, principe d'organisation du parti, porte, en effet :

> « Il n'est absolument pas permis d'étouffer la critique et d'user de représailles. Il faut créer une atmosphère politique où règnent à la fois le centralisme et la démocratie, la discipline et la liberté, l'unité de volonté et, pour chacun, un état d'esprit fait de satisfaction et d'entrain. »

La conciliation de la liberté et de l'autorité, voilà, semble-t-il, la voie « centriste » qu'a choisie et que poursuit le parti communiste chinois.

Les cellules et les comités de base du parti sont établis dans l'usine, la mine et autres entreprises, communes populaires, organismes, écoles, magasins, organisations de quartier, compagnies de l'armée populaire de libération, etc. Les élections ont lieu annuellement pour les comités de cellule, et tous les deux ans pour les comités de base du parti.

Les Congrès du parti, à tous les échelons, ainsi que dans l'armée populaire de libération, élisent leurs comités permanents ainsi que leur secrétariat, les différents congrès étant convoqués tous les trois ans.

A l'échelon central, l'organe supérieur du Parti est le Congrès national, convoqué, selon les statuts de 1973, tous les cinq ans. Celui-ci élit le Comité central dont le président fut Mao Tsé-Toung jusqu'à sa mort, survenue le 9 septembre 1976, auquel a succédé, le 9 octobre 1976, Hua Kuo-Feng. Le Comité central élit le Bureau politique, dont le comité permanent, ainsi que le président et les vice-présidents du Comité central.

Tel qu'il résulte du 10ᵉ Congrès du P.C.C. d'août 1973, le Comité central comprend 319 membres, dont 195 membres titulaires et 124 membres suppléants (4). En dehors du président Mao Tsé-Toung, 5 vices-présidents du Comité central ont été élus dont Chou En-lai et Wang Hong-Wen. Un sixième vice-président, Teng Hsiao-Ping, sera élu le 10 janvier 1975, lors d'une réunion du Comité central du P.C.C., du 8 au 10 janvier de la même année. En 1975, le Bureau politique comprend 26 membres, dont 4 suppléants. Dix membres composent le Comité permanent du Bureau politique du Comité central. Le 7 avril 1976, Teng Hsiao-Ping sera démis de ses fonctions pour raison de « révisionnisme ».

A la différence de l'U.R.S.S. où le parti se confond avec l'Etat, l'accent a été particulièrement mis sur le fait que le parti ne doit pas se substituer aux organes d'Etat. Dans une intervention faite au 8ᵉ Congrès du P.C.C., de septembre 1956, il avait été dit :

> « Le parti fait toujours une stricte distinction entre l'organisation du parti et l'organe d'Etat ; le parti dirige les organes de l'Etat par l'intermédiaire de ses membres et de ses organisations, il ne doit pas se substituer aux organismes d'Etat dans le travail. »

Assurément, cette dichotomie peut paraître subtile et reposer sur une conceptualisation quelque peu abusive; mais alors ce serait faire bon marché de la pensée de Mao selon laquelle le parti communiste chinois persuade, mais n'impose pas. Cependant, dans les faits, la situation apparaît identique à celle de l'U.R.S.S. : l'Etat et ses organes mettent en application les décisions du parti. Et c'est bien ce qu'exprime l'article 7 des statuts du 10ᵉ Congrès :

---

(4) Le Comité central du 8ᵉ Congrès comptait 193 membres, celui du 9ᵉ Congrès 279 membres.

« Les organismes d'Etat, l'armée populaire de libération et la milice populaire, les syndicats d'ouvriers, les associations des paysans pauvres et moyens-pauvres, les fédérations des femmes, la ligue de la jeunesse communiste, la garde rouge, les organisations des petits soldats rouges et les autres organisations révolutionnaires de masses doivent se soumettre sans exception à la direction unique du parti. »

La primauté totale du P.C.C. dans la Constitution de 1975 (5) marque bien le passage d'un Etat « populaire » (Constitution de 1954) à celui d'un Etat « socialiste » (nouvelle Constitution).

Les statuts du P.C.C. adoptés en 1969, lors du 9e Congrès, l'avaient été au bout de trois ans de révolution culturelle. Celle-ci est dans le prolongement direct de la pensée de Mao selon laquelle une révolution qui s'arrête est une révolution qui meurt. De façon très stricte, la révolution culturelle s'est traduite par une épuration du parti au profit de Mao et de ses partisans : Liu-Shao-Chi, qui avait été réélu président de la République le 3 janvier 1965, sera privé de toutes ses fonctions sur décision du Comité central du P.C.C. le 31 octobre 1968; les statuts du parti de 1969 désignaient Lin Piao comme le successeur de Mao Tsé-Toung. Or une nouvelle crise de septembre-octobre 1971 aboutissait à l'élimination de Lin Piao. Le 28 juillet 1972, la Chine annoncera que le maréchal Lin Piao est mort dans un accident d'avion en voulant s'enfuir en U.R.S.S. Les nouveaux statuts, adoptés lors du 10e Congrès du P.C.C. (28 août 1973), au cours duquel Lin Piao, même mort, a été « exorcisé », ne font évidemment plus mention du maréchal Lin Piao. Une nouvelle crise va s'ouvrir en 1976 : le 14 février 1976, Teng Hsiao-Ping, vice-président du parti et vice-premier ministre en même temps que chef d'Etat-major de l'armée, sera accusé de suivre « la voie capitaliste ». Le 17 février 1976, le *Quotidien du peuple* annonce que le Comité central est scindé en deux. Après avoir été qualifié de « Khrouchtchev » chinois et de « révisionniste », Teng Hsiao-Ping sera privé de toutes ses fonctions le 7 avril 1976. Milieu octobre 1976, Wang Hong-Wen, second vice-président du Comité central, sera éliminé du parti après la mort de Mao.

Il ne faudrait cependant pas penser trop abruptement que la révolution culturelle s'est traduite par une simple élimination des adversaires de Mao au sein de l'appareil du parti; il s'est toujours agi de mobiliser les masses en permanence pour empêcher le « dépérissement » du socialisme. Le pouvoir de Mao, en Chine, a toujours connu des limites, contrairement à celui de Staline en U.R.S.S. Il a même, à diverses reprises, été mis en minorité, parfois même écarté. L'histoire du P.C. chinois ne se confond pas avec celle de Mao. Mao s'est souvent défini lui-même comme un homme du centre-gauche. Depuis que la Chine populaire existe, des luttes de tendances entre « gauchistes » et « révisionnistes » ont eu lieu : Liu Shao-Chi et Teng-Hsiao-Ping peuvent être considérés comme révisionnistes et Lin Piao comme

(5) « Le droit et le devoir fondamentaux de tout citoyen, c'est d'être pour la direction du parti communiste chinois... » énonce l'article 26 de la Constitution du 17 janvier 1975.

(6) Cette conception est celle du léninisme le plus orthodoxe ; en 1920, Lénine écrit dans *La maladie infantile du communisme :* « Celui qui affaiblit tant soit peu la discipline de fer dans le Parti du prolétariat (surtout pendant sa dictature) aide en réalité la bourgeoisie contre le prolétariat. »

gauchiste, même si le gauchisme, selon la doctrine officielle chinoise, se réduit en définitive et objectivement en attitude « droitiste » (6). La voie moyenne, celle de Mao, devait finalement l'emporter. C'est tout l'objet et le but de la révolution permanente de ne pas s'écarter de la voie étroite du marxisme-léninisme. La révolution culturelle qui a été une lutte idéologique et qui était motivée par la volonté de Mao de relancer la vague révolutionnaire ne sera pas la dernière. En 1967, au plus fort de la révolution culturelle, Mao déclarait : « Après la présente révolution culturelle, il faudra au moins quinze ans pour consolider ses acquis, et dans l'espace d'un siècle, il faudra la recommencer deux ou trois fois ». Les statuts du P.C.C. du 28 août 1973 officialisent solennellement cette conception :

> « La grande révolution culturelle prolétarienne en Chine est précisément une grande révolution politique que le prolétariat mène, dans les conditions du socialisme, contre la bourgeoisie et toutes les autres classes exploiteuses, en vue de consolider la dictature du prolétariat et de prévenir la restauration du capitalisme. Une telle révolution devra encore être menée à de nombreuses reprises dans l'avenir. » (Chapitre I, programme général).

Former un nouveau type d'homme, un homme « total », l'*homo sapiens* et l'*homo faber* formant un être complet, tel a toujours été l'un des buts fondamentaux de la révolution chinoise et maoïste. Pour arriver à l'édification de l'*homme total,* il faut considérer que la conception maoïste de la nature humaine est optimiste : elle est au carrefour de la conception marxiste selon laquelle un homme nouveau doit naître d'une société nouvelle fondée sur de nouveaux rapports de production et de la conception néo-confucéenne qui croit en la perfectibilité de l'homme tirée de sa malléabilité.

La campagne lancée en février 1974 contre Confucius et Lin Piao en constitue une récente illustration : cette campagne est destinée, selon les dirigeants chinois, à consolider et développer les résultats de la révolution culturelle. L'Homme nouveau que la révolution chinoise veut faire naître dérive partiellement du modèle Confucéen. Mais, en prônant la « bienveillance », Confucius aurait favorisé, disent les dirigeants chinois, deux mille ans de féodalisme. Le respect des rites, la « bienveillance », le « juste milieu », si caractéristique du confucianisme, ne peuvent que s'opposer à la révolution permanente, à la lutte des classes incessante.

« Le passé doit servir le présent », tel est l'un des aphorismes de Mao; les traditions chinoises les plus anciennes, comme l'analyse marxiste-léniniste, en convergeant et en se confondant, expliquent donc le caractère si particulier, si « progressiste » de la révolution chinoise.

§ 2. — Les institutions étatiques

A. — Les institutions centrales

Quatre organismes, dont la présidence de la République, avaient été établis par la Constitution du 20 septembre 1954. La présidence de la République a été supprimée par la nouvelle Constitution du 17 janvier 1975.

Celle-ci, avons-nous vu, après plusieurs années de *Révolution culturelle,* marque le passage d'un Etat populaire (Constitution de 1954) à un Etat socialiste (Constitution de 1975) caractérisé essentiellement par la primauté totale du parti communiste et par la collectivisation totale des moyens de production. L'article 5 de la Constitution de 1975 prévoit, en effet :

> « A l'étape actuelle, la propriété des moyens de production en République populaire de Chine se présente essentiellement sous les deux formes suivantes : la propriété socialiste du peuple entier et la propriété collective socialiste des masses travailleuses. »

Trois organismes sur quatre ont donc survécu.

L'organe populaire de base est une assemblée unique, l'Assemblée populaire nationale, qualifiée par l'article 16 de la Constitution de 1975 d'« organe suprême du pouvoir d'Etat, placé sous la direction du Parti communiste chinois ». Réunie du 15 au 18 septembre 1954, l'Assemblée avait adopté la Constitution de 1954. Elle ne fut plus réunie de janvier 1965 à janvier 1975. La troisième Assemblée élue à la fin de 1964 comprenait 3.040 députés, dont 542 femmes. Elle siégea du 21 décembre 1964 au 4 janvier 1965. La quatrième Assemblée se réunit du 13 au 17 janvier 1975. Elle comprenait 2 885 députés, dont 22 % de femmes. Le 17 janvier 1975, elle adoptait la nouvelle Constitution de 1975 qui ne comprend plus que 30 articles, alors que la Constitution de 1954 incluait 106 articles.

Le mandat des députés est de cinq ans. Dans des cas exceptionnels, la durée du mandat peut être prorogée. L'Assemblée populaire nationale détient la plénitude du pouvoir législatif. Les députés sont élus au suffrage indirect puisqu'ils sont élus par les provinces, les régions autonomes, les municipalités relevant directement de l'autorité centrale et l'armée populaire de libération.

Outre la plénitude du pouvoir législatif, qui l'autorise à amender la Constitution, et à approuver le budget d'Etat, l'Assemblée populaire nationale nomme et décharge de leurs fonctions, sur proposition du Comité central du parti communiste chinois, les membres du Conseil des affaires d'Etat, dont le Premier ministre. Elle se réunit en session ordinaire au moins une fois par an. Comme elle n'a plus été réunie entre janvier 1965 et janvier 1975, et que l'intégralité du pouvoir appartient au parti communiste chinois, l'Assemblée populaire nationale porte seulement en elle les virtualités d'un pouvoir représentatif qui est annihilé par les caractères propres et la vertu déterminante des impératifs de la *Révolution permanente :* le peuple ne peut être frustré de son pouvoir. Il l'exerce véritablement par l'entremise du parti communiste.

L'Assemblée élit en son sein un Comité permanent qui peut être considéré comme l'équivalent du Presidium en U.R.S.S. Il se présente, à l'instar de ce dernier, comme un chef d'Etat collégial et comme une délégation permanente de l'Assemblée.

a) *Comme chef d'Etat collégial, le Comité permanent :*

— convoque les sessions de l'Assemblée populaire nationale.

— nomme et révoque les ministres dans l'intervalle des sessions de l'Assemblée populaire nationale.

— ratifie et dénonce les traités.

— nomme et rappelle les représentants diplomatiques de la Chine dans les Etats étrangers.

— reçoit les lettres de créance et de rappel des représentants diplomatiques des Etats étrangers accrédités auprès de lui.

b) A titre de délégation permanente de l'Assemblée populaire nationale, en dehors de ses sessions, le Comité permanent prend des décrets et interprète les lois en vigueur.

(Le commandement des forces armées qui appartient, d'après la Constitution de 1954, au président de la République, incombe désormais, à la suite de la suppression du poste y afférent, aux termes de la Constitution de 1975, au président du Comité central du parti communiste chinois, c'est-à-dire à Mao Tsé-Toung, jusqu'à sa mort, survenue le 9 septembre 1976, et à Hua Kuo-Feng, à partir du 9 octobre 1976).

Le Conseil des affaires d'Etat est le gouvernement populaire central : il comprend le Premier ministre, les vice-premiers ministres (12 vice-premiers ministres ont été désignés en janvier 1975) et les ministres. Il est responsable devant l'Assemblée populaire nationale et le Comité permanent de celle-ci, et leur rend compte de son activité. Il exerce les fonctions et pouvoirs suivants : conformément à la Constitution, aux lois et aux décrets, arrêter des mesures administratives, émettre des décisions et promulguer des ordonnances; exercer une direction unifiée sur l'activité des ministères, des commissions et des organismes d'Etat locaux des divers échelons dans tout le pays; arrêter et mettre en application les plans de l'économie nationale et le budget d'Etat; s'occuper des affaires administratives de l'Etat; exercer les autres fonctions et les pouvoirs qui lui seraient impartis par l'Assemblée populaire nationale ou par son Comité permanent.

On observera qu'aux termes de la Constitution de 1975, comme de l'ancienne de 1954, tous les citoyens âgés de 18 ans sont électeurs et éligibles.

De 1954 à 1959, Mao Tsé-Toung a été président de la République; à partir de 1959 ce fut Liu-Shao-Chi qui fut destitué le 31 octobre 1968. Depuis cette date, le poste de président de la République n'était plus pourvu. La Constitution du 17 janvier 1975 n'a fait qu'entériner cet état de fait en supprimant le poste dont les attributions ont été dévolues au Comité permanent de l'Assemblée populaire nationale (et au président du parti pour le commandement des forces armées).

Les statuts du parti de 1969 avaient désigné le maréchal Lin Piao comme successeur de Mao. Lin Piao devenait seul vice-président du parti communiste chinois et était appelé à devenir ultérieurement président de la République. Lin Piao ayant disparu de la scène politique à la suite de la crise de septembre-octobre 1971 ouverte au sein du Parti et du régime, le 10e Congrès du P.C.C. d'août 1973 en a juridiquement tiré les conséquences en supprimant des nouveaux statuts du P.C.C. le paragraphe concernant Lin Piao, qualifié, lors de son exclusion *post mortem* du parti en août 1973, d' « arriviste bourgeois, de conspirateur, de contre-révolutionnaire à double face, de renégat et de traître ». (Rapport au 10e Congrès présenté le 24 août 1973 par Chou En-lai). Chou En-lai, quant à lui, premier ministre depuis 1954 jusqu'à sa mort, survenue le 8 janvier 1976, a toujours agi en étroite collaboration avec Mao Tsé-Toung. Sa mort devait d'ailleurs ouvrir une crise sérieuse au sein du Comité central du Parti et dont devait être victime Teng Hsiao-Ping : le 7 février 1976, était désigné Premier ministre par intérim Hua Kuo-Feng, jusque-là ministre de la

Sécurité. Dès le 17 février 1976, le Comité central se divise entre « modérés » et « radicaux ». Cette crise se résoudra le 7 avril 1976 par la destitution de Teng Hsiao-Ping : celui-ci se trouvera démis de ses fonctions de vice-premier ministre, de vice-président du parti et de chef d'Etat-major de l'armée. Le même jour, le 7 avril 1976, Hua Kuo-Feng devient premier ministre et premier vice-président du Comité central du P.C.C. On notera que c'est le bureau politique du Comité central du P.C.C. qui a nommé premier ministre Hua Kuo-Feng, ce qui est contraire à l'article 17 de la Constitution du 17 janvier 1975 qui donne à l'Assemblée nationale, « sur proposition du Comité central du parti communiste chinois », le pouvoir de « nommer le premier ministre du conseil des affaires d'Etat et le décharger de ses fonctions ». Cependant, comme l'article 16 de la Constitution précise que l'Assemblée est placée « sous la direction du parti communiste chinois », on peut estimer que l'esprit du texte est sauvegardé, même si la lettre ne l'est pas. Finalement, le Premier ministre Hua Kuo-Feng deviendra, le 9 octobre 1976, président du Comité central du P.C.C., succédant ainsi à Mao Tsé-Toung.

Il faut bien constater que Mao Tsé-Toung, au long de ces dernières années, sous couvert d'idéologie ou malgré celle-ci, n'a pas hésité à épurer le parti communiste chinois dans les moments où il était mis en minorité, en le débordant et en s'appuyant, pour ce faire, sur la jeunesse (les gardes rouges) et l'armée. Son pouvoir ayant été consolidé, il a fait revenir sur ses lieux de travail la jeunesse (ne serait-ce que dans l'Université). Restait l'armée : le maréchal Lin Piao, désigné comme successeur de Mao lors du 9e Congrès, pour éviter la disgrâce, s'est réfugié dans le complot, ce qui l'a perdu. La composition du Comité central du P.C.C., tel qu'issu du 10e Congrès d'août 1973, confirme la « disgrâce » des militaires : lors du 9e Congrès de 1969 l'armée occupait entre 45 et 50 % des sièges; elle n'en occupe plus, depuis le 10e Congrès, que le tiers. Le parti a bien repris le pas sur l'armée.

B. — Les Comités révolutionnaires et leur normalisation

Jusqu'à la Constitution du 17 janvier 1975 il s'agissait d'organismes de pur fait mis en place lors de la *Révolution culturelle*. Ces comités ont prétendu incarner à la fois le pouvoir d'Etat et le pouvoir du Parti. Ils sont apparus en 1967, c'est-à-dire après le moment où l'armée populaire chinoise s'est mise à contrôler l'ensemble du territoire.

D'un simple point de vue chronologique, les Comités révolutionnaires avaient été précédés par l'institution des Communes populaires en 1958 qui traduisaient un élargissement du cadre des communes traditionnelles, en ce sens que les Communes populaires ont réalisé une unité dans l'ensemble des secteurs administratif, militaire, économique, social et financier. Le principe des Communes populaires n'avait pas été remis en cause par la Révolution culturelle. La Constitution du 17 janvier 1975 les a incluses dans son article 7 :

> « La Commune populaire rurale est une organisation qui fusionne le pouvoir de l'échelon de base et la gestion économique. »

De la même façon les Comités révolutionnaires ont été institutionnalisés par l'article 22 de la nouvelle Constitution :

> « Les Comités révolutionnaires locaux des divers échelons sont les organes permanents des assemblées populaires locales et, en même temps, les gouvernements populaires locaux, aux divers échelons. »

Les Comités révolutionnaires sont donc l'expression des assemblées populaires locales des divers échelons devant lesquelles ils sont responsables.

Les institutions prévues par la Constitution de 1954 avaient été mises en sommeil fin 1964, sauf probablement le Conseil des affaires d'Etat. Les syndicats avaient été dissous; un certain nombre de comités de base du parti avaient subi le même sort ou avaient été tenus à l'écart du courant politique. Il en fut de même des gouvernements locaux.

Au début de 1967, le régime chinois entreprit de reconstituer des structures politiques : ce fut l'objet des comités révolutionnaires. Ces comités étaient établis sur une base tripartite et étaient composés de « rebelles révolutionnaires » (partisans de Mao Tsé-Toung), de cadres révolutionnaires (bureaucrates) et de militaires. Se substituant aux Comités locaux du parti et aux gouvernements locaux, ils se présentaient, aux termes de la résolution du Comité central du parti communiste chinois du 8 août 1966, comme les « organes provisoires suprêmes pour l'exercice du pouvoir d'Etat ».

Ils étaient non seulement établis aux divers échelons territoriaux (et se substituaient notamment aux assemblées populaires locales), mais aussi créés à l'intérieur des diverses unités de production, des écoles et de l'administration.

Leur établissement était conforme aux objectifs définis par le *Point* 14 *de la Résolution du* 8 *août* 1966 :

> « La grande révolution culturelle prolétarienne a pour but la révolutionnarisation de la pensée de l'homme, afin que, dans tous les domaines du travail, on puisse obtenir des résultats meilleurs quant à la quantité, la rapidité, la qualité et l'économie. Tant que les masses sont pleinement mobilisées et que les dispositions générales sont prises, on peut assurer la bonne marche de la révolution culturelle et de la production, et garantir la bonne qualité du travail dans tous les domaines. La grande révolution culturelle prolétarienne constitue une puissante force motrice dans le développement des forces productives de notre société. Il est erroné d'opposer la grande révolution culturelle au développement. »

De provisoires, ces comités révolutionnaires sont devenus, en fin de compte, permanents avant d'être institutionnalisés par la Constitution de 1975. Dès 1973, l'influence et le rôle du P.C.C. étaient redevenus déterminants en leur sein, l'armée ayant été reprise en main et obéissant désormais au pouvoir civil.

Se traduisant initialement par une fusion des organes étatiques décentralisés et des organes du parti, les comités révolutionnaires ont représenté une grande simplification des structures par rapport à celles de la Constitution de 1954. Les membres de ces comités révolutionnaires n'ont pas été élus mais mis en place par les organisations culturelles diverses nées de la Révolution culturelle et dont ils constituaient en quelque sorte l' « avant-garde ».

Au début de 1973, il apparaissait déjà aux observateurs (V. par exemple, M.-A. Macciocchi, *La Chine deux ans après : Le Monde diplomatique,* fév. 1973 ou les trois articles d'Alain Bouc : *Le Monde,* 31 janv., 1er et 2 fév. 1973, *La Chine toujours recommencée*) que le parti communiste chinois était redevenu le maître des comités révolutionnaires permanents. Le tripartisme d'origine s'est singulièrement amenuisé puisque les ouvriers occupent la majorité des sièges au sein des comités et que les militaires ont progressivement laissé la place aux civils en vertu d'un des principes essentiels de la Révolution chinoise selon lequel « le parti commande aux fusils » (7). Les dirigeants du parti, ouvriers, sont en même temps dirigeants des comités. Actuellement, le secrétaire du Parti est presque toujours président du Comité révolutionnaire. Cette situation a trouvé son expression juridique dans les nouveaux statuts du P.C.C. d'août 1973 qui portent que les organismes d'Etat, l'armée populaire de libération et les diverses organisations révolutionnaires de masse doivent se soumettre sans exception à la direction unique du parti (article 7) qui est « le noyau dirigeant du peuple chinois tout entier » (article 2 de la Constitution du 17 janvier 1975).

Depuis les premiers mois de 1970 ont ressurgi les syndicats ouvriers, mis en sommeil en 1966 pour tendances « révisionnistes ». En avril 1973, les syndicats ouvriers chinois ont repris pleinement leurs activités et se sont réunis en congrès à Pékin et à Changhaï (du 16 au 21 avril 1973). Avant la révolution culturelle, les activités politiques des syndicats étaient à peu près nulles; elles portaient tous leurs efforts dans les domaines du bien-être et de l'aménagement des salaires. Les rapports présentés lors des congrès de Pékin et de Changhaï ont combattu cette conception « corporatiste » : les syndicats ouvriers doivent aider la classe ouvrière, « force principale de la révolution, à renverser définitivement la bourgeoisie et finalement à réaliser le communisme ». Qualifiés par le Parti communiste chinois d'écoles ouvrières du marxisme-léninisme, les syndicats doivent donc poursuivre la lutte de classes. Les congrès de Changhaï et de Pékin pourraient constituer une étape vers la reconstitution de la C.G.T. chinoise.

De même, revit la Ligue de la jeunesse, pratiquement mise hors-circuit en tant qu'organisation officielle par la Révolution culturelle. Elle groupe les jeunes de quinze à vingt-cinq ans. Elle recrute essentiellement dans les rangs de la jeunesse ouvrière et assure un rôle de direction sur les lycéens, membres de la Garde rouge. Dans les Universités, les examens qui avaient disparu sous l'influence des émules de Lin Piao, c'est-à-dire les « gauchistes », ont été rétablis avec les systèmes de notation.

Il ne paraît pas inutile de rappeler que les nouveaux statuts du parti, du 28 août 1973, dans leur programme général, ont « avalisé » la révolution culturelle comme moyen de « consolider la dictature du prolétariat et de prévenir la restauration du capitalisme ». La permanence de la révolution y est en outre réaffirmée : celle-ci est l'épine dorsale du système chinois. Le préambule de la Constitution de 1975 y fait d'ailleurs référence.

---

(7) C'est en 1948 que Mao Tsé-Toung énonça : « C'est le parti qui commande aux fusils, et il est inadmissible que les fusils commandent au Parti ! » (MAO TSÉ-TOUNG, *Problème de la Guerre et de la stratégie*, 6 novembre 1948).

TITRE II

LES DÉMOCRATIES DE L'EUROPE OCCIDENTALE

Depuis la mort de Franco, survenue à la fin de 1975, l'Espagne, qui vivait en état de dictature depuis 1939, sitôt la guerre civile terminée, est en passe d'admettre progressivement la démocratie qui est le propre et la règle dans tous les pays d'Europe occidentale.

L'année 1974 a vu la fin de deux dictatures européennes instaurées au Portugal et en Grèce. Un coup d'Etat militaire, survenu au Portugal le 25 avril 1974, a mis fin à la dictature civile du Dr Caetano, qui avait succédé à Salazar; la dictature portugaise avait duré plus de quarante ans. La Grèce, quant à elle, s'était installée dans la dictature militaire le 21 avril 1967. En apparence, le pouvoir des « colonels » avait paru prendre fin avec l'instauration d'une « République présidentielle parlementaire » à la suite du référendum du 25 juillet 1973; dans la réalité, leur influence demeurait non négligeable. Elle fut rendue à nouveau prépondérante à la suite d'un nouveau coup d'Etat militaire le 25 novembre 1973. Le 23 juillet 1974, l'armée abandonnait le pouvoir pour le confier à un gouvernement civil qui organisa des élections générales le 17 novembre 1974 selon un système de représentation proportionnelle renforcée. Les institutions démocratiques de la Grèce sont désormais inscrites dans la Constitution du 9 juin 1975. Celles du Portugal le sont dans la Constitution du 2 avril 1976.

Pour s'en tenir à la situation actuelle, on peut qualifier l'Italie et la France de « démocraties ouvertes » alors que la Grande-Bretagne et l'Allemagne de l'Ouest peuvent être considérées comme des « démocraties fermées ». Pourquoi et en quel sens ?

Il faut remarquer immédiatement que trois Etats sur les quatre qui retiendront notre attention pratiquent le régime parlementaire : la Grande-Bretagne, la République fédérale d'Allemagne et l'Italie; la France, sous la Ve République, pratique un régime présidentiel spécifique, ne serait-ce qu'en raison de l'élection au suffrage universel direct depuis 1962 du président de la République, celui-ci étant le véritable chef de l'exécutif.

Cette précision étant faite, le degré de pluralisme des opinions et des partis politiques commande à un double titre notre dichotomie.

En envisageant d'abord le cas des démocraties fermées (Grande-Bretagne et Allemagne de l'Ouest), on constate que, dans ces pays, la gamme des opinions et des partis est restreinte en raison d'un large consensus sur les fondements de l'organisation sociale.

La Grande-Bretagne se caractérise par l'existence de deux grands partis, parti conservateur et parti travailliste, qui se partagent tour à tour les faveurs de l'électorat, donc du pouvoir. Le bipartisme anglais est rigide par opposition au bipartisme américain, essentiellement souple, et cela en fonction de la forte structuration et de la discipline des deux partis britanniques qui alternent au pouvoir.

La République fédérale d'Allemagne se caractérise aussi par l'alternance au pouvoir des sociaux-démocrates et des chrétiens-démocrates, avec la seule différence qu'ils doivent tenir compte de la présence au pouvoir d'un tiers parti, le parti libéral. Celui-ci a vu au fil des ans sa clientèle électorale s'amenuiser peu à peu, et il ne joue qu'un rôle de parti charnière dans la mesure où aucun des deux grands partis n'obtient la majorité absolue lors des élections législatives, contrairement au cas de la Grande-Bretagne (1). (Cependant, la démocratie-chrétienne a détenu la majorité absolue entre 1957 et 1961). Si l'évolution en cours se poursuivait on assisterait de plus en plus en Allemagne de l'Ouest à une transformation des forces politiques en présence dans le sens d'une monopolisation de la démocratie par les deux grands partis, ce qui, aboutissant à faire du parti libéral un simple parti d'opinion, comme c'est le cas en Grande-Bretagne, conduirait inévitablement au bipartisme pur et simple qui caractérise la vie politique anglaise. Actuellement donc, l'Allemagne vit en état de bipartisme imparfait.

En Grande-Bretagne, le parti communiste, qui ne représente qu'une fraction infime de l'électorat, ne joue qu'un rôle nécessairement négligeable; en Allemagne de l'Ouest, le parti communiste ne peut jouer aucun rôle du fait de son incompatibilité avec la Loi fondamentale du 23 mai 1949 et de son interdiction prononcée par le tribunal constitutionnel en 1956 en raison « de la non-conformité de son programme politique aux principes démocratiques », l'extrême-droite (S.R.P.) ayant été, pour des raisons identiques, interdite par le même tribunal en 1952. Il faut cependant préciser que le parti communiste allemand s'est reformé en avril 1969 sous un autre sigle (D.K.P.) : il a présenté, pour la première fois, des candidats aux élections de 1972 mais n'a obtenu aucun siège. L'interdiction du tribunal constitutionnel du 17 août 1956 n'a pas été levée à l'égard de l'ancien parti communiste (K.P.D.). Il en est de même pour celle prononcée le 23 octobre 1952 à l'égard du parti socialiste du Reich (extrême-droite), ce qui n'a pas empêché la reconstitution de ce parti en 1964, et derrière une façade démocratique et libérale (N.P.D.). Il ne dispose, non plus, d'aucune représentation parlementaire.

Dans ces circonstances, l'alternance du pouvoir joue de façon régulière et harmonieuse aussi bien en Grande-Bretagne qu'en République fédérale

---

(1) Si le parti travailliste n'a pas obtenu la majorité absolue lors des élections du 28 février 1974, il n'en a pas moins gouverné seul en constituant un gouvernement minoritaire.

d'Allemagne (depuis longtemps en Grande-Bretagne, depuis peu en Allemagne de l'Ouest). Il faut bien voir aussi que si l'alternance au pouvoir se pratique aux Etats-Unis entre deux partis fondamentalement libéraux, l'alternance en Grande-Bretagne et en Allemagne est de nature différente : elle met en scène un parti « conservateur-libéral » et un parti socialiste (parti travailliste en Angleterre, parti social-démocrate en Allemagne), encore que le socialisme de ces derniers partis soit nuancé et assez limité.

L'alternance peut se caractériser, comme l'a fort bien fait Hubert Thierry (Les conditions de l'alternance et le gaullisme, in « L'alternance au pouvoir », *Après-demain,* fév. 1973) de la façon suivante :

> « L'alternance, c'est le pouvoir exécutif qui change de main (sans révolution, sans crise), lorsque des élections significatives, présidentielles ou législatives, témoignent d'un changement de l'orientation politique du corps électoral, tel que le parti ou la coalition majoritaire soit devenu minoritaire et que, réciproquement, l'opposition soit devenue la nouvelle majorité. Ce processus, quand il se produit, est l'expression directe du principe de la démocratie, qui exige que le pouvoir émane de la volonté générale. »

Les règles de l'alternance sont une simple spécification du principe de la concurrence politique. (V. *L'alternance au pouvoir : Projet,* mai 1974).

La France et l'Italie se caractérisent par une gamme très étendue des opinions, des croyances et des partis politiques allant de l'extrême-gauche à l'extrême-droite. Et ce qui est particulièrement caractéristique de ces deux Etats, c'est l'existence et la puissance du parti communiste qui représente actuellement en France 21 % de l'électorat, alors qu'il en couvre 34 % en Italie. Il n'existe pas, dans ces deux pays, de large consensus sur les structures sociales. Dans l'Europe de l'Ouest, il existe d'autres pays, en dehors de l'Italie et de la France, qui se caractérisent aussi par la présence d'un parti communiste : la Finlande, le Luxembourg, l'Islande, le Portugal et la Grèce. Si l'on considère l'Italie et la France, il semble que la principale raison de l'existence du parti communiste tienne à la tradition catholique, fondée sur le dogme, alors que l'on constate que dans les pays protestants où les religions reposent avant tout sur le libre arbitre, donc sur l'individualisme spirituel, le parti communiste n'a pas eu de prise. Maurice Duverger n'est pas d'accord avec cette analyse : pour lui « des facteurs nationaux peuvent seuls expliquer le développement du communisme, dans chaque cas particulier » (*Janus, les deux faces de l'Occident,* 1972, p. 216). Mais au nombre de ces facteurs nationaux, le phénomène du catholicisme, au moins dans les pays où cette religion est dominante, ne se présente-t-il pas comme une sorte de dénominateur commun ? Il ne faut pas négliger non plus le fait que la relative puissance des partis communistes dans certains pays d'Europe occidentale tient au fait qu'à une modernisation économique dans ces pays n'a pas suffisamment correspondu une modernisation sociale, alors que cette convergence a été accomplie en Grande-Bretagne et en République fédérale d'Allemagne.

En même temps, le terme « démocratie ouverte » prend un second sens : du fait de la force, toute relative d'ailleurs, du P.C.F. et du P.C.I., les démocraties libérales que sont la France et l'Italie peuvent être considérées comme des démocraties ouvertes vers un autre type de société qui serait fondée sur les principes du marxisme-léninisme, dans la mesure où le parti communiste, arrivé avec d'autres partis ou seul au pouvoir, entendrait faire passer progressivement la France et l'Italie du stade de la démocratie libérale à celui de la démocratie socialiste par des voies pacifiques en se servant momentanément du substratum et des institutions de la démocratie libérale. Mais il faut considérer que l'Europe de l'Ouest fait partie de la zone d'influence américaine au même titre que l'Europe de l'Est subit la pénétration soviétique. Dans ces conditions, la monopolisation du pouvoir par les communistes à Paris ou à Rome provoquerait d'une façon probablement indirecte, une intervention américaine de la même façon que les Russes sont intervenus, eux, militairement à Budapest en 1956 et à Prague en 1968. On peut parallèlement évoquer, à cet égard, le changement de régime survenu au Chili en septembre 1973 grâce à l'influence plus ou moins discrète de certains milieux politiques et économiques américains (2).

C'est donc à un double point de vue que la division entre démocraties fermées et démocraties ouvertes est concevable. Elle ne signifie certainement pas que les régimes politiques de la Grande-Bretagne et de l'Allemagne de l'Ouest soient moins démocratiques dans leur inspiration et dans leur exercice que les régimes français et italien. Elle se marque seulement, à l'intérieur de la démocratie libérale, par la circonstance que toute la gamme des opinions et des partis est représentée dans les démocraties ouvertes, et éventuellement, par une projection virtuelle en dehors des schémas de la démocratie libérale, que ces démocraties demeurent en permanence hyperouvertes par un passage éventuel des structures de l'Etat libéral à celles de l'Etat socialiste, lequel n'est lui-même qu'une forme de transition vers le communisme intégral où l'Etat disparaît. Mais cette hypothèse demeure largement d'école dans la mesure du partage du monde par les Empires, ou, en tout cas, d'une « neutralisation » européenne.

(2) Le président Gerald Ford a, lui-même, reconnu dans une conférence de presse du 16 septembre 1974 que les Etats-Unis étaient intervenus au Chili pour contribuer au renversement du régime de M. Allende. Le rapport de la commission sénatoriale d'enquête sur la C.I.A., rendu public le 4 décembre 1975, a conclu à l'intervention indirecte des U.S.A. en vue de renverser le régime d'Allende. Le rapport a, à ce sujet, mis en cause le Secrétaire d'Etat Kissinger.

SOUS-TITRE I

LES DÉMOCRATIES FERMÉES OU INTÉGRÉES : LA GRANDE-BRETAGNE ET LA RÉPUBLIQUE FÉDÉRALE D'ALLEMAGNE

CHAPITRE I

LES INSTITUTIONS DE LA GRANDE-BRETAGNE

La Grande-Bretagne a servi de modèle au régime parlementaire de la même façon que les Etats-Unis sont le modèle privilégié du régime présidentiel.

L'évolution du régime politique de la Grande-Bretagne a été graduelle : concentré entre les mains du monarque, le pouvoir s'est très tôt déplacé vers le Parlement et vers le Cabinet : après la révolution de 1688, le ministère sera exclusivement composé de ministres ayant la confiance du Parlement. De nos jours, le monarque britannique ne joue plus aucun rôle effectif, de même que la Chambre des lords dont les attributions ont été progressivement grignotées. Finalement ne restent plus en présence que trois acteurs : le peuple, la Chambre des communes et le Cabinet, les relations harmonieuses existant entre eux engendrant ce que l'on a appelé le Gouvernement de cabinet qui s'exerce dans le cadre du *two party system.* L'on a déjà développé les caractéristiques du régime parlementaire à l'anglaise (p. 141). Il reste donc à décrire les institutions et leur fonctionnement.

SECTION I

LE BIPARTISME ET LE SYSTEME ELECTORAL

Le *two party system* ne révèle pas seulement le fait qu'il existe en Grande-Bretagne deux partis puissants et structurés, ce que l'on traduit par « bipartisme ». C'est surtout la constatation que, de la confrontation des deux partis, conservateur et travailliste, apparaît un système politique qui s'exprime par le parlementarisme majoritaire, c'est-à-dire l'exercice du pouvoir par le parti majoritaire. Le chef du gouvernement, le Premier ministre, est le leader du parti momentanément majoritaire et il ne peut gouverner qu'avec l'appui et sous le contrôle du parti qui l'a porté au pouvoir. Gouvernant aussi sous le contrôle de l'opposition qui bénéficie d'un statut et de droits sans équivalents dans aucun autre régime parlementaire, le Premier ministre, en définitive, gouverne sous le contrôle étroit de l'opinion publique, c'est-à-dire du peuple britannique tout entier.

L'électeur est le maître en Grande-Bretagne. En votant tous les cinq ans pour l'un ou l'autre des deux grands partis, il sait qu'il choisit en même temps une équipe de gouvernement, dont le Premier ministre, qui applique le programme du parti qui a remporté la majorité des sièges lors des élections à la Chambre des communes. L'opposition s'exprime librement dans les réunions publiques, dans la presse écrite qui n'a jamais connu la moindre censure depuis 1695. Les chaînes de radio et de télévision ne sont pas monopolisées par le gouvernement du moment, ce qui explique que, même en dehors des périodes électorales, l'opposition puisse s'y exprimer aussi librement et autant de temps que la majorité gouvernementale.

La liberté et l'égalité des individus y sont de règle et demeurent intangibles. L'administration, comme aux Etats-Unis, porte le nom de « civil service ». Ainsi que l'écrit Monica Charlot (*La vie politique dans l'Angleterre d'aujourd'hui,* A. COLIN, 1970, p. 11) :

> « L'Angleterre est un pays où l'on est libre, où l'on se sent libre, où l'on a toutes chances de rester libre, dans la mesure où l'opinion est extrêmement sensible aux moindres atteintes aux libertés et réagit en conséquence. »

En Grande-Bretagne, l'Etat n'est pas extérieur aux citoyens. Il leur appartient. Par là même il s'oppose à l'Etat-puissance, à l'Etat-monarque trop souvent rencontré sur le Continent. Au parlement britannique le mot « Etat » est inconnu : on y parle de *tax-payer,* du contribuable.

On observera à nouveau que la Grande-Bretagne n'a pas de Constitution écrite. On peut cependant considérer que la Grande-Bretagne possède une « Constitution coutumière » si l'on veut bien considérer comme « coutumes constitutionnelles » les règles coutumières relatives à l'organisation et au fonctionnement des pouvoirs publics et comme « lois constitutionnelles » les textes également y relatifs, ou bien ceux qui proclament solennellement l'existence de certains droits : Grande Charte de 1215, Pétition des droits de 1628, Bill des droits de 1689 et les deux Parliament Acts de 1911 et de 1949.

§ 1. — Le scrutin majoritaire à un tour

On ne peut pas pleinement apprécier le bipartisme rigide qui caractérise la vie politique en Grande-Bretagne si l'on ne tient pas compte au préalable du mode de scrutin propre aux élections à la Chambre des communes : le scrutin uninominal majoritaire à un tour. Ce système est brutal et tranché : il aboutit à faire élire immédiatement à la Chambre le candidat présenté et soutenu par un parti, qui a obtenu plus de voix que ses concurrents.

Ce système entraîne nécessairement la monopolisation aux leviers de commande politiques de deux partis fortement structurés, même si un tiers parti, le parti libéral, peut se prévaloir de quelque succès au niveau de l'électorat. C'est ainsi qu'à l'issue des élections du 10 octobre 1974, sur 635 députés que compte la Chambre, on ne dénombrait que 13 libéraux.

Le scrutin majoritaire à un tour s'exerce dans le cadre de circonscriptions assez réduites : il y a un seul siège par circonscription. Si, par extraordinaire, un seul candidat se présente dans une circonscription sans concurrent aucun, il est proclamé élu sans scrutin. Le nombre des circonscriptions est passé de 630 en 1970 à 635 en 1974. Trois cents de ces circonscriptions ont aussi fait l'objet d'un nouveau découpage : une commission spécialisée procède, en effet, tous les dix ou quinze ans à la révision des tracés des circonscriptions. Chaque circonscription compte de 55 000 à 60 000 électeurs.

Non seulement ce mode de scrutin pousse au bipartisme et à une organisation très stricte des deux grands partis en présence, un peu comme à l'occasion d'une compétition sportive, mais il nécessite et entraîne une discipline très forte de la part de l'électorat. Cette discipline se traduit essentiellement par le fait que l'électeur anglais qui tiendrait à ne voter que pour un candidat représentant exactement les diverses nuances de sa pensée courrait le risque de laisser élire l'adversaire dont il veut justement le moins. Il renonce donc aux nuances et vote pour le candidat du parti qui a le plus de chances d'éliminer l'adversaire.

Il peut paraître injuste parce qu'il amplifie les mouvements électoraux et qu'il lamine les tiers partis, mais il offre le mérite d'un choix clair même s'il est trop tranché. L'effet du mode de scrutin anglais sur l'opinion, c'est-à-dire l'amplification des variations de l'opinion, a même pu être exprimé mathématiquement par Kendall et Stuart sous la forme d'une loi dite du cube : le rapport du nombre de sièges qu'obtiennent les deux partis à la Chambre des communes est équivalent au rapport des cubes des pourcentages de voix exprimées dans le pays. Pour considérer le cas des élections législatives du 18 juin 1970, les conservateurs, avec 46,40 % des suffrages, ont obtenu 331 sièges, et les travaillistes, avec 43 % des suffrages, 287 sièges.

Pour que la loi du cube joue pleinement, il faut que les deux partis en cause totalisent ensemble 90 % des suffrages. Cela n'a pas été le cas lors des élections de 1974 où le jeu bipartisan a été troublé par l'intervention de partis nationalistes (écossais, gallois et irlandais).

Un homme politique français comme Michel Debré avait manifesté de l'intérêt pour un tel mode de scrutin. Dans *Les princes qui nous gouvernent*, on trouve ce jugement :

> « Il est bien entendu que le seul scrutin majoritaire digne de ce nom, c'est le scrutin du type anglo-saxon où, du premier coup, le candidat ayant le plus de voix est élu. Ce mode de scrutin domine les partis en les obligeant aux simplifications et aux fusions nécessaires pour triompher dans une lutte brutale mais claire. » (Paris, 1957, p. 92).

§ 2. — Un bipartisme oppositionnel

Le bipartisme américain a été qualifié d' « unitaire » en ce sens que les deux partis, républicain et démocrate, se situent dans un climat résolument libéral, au point de vue de l'économie du pays, aucun d'eux ne se prévalant du socialisme. En Grande-Bretagne, il n'en va pas de même : il existe un parti de droite, le parti conservateur, et un parti de tendances socialistes, donc de gauche, le parti travailliste. Certes, il faut tenir compte de la présence d'un tiers parti, le parti libéral, mais ce dernier, lors de chaque consultation électorale, ne parvient qu'à recueillir un nombre infime de sièges, en raison essentiellement du scrutin majoritaire à un tour qui lamine les tiers partis.

Le jeu politique se déroule entre les deux grands partis de droite et de gauche. Il n'en a pas toujours été ainsi : la Grande-Bretagne a connu le tripartisme entre 1922 et 1935; aucun des partis, à lui seul, n'obtint la majorité absolue à la Chambre des communes. Mais ce tripartisme a correspondu, dans la réalité, à une mutation du bipartisme traditionnel : en effet, au XVIIIe siècle, la Grande-Bretagne se caractérisait déjà par la confrontation de deux partis puissants: les Tories, aristocrates et propriétaires fonciers, et les Whigs, composés surtout de bourgeois d'affaires. Ils allaient engendrer au XIXe siècle le parti conservateur et le parti libéral. Au début du XXe siècle, apparaît le parti travailliste, en 1906, par transformation en parti politique organisé d'un mouvement né des syndicats ouvriers et des sociétés socialistes. A partir de ce moment le parti libéral est condamné au déclin : après le tripartisme qui prend fin en 1935, le parti travailliste supplante définitivement le parti libéral : désormais se succéderont des gouvernements conservateurs et travaillistes.

Le bipartisme anglais est rigide en ce sens que les deux grands partis sont très structurés, ce qui leur permet de jouer un rôle décisif dans la vie politique britannique en alternant tour à tour au pouvoir. En outre, du point de vue du fonctionnement parlementaire, la discipline de vote est très stricte : la majorité partisane soutient, dans tous ses votes, le Premier ministre qui est le leader du parti. (Aux Etats-Unis, au contraire, chaque sénateur ou chaque représentant vote selon ses préférences; il n'est pas dirigé dans ses votes par le parti auquel il appartient et qui est très décentralisé; c'est en cela, particulièrement, que le bipartisme américain est qualifié de « souple »). L'organisation des deux partis anglais est très centralisée. Les leaders des deux partis sont élus par les groupes parlementaires de la Chambre des communes. Jusqu'en 1965, le leader du parti conservateur était coopté au sein des instances dirigeantes du parti. Depuis cette date, l'organisation du parti conservateur revêt un caractère aussi démocratique que celle du parti travailliste.

Depuis 1945, l'alternance s'est effectuée de la façon suivante : de 1945 à 1951, les travaillistes ont été au gouvernement; de 1951 à 1964, les conservateurs les ont remplacés; de 1964 à 1970, les travaillistes furent de nouveau au pouvoir; de 1970 à 1974, après la dissolution de la Chambre des communes par le Premier ministre travailliste, M. Wilson, et de nouvelles élections le 18 juin 1970, ce sont les conservateurs, sous la conduite de M. Heath, qui sont revenus au pouvoir. Celui-ci a, à son tour, dissous la Chambre des communes : à l'issue des élections du 28 février 1974 où aucun des deux grands partis n'a pu obtenir la majorité absolue, un gouvernement travailliste minoritaire a été constitué par M. Wilson. Après dissolution de la Chambre, les élections du 10 octobre 1974 ont donné une majorité absolue, mais faible, aux travaillistes.

Le parti conservateur compte actuellement 2 500 000 membres et le parti travailliste 6 millions d'adhérents (1 million à titre individuel et 5 millions par l'intermédiaire des syndicats). Situé à droite, comme l'indique son propre nom, le parti conservateur se caractérise, selon Monica Charlot (*La vie politique dans l'Angleterre d'aujourd'hui,* 1970, p. 70) en trois articles : croyance dans l'individu, croyance dans la grandeur britannique, croyance dans la valeur irremplaçable des règles morales pour l'ordre social. Le socialisme des travaillistes reste essentiellement pragmatique; en fait, il est plus réformiste et modéré que d'inspiration socialiste. Il croit en une société plus juste, plus fraternelle et plus égalitaire.

Quant au parti libéral, qui compte 250 000 adhérents, il ne se présente que comme un parti d'opinion, puisqu'il ne peut même pas espérer jouer le rôle de parti charnière imparti au parti libéral allemand, chacun des deux grands partis obtenant tour à tour la majorité absolue à la Chambre des communes. Le parti libéral britannique se présente finalement comme un parti anti-parti : il rassemble, en effet, les suffrages des électeurs qui veulent manifester leur mécontentement aussi bien à l'égard des conservateurs qu'à l'égard des travaillistes. Entre deux élections, il permet à certains électeurs de protester contre le parti au pouvoir tout en se refusant à rallier le parti d'opposition : au cours de l'année 1973, à la suite d'élections partielles, le parti libéral a remporté cinq victoires. De la sorte, tout en ayant recueilli 7,4 % des suffrages lors des élections du 18 juin 1970 et n'ayant obtenu à cette occasion que six sièges à la Chambre des communes, le parti libéral comptait finalement onze députés, en novembre 1973. Depuis la dernière guerre, le groupe libéral n'a jamais dépassé plus de quatorze membres à la Chambre des communes qui compte actuellement 635 députés (14 députés après les élections du 28 fév. 1974 et 13 députés après celles du 10 octobre 1974). L'élection de M. David Steel à la tête du parti libéral, le 7 juillet 1976, constitue une innovation dans les mœurs politiques anglaises : c'est en effet un collège électoral de vingt mille militants, et non plus le groupe parlementaire de la Chambre des communes, qui l'a choisi.

Le parti communiste ne joue aucun rôle en Grande-Bretagne : entre 1951 et 1974, le nombre de ses voix oscillait entre 0,1 et 0,2 %. Il a considérablement diminué lors des élections de 1974 : lors des élections législatives d'octobre 1974 il n'a obtenu que 0,01 % des voix.

SECTION II

LE GOUVERNEMENT DE CABINET ET LE MONOCAMERALISME DE FAIT

La démocratie anglaise atteint un stade de quasi-perfection en ce sens que le peuple anglais par le moyen de l'élection choisit les élus d'un parti, en même temps que le programme présenté par ce parti, et l'équipe gouvernementale, dont le Premier ministre, qui sera le leader du parti ayant obtenu la majorité à la Chambre.

Le gouvernement gouverne avec l'appui de la majorité de la Chambre des communes qui le soutient durant la législature, et sous le contrôle de l'opposition minoritaire du moment. Majorité et opposition représentent la nation tout entière qui se manifeste non seulement comme le véritable détenteur du pouvoir mais aussi comme juge de l'action gouvernementale. La monarchie britannique ne représente plus, depuis longtemps, qu'une façade. Les pouvoirs du monarque, irresponsable, sont exercés par le Cabinet. Le Parlement, composé de deux Chambres, présente une autre façade, la Chambre des lords, qui ne détient pratiquement plus aucun pouvoir, la Chambre haute pouvant tout au plus être considérée comme représentative partiellement de la croyance du peuple britannique en certaines valeurs morales et sociales, et qui contribue ainsi, par sa seule présence, comme la monarchie, à englober le système politique britannique dans l' « anglicité », c'est-à-dire dans l'ensemble des valeurs passées et présentes de la civilisation britannique.

§ 1. — Le Premier ministre et le Cabinet

Régime parlementaire par excellence, le régime britannique traduit une collaboration des pouvoirs véritable qui, aujourd'hui comme hier, l'emporte fondamentalement sur ce qu'une observation purement apparente du système pourrait faire considérer comme un régime de confusion des pouvoirs dans la mesure où le Premier ministre pourrait être envisagé comme une sorte de monarque élu indirectement par le peuple et monopolisant la totalité des attributions de l'exécutif et du législatif. Ce qui est vrai, c'est que le Premier ministre gouverne, avec son Cabinet, sous le contrôle de l'opinion publique.

Il ne faut pas confondre ce que l'on appelle le ministère (gouvernement) et le cabinet. Le Ministère, en y incluant notamment les secrétaires parlementaires placés à côté de chaque ministère (certains en ont deux) qui assurent la liaison entre le ministre et le parlement, peut comprendre de 60 à 100 personnes. Le Cabinet, quant à lui, n'englobe qu'une vingtaine de personnes.

Celles-ci comprennent les personnalités marquantes du parti qui a remporté les élections. Il se présente, en fait, comme l'état-major du parti momentanément vainqueur.

Le Premier ministre, choisi par le souverain, est le leader du parti majoritaire. Entouré de son Cabinet, dont les membres sont choisis par lui parmi les personnalités les plus influentes de son parti, il dispose de pouvoirs très étendus.

En matière administrative, le Cabinet contrôle l'administration; en matière de politique générale, c'est lui qui détermine les grandes orientations du pays. En matière législative l'on constate que 90 % des lois votées par la Chambre des communes le sont sur initiative gouvernementale. Dans cette mesure, la Chambre des communes ne joue plus qu'un rôle de ratification. De plus, le Cabinet peut légiférer sur habilitation du Parlement.

Enfin, et surtout, c'est le Premier ministre qui dispose du pouvoir de dissolution à l'égard de la Chambre des communes. La dissolution, prononcé par le monarque, mais sur demande du Premier ministre (et il ne peut s'y opposer) n'a pas, en Grande-Bretagne, un rôle de contrepartie de la mise en jeu de la responsabilité du gouvernement devant le Parlement. Cette responsabilité, par définition, n'a pas l'occasion de jouer puisque le

Cabinet s'appuie sur une majorité stable, celle du parti dont il est l'émanation.

Le droit de dissolution sert essentiellement, entre les mains du Premier ministre, d'arme de dissuasion pour empêcher certains votes rebelles au sein de la majorité; il permet aussi, à peu de mois de la fin d'une législature, au Premier ministre de déterminer la date des élections pour voir renforcer éventuellement la majorité de son parti, particulièrement si celle-ci est peu importante (1) ; enfin, quand un problème particulièrement aigu divise le Cabinet et l'opposition, l'exercice du droit de dissolution est un moyen d'en appeler à l'arbitrage du pays : il agit alors comme une sorte de référendum.

Il faut bien voir que le gouvernement de cabinet ne peut pas être un gouvernement de dictature : il fonctionne sous le contrôle et l'arbitrage du peuple. Bien mieux, le gouvernement britannique demeure un gouvernement parlementaire, ainsi qu'il sera vu plus loin. Ce qui illustre particulièrement le caractère libéral des institutions britanniques, c'est l'existence et le rôle du « Cabinet fantôme » qui permet à l'opposition de contrôler avec vigilance et efficacité la politique gouvernementale. Ce que l'on désigne par Cabinet fantôme (Shadow Cabinet) n'est ni plus ni moins que le Cabinet constitué par l'opposition durant le temps que la majorité gouverne. Le chef de ce Cabinet virtuel est évidemment le leader du parti qui n'est pas momentanément au pouvoir. Celui-ci porte le titre de « Leader de l'opposition de Sa Majesté » et il est rémunéré sur fonds publics; il reçoit un traitement. L'opposition bénéficie donc d'un statut. Le leader du parti minoritaire n'est donc pas considéré comme un simple opposant : il est amené à participer au pouvoir politique en raison du caractère si particulier de la démocratie anglaise qui associe la minorité et la majorité : c'est ainsi que le chef de l'opposition est consulté par le Premier ministre dans les cas aigus qui requièrent une unanimité de la part du peuple britannique. La démocratie anglaise, il ne faut jamais le perdre de vue, est une démocratie intégrée : elle reflète largement le consensus du peuple britannique sur les structures sociales et politiques. Elle tient compte du fait que la minorité du moment est appelée à devenir la majorité future. Par-delà le respect de la règle du jeu politique auquel sont accoutumés les Britanniques depuis fort longtemps, elle est avant tout la manifestation fondamentale du respect de la liberté et de l'égalité juridique entre les êtres. Il est inconcevable que le gouvernement et le parti en place puissent se comporter en conquérants. Le pouvoir est véritablement détenu par le peuple britannique. C'est lui qui l'exerce par l'intermédiaire de l'un ou l'autre des partis.

L'esprit de tolérance ainsi que l'unité fondamentale du peuple britannique expliquent le parfait fonctionnement du « jeu » politique. Comme le remarque André Maurois dans *l'Histoire d'Angleterre* (Fayard, 1937, p. 478) :

> « ...Les oppositions de classes ou de partis, mortelles en d'autres pays, sont moins dangereuses en Angleterre, parce que l'habitude de s'incliner

---

(1) Les élections du 28 février 1974 n'ayant pas permis au parti travailliste d'emporter la majorité absolue des sièges à la Chambre des communes, le Premier ministre, M. Wilson, dissoudra la Chambre en septembre 1974 ; les élections du 10 octobre 1974 permettront à son parti d'obtenir la majorité absolue des sièges. Cette majorité est très faible : majorité absolue, plus un siège.

avec discipline devant les décisions de la majorité y est aussi ancienne que les jurys des rois normands et aussi parce que, sous les superficiels conflits d'opinion, l'unité profonde du pays semble indestructible. Les classes sont ici séparées par des intérêts, lesquels transigent aisément, non par des souvenirs ni par des passions. L'intelligence et l'éloquence, qui divisent si fort d'autres peuples, ont sur les Anglais moins de prise qu'une sagesse instinctive et traditionnelle... La force du peuple anglais est dans le caractère discipliné, bienveillant, confiant et tenace qu'ont modelé dix siècles de bonheur. »

L'Angleterre, à la différence de la France, a été particulièrement marquée par le fond germanique; l'harmonie de ses institutions et leur équilibre y trouvent peut-être leur origine.

§ 2. — Un monocaméralisme de fait

Le Parlement britannique est composé de deux Chambres : la Chambre des communes et la Chambre des lords. Cependant, la Chambre des lords a vu, au fil des ans, son pouvoir pratiquement réduit à tel point que, comme la Couronne, la Chambre haute ne relève plus que de la figuration.

A. — La Chambre des lords

Présidée par le Lord chancelier, la Chambre des lords, Chambre haute et aristocratique, est composée essentiellement de membres héréditaires : sur les quelques 1 000 membres qu'elle comprend, il y a environ 800 lords héréditaires (le premier héritier mâle succédant automatiquement au lord succédé) qui portent le nom de pairs du Royaume-Uni; parmi eux il est trois pairs de sang royal : les ducs d'Edimbourg, de Kent et de Gloucester.

En dehors des 800 pairs héréditaires, il faut compter les pairs irlandais élus à vie par les nobles irlandais (ces pairs sont en voie de disparition) et les pairs représentant l'Ecosse.

A côté des lords temporels, dont font partie les neuf lords d'appel (hauts magistrats nommés à vie), siègent 26 lords spirituels représentant l'Eglise d'Angleterre : l'archevêque de Canterbury, l'archevêque d'York et 24 évêques désignés en fonction de l'ancienneté à l'exception des évêques de Durham, Winchester et Londres qui sont membres de droit.

Enfin, depuis le *Parliament Act* du 30 avril 1958, il existe des pairs nommés à vie par la Couronne. D'après cet « Act », peuvent figurer des femmes à la Chambre des lords.

Plus de 90 % des lords appartiennent au parti conservateur, le reste se répartissant entre les travaillistes, les libéraux et quelques indépendants.

La Chambre des lords dispose d'attributions judiciaires exercées par les neuf lords d'appel; en théorie, en effet, la Chambre des lords est le juge d'appel suprême de l'ensemble des juridictions anglaises.

En matière politique, le rôle de la Chambre des lords est réduit à un quasi-néant : la responsabilité du Cabinet ne s'exerce que devant la Chambre des communes; en matière législative, le rôle de la Chambre haute est limité à un veto suspensif d'un an à l'égard des lois, et cela depuis le *Parliament Act* du 16 décembre 1949. Les pouvoirs financiers de la Chambre des lords avaient été anéantis dès le *Parliament Act* du 18 août 1911 aux termes duquel la Chambre des lords n'était plus compétente pour amender les projets de lois de finances. Elle est donc devenue, dans ce domaine, une simple chambre d'enregistrement.

Chambre de réflexion, la Chambre des lords demeure en Grande-Bretagne à l'état de pur symbole. Comme la Couronne, la Chambre haute continue de faire partie des institutions britanniques dans la mesure où le citoyen anglais a, ancré en lui, autant que le souci de l'adaptation aux circonstances et au contexte économique et social, le sens intelligemment compris des traditions.

B. — La Chambre des communes

Elle comprend 635 élus (2). Non seulement la Chambre des communes est véritablement représentative de la nation, mais elle est le relais nécessaire par où passe le *two party system* dont le gouvernement de cabinet n'est qu'un élément. Depuis 1911, la durée du mandat des membres de la Chambre des communes est de cinq ans. Il faut remarquer que la durée de la législature est en fait inférieure, la Chambre étant souvent dissoute durant la dernière année de la législature. Entre 1945 et 1974, une seule assemblée est allée jusqu'au terme de cinq ans (celle de 1959).

Les députés anglais sont élus au scrutin uninominal majoritaire à un tour et l'on a déjà étudié l'influence décisive que ce mode de scrutin a exercé sur le bipartisme britannique.

Depuis 1970, sont électeurs les citoyens âgés de 18 ans. Le droit de suffrage avait été étendu aux femmes dès 1918. Dans la réalité, le droit de suffrage fut accordé en 1918 aux femmes à partir de 30 ans. En 1928, les femmes obtinrent le droit de vote dans les mêmes conditions que les hommes (21 ans). En 1970, la majorité électorale a été abaissée à 18 ans.

---

(2) A la suite des élections du 10 octobre 1974, la Chambre des communes se trouve composée comme suit :

— travaillistes : 319 sièges (39,3 % des suffrages exprimés) ;
— conservateurs : 276 sièges (35,7 % — — —) ;
— libéraux : 13 sièges (18,3 % — — —) ;
— divers : 27 sièges (6,7 % — — —).

(Les « divers » se décomposent ainsi : 11 nationalistes écossais, 3 nationalistes gallois, 10 unionistes irlandais, 2 catholiques irlandais, et le « speaker » des communes).

Les élections du 28 février 1974 avaient entraîné la répartition des sièges suivante :

— travaillistes : 301 sièges pour 37,20 % des suffrages exprimés ;
— conservateurs : 296 sièges pour 38,1 % — — — ;
— libéraux : 14 sièges pour 19,3 % — — — ;
— divers : 24 sièges pour 5,4 % — — — .

Un gouvernement minoritaire travailliste avait été constitué ; c'était la première fois, depuis l'entre-deux guerres, qu'un gouvernement minoritaire était désigné, faute pour aucun des deux grands partis de détenir la majorité absolue des sièges. Le Cabinet ayant été battu à la Chambre des communes quatre fois en juin et une fois en juillet 1974, la dissolution de la Chambre était inévitable, ce qui fut accompli en septembre 1974, et qui permit aux travaillistes de détenir, après élections, le 10 octobre 1974, la majorité absolue des sièges à la Chambre.

Le président de la Chambre des communes est le *Speaker,* élu par la Chambre pour la durée de la législature, mais en fait l'impartialité dont il fait montre durant l'exercice de ses fonctions est telle qu'il est pratiquement réélu même en cas de changement de majorité. Il est le garant de l'institution parlementaire.

Contribuant particulièrement au bon fonctionnement de la Chambre des communes, plus précisément à la discipline des partis, les Whips, qui encadrent chaque groupe parlementaire, jouent un rôle quelque peu pittoresque : le vote à la Chambre étant personnel, les Whips sont là pour préserver la cohésion du groupe parlementaire et pour rassembler les membres de leur parti spécialement à propos des votes importants. Les Whips sont naturellement députés eux-mêmes. On compte normalement un Whip pour 25 députés dans chacun des deux grands partis. La discipline de vote est une composante essentielle du *two party system.* Cependant, depuis peu, s'est signalé à l'intérieur du parti travailliste une aile gauche qui n'hésite pas, quand le parti travailliste est au pouvoir, à manifester son hostilité à certaines initiatives gouvernementales.

Chargées de la préparation du travail législatif en examinant les projets et propositions de lois avant toute délibération en séance plénière, les Commissions permanentes offrent la particularité, par opposition aux commissions françaises, de ne pas être spécialisées. Des Commissions *ad hoc* peuvent cependant être désignées cas par cas pour l'examen de tel ou tel problème déterminé.

Tous les ans, la session parlementaire, qui en fait ne dure que six mois, s'ouvre par le discours du Trône prononcé par la reine, mais rédigé par le Cabinet. Ce discours est prononcé devant le Parlement, c'est-à-dire devant les deux Chambres. En réponse, les deux Chambres votent une adresse.

Au sein du Parlement, la Chambre des communes a plénitude de compétence en matière législative, sous réserve du veto suspensif d'un an dont dispose la Chambre des lords. Celle-ci dispose aussi de l'initiative législative, mais elle est rarement exercée. En fait, 90 % au moins des lois adoptées le sont sur initiative gouvernementale. De plus, la pratique de la législation déléguée limite nécessairement le pouvoir législatif de la Chambre élue.

Compétente en matière budgétaire, la Chambre des communes vote les crédits et les dépenses. C'est l'une des attributions les plus anciennes de la Chambre. Actuellement, la Chambre des communes n'a plus l'initiative en matière de recettes ou de dépenses. Celle-ci appartient exclusivement au gouvernement.

La Chambre des communes contrôle étroitement et de façon très suivie la politique du Cabinet par le moyen des questions orales : du lundi au jeudi, au début de chaque séance, 50 minutes sont réservées aux questions posées par les parlementaires au gouvernement. Ces questions sont évidemment et généralement posées par un membre de l'opposition, mais pas exclusivement ; elles émanent aussi de parlementaires du parti au pouvoir. Le ministre auquel s'adresse la question est alors amené à s'expliquer publiquement devant la Chambre.

Ce procédé est particulièrement efficace : il amène non seulement le gouvernement à s'expliquer devant les élus de la nation mais l'oblige à rester en contact permanent avec l'opinion publique, par-delà le contrôle de la Chambre. Le système politique britannique, on l'a vu, est en dernière analyse un gouvernement d'opinion : non seulement le peuple détient le pouvoir, ce qui est bien le moins en démocratie, mais il en contrôle l'exercice d'une manière quasi permanente en raison du climat de liberté dans lequel il vit. La procédure des questions orales est d'autant plus indispensable que la mise en cause de la responsabilité du gouvernement devant la Chambre, signe essentiel du régime parlementaire, n'a pas l'occasion de jouer en raison de la cohésion et de la discipline du parti majoritaire qui soutient en tout le gouvernement, émanation de ce parti.

SECTION III

LE REGIME BRITANNIQUE EST-IL ENCORE PARLEMENTAIRE ?

Il ne faudrait pas croire que le régime politique actuel de la Grande-Bretagne s'apparente à la monocratie, où le Premier ministre, élu en quelque sorte indirectement par le peuple, exercerait la totalité des pouvoirs même si le peuple en contrôle l'exercice.

Dans sa lumineuse étude, La personnalisation du pouvoir en Grande-Bretagne (*in* volume collectif *La personnalisation du pouvoir,* P.U.F. 1964), Jacques Cadart a fait justice de cette façon si répandue à l'époque contemporaine de présenter le système politique britannique.

La caractéristique essentielle du régime parlementaire est la responsabilité politique du gouvernement devant le Parlement ou tout au moins devant la Chambre élue au suffrage universel direct. La contrepartie de cette responsabilité est le droit de dissolution dont dispose le gouvernement à l'égard de cette Chambre. En fait, ces deux attributs se rencontrent en Grande-Bretagne.

Il faut bien voir d'abord que le Premier ministre agit à l'intérieur du Cabinet et non en dehors de lui : le gouvernement britannique est un gouvernement collégial qui n'est, en conséquence, nullement dominé par le Premier ministre.

Même si aucun vote de défiance n'intervient à l'égard du Cabinet, en raison du support constitué à la Chambre par le parti qui détient la majorité absolue, il faut tenir compte des discussions internes à l'intérieur du groupe parlementaire majoritaire et qui ne s'expriment pas formellement par des votes à la Chambre des communes : le gouvernement est assez fréquemment amené à se soumettre devant les compromis qui lui sont imposés par le groupe parlementaire à la suite de discussions apparues au sein de ce groupe relativement à tel ou tel aspect de sa politique.

De plus, le droit de dissolution est une réalité en Grande-Bretagne. L'on a déjà étudié ses significations profondes. Il faut insister à nouveau sur le fait que le droit de dissolution constitue une menace toujours présente pour la Chambre des communes et que la cohésion et la discipline du groupe majoritaire reposent précisément sur la menace gouvernementale d'utiliser la dissolution. Toute scission au sein du groupe parlementaire est, de la sorte, évitée. « Un Premier ministre britannique qui perdrait le droit de dissoudre la Chambre des communes, a écrit René Capitant, (*Démocratie et participation politique,* Bordas, 1972, p. 178), serait un Premier ministre qui perdrait son arme essentielle, qui perdrait la principale fonction sur laquelle repose la discipline de parti, qui dissiperait la force de son gouvernement. Il deviendrait aussitôt sans moyens pour lutter contre les menaces de division de sa majorité, il n'en pourrait prévenir la dispersion. » Il est certain que le droit de dissolution paraît renforcer le rôle du Premier ministre. Mais là encore il faut savoir que l'exercice de ce droit n'est pas à la disposition du seul Premier ministre : dans la réalité, le Premier ministre n'use jamais de la dissolution sans l'assentiment des membres du Cabinet. D'ailleurs, s'il agissait contre leur volonté, son rôle de leader partisan pourrait être contesté par les membres de son parti.

Contrairement au président des Etats-Unis, le Premier ministre britannique ne peut agir seul : le pouvoir demeure collégial et il l'est non seulement dans sa mise en application, mais aussi et surtout, dans sa dévolution. Le *two party system* et le gouvernement de Cabinet font essentiellement partie de la collégialité : en vertu de celle-ci, et en fonction de celle-ci, le régime britannique demeure non seulement le seul et véritable modèle des régimes parlementaires européens mais sûrement le modèle même de la démocratie européenne. Ainsi que l'écrit Jacques Cadart (*op. cit.*, p. 249) :

> « Le peuple britannique et le Premier ministre de Sa Majesté n'ont pas à craindre l'effroi qui saisit nécessairement un jour un chef et un peuple privés d'intermédiaires : ces intermédiaires leur permettent de se comprendre, de se conduire, voire de se dominer l'un l'autre sans détruire la liberté, sans réduire la moindre liberté. »

En Grande-Bretagne, la majorité et le gouvernement n'abusent jamais de leurs droits ni de leurs prérogatives : le respect de l'opposition tient à la valeur éminente reconnue à tout individu, quel qu'il soit. Aucun corps, aucun organe ne pourrait s'arroger le pouvoir d'aliéner la liberté des citoyens britanniques. Cette liberté n'est pas métaphysique, une force révolutionnaire. C'est une liberté qui découle des exigences de la vie sociale. L'individualisme anglais fait partie intégrante de la démocratie; celle-ci n'existe que grâce à lui et par lui. Le citoyen britannique demeure continuellement le maître du jeu politique. Seule, sa double qualité de gouvernant et de gouverné permet de saisir parfaitement le sentiment qu'a le ressortissant de cette île d'appartenir à un peuple privilégié entre tous, même si à l'extérieur l'Empire britannique a dû céder le pas à l'Empire américain.

CHAPITRE II

LES INSTITUTIONS DE LA REPUBLIQUE FEDERALE D'ALLEMAGNE

L'Allemagne de l'Ouest pratique le régime parlementaire dans un cadre fédéral, l'Allemagne fédérale incluant dix *Länder* ou Etats (onze, si l'on tient compte de Berlin-Ouest qui a un statut spécial). Le fonctionnement de ce régime revêt quelques originalités marquantes par rapport essentiellement au système britannique.

Il faut préciser tout de suite que malgré ces points de désaccord avec le « modèle » anglais, la pratique politique tend en fait à rapprocher le régime allemand du régime britannique par le jeu de l'alternance au pouvoir de l'un ou l'autre des deux grands partis en compétition : ceux-ci, sans détenir tour à tour la majorité des sièges au Parlement (sauf entre 1957 et 1961 où la démocratie-chrétienne a détenu la majorité absolue), constituent ce que l'on peut qualifier de « bipartisme virtuel » dans la mesure où un tiers parti, le parti libéral, dont l'alliance avec l'un ou l'autre des deux grands partis permet l'alternance, peut être amené à subir dans les années à venir le sort du parti libéral britannique qui ne constitue plus qu'un parti d'opinion.

La République fédérale d'Allemagne se présente comme une démocratie libérale parfaitement intégrée dans la mesure où les partis politiques d'extrême-gauche et d'extrême-droite ne représentent plus, depuis leur reconstitution, qu'une fraction tellement mince des suffrages populaires qu'elle leur interdit de détenir le moindre siège parlementaire.

Le cadre institutionnel de l'Allemagne de l'Ouest est déterminé, on l'a vu, par la Loi fondamentale du 23 mai 1949. Son influence à l'extérieur, comme modèle, commence à se faire sentir : en avril 1973 est entrée en vigueur au Pakistan une nouvelle Constitution pratiquement calquée sur celle de l'Allemagne fédérale.

SECTION I

UN BIPARTISME VIRTUEL

L'Allemagne s'achemine vers un bipartisme à l'anglaise malgré un système électoral différent du système britannique.

§ 1. — Le système électoral

Le système électoral allemand est un système mixte en ce sens qu'il combine le scrutin majoritaire et la représentation proportionnelle. Il ne découle pas directement de la Loi fondamentale de 1949 mais d'une loi de la même année qui a déjà été modifiée quatre fois.

Sur les 518 députés que comprend le *Bundestag* qui représente l'ensemble du peuple, 22 représentent la ville de Berlin-Ouest. Ceux-ci ne sont pas élus par la population de Berlin mais par le Sénat de la ville qui les choisit en son sein sur proposition des partis; ils ne disposent pas du droit de vote, sauf pour l'élection du président de la République et du président du Bundestag. La durée de la législature est de quatre ans.

Les 496 autres députés sont élus pour moitié, les uns au scrutin uninominal majoritaire à un tour, les autres au scrutin de liste à la représentation proportionnelle. Chaque électeur dispose de deux voix : l'une lui permet de choisir à la majorité un député dans le cadre de chacune des 248 circonscriptions électorales, l'autre lui permet de voter dans le cadre de chacun des dix *Länder* ou Etats en faveur d'un parti. 248 députés sont donc désignés d'après les listes de candidats présentés par les partis dans chacun des dix Etats. La répartition globale des mandats dans chaque *Land* s'opère de manière à attribuer à chaque parti, sièges directs et mandats de liste additionnés, le nombre de députés lui revenant d'après une répartition proportionnelle à la plus forte moyenne des « secondes voix » calculée selon le système d'Hondt.

Il faut spécifier que le découpage des circonscriptions électorales (pour l'attribution des sièges attribués au scrutin uninominal majoritaire à un tour) est automatiquement revu dès que se produit un déplacement de population supérieur à 33 1/3 % (chacune des 248 circonscriptions compte en moyenne 240 000 habitants) : c'est ainsi qu'entre 1961 et 1965 la Rhénanie-Westphalie, région fortement industrialisée, a vu le nombre de ses circonscriptions passer de 66 à 73.

Afin de limiter les effets de la représentation proportionnelle qui, on le sait, aboutit à un fractionnement de l'opinion qui peut être néfaste pour l'exercice de la démocratie, une loi de 1957, renforçant les exigences d'un texte de 1949, exige, pour qu'un parti soit représenté au Bundestag, qu'il ait obtenu au moins 5 % des suffrages au plan national ou 3 sièges directs.

Ce système électoral, très rigide dans sa complexité, et spécialement la règle des 5 %, permet d'éviter l'entrée au Parlement de partis extrémistes qui, par définition, s'opposent aux principes fondamentaux de la démocratie libérale : c'est ainsi que lors des élections de 1969, le N.P.D. (parti néo-nazi qui s'était reconstitué), n'ayant obtenu que 4,3 % des suffrages, n'a pu prétendre au moindre siège au Bundestag. Il en a été de même à l'issue de la consultation électorale du 19 novembre 1972 où le N.P.D. a obtenu 0,6 % des suffrages. Lors des élections du 3 octobre 1976, le N.P.D. n'obtient plus que 0,3 % des suffrages. La même force de répulsion a joué à l'égard du nouveau parti communiste, D.K.P., reconstitué en 1969, qui n'a obtenu, lors des élections de 1972 et de 1976, que 0,3 % des suffrages, après en avoir obtenu 0,6 % en 1969.

La démocratie parlementaire est bien préservée, dans ces conditions, par les mécanismes du suffrage. Ceux-ci aboutissent à la monopolisation de la vie politique par trois formations politiques, dont l'une ne joue qu'un rôle de parti charnière. A ce point de l'évolution, il apparaît que les trois partis n'en feraient plus que deux dans la mesure où le mode de scrutin pour l'élection des membres du Bundestag serait unique et se ramènerait au seul scrutin uninominal majoritaire à un tour qui, comme en Grande-Bretagne et aux Etats-Unis, a un effet intégrateur particulièrement caractérisé. Dans l'absolu, l'Allemagne de l'Ouest qui a atteint sa maturité politique, pourrait sans dommage adopter à titre exclusif, un tel mode de scrutin. Mais il faut bien percevoir aussi qu'en raison de ses structures fédérales, l'adjonction de la représentation proportionnelle au scrutin uninominal majoritaire permet de tenir compte au Bundestag des particularismes locaux dans le contexte des différents Länder, en dehors du Bundesrat dont la raison d'être est de représenter les Länder.

§ 2. — Les partis politiques

L'article 21 de la Loi fondamentale porte que « les partis concourent à la formation de la volonté politique du peuple. Leur création est libre. Leur organisation intérieure doit être conforme aux principes démocratiques ». En conséquence, une loi du 24 juillet 1967 sur les partis a précisé la nature des droits et des devoirs des partis allemands, y compris les modalités de leur financement et l'obligation de publier leurs comptes (Sur ce dernier point, V. p. 115 et s.).

Les partis qui participent réellement à l'exercice du pouvoir sont au nombre de trois : l'Union chrétienne démocratique (C.D.U.), le parti social-démocrate (S.P.D.) et le parti libéral-démocrate (F.D.P.).

Il faut rappeler l'existence de deux partis extrémistes : le parti communiste allemand (D.K.P.) qui a été reconstitué en avril 1969 malgré l'interdiction prononcée à l'encontre du précédent (K.P.D.) par le tribunal fédéral constitutionnel le 17 août 1956; et le parti national-démocrate (N.P.D.), parti reconnaissant en théorie l'ordre démocratique libéral, pour satisfaire à la loi fondamentale, mais en fait d'inspiration néo-nazie, reconstitué en 1964 malgré l'interdiction prononcée par le même tribunal constitutionnel à l'égard du précédent, le S.R.P., le 23 octobre 1952. N'atteignant pas la « barre » des 5 %, ces partis, qui ne représentent au surplus qu'une proportion infime de l'électorat allemand, ne disposent d'aucune représentation parlementaire.

Le N.P.D. compte 21 000 membres et le D.K.P. 35 000 adhérents. Un groupuscule, le K.P.D.-M.L., rassemble 2 000 maoïstes.

A. — Le parti social-démocrate (S.P.D.)

Il se présente comme le plus ancien parti allemand : fondé en 1863, il fut interdit sous Hitler et se reconstitua en 1945.

C'est le parti allemand qui compte le plus grand nombre d'adhérents : en septembre 1972, il atteignait le niveau de 900 000 adhésions. Il se manifeste comme un grand parti de la gauche réformiste en ce sens qu'il a abandonné dès 1959 au Congrès de Bad-Godesberg toute référence au marxisme. Cependant, en matière de politique extérieure, il est partisan sinon d'un certain rapprochement avec l'Est, du moins d'une coopération avec les pays du bloc oriental.

Son hostilité aux communistes est fondamentale : il l'a réaffirmée dans une résolution adoptée le 26 février 1971 dans les termes suivants :

> « ...dans le cadre de ses efforts, en vue d'une entente de politique étrangère avec les Etats à direction communiste, la sociale-démocratie allemande ne tolérera jamais que soient estompés les antagonismes fondamentaux qui séparent les objectifs et les méthodes des sociaux-démocrates et des communistes... L'expérience a montré jusqu'à présent combien l'intérêt du régime communiste à parti unique à affirmer son monopole de puissance s'oppose aux aspirations dans les rangs du propre parti à garantir les qualités d'Etat de droit et la liberté de discussion, et donc la poursuite de la démocratisation, et combien souvent cet intérêt écrase et étouffe ces aspirations. »

Les mots-clefs du programme du S.P.D. ont été rappelés par son leader, Willy Brandt, le 20 août 1972 : liberté, justice, solidarité. Ces mots d'ordre ne sont cependant pas de nature à satisfaire les « JUSOS » (Jeunes socialistes), aile gauche du parti de Willy Brandt. Ces derniers rêvent d'installer en Allemagne un « socialisme authentique » qui s'exprimerait par une économie étatique qui remplacerait l'économie libérale allemande par le moyen des nationalisations.

Pendant 17 ans le S.P.D. a été cantonné dans l'opposition jusqu'à ce qu'il accède au pouvoir en 1966 dans un cabinet de coalition avec les chrétiens-démocrates. Les élections du 28 septembre 1969 lui permettent de devenir le parti dominant du gouvernement en rendant possible la coalition S.P.D.-F.D.P. : les chrétiens-démocrates deviennent donc minoritaires. Cette tendance sera confirmée lors des élections du 19 novembre 1972 qui se traduiront par la reconduction de la même coalition. Il en sera de même lors des élections du 3 octobre 1976.

Les élections de novembre 1972 ont marqué une autre date dans l'histoire de l'Allemagne de l'après-guerre : pour la première fois, le nombre de sièges obtenus au Bundestag par le S.P.D. (230) est supérieur à celui détenu par les chrétiens-démocrates (224) alors qu'à l'issue des élections de 1969 les chrétiens-démocrates détenaient plus de sièges au Bundestag (242) que les sociaux-démocrates (224). Seule l'entente avec les libéraux avait permis aux sociaux-démocrates de gouverner. Cette entente sera reconduite après les élections du 3 octobre 1976 alors que les sociaux-démocrates auront obtenu 214 sièges et les chrétiens-démocrates 243.

B. — Les chrétiens-démocrates (la C.D.U.-C.S.U.)

L'Union chrétienne-démocrate (C.D.U.), créée après la seconde guerre mondiale, en 1945, est un parti conservateur qui rassemble 73 % de catholiques et 22 % de protestants. A la fin de 1975, il comptait 581 873 membres. L'Union chrétienne-sociale (C.S.U.) en est la branche bavaroise qui, à elle seule, compte 100 000 membres. Le président de la C.S.U. est actuellement Franz-Joseph Strauss.

Les chrétiens-démocrates ont été le parti dominant de l'Allemagne de l'Ouest de 1949 à 1969; ils ont été au pouvoir jusqu'à cette dernière date avec le concours du parti libéral qui les abandonna en 1966 au profit des sociaux-démocrates en 1969 (1966-1969 fut l'époque de la grande coalition C.D.U.-S.P.D.).

Au plan du programme politique, les chrétiens-démocrates sont partisans d'un libéralisme économique tempéré par une certaine cogestion, et l'absence de toute coopération avec les pays de l'Est. Ils ont été longtemps dominés par la personnalité de Konrad Adenauer qui fut chancelier d'Allemagne de 1949 à 1963. Leurs adversaires les ont accusés d'avoir confondu les affaires du parti avec celles de l'Etat durant leurs vingt années de pouvoir.

Pour redonner un nouveau souffle à la C.D.U., désormais dans l'opposition, le parti a élu le 12 juin 1973, comme président, Helmut Kohl, pour succéder à Rainer Barzel. Selon ses dires, M. Kohl entend faire de la démocratie-chrétienne le « parti de la liberté dynamique ». Cette conception a été particulièrement illustrée lors du Congrès démocrate-chrétien de Hambourg qui a adopté le 19 novembre 1973 un projet sur la cogestion dans les grandes entreprises privées associant « représentants du facteur capital » et « représentants du facteur travail ». La tendance à la cogestion s'était déjà spécialement affirmée lors du Congrès de Düsseldorf, tenu du 25 au 27 janvier 1971. Finalement, la cogestion qui existe en Allemagne depuis 1951 dans la sidérurgie et les charbonnages, a été étendue en 1976 à l'ensemble des sociétés occupant plus de 2 000 personnes à la suite de l'adoption par le Bundestag d'un projet de loi déposé par la coalition au pouvoir.

C. — Le parti libéral-démocrate (F.D.P.)

Créé en 1948, c'est le plus petit parti des formations représentées au Parlement : à ce titre, il se présente comme un parti charnière qui a joué ce rôle en faveur des chrétiens-démocrates jusqu'en 1966, puis des sociaux-démocrates à partir de 1969. De 1956 à 1961, il s'était retrouvé dans l'opposition ainsi qu'entre 1966 et 1969, époque de la grande coalition des chrétiens-démocrates et des sociaux-démocrates. A la suite des élections législatives de 1969, il forma pour la première fois un gouvernement de coalition avec le S.P.D.

Au lendemain des élections de 1969 il obtient 30 sièges au Bundestag; au lendemain de celles de 1972 il a renforcé son assise parlementaire en obtenant 42 sièges, ce qui correspond à 8,4 % des suffrages nationaux au lieu des 5,8 % de 1969. Après les élections du 3 octobre 1976, le nombre de ses sièges au Bundestag a légèrement diminué (39) ce qui correspond à 7,9 % des suffrages.

Le F.D.P. groupe actuellement 90 000 membres. Parti libéral, comme l'indique son nom et sa position, il a été longtemps partisan du libéralisme économique intégral, mais depuis le Congrès de Fribourg d'octobre 1971 il se présente réformiste dans son esprit : il prône désormais une certaine redistribution du revenu social. Il faut ajouter qu'il s'est toujours démarqué des chrétiens-démocrates par sa neutralité religieuse.

***

Depuis l'accession au pouvoir des sociaux-démocrates en 1969, et ce phénomène a été confirmé à la suite des élections de 1972 et de 1976, le tripartisme allemand, qui est d'ailleurs déséquilibré au profit des deux grands partis, conduira probablement dans l'avenir, on l'a déjà remarqué, à un bipartisme à l'anglaise qui simplifiera le jeu de l'alternance, qui correspond d'ailleurs déjà à la réalité depuis 1969. La nécessité du bipartisme et de l'alternance régulière au pouvoir a été affirmé dans les *Mémoires* d'Adenauer (I, p. 226-227) :

> « Je pensais que nous autres, Allemands, nous n'avions pas utilisé correctement les principes fondamentaux du parlementarisme démocratique entre 1918 et 1933. A cette époque, on voulait surtout faire des coalitions... Il faut que le peuple allemand prenne l'habitude de voir le parti le plus important prendre le pouvoir et un autre grand parti le rôle de l'opposition. C'est cela la démocratie parlementaire. »

Le jeu de l'alternance implique le respect et la prise en considération « active » de l'opposition. On le constate effectivement en République fédérale d'Allemagne. La présidence des commissions permanentes au Bundestag fait l'objet d'un partage entre la majorité et l'opposition : c'est ainsi qu'après son succès de 1957, la démocratie-chrétienne accepta que soit confiée à l'opposition la présidence de 11 Commissions (sur 26) ; de la même façon, après son succès de 1972, la coalition socialiste-libérale a accepté un partage presque égal des commissions permanentes : l'opposition C.D.U.-C.S.U. a ainsi obtenu la présidence de 9 commissions et la majorité S.P.D.-F.D.P. la présidence de 10 commissions. Une Commission d'enquête est formée au Parlement de Bonn dès que le quart des députés le demande ; l'opposition dispose là aussi d'une faculté importante, sans oublier, comme en Grande-Bretagne, la pratique des questions orales qui est devenue un instrument efficace de contrôle de l'activité gouvernementale.

La démocratie intégrée, en Allemagne, s'est enfin marquée par le sentiment de responsabilité très affirmé chez l'électeur allemand qui est devenu, comme son homologue britannique, un « citoyen qui gouverne » : le 19 novembre 1972, sur 41,4 millions d'électeurs inscrits ont voté 91,2 % de ceux-ci, alors que l'obligation de vote n'existe pas, comme en France, et à l'inverse de la Belgique. Lors des élections du 3 octobre 1976, le même sentiment de responsabilité n'a pas fait défaut aux citoyens allemands : la participation électorale a été de 91 %. Il faut préciser aussi qu'à la suite de l'abaissement de la majorité électorale (18 ans au lieu de 21 ans), les jeunes électeurs de 18 ans ont voté pour la première fois le 19 novembre 1972 : sur le nombre d'électeurs inscrits il étaient 4 800 000.

SECTION II

UN FEDERALISME INEGALITAIRE

Le fédéralisme allemand est inégalitaire en ce sens que ce fédéralisme se manifeste, conformément à une tendance déjà relevée et propre au fédéralisme contemporain, beaucoup plus en faveur des compétences du législateur fédéral que de celles du législateur de chaque Land. De plus, au niveau de la représentation nationale, les Länder ne sont pas égaux.

§ 1. — Le Bundesrat

Le Bundesrat ou Chambre des Etats, qui est l'autre assemblée parlementaire, est l'organe fédéral qui comprend 45 membres et qui, à ce titre, ne représente pas l'ensemble de la population (ceci est le rôle du Bundestag) mais les différents Länder.

Les membres du Bundesrat sont désigné par les gouvernements des Länder en proportion de leur population; chaque Land dispose d'au moins trois voix; les pays de plus de 2 millions d'habitants disposent de quatre voix; ceux de plus de 6 millions d'habitants de cinq voix. Chaque Etat dispose donc au Bundesrat d'autant de sièges qu'il a de voix, aux termes de la loi fondamentale de 1949. Les voix d'un Land donnent lieu à un vote unique et global, et seuls peuvent voter les membres présents ou leurs suppléants.

Les pouvoirs du Bundesrat ne sont pas aussi étendus que ceux du Bundestag : alors que ce dernier participe à la désignation du chancelier et peut renverser le gouvernement, le Bundesrat n'a aucune de ces prérogatives. D'autre part, si, comme l'autre Chambre, le Bundesrat a le droit d'initiative en matière législative, il n'en use que rarement. Le pouvoir législatif du Bundesrat est lié à la nature des textes : pour les lois les plus importantes, le veto du Bundesrat revêt un caractère absolu : ces lois ne peuvent être adoptées qu'avec l'assentiment du Bundesrat; le Bundesrat dispose là de pouvoirs égaux à ceux du Bundestag : il s'agit des lois touchant aux intérêts des Länder telles que celles restreignant les intérêts fondamentaux des citoyens ou concernant les partis politiques ou le régime électoral. Pour les autres lois, le Bundesrat se trouve dans une situation d'inégalité par rapport au Bundestag : son opposition n'a qu'un caractère suspensif; elle peut être surmontée par le Bundestag par un vote acquis à la majorité absolue si l'opposition du Bundesrat s'est manifestée à la majorité absolue, ou à la majorité des deux tiers si l'opposition du Bundesrat a été décidée à la majorité des deux tiers. On peut trouver un exemple récent de cette procédure dans la loi sur l'avortement de 1974 (liberté de l'avortement au cours des trois premiers mois de la grossesse) : le projet de loi y relatif avait été adopté par le Bundestag le 26 avril 1974. Le 10 mai 1974, le Bundesrat le repoussait.

Le Bundestag adopta à nouveau le texte, à la majorité absolue le 5 juin 1974. Le 25 février 1975, la loi était déclarée inconstitutionnelle par le Tribunal constitutionnel fédéral.

Les conflits entre Bundestag et Bundesrat sont, finalement, assez rares, en raison de l'existence d'une commission de conciliation, prévue par l'article 77 de la Loi fondamentale, qui est compétente pour proposer des amendements au texte litigieux, de telle façon que celui-ci puisse être adopté par les deux assemblées.

La révision de la Loi fondamentale met les deux Chambres à égalité puisqu'elle exige le vote des deux tiers des membres du Bundestag et des deux tiers des voix du Bundesrat.

Le Bundesrat se présente surtout comme une assemblée de sages aux compétences relativement réduites. Cette situation correspond d'ailleurs à celle du fédéralisme allemand qui est de plus en plus « unitaire » dans la mesure où les compétences des Länder sont progressivement réduites au profit du pouvoir central, les Länder ne possédant plus que des attributions purement administratives et techniques qui elles-mêmes tendent à être grignotées.

§ 2. — Les organes et les compétences des Etats membres

Les Länder disposent chacun d'un Parlement (assemblée régionale, Landtag) et d'un gouvernement dirigé par un ministre président. Ce dernier est élu par le Landtag. Dans certains cas, le parlement est bicaméral : c'est le cas notamment de la Bavière qui dispose, à côté de l'assemblée élue au suffrage universel, d'une seconde chambre composée de représentants des forces vives (syndicats, patronat, artisanat, agriculteurs, universités...).

Les Etats ont compétence exclusive en matière de police et compétence circonscrite en matière d'éducation et, cela, depuis la loi du 12 mai 1969 qui a révisé la Loi fondamentale. Cette loi à incidences financières, entrée en vigueur au 1er janvier 1970, a permis au gouvernement fédéral de prendre, en collaboration avec les autorités des Länder, des dispositions d'ordre général avec les autorités d'éducation. Ceci explique qu'en février 1974, l'Allemagne fédérale a, pour la première fois de son histoire, pu adopter un « plan global pour l'éducation ». Il n'en reste pas moins que l'autonomie des Länder en matière d'éducation a été préservée en vertu des dispositions de ce plan.

Les Etats légifèrent concurremment avec la fédération dans 24 domaines. La fédération a compétence législative exclusive dans 11 matières dont la nationalité, les affaires étrangères, les affaires financières, les chemins de fer fédéraux et la navigation aérienne, le régime des postes et télécommunications, etc.

SECTION III

LE PRESIDENT DE LA REPUBLIQUE ET LE GOUVERNEMENT

L'Allemagne pratique un régime parlementaire moniste : le président de la République, chef de l'Etat, ne dispose que de pouvoirs très réduits; il exerce donc une sorte de magistrature morale. En revanche, le gouvernement n'est responsable que devant le Parlement, plus exactement devant le Bundestag; il doit bénéficier de sa seule confiance et, non en même temps, de celle du chef de l'Etat (cas des régimes parlementaires dualistes). L'exécutif n'est donc dualiste qu'en apparence.

§ 1. — Une magistrature morale : le président de la République

Sensibles aux mauvais souvenirs laissés par la République de Weimar (1919-1933) qui avait laissé le champ libre au totalitarisme nazi, les constituants allemands n'ont pas voulu qu'il soit l'élu du peuple et ne lui ont accordé que des pouvoirs très réduits.

A. — Statut du chef de l'Etat

Sous la République de Weimar, le chef de l'Etat était élu au suffrage universel direct.

En vertu des dispositions de la Loi fondamentale de 1949, le président fédéral est élu pour cinq ans. Il n'est rééligible immédiatement qu'une seule fois.

Le président de la République est élu par ce que l'article 54 appelle « l'assemblée fédérale ». Celle-ci ne correspond pas exactement à la réunion du Bundestag et du Bundesrat : si elle comprend bien les membres du Bundestag, elle comprend en outre un nombre égal de membres élus au scrutin proportionnel par les parlements des Länder. La majorité absolue est exigée pour les deux premiers tours de scrutin; au troisième tour, la majorité relative suffit.

Chef de l'Etat fédéral, le président est irresponsable : ses actes doivent être contresignés par le chancelier fédéral ou par le ministre fédéral compétent. Le contreseing est exclu pour les actes concernant la formation du gouvernement.

L'irresponsabilité politique du président fédéral est compensée par sa responsabilité judiciaire éventuelle : chacune des deux Chambres (Bundestag ou Bundesrat) peut le mettre en accusation devant le Tribunal constitutionnel fédéral pour violation intentionnelle de la Loi fondamentale ou d'une autre loi fédérale. La sanction d'une telle violation sera alors sa destitution.

B. — Les pouvoirs du président fédéral

Ce sont ceux de tout chef d'Etat en régime parlementaire : représentant la fédération à l'extérieur, le président conclut les traités, il accrédite et reçoit les représentants diplomatiques; il nomme et révoque les juges fédéraux et les fonctionnaires fédéraux ainsi que les officiers et les sous-officiers; il exerce le droit de grâce; il promulgue et publie les lois.

En revanche, il ne préside pas le Conseil des ministres, celui-ci est présidé par le chancelier (en France, le Conseil des ministres est présidé par le président de la République); il n'est pas le commandant suprême des forces armées (fonction assumée par le ministre fédéral de la défense); il ne participe que faiblement à la nomination du chancelier.

§ 2. — Le gouvernement et le chancelier

Selon l'article 62 de la Loi fondamentale « le gouvernement fédéral se compose du chancelier fédéral et des ministres fédéraux ».

Comme en Grande-Bretagne, le chancelier est le leader de la majorité parlementaire. Chef du gouvernement fédéral, le chancelier bénéficie de règles tout à fait particulières, que ce soit en matière de nomination ou de révocation. Il dispose d'une très nette suprématie sur les autres membres du gouvernement, les ministres. Ceux-ci sont nommés et révoqués par le président fédéral sur proposition du chancelier. Ils ne doivent pas obtenir l'investiture du Bundestag. Seul le chancelier doit s'y soumettre. Cependant, même si le chancelier bénéficie d'une prééminence affirmée par rapport aux ministres, la responsabilité gouvernementale devant le Parlement est collective, conformément aux règles du régime parlementaire, mais elle s'exprime à travers la personne du chancelier selon une procédure toute particulière.

A. — Nomination du chancelier

Le chancelier est élu, sans débats, par le Bundestag sur proposition du président fédéral à la condition qu'il obtienne la majorité absolue. Le président est tenu de nommer le candidat élu.

Si le candidat n'obtient pas la majorité absolue, il appartient au Bundestag, dans les quatorze jours qui suivent le scrutin, d'élire un autre chancelier à la majorité absolue.

A défaut d'élection dans ce délai, il est immédiatement procédé à un nouveau tour de scrutin à la suite duquel celui qui obtient le plus grand nombre de voix est élu. S'il a obtenu la majorité absolue, le président fédéral doit le nommer dans les sept jours qui suivent le scrutin. S'il n'a obtenu que la majorité relative, le président fédéral doit, dans le même délai, soit le nommer, soit prononcer la dissolution du Bundestag.

Cette lourde procédure n'a pas eu, en fait, l'occasion de jouer ; jusqu'à présent, tous les chanceliers ont été élus à la majorité absolue.

Quant aux ministres, ils sont nommés par le président sur proposition du chancelier et ils peuvent être révoqués dans les mêmes conditions. Ils dépendent donc en fait du chancelier. Ils n'ont pas à être investis de la confiance du Bundestag. On l'a vu, seul le chancelier est investi de cette confiance.

L'institution du vice-chancelier doit être signalée. Aux termes de l'article 69 de la Loi fondamentale celui-ci n'a d'autre fonction que de suppléer éventuellement le chancelier. Il est désigné par le chancelier parmi les ministres fédéraux.

B. — Un parlementarisme très rationalisé

Le parlementarisme est dit « rationalisé » quand la Constitution a organisé un certain nombre de procédures visant à empêcher ou en tout cas limiter l'instabilité gouvernementale, ce qui assure fatalement à l'exécutif une certaine prééminence sur le Parlement. En Allemagne fédérale, ce phénomène est spécialement marqué : il s'agit d'un parlementarisme rationalisé renforcé.

L'expérience malheureuse de la République de Weimar, qui s'est close par l'arrivée au pouvoir d'Hitler en 1933, a conduit les Constituants allemands à accorder à l'exécutif et à son chef, le chancelier, une place éminente dans le parlementarisme qu'ils instituaient. La primauté du chancelier par rapport aux ministres est particulièrement affirmée, on l'a vu, par l'article 62 de la Loi fondamentale : « Le gouvernement fédéral se compose du chancelier fédéral et des ministres fédéraux. » Les conditions de l'élection du chancelier, si particulières, contribuent aussi à la place tout à fait éminente du chancelier par rapport aux autres membres du gouvernement, mais visent surtout à assurer sa suprématie à l'égard du Bundestag. Le chancelier fédéral est à la fois le chef de la majorité parlementaire, le chef du gouvernement et, dans le déroulement de la vie politique, il se présente aussi comme le véritable chef de la nation. Il s'affirme comme un véritable guide.

Le chancelier assure une fonction de direction politique non seulement à l'égard du Conseil des ministres, qu'il préside, mais aussi et surtout vis-à-vis des ministres eux-mêmes. L'article 65 de la Loi fondamentale est rédigé de façon telle qu'il exclut toute ambiguïté sur ce point : « Le chancelier fédéral arrête les lignes directrices de la politique et en porte la responsabilité. Dans le cadre de ces lignes directrices, chaque ministre fédéral dirige les affaires de son département de façon indépendante et sous sa responsabilité personnelle. Les divergences de vues entre des ministres sont tranchées par le gouvernement fédéral d'après un règlement intérieur adopté par ce dernier et approuvé par le président fédéral. » Le règlement intérieur du gouvernement, adopté le 11 mai 1951, dispose qu'au sein du gouvernement les décisions sont prises à la majorité et qu'une fois cette majorité atteinte, les ministres sont tenus de s'y soumettre. En cas d'égalité des voix, celle du chancelier est prééminente; c'est donc lui qui décide en dernier ressort. Cette supériorité est encore attestée par le fait que si les ministres ne respectent pas le règlement intérieur, le chancelier peut leur adresser des remontrances. Cette disposition porte la marque de l'esprit germanique orienté vers l'ordre et l'efficacité dans le travail.

Enfin, la solidité de la position du chancelier est attestée par la circonstance que le chef du gouvernement ne peut être renversé par le Bundestag que si celui-ci lui désigne un successeur à la majorité absolue. Il s'agit là d'un « vote de défiance constructif » qui a été utilisé pour la première fois, mais sans succès, le 25 avril 1972, à l'encontre du chancelier Willy Brandt (le candidat chancelier était, en l'espèce, le chef, à l'époque, de la C.D.U., Rainer Barzel). Ce souci de rationaliser une fois de plus et au maximum le régime parlementaire découle du célèbre article 67 de la Constitution, rédigé de la façon suivante :

> « La Diète fédérale ne peut exprimer sa défiance au chancelier qu'en lui élisant un successeur à la majorité de ses membres et en invitant le président fédéral à relever le chancelier de ses fonctions. Le président doit se conformer à cette demande et nommer l'élu. L'election ne peut pas intervenir moins de quarante-huit heures après la proposition d'y procéder. »

Le chancelier, comme cela se passe dans tout régime parlementaire, peut poser la question de confiance devant le Bundestag. Cela lui permet éventuellement de reconstituer une majorité jusque-là peu sûre. Si le gouvernement est mis en minorité par le parlement à la suite d'un vote à la majorité absolue, le président fédéral peut dissoudre le Bundestag sur demande du chancelier, ce qui correspond bien à la version idéale du parlementarisme traditionnel. Mais, là encore, le chancelier a les moyens constitutionnels de s'imposer face au parlement : en effet, si l'article 68 de la Loi fondamentale est ainsi rédigé :

> « Si le chancelier demande à la Diète fédérale de lui exprimer sa confiance et si cette proposition n'est pas adoptée par la majorité des membres de la Diète, le président fédéral a le droit, sur proposition du chancelier fédéral, et dans un délai de vingt et un jours, de dissoudre la Diète »,

il faut savoir que ce droit s'éteint aussitôt que la Diète fédérale élit un nouveau chancelier à la majorité de ses membres. Il apparaît donc une fois de plus que les dispositions constitutionnelles existantes ont pour objet d'éviter tout hiatus dans le fonctionnement du régime parlementaire allemand. La continuité gouvernementale est à ce prix.

Dans l'histoire de la République fédérale d'Allemagne, la question de confiance a été posée pour la première fois par le chancelier Brandt le 20 septembre 1972. Le chancelier agissait de la sorte pour provoquer la dissolution du Bundestag et voir renforcer la coalition S.P.D.-F.D.P. à la suite des nouvelles élections. C'est effectivement ce qui se produisit : la motion déposée par le chancelier recueillit 233 voix; 248 députés se prononcèrent contre elle. Sur proposition du chancelier, le Bundestag fut alors dissous par le président fédéral le 22 septembre 1972. C'est la première fois qu'intervenait une dissolution du Bundestag. Les élections se déroulèrent le 19 novembre 1972 et aboutirent au résultat escompté par le chancelier : la coalition sortante fut victorieuse et, pour la première fois, le S.P.D. obtint plus de sièges au Bundestag que la C.D.U.-C.S.U.

Mais le chancelier n'est pas enfermé dans une alternative : ou démissionner ou provoquer la dissolution du Bundestag dans la mesure où il a été mis en minorité. La Constitution allemande lui permet de continuer à gouverner, malgré cette circonstance, et elle le fait dans des conditions qui associent le président fédéral et le Bundesrat; bien mieux, on va le voir, non seulement le chancelier, mis en minorité à la suite de la question de confiance qu'il a posée devant le Bundestag, peut demeurer au pouvoir pendant six mois, mais il peut aussi légiférer durant cette période malgré l'opposition du Bundestag. Cela dérive directement de l'article 81 qui institue ce que l'on appelle « l'état de nécessité », limité à une seule période de six mois.

Le gouvernement ayant été mis en minorité par l'intermédiaire du chancelier, il faut se placer dans l'hypothèse où un projet de loi du gouvernement, déposé devant le Bundestag, est repoussé, ce qui paraît normal puisque le gouvernement ne bénéficie plus d'ores et déjà d'une majorité en sa faveur. Alors, le président fédéral peut, à la demande du gouvernement et avec l'assentiment du Bundesrat, proclamer l'état de nécessité législative pour le projet de loi que le Bundestag a repoussé. Durant les six mois que va durer l'état de nécessité législative, tout projet de loi se transforme en loi dès lors que le Bundesrat y donne son assentiment : le chancelier peut donc légiférer sans l'accord et sans le concours de la Chambre basse.

On se trouve ici en dehors des bornes délimitant le régime parlementaire, même rationalisé. La proclamation de l'état de nécessité n'a pas encore eu l'occasion d'intervenir. Il est certain que si cette situation se présentait, il est peu probable que les rouages de la démocratie parlementaire se remettent à fonctionner à l'expiration des six mois en raison de la désaffection que ne manquerait pas d'éprouver le peuple allemand à l'égard de l'institution parlementaire dont il aurait été privé pendant suffisamment de temps pour n'en plus apprécier la nécessité et le bien-fondé et peut-être et surtout en raison de la volonté éventuelle du président fédéral de supprimer la démocratie avec le concours du chancelier. C'est la porte ouverte à l'aventure.

En dehors des dispositions si particulières de l'article 81 qui instituent finalement une dictature temporaire à la romaine, l'on a eu l'occasion de constater à plusieurs reprises le déséquilibre manifeste entre le législatif et l'exécutif. Le régime politique allemand est d'ailleurs souvent décrit comme la « démocratie du chancelier » (*Kanzlerdemokratie*). Il est en effet vrai, sans envisager l'état de nécessité de l'article 81, en se cantonnant dans l'exercice formel du régime politique pratiqué normalement et qui favorise l'hégémonie du chancelier, de penser avec Jean Amphoux (*Le chancelier fédéral dans le régime constitutionnel de la République fédérale d'Allemagne,* 1962) que « les constituants ont poussé ce que l'on a appelé la « rationalisation » du pouvoir jusqu'à l'extrême limite de ce qui était encore compatible avec le principe du gouvernement parlementaire » (2). Cependant, ce déséquilibre entre les pouvoirs est partiellement contrebalancé par le rôle éminent accordé par la Constitution au tribunal constitutionnel fédéral.

---

(2) Jean AMPHOUX, p. 8.

SECTION IV

LE TRIBUNAL CONSTITUTIONNEL FEDERAL, GARDIEN DE LA DEMOCRATIE ALLEMANDE

Le tribunal constitutionnel fédéral comprend 16 membres élus moitié par le Bundestag et moitié par le Bundesrat. Ils sont répartis en deux chambres.

Le tribunal constitutionnel allemand interprète la Loi fondamentale et a le pouvoir d'apprécier les exceptions d'inconstitutionnalité qui peuvent être soulevées par tout citoyen partie à un procès se déroulant devant une juridiction ordinaire. Il peut être aussi directement saisi par les particuliers qui s'estiment lésés dans un de leurs droits fondamentaux. Il est en outre régulateur des compétences entre le gouvernement fédéral et les différents Länder : il est donc chargé, à ce titre, de faire respecter la répartition et l'équilibre des compétences entre le pouvoir fédéral et les collectivités composantes. Ces différents pouvoirs sont classiques en démocratie libérale dont une des caractéristiques importantes se marque par la supériorité de la Constitution sur toutes les autres lois. La Constitution allemande est dite, à juste titre « Loi fondamentale » même si, à l'origine, elle était destinée à être provisoire.

Ce qui est plus original, c'est que le tribunal de Karlsruhe a pour fonction extrêmement importante de garantir un bon fonctionnement de la démocratie libérale : il a le pouvoir de se prononcer sur la constitutionnalité des partis politiques. L'on a d'ailleurs déjà vu qu'il avait respecté ce rôle en déclarant inconstitutionnel le parti socialiste du Reich, néo-nazi, le 23 octobre 1952, et en agissant de façon identique envers le parti communiste allemand le 17 août 1956. Ce pouvoir n'est d'ailleurs qu'une application du contrôle de constitutionnalité dans la mesure où la Loi fondamentale du 23 mai 1949 a prévu, dans son article 21, que :

> « les partis qui, d'après leur programme ou d'après l'attitude de leurs membres, tendent à porter atteinte à l'ordre constitutionnel libéral et démocratique ou à l'éliminer ou à mettre en péril l'existence de la République fédérale d'Allemagne sont inconstitutionnels. Il appartient au tribunal constitutionnel fédéral de se prononcer sur la question de leur inconstitutionnalité. »

Par réaction contre la République de Weimar qui n'avait pu se protéger du totalitarisme hitlérien qui devait la remplacer par la voie constitutionnelle (Hitler devenant chancelier), la Loi fondamentale allemande offre au pays l'image d'un système parlementaire protégé et défendu par le droit, plus précisément par des mécanismes juridiques qui visent à conserver l'Allemagne de Bonn dans les limites bien précisées d'une démocratie parlementaire intégrée. Cette éthique politique fondée sur les principes de la démocratie libérale et parlementaire, parfaitement définis par la Constitution, découle aussi d'une affirmation du tribunal constitutionnel lui-même, gardien et défenseur de ces principes. Le Haut tribunal a jugé, en effet, qu' « il existe des principes constitutionnels élémentaires et qui sont l'expression d'un droit préexistant à la Constitution » (arrêt du 23 octobre 1951).

SOUS-TITRE II

LES DÉMOCRATIES OUVERTES : L'ITALIE ET LA FRANCE

L'Italie et la France constituent deux bons exemples de démocraties ouvertes.

Dans ces pays, l'éventail des opinions et des partis est plus ouvert qu'en Grande-Bretagne et qu'en Allemagne. Il est même hyper-ouvert du fait de la présence d'un parti communiste puissant qui représente en France le cinquième de l'électorat et plus du tiers en Italie.

Cependant, ces deux pays, à l'époque contemporaine, ont emprunté des voies politiques différentes : alors que la France, depuis 1958, semble s'acheminer vers un authentique régime présidentiel, l'Italie connaît un parlementarisme déséquilibré au profit du Parlement. C'était la situation de la France sous les IIIe et IVe Républiques, régimes souvent qualifiés à tort de « régimes d'assemblée » et qui se présentaient en réalité comme des régimes parlementaires déséquilibrés, caractérisés par la prépondérance des assemblées sur le gouvernement. En France, sous la IVe République, comme en Italie actuellement, la prépondérance parlementaire a été largement entraînée par le phénomène du multipartisme et particulièrement par l'utilisation de la représentation proportionnelle.

CHAPITRE I

LE PARLEMENTARISME ITALIEN

L'Italie se présente essentiellement comme un régime de partis : le pouvoir ne se trouve pas localisé seulement au Parlement; il est surtout détenu par les états-majors partisans. Cependant, il existe un parti dominant, la démocratie-chrétienne ; ce parti rassemble à lui seul près de 40 % des suffrages exprimés. A l'opposé, le parti communiste italien est plus puissant que le parti communiste français puisqu'il rassemble près de 35 % des suffrages exprimés.

La Constitution de l'Italie date du 27 décembre 1947 et est entrée en application le 1er janvier 1948. L'Italie est un Etat unitaire, mais ce dernier caractère est tempéré par un régionalisme élaboré que l'on peut qualifier de « politique » dans la mesure où les compétences de la région sont supérieures à celles d'une simple circonscription administrative ou de « l'établissement public » qu'est la région française depuis la loi du 5 juillet 1972. Le régionalisme italien prend d'ailleurs sa source dans la Constitution (article 115). Il a réellement commencé à fonctionner en avril 1972, pour ce qui a trait aux 15 régions de droit commun. Cinq autres régions bénéficiaient déjà d'un statut spécial. Les vingt régions disposent d'une assemblée législative (Conseil régional) qui désigne un gouvernement (la Junte).

SECTION I

MULTIPARTISME, PARTI DOMINANT ET « PARTITOCRATIE »

L'on a déjà eu l'occasion d'évoquer le multipartisme italien à propos de l'étude consacrée aux partis politiques (*Théorie générale,* pp. 110 et s.). Rappelons cette situation : lors des élections législatives des 20-21 juin 1976 s'opposaient dix formations politiques : la démocratie chrétienne, d'inspiration catholique, qui devait rassembler 38,7 % des suffrages exprimés pour le renouvellement de la Chambre des députés et 38,9 % pour le renouvellement du Sénat, et qui se présente comme le parti dominant en Italie ; le parti communiste qui obtint 34,4 % des voix pour la Chambre des députés et 33,8 % pour le Sénat ; un bloc d'extrême-gauche formé du P.D.U.P. (Parti d'unité prolétarienne pour le communisme), d'Avant-garde ouvrière, et de Lotta continua, sous le nom de démocratie prolétarienne, qui rassembla 1,5 % des suffrages pour la Chambre des députés et 0,2 % pour le Sénat ; deux partis socialistes : le parti socialiste italien qui obtint 9,6 % des voix pour la Chambre des députés et 10,2 % pour le Sénat ; les sociaux-démocrates qui correspondirent à 3,4 % des suffrages exprimés pour la Chambre des députés et 3,1 % pour le Sénat ; deux partis libéraux, dits laïques : le parti libéral qui obtint 1,3 % des voix pour la Chambre des députés et 1,4 % pour le Sénat ; le parti républicain qui rassembla 3,1 % des suffrages pour la Chambre et 2,7 % pour le Sénat ; un mouvement d'extrême-droite qui, résultant de la fusion intervenue en 1970 du mouvement social italien et du parti national monarchiste, recueillit 6,1 % des voix pour la Chambre des députés et 6,6 % pour le Sénat ; enfin, un mouvement d'inspiration régionaliste, proche de la Démocratie chrétienne, le parti populaire sud-tyrolien qui rassembla 0,5 % des suffrages exprimés pour la Chambre des députés et 0,5 % pour le Sénat, et le parti radical, parti libertaire, qui recueillit 1,3 % des suffrages exprimés pour le renouvellement de la Chambre des députés et 0,8 % pour le renouvellement du Sénat.

En 1972, le parti communiste italien comptait 1 521 631 adhérents, le parti socialiste italien 640 000, le parti social-démocrate 180 000 et la démocratie chrétienne 1 740 000 membres. Il y a 150 000 libéraux et 80 000 républicains. La droite nationale revendique 100 000 adhérents.

La multiplicité des partis italiens est due à la Constitution et au mode de scrutin.

D'abord, le pluralisme italien trouve son fondement dans la Constitution du 27 décembre 1947 qui dispose dans son article 49 : « Tous les citoyens ont le droit de s'associer librement en partis pour concourir, selon la méthode démocratique, à déterminer la politique nationale ». On le remarque, il est fait allusion seulement, ce qui est très vague, à la « méthode démocratique ». Il n'est pas expressément fait allusion, comme dans la Constitution de l'Allemagne de l'Ouest, à un « ordre constitutionnel libéral » (formule de l'article 21 de la Loi fondamentale du 23 mai 1949). On comprend d'autant mieux, à partir de la formule ambiguë et très vague de la Constitution italienne, le prodigieux foisonnement des partis italiens qui peuvent alors couvrir toute la gamme des opinions et des tendances, de l'extrême-gauche à l'extrême-droite. L'extrême-droite affirme quant à elle se conformer à la « méthode démocratique ». Il faut spécifier, en effet, qu'au titre des « dispositions transitoires et finales », la Constitution, article XII, a interdit la réorganisation, sous quelque forme que ce soit, du parti fasciste dissous. La *loi Scelba* du 20 juin 1952 a précisé les conditions d'application de cette clause et a confié à la magistrature la tâche de dissoudre un tel mouvement s'il était reconnu par elle comme « antidémocratique ». Cette loi ne fut jamais appliquée, ce qui explique notamment la présence et la persistance du M.S.I., mouvement social italien. Cependant l'éventualité d'une application de la loi de 1952 à l'encontre du mouvement de Giorgio

Almirante a été évoquée devant la Chambre des députés le 23 mai 1973 ainsi que celle de poursuites pénales contre lui pour « reconstitution du parti fasciste ». Le 24 mai 1973, par 485 voix pour et 59 contre, a été votée la levée de l'immunité parlementaire de M. Almirante. En conséquence, la magistrature a été chargée d'enquêter sur la reconstitution illégale du parti fasciste dissous ainsi que sur la violation de la loi Scelba (1). Il est peu probable que la procédure engagée aboutisse à la dissolution du M.S.I. De la sorte, le caractère très ouvert de la démocratie italienne demeure affirmé.

Ensuite, le multipartisme italien se trouve entraîné par le mode de scrutin pour les élections à la Chambre des députés : celle-ci se trouve, en effet, composée à partir du scrutin de liste à la représentation proportionnelle avec répartition des restes au plan national.

Ce système permet à l'ensemble des partis, grands ou petits, d'être représentés à la Chambre des députés : c'est ainsi qu'à l'issue des élections des 20 et 21 juin 1976, les dix formations politiques en compétition ont toutes obtenu des sièges. Aucun des partis, y compris le parti communiste, ne tient à l'abandon de la représentation proportionnelle : sur les 630 sièges que compte la Chambre des députés les trois partis les plus importants ont obtenu en 1976 : démocratie chrétienne, 262 sièges ; parti communiste, 228 sièges ; parti socialiste, 57 sièges. Les trois partis, à eux seuls, ont donc recueilli 547 sièges, soit approximativement 5/6 des sièges.

A partir de ces données, on comprend aisément que l'axe de la vie politique en Italie soit constitué par les démocrates-chrétiens. Depuis 1945, tous les présidents du conseil appartiennent à la démocratie chrétienne. Celle-ci ne détient plus la majorité absolue des sièges au Parlement depuis 1953. Le parti catholique se présente, depuis l'après-guerre, comme le parti dominant à partir duquel s'élaborent des majorités de centre-droit ou des majorités de centre-gauche, dans la mesure où la constitution des gouvernements repose temporairement sur une alliance de la démocratie chrétienne avec les socialistes ou les libéraux. Les coalitions de centre-droit ont gouverné de 1947 à 1963; de 1963 à 1972, ce furent des coalitions de centre-gauche. De juin 1972 à juin 1973, le gouvernement de l'Italie a été constitué à partir d'une coalition du centre-droit groupant démocrates-chrétiens, sociaux-démocrates et libéraux. A partir de juillet 1973, ce sont à nouveau des coalitions de centre-gauche groupant autour de la démocratie chrétienne les deux principaux partis socialistes (P.S.I. et P.S.D.I.) ainsi que le parti républicain (P.R.I.). Le 14 mars 1974, un nouveau gouvernement de centre-gauche groupera les mêmes partis, moins les Républicains. Le 10 juin 1974, le gouvernement remettra sa démission au chef de l'Etat. Mais celui-ci la refusera. Le 3 octobre 1974, le gouvernement démissionne.

Un nouveau gouvernement sera, finalement, constitué le 23 novembre 1974 : gouvernement de centre-droit, il ne comprendra que des démocrates-chrétiens et des républicains, mais il sera soutenu par les deux autres partis

(1) Effectivement, G. Almirante a été formellement inculpé, le 27 janvier 1974, en application de la loi Scelba, pour reconstitution du parti fasciste. Le 4 juillet 1974, la Chambre italienne votait à nouveau, mais à la quasi-unanimité, la levée de l'immunité parlementaire du leader du M.S.I., celui-ci devant être poursuivi pour « instigation à l'insurrection menée contre les pouvoirs de l'Etat ».

de la coalition centre-gauche, socialiste et social-démocrate. C'est ce qu'on appelle, dans le vocabulaire politique italien, un gouvernement « bicolore ».

Le gouvernement remettra sa démission au chef de l'Etat le 7 janvier 1976, les socialistes lui ayant retiré leur soutien. Le 11 février 1976 était formé un nouveau gouvernement entièrement composé de démocrates-chrétiens, donc gouvernement minoritaire. Le gouvernement ayant démissionné le 30 avril 1976, le président de la République dissout le parlement le 1er mai 1976. A la suite des élections anticipées des 20 et 21 juin 1976 (cela avait été aussi le cas en 1972) le nouveau gouvernement était constitué le 29 juillet 1976, gouvernement minoritaire, composé uniquement de démocrates-chrétiens. Le phénomène le plus important à signaler demeure le fort accroissement des suffrages obtenus par le parti communiste italien entre les élections de 1972 et celles de 1976 : 27,1 % pour le renouvellement de la Chambre des députés en 1972 et 34,4 % en 1976 ; non moins remarquable demeure la constance du pourcentage des suffrages obtenus par la démocratie chrétienne entre 1972 et 1976 : 38,7 % des suffrages pour le renouvellement de la Chambre des députés en 1972 et 38,7 % des suffrages en 1976.

On le voit, l'Italie pratique une certaine alternance au pouvoir fondée sur l'alliance de certains partis de la gauche ou de la droite libérales avec le grand parti dominant qu'est la démocratie chrétienne.

Dans cette mesure, les états-majors de partis ont un tel poids dans le jeu des institutions parlementaires que l'on qualifie souvent de « partitocratie » le système politique italien (v. par exemple G. Maranini, *L'Italie,* 1961); les partis italiens, maîtres du pouvoir législatif, s'efforcent de tenir en dépendance le pouvoir exécutif. De la bureaucratie des partis découle en même temps le pouvoir oligarchique des dirigeants de ces partis à l'égard des militants de base.

Cette situation qui se caractérise par la subordination du parlement et du gouvernement à la volonté des partis et aux tactiques partisanes ne constitue pas pour tous un défaut capital. Comme le note Mauro Fotia (*Les partis politiques italiens,* R.D.P. 1971, p. 126) :

> « ...le phénomène, souvent dénoncé comme aberrant, d'une supériorité de pouvoir des partis par rapport aux groupes parlementaires, et donc au Parlement et au gouvernement lui-même, est dans l'ordre du développement démocratique... »

Tous les régimes parlementaires sont plus ou moins des « partitocraties ».

Dans le cas italien, l'étude des relations entre l'exécutif et le Parlement ne doit donc pas tromper : l'observation attentive de la Constitution ne suffit certes pas à rendre compte de la complexité de la vie politique dans la péninsule.

SECTION II

L'EDIFICE CONSTITUTIONNEL

La Constitution du 27 décembre 1947 a tracé les grandes lignes d'un régime parlementaire à exécutif dualiste en apparence (un chef d'Etat, un chef de gouvernement) mais en réalité moniste dans la mesure où le chef d'Etat n'a qu'un pouvoir nominal.

Il faut d'ores et déjà préciser que les deux Chambres ont des pouvoirs égaux : la responsabilité gouvernementale s'exerce devant l'une et l'autre; par corrélation, le droit de dissolution peut être utilisé à l'égard de l'une ou de l'autre Chambre.

§ 1. — Le président de la République

Il est élu pour sept ans par le Parlement, c'est-à-dire par les deux Chambres réunies, Chambre des députés et Sénat de la République. A l'élection participent en outre trois délégués pour chaque région, élus par le Conseil régional.

Aux trois premiers tours est requise une majorité qualifiée des deux tiers, la majorité absolue suffisant ensuite.

Le président de la République dispose des compétences classiques de tout chef d'Etat en régime parlementaire : il promulgue les lois, il accrédite et reçoit les représentants diplomatiques ; il ratifie les traités internationaux ; il a le commandement des forces armées ; il dispose du droit de grâce... En fait, comme le président est irresponsable des actes accomplis dans l'exercice de ses fonctions, cette irresponsabilité étant attestée par l'existence du contreseing des ministres qui ont proposé ces actes, le président de la République italienne n'exerce qu'une magistrature morale ou à la rigueur une magistrature d'influence. Il est, en définitive, le garant de l'unité nationale.

Cependant, ces dernières années, le président de la République s'est manifesté comme exerçant une véritable magistrature d'influence : en raison du multipartisme très ouvert, en nommant le président du Conseil et, sur sa proposition, les ministres, il est amené à formuler des suggestions dans le choix de la coloration politique du gouvernement. Dans cette mesure, il intervient quelque peu dans le « jeu » politique.

§ 2. — Le gouvernement

Le président du Conseil dirige la politique générale du gouvernement et en est responsable.

La responsabilité du gouvernement s'exerce devant l'une ou l'autre des Chambres qui disposent de pouvoirs identiques. Le vote d'investiture d'un gouvernement a lieu dans les dix jours suivant sa formation : le gouvernement doit obtenir la confiance des deux Chambres. Ensuite, la responsabilité politique ne peut être mise en jeu que par la voie d'une motion de défiance votée par l'une ou l'autre des Chambres. Cette motion de défiance doit être signée par un dixième au moins des membres de l'assemblée parlementaire. Dans la réalité, tout gouvernement qui ne se sent plus conforté de la confiance parlementaire est amené à démissionner de sa propre initiative.

En droit, le président de la République peut dissoudre l'une ou l'autre des Chambres ou le parlement tout entier. Dans les faits, comme la réalité du pouvoir est entre les mains du gouvernement, la dissolution est le fait de ce dernier, le président de la République n'ayant là comme ailleurs qu'un pur pouvoir nominal. La dissolution n'a jamais servi, en Italie, à faire arbitrer par le peuple un conflit entre le gouvernement et le parlement : elle ne sert qu'à renvoyer devant les électeurs une assemblée devenue ingouvernable en l'absence de majorité en fin de législature.

Dans les faits, l'évolution des rapports entre les pouvoirs publics a été telle, en raison du rôle prééminent joué par les partis (le terme de « partitocratie » ne se réduit pas à une classification purement formelle) que les gouvernements ont été jusqu'à présent essentiellement des commis du parlement. Depuis 1945, la durée moyenne des gouvernements a été de huit mois. Ils se font et se défont au gré des coalitions qui changent et qui ont comme pivot, on l'a vu, la démocratie chrétienne. Les gouvernements se sont généralement toujours retirés avant que le vote de défiance motivée, tel qu'il est organisé par l'article 94 de la Constitution, n'ait eu à intervenir. Les gouvernements sont le résultat des savantes tractations et coalitions non seulement menées entre divers partis, mais aussi entre fractions de partis. Les fractions, apparues ces dernières années au sein des grands partis, contribuent à rendre les états-majors moins puissants que naguère. En raison des divisions et des courants contraires qui se manifestent au sein des principaux partis, les partis en arrivent à se trouver à la fois plus ou moins au gouvernement et plus ou moins dans l'opposition.

§ 3. — Le Parlement

Le Parlement est composé de deux Chambres ayant des pouvoirs rigoureusement identiques. Il s'agit donc d'un bicamérisme égalitaire, qui se rencontre rarement dans les démocraties contemporaines : les deux Chambres votent la loi; chacune d'elles peut mettre en cause la responsabilité du gouvernement; toutes les deux peuvent être dissoutes.

Une particularité notable mérite d'être signalée : la Commission légiférante, qui a le pouvoir de voter la loi au lieu et à la place de l'assemblée, au moins dans certaines matières. La Constitution a aussi fait une certaine place aux procédés de la démocratie semi-directe que sont l'initiative populaire et le référendum : le peuple a aussi l'initiative des lois au moyen d'une proposition formulée par 50 000 électeurs au moins, en dehors de l'initiative qui appartient au gouvernement, aux parlementaires et aux conseils régionaux. Une loi du 25 mai 1970 a organisé ce droit d'initiative législative reconnu constitutionnellement aux citoyens, mais le procédé de l'initiative législative avait déjà eu l'occasion de recevoir application avant le vote de la loi. D'autre part, la Constitution prévoit l'utilisation du référendum populaire en vue de l'abrogation totale ou partielle d'une loi si 500 000 électeurs ou 5 conseils régionaux le demandent ; ce dernier procédé est resté lettre morte jusqu'à ce que la loi du 25 mai 1970 intervienne pour la mise en œuvre des dispositions constitutionnelles relatives à cette intervention populaire. La première application en a été le référendum du 12 mai 1974 : par 59 % contre 41 %, les Italiens ont refusé d'abroger la *loi Fortuna* du 30 novembre 1970 qui avait institué le divorce. Ces résultats ont constitué un échec pour la démocratie chrétienne qui avait milité en faveur de l'abrogation de la loi de 1970.

Finalement, la seule différence substantielle entre les deux assemblées parlementaires tient à leur mode de désignation : la Chambre des députés se trouve composée à partir de la représentation proportionnelle avec répartition des restes au plan national, dans le cadre de 32 circonscriptions électorales. Les députés sont élus pour cinq ans. La Chambre des députés comprend actuellement 630 députés. La majorité électorale requise, pour participer aux élections, est de 18 ans. Le Sénat, quant à lui, est aussi recruté au suffrage universel direct et pour une période identique de cinq ans. Le système électoral est mixte : si un candidat obtient 65 % des suffrages il est élu; à défaut, joue la représentation proportionnelle dans le cadre de la région ; la majorité électorale ici requise est de 25 ans. 315 sénateurs sont ainsi élus selon ce système mixte. A ce nombre s'ajoutent quelques sénateurs à vie qui participent comme les élus, à tous les votes : les anciens présidents de la République et cinq sénateurs nommés à vie par le Chef de l'Etat. De ce fait, le Sénat comprend actuellement 323 membres.

§ 4. — La Cour constitutionnelle

Aux termes de l'article 134 de la Constitution, « la Cour constitutionnelle se prononce sur les controverses relatives à la légitimité constitutionnelle des lois — et des actes ayant force de loi — de l'Etat et des régions; sur les conflits d'attribution entre les divers pouvoirs de l'Etat, entre l'Etat et les régions et entre les régions; sur les accusations portées contre le président de la République et les ministres, conformément à la Constitution ».

En laissant de côté ce dernier point, qui ne correspond à la limite, qu'à une hypothèse d'école, il faut essentiellement retenir que la Cour constitutionnelle italienne contrôle la constitutionnalité des lois, qu'il s'agisse de celles de l'Etat ou de celles des régions et qu'elle est juge de la répartition des compétences non seulement entre les organes étatiques mais aussi entre l'Etat et les différentes régions. Le régionalisme italien est proche du fédéralisme, mais l'Etat n'en demeure pas moins unitaire : les régions italiennes disposent d'une autonomie statutaire qui doit être en harmonie avec les dispositions constitutionnelles et les principes généraux étatiques (Sentence n° 40 de la Cour constitutionnelle du 3 mars 1972).

A la différence du Conseil constitutionnel français, la Cour constitutionnelle peut être saisie par tout citoyen partie à un procès et qui soulève l'exception d'inconstitutionnalité d'un texte législatif. La juridiction saisit alors la Cour constitutionnelle qui déclarera ou non inconstitutionnelle la disposition législative en cause. La déclaration d'inconstitutionnalité a une valeur *erga omnes* et non seulement entre les parties au procès.

En ce qui concerne le contrôle de répartition des compétences entre l'Etat et les régions ce sont les organes régionaux qui saisissent la Cour.

La Cour constitutionnelle est composée de 15 membres nommés pour 12 ans, pour un tiers par le Parlement en séance commune, et pour un tiers par les magistratures suprêmes ordinaires et administratives (c'est-à-dire Cour de cassation et Conseil d'Etat), et pour un tiers par le président de la République. Les juges de la Cour constitutionnelle sont choisis parmi les magistrats des juridictions judiciaires et administratives, les professeurs de droit des universités et les avocats ayant vingt ans d'exercice.

La Cour constitutionnelle italienne n'a commencé à fonctionner que le 23 avril 1956 en raison des difficultés rencontrées au Parlement pour désigner les membres devant être élus par lui et qui tenaient à l'absence d'accord entre les partis représentés, les membres choisis par le Parlement devant l'être à la majorité qualifiée ou renforcée.

CHAPITRE II

LES TRADITIONS MONARCHIQUE ET REPUBLICAINE EN FRANCE

On ne peut pas comprendre et apprécier le jeu des forces politiques et des institutions politiques sous la Vᵉ République si l'on ne tient pas compte de la diversité des apports que les événements et les régimes politiques ont superposés dans l'histoire française depuis près de deux siècles.

En 1789, une rupture se produit avec la tradition monarchique de l'Ancien Régime. La Révolution française va connaître des luttes d'influences sérieuses et mouvementées entre ceux qui participent à l'édification d'un nouveau système fondé désormais sur la République des citoyens; une lutte ouverte opposera les ultra-révolutionnaires (les Conventionnels) qui entendent faire reposer le nouveau régime sur la souveraineté du peuple et les modérés qui entendent faire de la nation, entité purement abstraite et juridique, le titulaire du pouvoir. Au bout de quelques années, et probablement en raison même des excès révolutionnaires, la « monarchie » va reparaître sous les traits de Bonaparte et surtout de Napoléon : ce que la légitimité historique et l'hérédité ne pouvaient lui accorder, Napoléon va le compenser par les victoires militaires et par la pratique de l'appel direct au peuple, du plébiscite; le Second Empire, dans la seconde moitié du XIXᵉ siècle, s'inspirera de ce dernier exemple et aura soin d'opérer le ressourcement de l'Empire par l'usage de procédés identiques. Entre-temps, la famille royale, Bourbon et Orléans, va revenir sur le trône et rétablir la monarchie ancestrale mais sous une forme atténuée : les monarques du XIXᵉ siècle devront tenir compte de l'existence des assemblées politiques, inexistantes ou tenues en sommeil sous la monarchie du XVIIIᵉ siècle : de la sorte, le régime de Louis-Philippe va connaître un régime mixte, à mi-chemin de la monarchie traditionnelle et du parlementarisme moderne; l'on évoquera, pour le qualifier, le régime parlementaire orléaniste qui correspond exactement à une transition entre la monarchie limitée telle que l'a pratiquée en fait Louis XVIII et le régime parlementaire moniste pratiqué de nos jours par la Grande-Bretagne ou la République fédérale d'Allemagne.

Cette forme de régime se perfectionne sous la IIIᵉ République : les IIIᵉ et IVᵉ Républiques, séparées par l'intermède de la dictature de 1940 à 1944 assumée sous la protection de l'Allemagne nazie, vont connaître des régimes parlementaires de type moniste où le chef de l'Etat, successeur très lointain des monarques d'Ancien Régime, se sera complètement effacé : certains auteurs et le général de Gaulle évoqueront le régime des partis pour qualifier spécialement la IVᵉ République qui devait précéder le retour au pouvoir de de Gaulle (V. M. WALINE, *Les partis contre la République,* 1948). Il est vrai que la IIIᵉ et surtout la IVᵉ République ont été essentiellement dominées par les états-majors des partis; c'est encore la situation de l'Italie, à notre époque : les gouvernements se font et se défont, en fonction des combinaisons de groupes et de partis. Le parlement détient toute la souveraineté. Il s'identifie à la nation.

La tradition de l'époque révolutionnaire qui a prévalu sous les IIIᵉ et IVᵉ Républiques a été celle de la souveraineté nationale et non celle de la souveraineté populaire : la nation est une entité distincte des individus qui normalement devraient la composer. Si l'on suit Rousseau et les partisans de la souveraineté populaire, chaque citoyen devrait détenir une parcelle de souveraineté et participer ainsi réellement à son exercice, alors que la nation les transcende. L'introduction du référendum dans les institutions françaises, c'est-à-dire dans la Constitution, permet de corriger la souveraineté nationale par ce procédé de démocratie directe. La Vᵉ République, tout en reposant sur l'idée de souveraineté nationale, comme ses devancières, l'atténue dans une certaine mesure puisque le président a le droit de s'adresser directement au peuple pour lui faire adopter un texte, cette manifestation populaire visant en fait à manifester plus ou moins la confiance du peuple envers la personne du chef de l'Etat, qui se présente comme le véritable chef de l'exécutif.

En définitive, alors que l'histoire politique de la Grande-Bretagne se traduit par un glissement graduel et continu de l'autorité monarchique vers l'autorité du peuple, lequel choisit un député, un programme, un parti, un chef de gouvernement, l'histoire française, à partir de la Révolution et la fin du XVIIIᵉ siècle, est loin d'avoir été linéaire; elle se traduit par des stratifications successives qui manifestent des oppositions de régimes, la France républicaine et la France monarchique, et dont aucune ne disparaîtra jamais complètement. De la sorte, la Vᵉ République, qui débute en 1958, est faite d'apports successifs : les traditions monarchique et bonapartiste y coexistent en même temps que la tradition républicaine fondée sur la souveraineté nationale et sur le principe électif.

Les gaullistes reconnaissaient eux-mêmes la réalité de cette dualité, tel Pierre Messmer (*Le Point,* 4 déc. 1972) :

> « Ce que l'on a appelé les thèmes du gaullisme — autorité dans l'Etat, respect de l'indépendance nationale, souci de faire participer chaque Français à la vie de son entreprise, de sa région et de la nation — ces impératifs n'ont pas été inventés par le général de Gaulle. Ils sont l'héritage de la monarchie et de la Révolution. La force du gaullisme, la raison pour laquelle il continuera, c'est qu'il est une expression moderne de la tradition nationale la plus ancienne. Le général de Gaulle a réconcilié par ses actes et son verbe la double tradition de la monarchie et de la Révolution. »

A un niveau plus institutionnel, Serge Arné (*L'esprit de la Ve République : Rev. dr. publ.* 1971, pp. 647-648) ajoute, quant à lui :

> « Cette sorte d'unité à travers les siècles qui veut que chaque régime ait apporté sa pierre, ce fond permanent où il n'est pas aisé de distinguer ce qui appartient à l'un plutôt qu'à l'autre, tel est ce qui singularise, mieux que tout autre, la Ve, qui est, à elle seule, un véritable traité vivant de droit constitutionnel. »

Avant d'étudier les institutions actuelles, il importe donc de retracer l'histoire des institutions et des constitutions qui se sont succédé depuis 1789 jusqu'en 1958 et que l'on situera, les unes dans un contexte républicain, les autres dans un contexte monarchique.

Il faut remarquer que les régimes napoléonien et monarchique du XIXe siècle ne pourront pas, compte tenu du fait de la Révolution française, négliger les apports du droit républicain, spécialement le principe électif et les assemblées politiques. Les pièces essentielles du gouvernement parlementaire seront mises en place sous Louis-Philippe, alors que Napoléon 1er et Napoléon III agiront en autocrates.

La Révolution française a pris fin par le coup d'Etat du 18 brumaire an VIII (1799). Les régimes instaurés sous Napoléon Ier et Napoléon III manifestent un retour pur et simple à la monarchie absolue d'Ancien Régime, mis à part la deuxième phase du Second Empire (à partir de 1860) qualifiée pour cette raison d'« Empire libéral ». Au contraire, le retour au pouvoir des rois de France, qui s'achèvera définitivement en 1848, se caractérise, tout particulièrement sous le règne de Louis-Philippe, par la limitation de la monarchie : la monarchie parlementaire, sous le Roi des Français, se caractérise par son caractère dualiste dans la mesure où le gouvernement est à la fois responsable devant le monarque et devant le Parlement. Tout usage du plébiscite est proscrit. La IIIe et la IVe Républiques prolongeront et perfectionneront le parlementarisme orléaniste ou dualiste en établissant des régimes parlementaires de type moniste, le gouvernement n'étant plus responsable que devant le Parlement et le président de la République, « monarque » élu, s'effaçant presque totalement et ne disposant plus, à ce titre, que de pouvoirs nominaux.

SECTION I

L'INSPIRATION MONARCHIQUE : LE COURANT NAPOLEONIEN ET DICTATORIAL

Bonaparte, devenu Napoléon Ier, et Napoléon III, ont agi en « monarques » absolus. Trois différences d'avec l'Ancien Régime doivent être marquées : l'existence de constitutions écrites, la présence d'assemblées, et l'usage du plébiscite. Ces différences disparaîtront sous le régime du maréchal Pétain.

§ 1. — Les constitutions et les régimes napoléoniens

A. — La Constitution du 22 frimaire an VIII (13 décembre 1799)

Le régime qui va fonctionner sous le couvert de la Constitution de l'an VIII se présente comme une dictature plébiscitaire. L'intégralité du pouvoir va appartenir à Bonaparte et à Napoléon. C'est le retour à la monarchie absolue d'Ancien Régime. Bonaparte se fait d'ailleurs sacrer empereur et l'Empire devient héréditaire, comme sous l'ancienne monarchie.

A propos du Consulat, Jean-Jacques Chevallier a noté (*Histoire des institutions et des régimes politiques de la France de 1789 à nos jours, 4e éd.*, 1972, p. 107) :

> « Une façade de suffrage universel (simple droit de présentation). Une façade d'assemblées : le Sénat, le Tribunat, le Corps législatif. Au gouvernement une façade de trois consuls, mais le pouvoir réel est au Premier consul. Le soir où le texte de la Constitution fut solennellement proclamé dans les rues de Paris, les gens demandaient : « Qu'y a-t-il dans la Constitution ? ». Et l'on répondait : il y a Bonaparte. Le référendum sur un texte constitutionnel avait fatalement tourné en plébiscite sur un homme. »

En 1802, Bonaparte se fait attribuer par plébiscite le titre de « consul à vie ». En 1804, un nouveau plébiscite consacre l'Empire héréditaire : Napoléon Ier est né; aux Bourbons succède une nouvelle dynastie. A la suite du plébiscite de 1802, les listes de notabilités sont remplacées par des assemblées locales d'élus à vie par le sénatus-consulte de l'an X. Après le plébiscite de 1804, le Sénat est nommé par l'Empereur; le Corps législatif sera de moins en moins réuni; le Tribunat est supprimé en 1807.

L'usage qu'a fait le Consul du plébiscite est nouveau dans la vie politique française. Il sera poursuivi par Napoléon III et, beaucoup plus tard, réapparaîtra avec le général de Gaulle. Voulant se poser, dès son arrivée au pouvoir, en exécuteur de la volonté du peuple, Napoléon Bonaparte demanda au peuple de confirmer par plébiscite non seulement les modifications au régime qui en résulteraient, mais surtout sa confiance indéfectible en celui qui entendait gouverner seul au nom du peuple. La Constitution du 22 frimaire an VIII était inspirée, il ne faut pas l'oublier, d'un ancien projet de constitution dû à Sieyès, dont une des maximes favorites était : « La confiance vient d'en bas et l'autorité vient d'en haut ». Lors du plébiscite de 1804, les cas de fraude furent nombreux.

Se faisant sacrer Empereur, reconstituant une nouvelle noblesse, Napoléon entendra faire table rase de la Révolution pour se réclamer finalement de la légitimité monarchique d'Ancien Régime. La dictature impériale prend fin le 1er avril 1814. Après le retour de l'Ile d'Elbe, l'Acte additionnel aux Constitutions de l'Empire du 22 avril 1815, entré en vigueur le 1er juin 1815, n'aura pas le temps d'être appliqué : le 18 juin, c'est la défaite de Waterloo; le 22 juin 1815 a lieu l'abdication de l'Empereur. La défaite militaire a eu raison du « petit caporal ». Celui-ci, par ses victoires militaires, avait cependant porté, pour la dernière fois de son histoire, peut-être, l'attention du monde sur la France.

B. — Les Constitutions du 14 janvier 1852 et du 21 mars 1870

Succédant à la Révolution de 1848, le neveu de l'Empereur va rétablir l'Empire, qui sera absolu jusqu'en 1860 pour se libéraliser ensuite par l'octroi de certains pouvoirs au Corps législatif. Le coup d'Etat du 2 décembre 1851 est à l'origine de cette nouvelle dictature, comme le coup d'Etat du 18 brumaire an VIII avait été à l'origine de la dictature de Bonaparte.

D'après la Constitution du 14 janvier 1852, adoptée à la suite d'un plébiscite, les pouvoirs publics sont représentés par le président de la République et ses ministres, le Sénat et le Corps législatif.

Le Sénat est composé de personnalités nommées par l'exécutif et de membres de droit. Le Corps législatif est la seule assemblée élue, mais l'élection est détournée de son but par la pratique de la candidature officielle. Les circonscriptions électorales sont découpées de telle sorte que les foyers d'opposition sont dissous dans des arrondissements fidèles à Napoléon. L'Empire héréditaire a été rétabli dès le 7 novembre 1852, à la suite d'un nouveau plébiscite.

L'Empereur s'approprie la totalité des pouvoirs. Il a seul l'initiative des lois : il cumule donc, dans la réalité, pouvoir exécutif et pouvoir législatif. Le plébiscite se trouve institutionnalisé par l'article 5 de la Constitution de 1852 dans les termes suivants : « Le président de la République est responsable devant le peuple français, auquel il a toujours le droit de faire appel ». Le Prince-président, quelques mois après, deviendra l'Empereur Napoléon III.

La Constitution de l'Empire du 21 mars 1870, peu de temps avant la défaite de Sedan du 2 septembre 1870, portera, elle aussi, en son article 13 : « L'Empereur est responsable devant le peuple français, auquel il a toujours le droit de faire appel ».

Ce que l'on a appelé « l'Empire libéral », à partir de 1860, s'est traduit par un très faible amoindrissement de l'autoritarisme et du pouvoir personnel de l'Empereur : à partir de 1866, le Corps législatif a le droit d'amender les lois sans restrictions, mais la pratique de la candidature officielle est toujours vivante.

La Constitution du 21 mars 1870 qui institutionnalisa la phase de « l'Empire libéral » se contentait essentiellement de faire du Sénat la deuxième Chambre législative; sa composition et son mode de désignation ne changeaient pas. L'initiative des lois était partagée entre l'Empereur et les deux assemblées (Corps législatif et Sénat).

§ 2. — La dictature de Vichy et le projet de Constitution du maréchal Pétain

Vaincue par l'Allemagne en 1940, la France va s'abandonner au vainqueur de Verdun jusqu'à la libération du territoire par les forces alliées en 1944. Mais à partir de 1942 le pouvoir prépondérant va passer en fait du chef de l'Etat au chef du gouvernement Pierre Laval.

Ce régime, imposé sous la pression des autorités d'occupation, est encore plus proche de la monarchie absolue d'Ancien Régime que les régimes napoléoniens : il n'existe aucune Chambre, donc plus d'élections, le plébiscite n'est pas en usage. L'idéologie du régime se réfère à l'ancienne France : elle remet en honneur les provinces françaises et les corporations.

Le 10 juillet 1940, les deux Chambres de la IIIe République, convoquées à Vichy, ont voté à la majorité écrasante de 569 voix contre 80 la délégation du pouvoir constituant au maréchal Pétain. Cette « loi constitutionnelle » ne comporte qu'un article unique.

A partir de la délégation qui lui est consentie par le Parlement, lequel sera désormais mis en sommeil, le maréchal Pétain va gouverner dans le contexte d'un régime provisoire à l'aide de douze *Actes constitutionnels* pris sur la base de la « loi constitutionnelle » du 10 juillet 1940.

Jusqu'en 1942, le chef de l'Etat français (le terme de « République » a été banni) va détenir la totalité des attributions exécutives et législatives. L'acte constitutionnel du 18 avril 1942 institue un chef du gouvernement, nommé par le chef de l'Etat. L'acte constitutionnel n° 12 *bis* du 26 novembre 1942 attribue au chef du gouvernement, Pierre Laval, l'intégralité du pouvoir législatif, le maréchal ne détenant plus que le pouvoir constituant et celui de nommer le chef du gouvernement qui demeure responsable devant lui. En réalité, à partir de cette année, Pierre Laval remplace le vieux maréchal et gouverne seul.

Durant la première période, 1941-1942, un projet de Constitution aura été rédigé, mais il ne sera jamais promulgué : ce texte établit un régime qui n'est ni présidentiel ni parlementaire et qui, en tout cas, ne se réfère pas au dogme de la souveraineté nationale, quoique le principe électif soit retenu pour la désignation du chef de l'Etat et des assemblées nationales, Sénat et Chambre des députés. Certains membres du Sénat sont cependant désignés par le chef de l'Etat. L'innovation la plus caractéristique du projet de Constitution était l'institution d'une Cour suprême qui devait garantir les libertés publiques fondamentales et connaître des recours en inconstitutionnalité de la loi qui pouvaient être formés par voie d'exception par tout citoyen partie à un procès.

Le Gouvernement de Vichy, et personne ne le nie, n'a été ni plus ni moins qu'une autocratie. Le pouvoir émanait d'en haut, du chef. L'Etat français ne s'identifiait certes pas à la nation, mais à son détenteur, l'exécutif personnifié. Comme l'écrivait Bonnard (cité in PRÉLOT, « *Institutions politiques et droit constitutionnel* », 5e éd. 1972, p. 505) :

> L'autocratie moderne exclut le fractionnement entre plusieurs organes, notamment le fractionnement sur la base de la distinction des fonctions de l'Etat qu'est la séparation des pouvoirs. La concentration des pouvoirs est dans l'esprit de l'Etat autoritaire, toujours à raison de cette force dont il est nécessaire que le pouvoir public soit doté.

Les idées de Sieyès, un des inspirateurs de la Constitution de l'an VIII, étaient donc à nouveau exprimées à près d'un siècle et demi de distance.

SECTION II

L'INSPIRATION REPUBLICAINE ET LA FORMATION DU REGIME PARLEMENTAIRE

L'autre courant qui a façonné les esprits et les institutions en France et qui n'a jamais pu être tari par les excès de l'autoritarisme et du despotisme est le courant républicain issu de la Révolution française, qui s'est poursuivi durant la première moitié du XIXe siècle avec la Restauration et qui a trouvé son plein achèvement sous les IIIe et IVe Républiques.

§ 1. — Les institutions révolutionnaires : séparation et confusion des pouvoirs

A. — Un essai de régime présidentiel : la Constitution du 3 septembre 1791

Pour la première fois, la monarchie française va se trouver limitée : c'est l'objet de la Constitution de 1791 qui établit en droit un véritable régime présidentiel fondé sur une séparation stricte des pouvoirs : le roi, devenu roi des Français, a, en face de lui, une seule Chambre, l'Assemblée nationale législative. Les ministres, nommés par le roi, sont responsables devant lui seul. L'Assemblée nationale législative ne peut pas être dissoute par le roi; de la même façon, l'Assemblée nationale n'avait juridiquement pas de prise sur le roi et ses ministres. Cependant, le roi disposait d'un veto suspensif à l'égard des lois.

Le 10 août 1792, le roi Louis XVI est suspendu de ses fonctions. Le 21 janvier 1793 il est guillotiné.

Cette Constitution, la première du cycle constitutionnel français, a été appliquée, mais peu de temps. Le conflit entre les élus de la nation et le roi des Français s'est résolu brutalement au profit des élus : cette situation avait été fatalement commandée par la dynamique du régime d'assemblée qui fut pratiqué dès le 17 juin 1789 quand, au sein des Etats généraux réunis par le roi le 5 mai 1789, le Tiers-Etat se transforma en Assemblée constituante que rallia le 9 juillet suivant la noblesse en même temps que le clergé. Ce qu'il faut essentiellement retenir c'est que cette Constitution portait en exergue la célèbre Déclaration des droits de l'homme et du citoyen, votée par l'Assemblée constituante dès 1789, et qui fait toujours partie intégrante des institutions françaises actuelles, le préambule de la Constitution du 4 octobre 1958 continuant de s'y référer : par là, les fondements de la démocratie libérale étaient jetés et devaient inspirer par la suite les Républiques des XIXe et XXe siècles.

B. — Le gouvernement d'assemblée et la Constitution montagnarde du 24 juin 1793

Cette Constitution, demeurée inappliquée, débute, elle aussi, par une Déclaration des droits, plus « sociale » que la précédente. Elle institue à la lettre un véritable régime d'assemblée qui repose sur le principe de la souveraineté populaire (et non pas nationale). Le pouvoir est unique et vertical : il est exercé au nom du peuple par une assemblée unique : le Corps législatif qui dispose de l'intégralité et de la totalité des pouvoirs. Selon la logique du régime d'assemblée, le pouvoir exécutif est confié à un conseil exécutif de 24 membres, entièrement dépendant de l'Assemblée populaire.

Dans la réalité, le pouvoir a appartenu à un comité de salut public, ayant à sa tête Robespierre, créé le 6 avril 1793, et qui exercera sa dictature sur la Convention qui était entrée en fonction dès le 21 septembre 1792.

Lasse de la terreur exercée par Robespierre et ses adjoints, la Convention se ressaisit le 9 thermidor an II (27 juillet 1794). La guillotine qui a tant de fois servi contre les ennemis de Robespierre décapitera le mouvement robespierriste.

C. — Un régime collégial et bicaméral : la Constitution du 5 fructidor an III (22 aout 1795)

Sous le Directoire, un régime strict de séparation des pouvoirs va être établi, en réaction à la fois contre la dictature personnelle et contre le régime d'assemblée. Pour la première fois, le bicaméralisme est instauré : le pouvoir législatif est confié à deux assemblées, le Conseil des Cinq cents et le Conseil des Anciens. Les deux Chambres ont des pouvoirs égaux. Le Conseil des Anciens se présente comme une Chambre haute chargée de freiner et de modérer le Conseil des Cinq cents.

Le pouvoir exécutif est représenté par un organe collégial, le Directoire, composé de cinq membres nommés par le Corps législatif, c'est-à-dire par les deux Chambres : leur élection est assurée par le Conseil des Anciens sur proposition du Conseil des Cinq cents.

En vertu de la séparation stricte des pouvoirs qui est appliquée, les directeurs nomment et révoquent les ministres. Les directeurs et les ministres ne sont pas responsables devant le Corps législatif. Le Corps législatif ne peut pas être dissous par les directeurs.

Cette séparation radicale des pouvoirs devait entraîner des prises de position inconciliables entre les parlementaires et l'exécutif. Le régime fut mis à bas par le coup d'Etat du général Bonaparte, le 18 brumaire an VIII.

On le constate, aucune collaboration entre les pouvoirs législatif et exécutif n'a pu être pratiquée durant la Révolution française. Aucune Constitution n'avait d'ailleurs prévu une telle collaboration. Après la dictature napoléonienne, il faudra attendre la Restauration pour découvrir enfin un régime parlementaire en formation et fondamentalement dualiste.

§ 2. — Le régime parlementaire dualiste et la Restauration : 1814 - 1848

La chute de Napoléon Ier permit la formation d'un véritable régime parlementaire, caractérisé par la collaboration de l'exécutif et du législatif. Jusqu'au retour au pouvoir des rois de France, la France n'avait encore connu aucun régime d'équilibre des pouvoirs : un tel régime va naître pour la première fois dans l'histoire politique française, des Constitutions, dites Chartes, de 1814 et de 1830. Ce qui est caractéristique du régime tel qu'il sera pratiqué à partir de 1830 c'est que le gouvernement va être responsable à la fois devant le Roi, chef de l'Etat, et devant le Parlement.

La Charte du 4 juin 1814 a été octroyée par le roi Louis XVIII. A la lettre, elle n'institue pas encore une monarchie parlementaire, mais une monarchie limitée : le roi, chef de l'Etat, a seul l'initiative des lois et il peut dissoudre la Chambre des députés, composée d'élus; l'autre Chambre, la Chambre des pairs, aristocratique, est composée de pairs à vie et de pairs héréditaires, nommés par le roi.

La Charte ne dit mot d'une responsabilité quelconque des ministres devant la Chambre des députés. Dans la pratique, en raison du caractère conciliant et modéré de Louis XVIII, une véritable collaboration va commencer à s'instaurer entre le gouvernement et les Chambres. Celles-ci ne disposent pas du droit d'interpellation, mais de l'adresse par laquelle elles répondent au discours du Trône, ce qui permit d'amorcer l'ouverture d'un débat de politique générale en début de session. De plus, par le biais du vote du budget ou de son refus, les Chambres eurent une certaine prise sur le gouvernement. Louis XVIII n'hésita pas à renvoyer les gouvernements qui ne disposaient plus de la confiance du parlement. De la sorte, déjà impliqués par les dispositions de la charte, les mécanismes du régime parlementaire se sont mis en place sous Louis XVIII, roi conciliateur qui, au surplus, avait vu fonctionner les institutions britanniques à l'époque de son exil à Londres. Il n'en alla pas de même sous Charles X, roi autoritaire, qui refusa de se plier au jeu parlementaire et dont le règne fut brisé par la Révolution de 1830.

Un tel régime va s'épanouir sous Louis-Philippe, avec la Charte du 14 août 1830. Cette charte n'est plus octroyée; elle fut rédigée par les Chambres et acceptée par le prétendant au trône, Louis-Philippe, duc d'Orléans, dont le père fut guillotiné en 1793, après avoir voté la mort de Louis XVI; elle fit l'objet d'un pacte entre celui qui allait devenir le roi des Français (le terme figure dans la Charte), et les assemblées parlementaires.

L'organisation des pouvoirs est plus équilibrée qu'en 1814 : les assemblées ont désormais l'initiative des lois, qu'elles partagent avec le roi. Et surtout, le régime parlementaire dualiste va fonctionner dans toute son ampleur : les ministres doivent désormais avoir aussi bien la confiance des Chambres que celle du roi; de la sorte, les mécanismes de mise en jeu de la responsabilité gouvernementale se perfectionnent par l'usage de l'interpellation, par la confirmation de l'adresse et par la constitution de commissions d'enquête. La pairie héréditaire a été supprimée : la Chambre des pairs se trouve désormais composée de notabilités nationales. Le régime qui a fonctionné en vertu de la Charte de 1830 a l'habitude d'être qualifié non seulement de dualiste mais aussi d'orléaniste. Pour qualifier le régime français établi à la lettre par la Constitution du 4 octobre 1958, Maurice Duverger évoquera le « parlementarisme orléaniste ».

A la suite de la révolution de 1848, le cheminement du régime parlementaire dualiste vers un régime parlementaire moniste (où le chef de l'Etat s'étant complètement effacé, le gouvernement n'est plus responsable que devant le Parlement) va se trouver compromis d'abord par le régime institué par la Constitution du 4 novembre 1848, ensuite par le régime autoritaire de Napoléon III.

La Constitution de 1848 est la première constitution, appliquée, à instituer le suffrage universel. Certes, la Convention fut la seule assemblée révolutionnaire élue en 1792 au suffrage universel et la Constitution demeurée inappliquée du 24 juin 1793 avait institué un tel suffrage. Quant à l'établissement du suffrage universel par la Constitution du 22 frimaire an VIII, il avait été annihilé dans ses effets : le vote des citoyens aboutissait seulement à dresser des « listes de confiance ». En dehors de ces quelques tentatives avortées, la règle essentielle et dominante avait été celle du suffrage censitaire, conditionné donc par la fortune. Le principe du suffrage universel, posé en 1848, ne devait plus jamais être remis en cause en France, y compris par le Second Empire. Cependant, le droit de vote demeura limité à la population masculine jusqu'à l'Ordonnance du 21 avril 1944 qui l'étendit aux femmes.

La Constitution du 4 novembre 1848 instituait un régime de séparation des pouvoirs : une assemblée unique de 750 membres et un président, tous deux élus au suffrage universel direct, le président de la République pour 4 ans et l'Assemblée législative pour 3 ans. Le régime de 1848 est plus présidentiel que parlementaire : le président ne peut dissoudre l'assemblée; l'assemblée ne peut mettre en cause la responsabilité du président. Cependant, les ministres, choisis et révoqués par le président, ont droit d'entrée et de parole à l'assemblée et peuvent être choisis parmi les députés la composant. Ils sont responsables devant l'Assemblée; de plus, autre trait d'un certain parlementarisme, le président a, comme l'assemblée, l'initiative des lois par l'intermédiaire de ses ministres. Un tel régime, combinant des traits et des caractéristiques du régime parlementaire et du régime présidentiel, les traits du régime présidentiel étant cependant prédominants, ne pouvait conduire qu'à la dictature de l'exécutif : c'est effectivement ce qui s'ensuivit : le prince Louis-Napoléon se fit élire président, puis, après le coup d'Etat du 2 décembre 1851 gouverna désormais en autocrate et devint Napoléon III en 1852.

§ 3. — Le régime parlementaire moniste : les IIIe et IVe Républiques

Séparées par la dictature de Vichy de 1940 à 1944, les IIIe et IVe Républiques vont, de 1875 à 1958, consacrer un régime parlementaire de type moniste en ce sens que le chef de l'Etat s'efface et ne dispose plus, en fait sous la IIIe République, et en droit sous la IVe République, que de pouvoirs nominaux. Le gouvernement et le Parlement vont donc être seuls en présence : le gouvernement n'est plus responsable que devant le Parlement, à la différence du régime instauré sous Louis-Philippe. Dans la réalité, les régimes parlementaires français des IIIe et IVe Républiques vont manifester la prééminence du Parlement sur le gouvernement : celui-ci lui sera entièrement soumis. C'est un régime parlementaire déséquilibré que connaîtra la France durant toute cette période. On a souvent qualifié à cet égard les IIIe et IVe Républiques, par une sorte d'abus de langage, de régimes d'assemblée. Du point de vue des forces politiques, les IIIe et IVe Républiques ont connu des majorités de centre-droit et de centre-gauche dans la mesure des alliances momentanées et circonstancielles que le parti radical, par sa position médiane, a nouées, rendant ainsi impossible dans le pays toute bipolarisation partisane.

A. — La IIIe République et l'épanouissement du parlementarisme

La IIIe République issue des lois constitutionnelles de 1875 et qui prit fin en 1940 se présente comme le régime politique français qui, depuis la Révolution de 1789, peut se prévaloir d'une durée appréciable : 65 ans. Et cependant la forme républicaine du régime ne fut adoptée qu'à une voix de majorité (amendement Wallon du 30 janvier 1875 qui prévoit l'élection par les deux Chambres du président de la République).

Régime libéral par excellence, le parlementarisme de la IIIe République peut s'enorgueillir d'avoir adopté de grandes lois sur les libertés publiques (loi du 29 juillet 1881 sur la liberté de la presse, loi du 1er juillet 1901 sur la liberté d'association, par exemple), de même que les grandes chartes départementale et municipale (loi du 10 août 1871 pour les départements et loi du 5 avril 1884 pour les communes). En même temps, le droit administratif va sortir des limbes : c'est sous la IIIe République que la protection du citoyen contre les illégalités administratives ou les abus de l'administration va être érigée en système : le recours pour excès de pouvoir atteindra sa plénitude sous cette République.

Le cadre institutionnel de la IIIe République est constitué par trois lois constitutionnelles adoptées par l'Assemblée nationale élue le 8 février 1871 : loi sur l'organisation du Sénat du 24 février 1875; loi sur l'organisation des pouvoirs publics du 25 février 1875; loi sur les rapports des pouvoirs publics du 16 juillet 1875.

Le président de la République, aux termes de la loi, dispose de pouvoirs importants : c'est un monarque républicain et les partisans de la monarchie espèrent, à la faveur d'une nouvelle restauration, installer à la place du président un membre de la famille royale. Mais les élections législatives de 1876 qui envoyèrent à la Chambre des députés une importante majorité républicaine ruinèrent définitivement tous leurs espoirs à ce sujet. Le président de la République est élu pour 7 ans par la Chambre des députés et le Sénat, réunis en assemblée nationale. Il dispose de l'initiative des lois, au même titre que les deux assemblées parlementaires; il exécute et promulgue les lois; il dirige les forces armées; il négocie et ratifie les traités; il peut dissoudre la Chambre des députés sur avis conforme du Sénat.

Il bénéficie d'une irresponsabilité politique totale : chacun de ses actes doit être contresigné par un ministre responsable. De la sorte, le gouvernement à la tête duquel se trouve le président du Conseil (qui n'était pas prévu par les lois de 1875) est collectivement responsable de ses actes devant le Parlement.

Le régime parlementaire a donc rompu avec le dualisme orléaniste. Les deux Chambres, Chambre des députés et Sénat ont des pouvoirs égaux. Le Sénat est élu au suffrage indirect, la Chambre des députés au suffrage direct. Le mode de scrutin est le scrutin majoritaire à deux tours (sauf pour la période 1919-1927).

Le système des partis est très émietté; de la sorte se forment et se défont des gouvernements de coalition. Le droit de dissolution à l'égard de la Chambre des députés, appartenant au président de la République, n'est plus utilisé depuis le 25 juin 1877 : ce jour-là, en effet, Mac-Mahon, président de la République, dissout la Chambre des députés après avoir renvoyé un gouvernement qui avait la confiance de l'assemblée; les élections envoyèrent à la Chambre une majorité identique à la précédente. De la sorte, Mac-Mahon dut se soumettre à la volonté des électeurs et former un cabinet qui avait la confiance de la Chambre des députés. En 1879, il démissionna. Cette tentative pour rétablir le parlementarisme dualiste fut la première et la dernière : désormais, les présidents de la République s'effacèrent complètement. En même temps, les gouvernements ne purent plus se défendre contre l'omnipotence parlementaire.

Le choix du gouvernement est tout entier conditionné par la nature de la majorité parlementaire. Une fois constitué, le Cabinet doit se présenter devant les deux Chambres et obtenir leur confiance. Les deux assemblées, en raison de l'identité de leurs pouvoirs, le contrôlent et peuvent obtenir sa démission. De ce fait, la durée moyenne des gouvernements, sous la IIIe République, sera de huit mois, les gouvernements prenant l'habitude de se retirer dès qu'ils sont mis en minorité devant l'une des deux Chambres. Les renversant, le Parlement ne cherche pas à gouverner à leur place; son action s'exerce donc dans un sens purement négatif : la recherche des équipes de « rechange » est provoquée par les sautes d'humeur des élus de la nation au gré des alliances partisanes ou de fractions de partis. La « République des députés », née sous la IIIe République, va se poursuivre sous la IVe République.

B. — La IVe République et l'achèvement du parlementarisme

En évoquant l '« achèvement du parlementarisme », on le fait uniquement en fonction de l'évolution politique ultérieure qui allait se caractériser par le déclin du Parlement et par la toute-puissance de l'exécutif représenté désormais, en fait, sous la Ve République, par le seul président de la République. Ce n'est pas à dire que le courant parlementaire soit désormais tari. Bien mieux, on le verra, la Constitution de 1958 porte des éléments de parlementarisme rationalisé en même temps que des éléments caractéristiques du régime présidentiel. Si les éléments présidentiels l'ont emporté jusqu'à présent, il ne faut pas négliger le fait que peut-être, un jour, la prépondérance des éléments caractéristiques du parlementarisme puisse se manifester dans la mesure où le président de la République, malgré son élection au suffrage universel direct, serait amené à s'effacer plus ou moins devant les Chambres. C'est en ce sens que la Constitution du 4 octobre 1958 est « souple », pour reprendre le qualificatif employé par le président Pompidou (Conférence de presse du 21 septembre 1972).

La IVe République, dont la Constitution du 27 octobre 1946 règle l'organisation et le fonctionnement des pouvoirs publics, se traduisit par un régime politique assez identique à celui qu'avait connu la France sous la IIIe République: un chef d'Etat élu par le Parlement pour 7 ans et qui ne dispose même plus du pouvoir réglementaire qui lui appartenait sous la IIIe République. Celui-ci passe au président du Conseil qui est désormais institutionnalisé. La Constitution cherche à renforcer son rôle et ses pouvoirs : il doit être investi, en début de législature, par l'Assemblée nationale à la majorité absolue avant qu'il ne constitue son cabinet. Mais la réforme constitutionnelle du 7 décembre 1954 exigera que le président du Conseil constitue son cabinet avant le vote d'investiture, lequel interviendra désormais à la majorité simple.

Sous la IVe République, le gouvernement est responsable devant la seule Assemblée nationale soit par la question de confiance posée par le président du Conseil, soit par une motion de censure déposée par un membre de l'Assemblée. La confiance ne peut être refusée au Cabinet qu'à la majorité absolue des membres de l'Assemblée; la même exigence de majorité est requise pour l'adoption d'une motion de censure.

Il appartenait au président de la République de prononcer la dissolution de l'Assemblée nationale, sur décision du gouvernement. Mais l'exercice du droit de dissolution était assorti de conditions tellement strictes que l'usage n'en fut fait qu'une seule fois, le 2 décembre 1955, sous le gouvernement Edgar Faure.

A l'intérieur du Parlement, l'Assemblée nationale jouait un rôle prééminent; la seconde Chambre, qualifiée de façon significative Conseil de la République (et non plus Sénat) ne joue plus, à la limite, qu'un rôle consultatif. Le Conseil de la République demeure élu au suffrage indirect. L'on a vu qu'il ne peut plus mettre en cause la responsabilité du gouvernement. Malgré la réforme constitutionnelle du 7 décembre 1954 qui institutionnalisa le système de la navette entre les deux Chambres, car jusque-là le Conseil de la République n'était habilité qu'à émettre des avis sur les lois votées par l'Assemblée nationale, le Conseil de la République continue de jouer un rôle secondaire dans la procédure législative, d'autant que la navette était limitée à 100 jours à compter de la transmission du texte au Conseil de la République pour deuxième lecture. L'Assemblée nationale avait donc, en définitive, le « dernier mot ».

Le bicaméralisme est donc très inégalitaire; en pratique il se traduit par un monocaméralisme de fait au profit de l'Assemblée nationale. Il faut préciser que le monocaméralisme aurait été de droit si n'avait pas été rejeté par référendum un premier projet de Constitution, celui du 19 avril 1946, qui instituait une assemblée unique, l'Assemblée nationale, et surtout instaurait un régime de type conventionnel ou régime d'assemblée.

La IVe République a vécu 12 ans et a connu, durant cette période, 20 gouvernements : la durée moyenne de chacun est de six mois. L'essai de rationalisation du régime parlementaire voulu par les Constituants n'a pas abouti : en fait, les gouvernements se retirent dès qu'ils sont mis en minorité, en l'absence de majorité absolue exigée normalement pour que la confiance leur soit refusée : on parlera de question de confiance implicite. Le déséquilibre du régime parlementaire a donc encore une fois été manifesté, non plus par l'omnipotence du Parlement (en vertu de bicaméralisme égalitaire de la IIIe République), mais par celle de l'Assemblée nationale.

La IVe République a été souvent qualifiée, spécialement par le général de Gaulle, de « régime des partis ». Cette République présente en effet de grandes analogies avec le régime politique italien actuel (mais les deux assemblées du parlement italien sont exactement placées sur le même plan) en ce sens que

> « l'expression de la volonté nationale n'appartient plus à la majorité des électeurs, mais à des partis, et résulte de processus contractuels se développant entre ceux-ci. La souveraineté, ainsi, est passée aux mains des partis, chacun en détenant une parcelle et ne pouvant l'exercer qu'en coalition avec d'autres. » (R. CAPITANT, *Démocratie et participation politique,* 1972, p. 107).

Sous la IIIe République, la souveraineté nationale s'était traduite par une souveraineté parlementaire, donc par un régime en quelque sorte oligarchique. Sous la IVe République, le pouvoir et la souveraineté passent aux partis. Le phénomène fut essentiellement lié au mode de scrutin choisi pour l'élection des députés : la représentation proportionnelle, tempérée par le système des apparentements utilisé en 1951 et en 1956. La représentation proportionnelle favorise non seulement le multipartisme mais aussi le fractionnement des partis et n'autorise que des majorités de coalition. Effectivement le grand nombre de groupes parlementaires a particulièrement illustré la « partitocratie ».

Victime de ses contradictions internes, la IVe République n'a pas, non plus, résisté à l'épreuve des guerres coloniales d'Indochine et d'Algérie. Le « partage du monde » accompli à Yalta en 1945 ne permettait plus, au surplus, à la France de l'après-guerre de jouer le rôle important que la IIIe République avait pu tenir en se constituant un important empire colonial en Afrique et en Asie. En la forme, la loi constitutionnelle du 3 juin 1958 attribuait le pouvoir constituant au gouvernement du général de Gaulle. Le projet de Constitution devait être approuvé par le référendum du 28 septembre 1958.

La Ve République va naître et recueillir l'héritage monarchique, bonapartiste et parlementaire. Le général de Gaulle sera le « monarque républicain » que les Français attendent et reconnaissent quand le cours des événements s'y prête. De 1969 à 1974 lui succédera le « conservateur » Georges Pompidou.

A partir du 19 mai 1974, date de l'élection de M. Giscard d'Estaing, à la République conservatrice et teintée d'autoritarisme du président Pompidou, devait succéder la République réformiste et libérale, la France étant désormais gouvernée au centre : en même temps que la transformation de la France était à l'ordre du jour, le substrat républicain l'emportait désormais sur les influences monarchiques.

CHAPITRE III

LA NATURE DU REGIME ETABLI SOUS LA Ve REPUBLIQUE

Sans entrer d'ores et déjà dans le détail de la description des organes politiques et des relations existant entre eux sous la Vᵉ République, on peut noter immédiatement que ce régime s'est traduit par un renforcement du pouvoir exécutif au détriment du pouvoir législatif : sous ce dernier rapport, l'article 34 de la Constitution assigne à la loi un domaine réservé, tout ce qui n'est pas assigné à la loi, donc au Parlement, relevant, selon l'article 37, du domaine réglementaire, donc du pouvoir exécutif.

Ensuite, la réalité du pouvoir, dans l'exécutif, ne se trouve pas au niveau du Premier ministre (successeur des anciens présidents du Conseil des IIIᵉ et IVᵉ Républiques), mais à celui du président de la République, chef de l'Etat. La puissante personnalité du général de Gaulle a marqué la fonction jusqu'à la réforme constitutionnelle de 1962 qui a institutionnalisé, en faisant élire désormais le président au suffrage universel direct, la prééminence du pouvoir présidentiel par rapport au gouvernement et au Parlement.

Car, avant 1962, si l'on ne tient pas compte de la présence à la tête de l'Etat du général de Gaulle, c'est-à-dire si l'on se réfère uniquement aux dispositions inscrites dans le texte de la Constitution du 4 octobre 1958, on doit constater que cette Constitution n'était pas fondamentalement en rupture avec celle du 27 octobre 1946. Certes, en vertu des articles 34 et 37, la loi ne bénéficiait plus du prestige et de l'autorité qu'elle avait connus sous les précédentes Républiques, et qui étaient le signe de la « souveraineté parlementaire ». Mais la nouvelle répartition entre le domaine de la loi et celui du règlement pouvait fort bien n'apparaître que comme l'un des éléments du parlementarisme rationalisé que les Constituants entendaient établir en réaction contre la République des députés ou celle des partis.

A partir du moment où l'élection du président de la République est faite au suffrage universel direct, dès la révision constitutionnelle du 6 novembre 1962, on ne peut raisonnablement plus penser que les institutions de la

Ve République soient de nature parlementaire, malgré la présence d'un Premier ministre et d'un gouvernement qui demeurent toujours à la lettre responsables devant l'Assemblée nationale et malgré l'existence du droit de dissolution qui appartient au président de la République, signes caractéristiques du régime parlementaire; mais la dissolution, dans les régimes parlementaires contemporains, est exercée en fait par le chef du gouvernement et non par le chef de l'Etat. Sous la Ve République, la dissolution est une prérogative en quelque sorte monarchique, entre les mains du seul président de la République et exercée réellement par lui.

L'ambiguïté tenant à la nature du régime politique français actuel peut paraître patente. Georges Vedel en a fort bien rendu compte dans un article récent (*Les deux Constitutions : Le Monde,* 10 janv. 1973). Par une sorte de paradoxe d'expression, l'auteur écrit que « la France possède simultanément deux Constitutions : celle de 1958 et celle de 1962, qui sont incompatibles ». Celle de 1958 institue une « République parlementaire »; celle de 1962 qui se traduit par l'élection au suffrage universel direct du président de la République, et l'application qui en est faite, serait tournée vers un régime présidentiel déformé par le maintien de certaines procédures en usage dans les régimes parlementaires; il suffit d'évoquer le droit de dissolution qui ne peut exister dans un régime de séparation absolue des pouvoirs, représenté particulièrement par le régime présidentiel des Etats-Unis d'Amérique. De plus, dans le régime américain, le président ne dispose pas du référendum.

Voulant marquer la prépondérance du pouvoir présidentiel sur les assemblées, divers auteurs ont pu qualifier diversement le régime de la Ve République : Jacques Robert évoque l'idée de « monarchie élective » (c'est le titre même de son article du *Monde,* 21 septembre 1972). Ultérieurement, sous la présidence de M. Giscard d'Estaing, il évoquera le présidentialisme parlementaire » (C'est aussi le titre de son article du *Monde* du 6 juin 1974) pour marquer une certaine renaissance du Parlement français. René-Jean Dupuy voit dans le régime actuel une monarchie viagère (*Personnalisation et légitimité dans la pensée gaulliste,* in *La personnalisation du pouvoir,* 1964, p. 287). D'autres auteurs qualifient le régime de la Ve République de « présidentialiste » : tel Benoît Jeanneau, dans son *Précis de droit constitutionnel* (4e éd., 1975) ; tel André Hauriou dans son article *Le Parlement dans la Constitution de la Ve République* (*Après-demain,* n. 150, janvier 1973). Dans la dernière édition de son manuel (1972), Marcel Prélot parlait, pour évoquer le dernier état de la Ve République, de « monocratie plébiscitaire », tandis que Georges Burdeau (*Manuel,* 17e éd., 1976) voit dans le régime politique français actuel une « démocratie plébiscitaire ». Le journaliste Jean Lacouture discerne, quant à lui, « un régime hybride, à mi-chemin de la monarchie référendaire et de la République plébiscitaire » (*Citations du président de Gaulle,* p. 34). Maurice Duverger voit dans le régime un régime à la fois semi-présidentiel et semi-parlementaire, ou plus exactement « la combinaison du parlementarisme majoritaire et du régime semi-présidentiel » (*Janus, les deux faces de l'Occident,* 1972, p. 208). Pierre Pactet, dans son *Précis,* distingue dans la Ve République des éléments de rattachement aux régimes présidentiel, parlementaire et consulaire ; cependant, il note l'unité de la Ve République « qui est celle d'un régime assurant au chef de l'Etat une prépondérance certaine », comme Serge Arné qui distingue des apports identiques pour finalement qualifier le régime de « présidentialiste » (*L'esprit de la Ve République : Rev. dr. publ.* 1971, p. 641).

Les positions de Georges Vedel et de Maurice Duverger (éléments de parlementarisme, éléments de régime présidentiel) sont, en tout cas, proches de la réflexion que le général de Gaulle confiait à un ancien Secrétaire général du Conseil d'Etat et ancien Conseiller du président de Gaulle. (V. l'article de Raymond Janot, *Les institutions à l'épreuve des élections : Rev. pol. parlem.*, janv. 1973, p. 23) :

> « Tous les professeurs de droit constitutionnel, m'a dit un jour le général de Gaulle, nous expliquent qu'il y a trois régimes possibles : le régime d'assemblée, le régime parlementaire et le régime présidentiel. C'est fort bien, mais pourquoi faudrait-il absolument que le régime de la France entre exactement dans une de ces trois catégories ? Il n'y a aucune raison pour que la Constitution de la France entre nécessairement dans un de ces schémas théoriques ; elle peut fort bien n'être ni tout à fait parlementaire, ni tout à fait présidentielle : elle peut parfaitement avoir un caractère spécifique. »

Dans sa conférence de presse du 11 avril 1961, de Gaulle répétera : « Disons, si vous le voulez, que notre Constitution est à la fois parlementaire et présidentielle »... Pour qualifier la Ve République, Jean-Jacques Chevallier (*Histoire des institutions et des régimes politiques de la France de* 1789 *à nos jours,* 4e éd., 1972, p. 714) en arrive à la conclusion que le régime français actuel est « inédit », en ce sens qu'il « contient des éléments incontestablement parlementaires, articulés tant bien que mal avec ses éléments présidentiels qui crèvent les yeux et sur lesquels se greffe l'élément référendaire, naturellement porté en France à tourner au plébiscitaire ».

Le substrat républicain demeure fondamental. D'ailleurs, la République n'est-elle pas la cinquième du nom ? Mais sans s'arrêter à la seule qualification institutionnelle et à l'évocation des mots, il n'est que de remarquer que le régime demeure représentatif et que les libertés publiques fondamentales continuent d'être celles que les précédentes Républiques avaient reconnues (spécialement la IVe) et dont elles s'étaient réclamé depuis la Révolution française. Le préambule de la Constitution du 4 octobre 1958 se réfère expressément aux grands principes de 1789 :

> « Le peuple français proclame solennellement son attachement aux Droits de l'homme et aux principes de la souveraineté nationale, tels qu'ils ont été définis par la Déclaration de 1789, confirmée et complétée par le préambule de la Constitution de 1946. »

Pas plus que le général de Gaulle ne s'est jamais comporté en dictateur, pas plus il ne s'est voulu un seul instant dictateur. Il n'est d'ailleurs que de le citer relativement à son rôle lors des débuts de la IVe République :

> « Je pouvais, certes, imposer les institutions de mon choix. Mais, sachez-le ! J'ai la conviction que rien de solide, ni de durable, ne peut se bâtir en France, sinon à partir de la volonté exprimée par le peuple. Si j'avais passé outre, c'était la dictature, la mienne, bien entendu ! Il n'y a pas

à douter que celle-ci eût jeté, tôt ou tard, la nation dans de violentes secousses... La France se fût trouvée bientôt dans une situation impossible, au-dedans et au-dehors. Quand bien même d'ailleurs j'aurais pu me maintenir, après moi quels bouleversements risquait la patrie, quel avènement sinon celui du communisme ? Quand un homme tient dans ses mains le sort d'un peuple, il lui faut regarder plus loin que lui-même. Je n'ai pas adopté la solution de la dictature. » (Discours, 11 février 1950, *Discours et messages,* t. II, 1970, pp. 341-342).

Dans le tome III de ses *Mémoires de guerre,* 1955, pp. 278-279, il élargira sa pensée :

« Au fond, quel fut jamais, quel peut être le ressort de la dictature, sinon une grande ambition nationale ou bien la crainte d'un peuple menacé ? La France a connu deux Empires. Elle acclama le premier en un temps où elle se sentait capable de dominer l'Europe et où elle était excédée de désordre et de confusion. Elle consentit au second dans son désir d'effacer les traités qui avaient scellé sa défaite et, dans l'angoisse où la plongeaient de récentes secousses sociales. Encore, ces régimes césariens, comment ont-ils fini tous deux ? Aujourd'hui, nulle conquête, nulle revanche ne tentent les citoyens ; les masses ne redoutent ni invasion, ni révolution... Mais, tout en écartant l'idée de mon propre despotisme, je n'en suis pas moins convaincu que la nation a besoin d'un régime où le pouvoir soit fort et continu. »

Qualifier de « présidentialiste » le régime français tel qu'il est pratiqué depuis 1958, c'est-à-dire l'assimiler à des régimes politiques de type sud-américain ou africain, caractérisés souvent, au moins pour les derniers, par la présence d'un parti unique, le monopole par l'Etat des moyens d'information (presse écrite, radio-télévision) et l'absence quasi totale de libertés publiques, serait méconnaître la réalité politique. Il faut tenir compte du fait que le régime français actuel doit être situé dans un contexte démocratique dont les Français ont l'habitude depuis les débuts de la IIIe République et dont une société industrielle ne peut se passer : le multipartisme en France est plus étendu que dans la majorité des démocraties libérales ; la présence d'un parti communiste puissant, comme en Italie, confère à ce multipartisme un caractère très original ; les libertés publiques fondamentales demeurent respectées ; la liberté de la presse écrite est totale ; l'organisation démocratique des Universités, même si elle est discernée dans certaines dictatures d'Amérique du Sud, intégrée au système démocratique français prend toute sa valeur et en est, en tout cas, le reflet. Si M. Giscard d'Estaing a qualifié dans sa « réunion de presse » du 25 juillet 1974 de « présidentialiste » le régime politique de la Ve République, c'est en considération du fait que « les attributions du président de la République concernant l'impulsion de la politique sont des attributions très importantes » (*Le Monde,* 27 juillet 1974). La même présentation sera faite par lui dans un entretien télévisé du 16 juin 1976 (*Le Monde,* 18 juin 1976).

Qualifier le régime de semi-présidentiel, semi-parlementaire, comme le fait Maurice Duverger, ne résout pas complètement le problème : car un régime est totalement parlementaire ou totalement présidentiel. Chacun de ces régimes est porteur de sa logique propre en vertu d'une organisation des pouvoirs qui a ses avantages et ses inconvénients et qui repose soit sur une séparation stricte, soit sur une collaboration institutionnalisée des pouvoirs.

Certes le régime politique français actuel ne repose pas sur une séparation des pouvoirs à l'américaine : l'arme puissante de la dissolution qui appartient au seul président de la République, sans aucun contreseing ministériel, interdirait à elle seule une telle interprétation. D'autre part, le fait que le président, pour gouverner, ait eu besoin, jusqu'à présent, d'une majorité parlementaire, véritable soutien à sa politique, la contredirait aussi. Au surplus l'usage du référendum par le président, teinté fortement d'éléments plébiscitaires sous de Gaulle, s'oppose aussi au véritable régime présidentiel, comme le partage de l'initiative en matière législative entre le gouvernement et le parlement.

Cependant, un certain nombre de caractères propres au régime présidentiel l'emportent : d'abord, l'élection du président au suffrage universel direct depuis 1962, « dont l'objet était justement d'assurer la permanence de l'Etat en renforçant la fonction présidentielle ». (Exposé des motifs accompagnant le projet de révision constitutionnelle déposé le 11 septembre 1973 au Parlement et ramenant de sept à cinq ans la durée du mandat du président de la République); ensuite, la circonstance que le Premier ministre (qui n'a pas d'équivalent dans le régime présidentiel) est simplement considéré comme le second du chef de l'Etat et comme le premier de ses ministres, « chargé comme le mot l'indique de le seconder et non pas d'assurer un pouvoir distinct et autonome du sien », comme l'exprime René Capitant (*Démocratie et participation politique,* 1972, p. 144). Relatant les événements de 1962, le général de Gaulle a lui-même noté (*Mémoires d'espoir,* t. II, pp. 69-70) :

> « Ainsi, la tempête politique que les partis ont déchaînée en vain pour empêcher que ne se consolide l'édifice de nos institutions et, du même coup, m'arracher le pouvoir n'a pas eu de conséquence pour ce qui est du gouvernement. Comme devant, le chef de l'Etat a désigné les hommes qui le composent pour accomplir en commun la tâche que lui-même a tracée. Il a choisi le premier d'entre eux de manière qu'il soit son second. »

Dans le tome I des mêmes *Mémoires* (p. 347), la conception du « ministre second » est approfondie :

> « Tout de même, qu'à bord du navire, l'antique expérience des marins veut qu'un *second* ait son rôle à lui à côté du commandant, ainsi, dans notre nouvelle République, l'exécutif comporte-t-il, après le président voué à ce qui est essentiel et permanent, un Premier ministre aux prises avec les contingences. »

On comprend aisément que, d'après cette conception, non seulement le choix, mais aussi le sort du Premier ministre, dépendent moins de l'Assemblée nationale, que de la volonté présidentielle.

Il faut ajouter que l'incompatibilité entre les fonctions de membres du gouvernement et tout mandat parlementaire (article 23 de la Constitution) ne peut s'expliquer que dans un contexte de séparation du pouvoir exécutif et de la fonction législative, donc dans un cadre présidentiel.

A défaut d'une séparation stricte des pouvoirs, prévaut une certaine séparation du pouvoir exécutif et de la fonction législative, dans le système français. Il faut, à ce sujet, se référer à la célèbre conférence de presse du général de Gaulle du 31 janvier 1964 :

> « Il doit être évidemment entendu que l'autorité indivisible de l'Etat est confiée tout entière au président par le peuple qui l'a élu, qu'il n'en existe aucune autre, ni ministérielle, ni civile, ni militaire, ni judiciaire, qui ne soit conférée et maintenue par lui, enfin, qu'il lui appartient d'ajuster le domaine suprême qui lui est propre avec ceux dont il attribue la gestion à d'autres. »

Ce sentiment et cette constatation expriment bien qu'il y a d'un côté un exécutif monocéphale en la personne du chef de l'Etat et de l'autre le Parlement. D'ailleurs, la composition du gouvernement présidentiel ne reflète pas nécessairement la force numérique des groupes à l'Assemblée nationale : ceci a été particulièrement net sitôt l'élection présidentielle du 19 mai 1974 : L'U.D.R., forte de 180 députés, se trouve fort peu représentée au gouvernement constitué le 28 mai 1974. Il en sera de même dans le gouvernement constitué le 27 août 1976 ; bien mieux, pour la première fois sous la Ve République, le Premier ministre, Raymond Barre, n'appartient pas formellement à ce parti. Cet état « présidentialise » encore le régime en accentuant la séparation des pouvoirs exécutif et législatif.

Cette séparation affirmée des pouvoirs, caractéristique du régime présidentiel, implique bien que le Premier ministre, dans la réalité, doit avoir la confiance du seul président à défaut de celle de l'Assemblée nationale. Le Premier ministre Pierre Messmer l'a reconnu lui-même le 2 novembre 1973 : « Premier ministre, j'ai la charge de mettre en œuvre cette politique. Je m'y appliquerai sans relâche, assuré que je suis de la confiance du président de la République et du soutien de la majorité ». La « démission-révocation » de Jacques Chaban-Delmas démontre bien que le Premier ministre dépend entièrement de la volonté présidentielle : ayant été autorisé à poser la question de confiance et l'Assemblée lui ayant voté la confiance le 24 mai 1972 par 368 voix contre 96, le Premier ministre remettra la démission de son gouvernement au président Pompidou le 7 juillet 1972, sur demande de ce dernier. Ceci illustre bien que la confiance présidentielle absorbe la confiance parlementaire : n'est-ce pas la situation aux Etats-Unis où les Secrétaires d'Etat dépendent entièrement du président, en vertu de la séparation stricte des pouvoirs qui prévaut ? Cette expression de la confiance présidentielle ressort au surplus très nettement de la lettre de démission de Jacques Chaban-Delmas :

> « Monsieur le président de la République, vous m'avez fait part de votre intention de changer le gouvernement. J'ai donc l'honneur de vous présenter la démission du gouvernement. Je vous demeurerai reconnaissant de votre confiance, qui m'a permis, pendant trois ans, à la tête de mes collègues, de me consacrer entièrement au service de la France et au bonheur des Français. »

La question de confiance posée devant l'Assemblée nationale n'a donc pas de signification particulière, pas plus d'ailleurs qu'une motion de censure votée sur l'initiative parlementaire. La censure oblige le gouvernement à démissionner, d'après l'article 50 de la Constitution. Mais elle peut fort bien n'entraîner aucun effet pratique, qu'il y ait ou non usage du droit de dissolution de l'Assemblée nationale. Le président Pompidou a, sous ce dernier rapport, lui-même affirmé dans sa conférence de presse du 21 septembre 1972 qu'il a le choix : ou garder le Premier ministre ou le changer.

Bien plus, dans la pratique, dès que le gouvernement est nommé par le président de la République, il n'a pas besoin de solliciter la confiance de l'Assemblée nationale en se présentant immédiatement devant elle, et ceci depuis le 13 avril 1966 où M. Pompidou, alors Premier ministre, déclara : « La lettre et l'esprit de la Constitution veulent que le gouvernement soit entièrement libre de demander ou non un vote de confiance ». C'est en fonction de cette « liberté » que le second gouvernement de M. Messmer, constitué le 5 avril 1973, paraît avoir renoué avec une tradition abandonnée en 1966, en sollicitant et en obtenant le 12 avril 1973 la confiance de l'Assemblée nationale, qui s'analyse en un soutien de celle-ci.

De même, le gouvernement de M. Jacques Chirac, constitué après l'élection présidentielle du 19 mai 1974, sollicitera la confiance de l'Assemblée nationale et l'obtiendra le 6 juin 1974. En revanche, le gouvernement de M. Barre, constitué le 27 août 1976 après la démission de celui de M. Chirac, intervenue le 25 août 1976, n'engagera pas la responsabilité du gouvernement sur son programme, ni même sur une déclaration de politique générale.

A l'occasion du débat sur la confiance sollicitée par M. Chaban-Delmas en 1972, un député, M. Stasi, s'adressa en ces termes au Premier ministre : « Ce n'est pas de cette assemblée que vous tirez votre existence ». Olivier Stirn, Secrétaire d'Etat chargé des relations avec le Parlement, déclarera, de la même façon, un an plus tard (mai 1973) : « Le Premier ministre et le gouvernement procèdent du président de la République ». Le Premier ministre Michel Debré sera purement et simplement révoqué par le président de la République le 14 avril 1962 sans que l'Assemblée soit intervenue au préalable d'aucune façon; le Premier ministre Georges Pompidou sera, *a contrario,* maintenu par le président de la République, à la suite de la censure votée contre son gouvernement par 280 voix sur 480 députés et de la dissolution de l'Assemblée le 9 octobre 1962. Ultérieurement, il sera à son tour remplacé, par démission obtenue le 10 juillet 1968, par Maurice Couve de Murville, bien que les élections législatives des 23 et 30 juin 1968 aient représenté un succès certain pour le Premier ministre évincé. Bien entendu, la lettre de la Constitution (article 8) qui veut que le président de la République mette fin aux fonctions du Premier ministre sur la présentation par celui-ci de la démission du gouvernement a toujours été respectée.

Les régimes parlementaires des IIIe et IVe Républiques, caractérisées par un multipartisme émietté, ont été des déformations du régime parlementaire type, le régime britannique : la prépondérance du Parlement s'exerçant dans un sens négatif visant à assurer et à pérenniser la République des députés ou des partis n'offrait rien de comparable au système anglais reposant sur le bipartisme et sur des mécanismes politiques rigoureux dont le peuple anglais conserve en définitive la maîtrise. On peut, de la même façon, considérer, par comparaison avec le système américain, que la Ve République connaît un régime présidentiel déformé ou imparfait, voire spécifique ou inédit.

Le régime présidentiel français est parfaitement original : recueillant, sous de Gaulle et Pompidou, l'héritage bonapartiste et l'héritage républicain, il est demeuré plus républicain que bonapartiste dans la mesure où le caractère démocratique du substrat historique et social est à lui seul de nature à absorber voire à annihiler une trop grande volonté de puissance éventuelle du président de la République. Démocratie ouverte, à peine atteinte, sous la présidence du général de Gaulle, par l'usage du référendum-plébiscite la France doit demeurer fidèle à l'héritage républicain de la Révolution française, de la même façon que les politologues et les hommes politiques des Etats-Unis d'Amérique se réfèrent avec une constance sans pareille aux « Pères fondateurs ». Ceci explique que depuis le 27 mai 1974, date d'entrée en fonction du président Giscard d'Estaing, l'inspiration républicaine et novatrice a fini par l'emporter dans le régime comme dans l'esprit des Français : à la France « latine » héritée du XIXe siècle, pourrait succéder une France plus moderne, fondée davantage sur la tolérance et le compromis.

CHAPITRE IV

LA SITUATION DES PARTIS POLITIQUES SOUS LA Ve REPUBLIQUE

Sous les IIIe et IVe Républiques, l'ensemble des partis politiques français a toujours souffert d'un manque de structures, mis à part le parti communiste et, dans une mesure moindre, la S.F.I.O. Le parti radical, qui a été le pivot des diverses coalitions gouvernementales de l'époque, n'était lui-même qu'un assemblage, une juxtaposition de comités locaux de notables.

La Constitution du 4 octobre 1958 qui a inauguré la Ve République établie contre le « régime des partis », est la première Constitution française qui prenne en considération l'existence des partis et leur assigne un rôle précis comme composantes du système politique français. L'article 4 de la Constitution porte, en effet :

> « Les partis et groupements politiques concourent à l'expression du suffrage. Ils se forment et exercent leurs activités librement. Ils doivent respecter la souveraineté nationale et la démocratie. »

Les partis politiques français sont nombreux. Ils recouvrent toute la gamme des opinions, de l'extrême gauche à l'extrême droite. L'existence d'un parti communiste fortement structuré et soumis à la loi du centralisme démocratique, comme le parti unique d'U.R.S.S., contribue fortement à faire du système politique français une démocratie ouverte, à l'instar de l'Italie.

SECTION I

LA TENDANCE A LA BIPOLARISATION

Les partis, en France, sont nombreux. Cependant on assiste à une tendance vers la bipolarisation des forces partisanes, c'est-à-dire à un regroupement des partis en présence qui conduit à opposer une coalition de droite à une coalition de gauche. Cette tendance, quelque peu contrariée récemment par la création du mouvement réformateur se situant au centre et qui ambitionnait de jouer le rôle imparti au parti libéral allemand qui constitue un parti charnière dans la mesure où aucun des deux grands partis allemands n'obtient la majorité absolue des sièges au Bundestag, a été confirmée lors des élections législatives des 4 et 11 mars 1973, et accentuée lors de l'élection présidentielle du 19 mai 1974 qui opposait les leaders des deux blocs, M. Giscard d'Estaing et M. Mitterrand qui ont recueilli chacun près de la moitié des voix des électeurs, le premier étant élu avec 50,81 % des suffrages exprimés, le second obtenant 49,19 %.

La bipolarisation, qui se traduit par une juxtaposition et l'alliance des forces politiques, pour s'opposer finalement en deux fronts, découle d'abord du mode de scrutin appliqué pour l'élection de l'Assemblée nationale : le scrutin uninominal majoritaire à deux tours. Si le scrutin majoritaire à un tour favorise et entretient le bipartisme, le scrutin majoritaire à deux tours a un effet intermédiaire entre le scrutin majoritaire à un tour et la représentation proportionnelle qui favorise la multiplicité des partis, voire leur émiettement. La tendance à la bipolarisation est accentuée par le fait que ne pouvaient se présenter au second tour que les candidats ayant obtenu au premier tour un nombre de suffrages au moins égal à 10 % du nombre des électeurs inscrits. Ce taux a été porté à 12,5 % par la loi du 19 juillet 1976.

Ensuite, la tendance à la bipolarisation des forces en présence a été favorisée par le mode d'élection du président de la République depuis 1962 : si le scrutin uninominal majoritaire à deux tours a été aussi retenu pour cette élection, ses effets sont amplifiés par la circonstance que si l'un des candidats en présence n'a pas obtenu la majorité absolue au premier tour, donc n'a pas été immédiatement élu, seuls peuvent se présenter au second tour les deux candidats qui ont obtenu le plus de suffrages au premier tour. Et comme l'institution présidentielle est « la clef de voûte » du système politique français actuel, pour reprendre l'expression de Michel Debré, les modalités de cette élection exercent leurs effets sur l'ensemble de la vie politique française, donc sur les élections législatives elles-mêmes. Le régime politique français actuel se présente, on l'a vu, comme un régime présidentiel spécifique. Le mécanisme de l'élection présidentielle a un effet intégrateur évident qui détermine les forces politiques à présenter deux fronts opposés lors des élections législatives. Cela avait déjà été particulièrement net lors des élections législatives des 4 et 11 mars 1973, plus précisément depuis la signature du programme commun de la gauche, signé le 27 juin 1972. Lors de ces dernières élections, le président de la République G. Pompidou et divers élus de la majorité n'ont-ils pas opposé, par abus d'identification, ce qu'ils appelaient « le front marxiste », correspondant à l'union de la gauche, à l'ensemble des autres formations politiques, y compris le mouvement réformateur ? Entre les deux tours de l'élection présidentielle de mai 1974, M. Mitterrand candidat des partis de gauche, sera encore qualifié de « candidat du Front marxiste », notamment par M. Sanguinetti, de l'U.D.R. (*Le Monde*, 9 mai 1974).

Une majorité de gouvernement avait pu se former et gouverner en s'appuyant sur un vaste parti gaulliste, U.D.R., et quelques formations politiques alliées. C'est là l'expression de ce qu'on a appelé « le fait majoritaire » qui s'oppose au principe majoritaire dans la mesure où l'U.D.R., se présentant comme un parti dominant, puisqu'elle pouvait se réclamer d'au moins 40 % des voix lors des élections législatives de 1968, occupe de ce fait une position privilégiée face aux autres partis, ce qui l'a amenée, grâce à des alliances avec quelques formations d'obédience libérale, à être au pouvoir de façon permanente. Cette situation a été quelque peu modifiée lors des élections de mars 1973 : à l'issue du premier tour des élections de 1968, l'U.D.R. avait obtenu 43,65 % des voix; en revanche, à l'issue du deuxième tour de mars 1973, l'U.D.R. ne représentait plus que 31,38 % des suffrages exprimés, mais l'U.R.P. groupant les divers partis de la majorité rassemblait au second tour de scrutin 46,24 % des suffrages exprimés; les diverses formations de gauche et d'extrême-gauche avaient obtenu 46,99 % des suffrages exprimés. Le système électoral et le découpage des circonscriptions ont permis aux formations conservatrices et libérales de l'emporter et de détenir la majorité absolue des sièges à l'Assemblée nationale, l'U.D.R. n'ayant plus à elle seule cette majorité mais demeurant « la majorité de la majorité ». En faisant le total des voix recueillies dans les 49 circonscriptions pourvues dès le premier tour et de celles obtenues dans les 424 autres circonscriptions métropolitaines, la majorité actuelle a obtenu 11 160 190 voix et l'ensemble de la gauche 10 927 064 voix. Le principe majoritaire est, quant à lui, lié à l'alternance des forces au pouvoir, la minorité du moment pouvant être appelée à devenir la majorité future : c'est la situation rencontrée essentiellement aux Etats-Unis, en Grande-Bretagne et en Allemagne de l'Ouest, mais dans un contexte politique libéral, qui exclut du jeu politique le parti communiste.

Lors du premier tour de l'élection présidentielle, du 5 mai 1974, le candidat soutenu par l'U.D.R. et le C.D.P., J. Chaban-Delmas n'a pu obtenir que 15,10 % des suffrages exprimés. Ce résultat a sans doute témoigné que la majorité des Français avait entendu manifester leur désaffection à l'égard de l'U.D.R., parti auquel le grand public a, semble-t-il, reproché de mêler les affaires de l'Etat et les siennes propres. M. Giscard d'Estaing, leader des républicains indépendants, ayant été élu président de la République le 19 mai 1974, on peut penser que, pour la première fois dans l'histoire de la Ve République, l'alternance a été amenée à jouer, au niveau présidentiel, entre partis conservateurs (U.D.R. et son allié C.D.P.) et partis libéraux (R.I. et réformateurs). Le prétendu « fait majoritaire » a donc cédé la place au principe majoritaire. En même temps, la tendance à la bipolarisation s'est trouvée confirmée et précisée, puisque les réformateurs font partie de la majorité présidentielle actuelle. Le gouvernement constitué le 28 mai 1974 a traduit l'alternance qui a joué au niveau présidentiel puisque l'U.D.R., malgré sa forte assise parlementaire à l'Assemblée nationale, y est peu représentée. Il en va de même dans le nouveau gouvernement constitué le 27 août 1976.

SECTION II

LES FORCES POLITIQUES

Le phénomène de la bipolarisation étant circonscrit, il est aisé de classer les forces politiques françaises en deux groupements, les réformateurs faisant partie intégrante de la majorité présidentielle actuelle.

Il faut rappeler que mis à part le parti communiste, et dans une mesure moindre le parti socialiste, les partis politiques français sont peu structurés; d'autre part, ils ne rassemblent qu'un petit nombre d'adhérents, sans aucune commune mesure avec le très grand nombre d'adhérents dont peuvent se réclamer la plupart des grands partis politiques européens.

§ 1. — Les partis libéraux

Les partis que l'on va évoquer se réclament tous de la démocratie libérale, mais à des degrés divers, sinon on ne comprendrait pas que depuis son élection à la présidence de la République, M. Valéry Giscard d'Estaing se soit attaché à promouvoir une « société libérale évoluée » et ait été amené à faire prendre diverses mesures supprimant des atteintes aux libertés publiques et individuelles (écoutes téléphoniques et censure cinématographique d'ordre politique par exemple) qui n'avaient jamais rencontré la moindre opposition de la part de l'U.D.R., particulièrement entre 1968 et 1974.

D'autre part, les partis que nous étudions lient à des degrés divers libéralisme politique et libéralisme économique, alors que les partis de la gauche non communiste, tout en prônant aussi le libéralisme politique, préconisent une socialisation sectorisée et partielle de l'économie. C'est donc à un double titre que nous rassemblons ici les partis libéraux : le maintien d'une économie de concurrence et de marché, en même temps que le maintien ou le développement des libertés publiques sous-tendent leur caractérisation.

A. — Le R.P.R. (Rassemblement pour la République)

Comme le parti communiste, le R.P.R. (1) (anciennement U.D.R.) est un parti de militants ; il vient d'ailleurs immédiatement après le P.C. quant au nombre d'adhérents : en décembre 1976, il regroupait, en théorie, 282 000 adhérents. Son noyau initial est le R.P.F. constitué dès 1947 autour de la personne du général de Gaulle. Pour reprendre la formulation de Jean Charlot, l'U.D.R. s'est aussi présentée, jusqu'aux élections législatives de 1973, comme un parti d'électeurs :

> « A l'encontre du "parti de notables", ou de cadres, le parti d'électeurs admet pleinement la démocratie de masse, la solidarité de groupe, et récuse l'individualisme libéral au nom duquel la droite et le centre refusent, depuis toujours, en France, de se discipliner en vue de l'objectif à atteindre. » (J. CHARLOT, *Les partis politiques,* 1971, p. 218).

En théorie, l'U.D.R. n'a jamais été hostile à un certain interventionnisme des pouvoirs publics dans la vie économique. Si, encore lors des élections législatives de 1973, ses adhérents appartenaient aux catégories aisées de la population (industriels, commerçants, agriculteurs), son électorat était beaucoup plus diversifié puisqu'il englobait 21 % d'ouvriers.

Ayant atteint 37,73 % des voix lors du premier tour des élections législatives de 1967 et 43,65 % après le premier tour de celles de 1968, l'U.D.R. avait régressé lors des élections législatives de mars 1973 puisque ce parti avait obtenu 24 % au premier tour et 31,38 % des voix au second tour.

---

(1) Le R.P.R. a succédé le 5 décembre 1976 à l'U.D.R. Son président est M. Jacques Chirac.

Les élections des 4 et 11 mars1973 ont montré que le milieu urbain échappait de plus en plus à l'U.D.R. tandis que les zones rurales votaient en priorité pour cette formation. Après les élections législatives de 1968, l'U.D.R. devient un parti de plus en plus conservateur. Ce caractère fut accentué à partir de 1969 sous la présidence de M. Pompidou. Cet excès de conservatisme a sans doute provoqué la défaite du parti gaulliste lors de l'élection présidentielle de mai 1974 : M. Chaban-Delmas, soutenu par l'U.D.R. et le C.D.P., fut éliminé de la compétition à l'issue du premier tour, le 5 mai 1974, où il ne recueillit que 15,10 % des suffrages exprimés. M. Giscard d'Estaing, leader des Républicains indépendants, ayant été élu président de la République le 19 mai suivant, l'U.D.R. n'était plus le pivot de la majorité présidentielle.

B. — Les républicains indépendants

Les républicains indépendants se sont considérés comme groupe parlementaire en 1962, puis comme parti en 1966 autour de la personne de Valéry Giscard d'Estaing, qui devait devenir président de la République le 19 mai 1974. Parti de cadres, les R.I. proviennent originairement d'une scission du Centre national des indépendants et paysans, parti de la droite traditionnelle de la IVe République. Appartenant à la majorité depuis 1962, les R.I. se sont depuis lors proclamés centristes, libéraux et européens ce qui les a ainsi distingués de l'U.D.R., de lignée bonapartiste et nationaliste. Liés à la Fédération nationale des républicains indépendants, les clubs « Perspectives et réalités » groupent essentiellement des cadres des secteurs privé et public. Les R.I. sont partisans du libéralisme économique intégral.

A l'issue du premier tour des élections législatives du 23 juin 1968, les républicains indépendants avaient obtenu 4,14 % des voix. Après le premier tour des élections de mars 1973, les R.I. avaient marqué une progression sensible puisqu'ils avaient obtenu 7,01 % des suffrages exprimés. Mais il faut tenir compte du fait qu'à partir de 1967, l'U.D.R. et les républicains indépendants se répartissent les circonscriptions en présentant un seul candidat au premier tour; le centre démocratie et progrès participe à cette répartition en 1973. Le 5 mai 1974 au premier tour de l'élection présidentielle le candidat des R.I. et du centre démocrate obtenait 32,60 % des suffrages pour être élu au second tour, le 19 mai 1974, par 50,81 % des suffrages exprimés, les radicaux, le C.D.P. et l'U.D.R. s'étant ralliés à la candidature de M. Giscard d'Estaing entre les deux tours. A partir du 1er février 1975 les R.I. ambitionnent de devenir un parti d'électeurs, à l'instar de l'U.D.R.

C. — Le mouvement réformateur

Appartenant lui aussi au centre, le mouvement réformateur a entendu s'opposer jusqu'en 1974 à la bipolarisation des forces et des courants politiques. Mais il n'avait pu empêcher l'U.R.P., Union des Républicains de Progrès (groupant U.D.R., R.I. et C.D.P., Centre Démocratie et Progrès, ce dernier issu d'une fraction de l'ancien Centre démocrate de M. Lecanuet, constitué en 1966) d'obtenir la majorité absolue des sièges de l'Assemblée nationale lors des élections de mars 1973. Le C.P.D. avait rejoint la majorité lors de l'élection présidentielle de 1969 en apportant son soutien à Georges

Pompidou, sous la conduite de Jacques Duhamel. Ayant appelé à voter pour M. Chaban-Delmas lors du premier tour de l'élection présidentielle de 1974, le C.D.P. se rallia finalement, comme l'U.D.R., à la candidature de M. Giscard d'Estaing pour le second tour. Le C.P.D. n'existe plus : le 23 mai 1976, il a constitué, avec le Centre démocrate, un nouveau parti, le C.D.S. (Centre démocrate social), présidé par M. Lecanuet. Ainsi, les deux mouvements, tous deux issus de l'ancien M.R.P., Mouvement républicain populaire qui représenta la démocratie chrétienne sous la IVe République, se sont-ils retrouvés dans le nouveau parti qui représente, lui aussi, le même courant.

Le mouvement réformateur, né le 3 novembre 1971, groupait le parti radical de Jean-Jacques Servan-Schreiber, le centre démocrate de Jean Lecanuet et deux minuscules formations : le centre républicain d'A. Morice et le parti social-démocrate d'Emile Muller. Le 9 décembre 1973, le P.S.D. de M. Muller s'est fondu dans le mouvement démocrate socialiste, présidé par Max Lejeune, ancien membre du parti socialiste, mouvement qui se situe à la lisière du mouvement réformateur. En 1972, une scission s'est effectuée au sein des radicaux, une fraction de ceux-ci apportant leur adhésion au programme commun de la gauche le 12 juillet 1972 et créant en septembre 1972 la gauche radicale et socialiste sous la conduite de Robert Fabre. Ce mouvement a changé de nom en janvier 1973 pour devenir le « mouvement des radicaux de gauche ».

Le mouvement réformateur de MM. Lecanuet et Servan-Schreiber traduit finalement une alliance du centre-droit (M. Lecanuet) et du centre-gauche (M. Gabriel Peronnet a remplacé M. Servan-Schreiber à la tête du parti radical le 30 novembre 1975), ce dernier centrisme de gauche étant partisan comme le mouvement de M. Lecanuet du libéralisme économique intégral. En dehors de ce trait commun, les réformateurs affirment leur attachement à la construction européenne et encouragent la vocation atlantique de la France.

Lors du premier tour des élections législatives de mars 1973 les réformateurs ont obtenu 12,56 % des suffrages exprimés; mais ce pourcentage a été ramené à 6,11 % lors du second tour en raison du souci délibéré de M. Lecanuet de favoriser les candidats de la majorité favorable à M. Pompidou si ceux-ci étaient menacés, entre les deux tours, par un candidat de la gauche unie. De la sorte, la tendance à la bipolarisation s'est trouvée confirmée et concrétisée par l'attitude de l'aide droite réformatrice.

Les catégories aisées et dirigeantes composent l'essentiel de l'électorat réformateur. Mais les ouvriers représentent 20 % de cet électorat et les employés et cadres moyens 22 %. En 1973, l'électorat des réformateurs était plus urbain que celui de l'U.D.R.; il était aussi plus jeune et plus masculin.

§ 2. — Les partis socialiste et communiste

Le 27 juin 1972 avait été signé entre le parti socialiste et le parti communiste un programme commun de gouvernement auquel les radicaux de gauche devaient donner leur adhésion le 12 juillet 1972. Ce programme aurait reçu application si la gauche unie avait obtenu la majorité lors des élections de mars 1973. Il faut noter qu'en vue de ces élections un accord de désistement réciproque avait été conclu pour le deuxième tour des élections législatives entre le parti communiste et l'Union de la gauche socialiste et démocrate (parti socialiste et radicaux de gauche), ce qui entraînait unité de candidature au second tour.

La gauche n'ayant pas remporté les élections de 1973, on constate néanmoins que les signataires du programme commun de la gauche ont respecté une stricte discipline de vote au sein de l'Assemblée nationale et constituent, de la sorte, une opposition monolithique qui a continué de s'affirmer lors de l'élection présidentielle de mai 1974, M. Mitterrand étant le « candidat commun » des partis de gauche, ce qui débordait le cadre strict des partis signataires du programme commun, le P.S.U. notamment soutenant en mai 1974, le leader du parti socialiste.

A. — Le parti socialiste

Il est le successeur de l'ancienne S.F.I.O. (section française de l'Internationale ouvrière) fondée en 1905 et qui éclata en 1920 lors du Congrès de Tours pour donner naissance au parti communiste français en 1921, l'ancienne S.F.I.O. perdant son caractère révolutionnaire et affirmant sa vocation réformiste. Lors du Congrès d'Epinay-sur-Seine (11-13 juin 1971), le parti qui s'était déjà affirmé dès 1969 comme « nouveau parti socialiste » se transformait en parti socialiste par fusion avec la convention des institutions républicaines de François Mitterrand. De nouveaux statuts furent adoptés et le Secrétaire général du parti socialiste fut élu en la personne de François Mitterrand. Les statuts ont été légèrement retouchés lors du Congrès de Suresnes, les 23 et 24 mars 1974. Depuis 1971, et surtout depuis la signature du programme commun de la gauche unie le 27 juin 1972, le parti socialiste français, tout en affirmant son attachement aux valeurs du libéralisme politique, se présente comme plus « radical » (au sens américain du terme) que ses homologues d'Allemagne de l'Ouest, d'Italie et surtout de Grande-Bretagne. C'est ainsi que le parti socialiste, qui entend s'élargir en un « parti des socialistes » multiforme, envisage, à terme, l'établissement d'un « socialisme autogestionnaire » (Assises nationales du socialisme des 12 et 13 octobre 1974).

Ayant 150 000 adhérents, à la fin de 1976, le parti socialiste se présente à cet égard comme troisième parti politique français, après le P.C.F. et l'U.D.R. Du point de vue des adhésions, le P.S. est le parti des classes moyennes (53 % des adhérents). Les ouvriers représentent 16 % des adhérents et les couches aisées 31 %. Au nombre des militants, il y a 37 % de catholiques.

Les électeurs du parti socialiste (et des radicaux de gauche) sont essentiellement implantés dans les grandes villes et font partie des salariés. L'électorat comprend près de 60 % des ouvriers, employés, cadres moyens et supérieurs, les ouvriers représentant, à eux seuls, 35 % de l'électorat.

A l'issue du deuxième tour des élections de mars 1973, l'U.G.D.S. (parti socialiste et radicaux de gauche) a obtenu 25,06 % des voix contre 19,16 % au premier tour. A l'issue des élections du 23 juin 1968, la Fédération de la gauche avait obtenu 16,53 % des suffrages exprimés et 18,96 % lors des élections du 5 mars 1967 (la Fédération de la gauche regroupait la S.F.I.O., le parti radical et divers clubs de gauche). La comparaison des pourcentages de voix recueillies lors des élections au premier tour traduit donc une sensible progression de la gauche socialiste.

B. — Le parti communiste

Le parti communiste comprenait à la fin de 1976 près de 500 000 adhérents. De ce point de vue, il est le premier parti français. Il est aussi le plus organisé et le plus structuré. A l'instar du parti communiste d'Union Soviétique, il est organisé aux échelons de base en cellules (23 178) sur les lieux de travail (administrations, usines, universités, écoles) et est soumis au principe léniniste du centralisme démocratique d'après lequel tous les organes inférieurs doivent se soumettre aux directives des organes supérieurs, particulièrement du Comité central du parti.

Se réclamant de l'idéologie marxiste, il demande à ses adhérents un engagement total et il n'admet pas le fractionnisme idéologique. Il dispense d'ailleurs à ses membres une formation idéologique totale. Avancée du totalitarisme populaire, le parti communiste français vise à construire le socialisme, puis le communisme, tout en se servant des structures de l'Etat libéral et en admettant l'alliance momentanée (il l'a montré par la signature du programme commun de la gauche le 27 juin 1972) avec les socialistes, plus réformistes que révolutionnaires. Le jeu démocratique de l'alternance ne peut avoir, pour ce parti « populaire » par essence, de signification, dans la mesure d'une appréhension globale de l'univers politique et économique, même si les affirmations de ses dirigeants peuvent prêter à ambiguïté : il ne faut pas l'oublier, le programme commun de la gauche se situait dans une phase de transition vers le socialisme, la conquête du pouvoir, pour les communistes, passant, au moins momentanément, par les voies du pacifisme et de l'alliance avec les partis de la gauche réformiste. Le programme commun de la gauche s'exprimait en ces termes : « Si la confiance du pays était refusée aux partis majoritaires, ceux-ci renonceraient au pouvoir pour reprendre la lutte dans l'opposition. Mais le pouvoir démocratique dont l'existence implique le soutien d'une majorité populaire aura pour tâche principale la satisfaction des masses laborieuses et sera donc fort de la confiance sans cesse plus active qu'elles lui apporteront. » Cette dernière phrase, particulièrement claire, portait en elle la certitude de l'accomplissement progressif du socialisme intégral qui ne peut se satisfaire de l'alternance au pouvoir des partis politiques pour autant que la logique de ce socialisme total implique son caractère irréversible.

Se présentant comme l'avant-garde du prolétariat, même si, à l'issue de son XXIIe Congrès, le 8 février 1976, il a abandonné toute référence à la dictature du prolétariat, le P.C.F. inclut, au titre de ses adhérents, 56,8 % d'ouvriers. Les salariés actifs qui forment 50 % de la population française constituent, dans la proportion de 67 %, son électorat. 52 % des ouvriers français et 15 % des employés et cadres moyens votent pour le P.C.F. Un très faible pourcentage des catégories aisées vote en faveur de ce parti : 7 % au total. Les paysans ne forment que 2 % de l'électorat communiste. Lors du premier tour des élections législatives de mars 1973, le P.C.F. a obtenu 21,29 % des suffrages ; lors du second tour, ce pourcentage a été ramené à 20,61 %. Sous la IVe République, le nombre de suffrages accordés au P.C.F. était plus important : en 1946, le P.C.F. obtint 28,6 % des suffrages exprimés ; aux élections de 1951 et de 1956, il représentait encore plus de 25 % des suffrages exprimés, soit 25,6 % en 1951 et 25,7 % en 1956.

§ 3. — L'opposition extra-parlementaire

A. — Les partis et mouvements d'extrême-gauche

Même si le P.S.U. et l'extrême-gauche disposent, depuis mars 1973, de trois sièges à l'Assemblée nationale (contre un précédemment), on peut classer les différents partis et mouvements qui constituent l'extrême-gauche non seulement comme en dehors du système politique français, mais aussi comme faisant partie de l'opposition extra-parlementaire dans la mesure où les quelques rares élus de l'extrême-gauche, ne pouvant constituer un groupe à l'Assemblée (il faut 30 adhérents) ne peuvent pas prétendre infléchir le cours de la politique. Ces mouvements n'ont pour seule possibilité que de s'exprimer à travers différents syndicats (la C.F.D.T. notamment), tout en essayant de mobiliser les masses dans la rue.

1° Le parti socialiste unifié (P.S.U.).

Il est né le 3 avril 1960, d'une fusion de trois mouvements : le parti socialiste autonome, l'Union de la gauche socialiste et la Tribune du communisme.

Le P.S.U. se présente comme un parti révolutionnaire. Il rassemble divers courants : libertaires, chrétiens progressistes, gauchistes, sociaux démocrates avancés. Récusant le centralisme démocratique du parti communiste, il n'entend pas se présenter comme l'avant-garde du prolétariat, pas plus qu'il ne se réclame du courant marxiste. Il est fondé sur « les luttes de masse ». Fondamentalement anti-capitaliste, le P.S.U. prône actuellement le « socialisme autogestionnaire ».

Le P.S.U. est un parti de militants. Il compte environ 9 000 adhérents. 56 % de ceux-ci ont entre 25 et 44 ans; les adhérents de plus de 50 ans ne représentent que 12 %. C'est un parti de salariés, moyens et petits : ils représentent plus de 40 % des effectifs (15 % pour les employés et 13 % pour les ouvriers). Au nombre des adhérents, les enseignants comptent pour 23 % et les étudiants pour 10 %.

Lors du premier tour des élections législatives de mars 1973, le P.S.U. et divers mouvements d'extrême-gauche ont recueilli 3,29 % des suffrages exprimés. Lors de l'élection présidentielle de 1969, le candidat Michel Rocard avait recueilli 3,66 % des suffrages.

2° Autres mouvements d'extrême-gauche.

Il faut citer comme se rattachant au courant trotskiste, donc se réclamant de la théorie de la révolution permanente, « lutte ouvrière » qui compte de 5 000 à 10 000 adhérents. « Lutte ouvrière » ne se rattache cependant pas à la IVᵉ Internationale fondée par Trotsky en 1938. « Lutte ouvrière » a présenté la candidature d'Arlette Laguiller lors de l'élection présidentielle de 1974. Celle-ci a obtenu 2,33 % des suffrages exprimés au premier tour.

La Ligue communiste révolutionnaire, quant à elle, a comme leader Alain Krivine. Celui-ci, candidat à l'élection présidentielle de 1974, a recueilli, au premier tour, 0,36 % des suffrages exprimés. Le mouvement compte environ

5 000 adhérents; il est particulièrement présent en milieu universitaire, spécialement chez les étudiants. C'est la section française de la IVe Internationale; à cet égard, il se situe dans la tradition bolchevique telle qu'elle avait été maintenue par Trotsky et la IVe Internationale qui s'oppose fondamentalement aux partis communistes « orthodoxes » sur deux points : refus total du centralisme démocratique et reconnaissance du droit de tendance. Le Front communiste révolutionnaire avait succédé le 10 avril 1974 à la ligue communiste dont la dissolution avait été prononcée par le gouvernement, le 28 juin 1973, conformément à une loi du 10 janvier 1936 sur les groupes de combat et de milices privées. Cette loi prévoit, en effet, la dissolution de toutes les associations ou groupements qui « provoqueraient à des manifestations armées dans la rue », qui présenteraient « par leur forme et leur organisation militaires » le caractère de groupes de combat ou de milices privées ou qui attenteraient « à la forme républicaine du gouvernement ». Il faut spécifier que, depuis les événements de mai 1968, outre la Ligue communiste et Ordre nouveau (V. *infra*), quatorze groupements d'extrême-gauche et un mouvement d'extrême-droite ont été dissous en application de la loi de 1936. Le 22 décembre 1974, le Front communiste s'est transformé en Ligue communiste révolutionnaire qui publie le quotidien *Rouge*.

Il faut encore citer le mouvement « Révolution », ce dernier né d'une scission de la ligue communiste en février 1971 ; enfin, l'Alliance des jeunes pour le socialisme, limitée à la région parisienne, qui aurait 6 000 adhérents et qui est le mouvement de jeunesse de l'O.C.I. (Organisation communiste internationale), courant « lambertiste » qui avait fait scission de la IVe Internationale en 1952.

Ces dernières années étaient apparus en France de petits groupes révolutionnaires maoïstes de tendance spontanéiste, qui se sont atomisés en raison notamment de l'interdiction qui les a frappés : le plus connu était « la gauche prolétarienne » d'Alain Geismar en 1969-1970. Existait aussi le P.C.M.L.F. (parti communiste marxiste-léniniste de France), ayant comme animateur Gilbert Mury, dissous en 1968, mais qui continue d'exister dans la clandestinité et qui publie le quotidien *L'Humanité rouge*. Le 1er mai 1974, est né un autre parti maoïste, le parti communiste révolutionnaire, qui déclare fonder son action sur le marxisme-léninisme et la pensée de Mao Tsé-Toung. Le mouvement, qui édite le *Quotidien du peuple*, concurrence *l'Humanité rouge*.

Enfin, au titre du courant anarchiste, on peut citer l'Organisation révolutionnaire anarchiste, O.R.A., et l'Organisation communiste libertaire.

Ces divers mouvements exercent une certaine emprise dans les milieux de jeunes et essaient de s'implanter chez les travailleurs immigrés, qui constituent un sous-prolétariat. Ils peuvent provoquer des grèves et des manifestations dans la rue, bien que n'ayant aucune représentation au parlement. Mais, par contrecoup, ils peuvent amener la classe politique française à prendre conscience de certains problèmes politiques, économiques et sociaux qui ne passent pas forcément à travers le filtre de la représentation nationale.

B. — Les mouvements d'extrême-droite

L'extrême-droite française, sans être aussi diversifiée que l'extrême-gauche, est cependant très atomisée.

Le Front national, établi le 5 octobre 1972, sous la conduite de M. Le Pen, a présenté un certain nombre de candidats lors des élections législatives de mars 1973. La quasi-totalité des membres de ce « Front » s'était constituée à partir du mouvement « Ordre nouveau », créé en décembre 1969 à la suite de la dissolution en octobre 1968 du mouvement « Occident ». Mais « Ordre nouveau » a été, à son tour, dissous par le gouvernement le 28 juin 1973, à la suite de violents incidents qui ont eu lieu à Paris le 21 juin 1973. Le 11 novembre 1974, concurrençant le Front national, est apparu un nouveau parti nationaliste, constitué aussi, au départ, par d'anciens militants d' « Ordre nouveau ». Ce parti a pris le nom de parti des forces nouvelles (P.F.N.).

L'Alliance républicaine pour les libertés et le progrès, dirigée par Jean-Louis Tixier-Vignancour, est partisan de « l'ordre et de la liberté ». Ayant l'intention de présenter des candidats lors des élections de 1973, elle les retira en février 1973.

L'Alliance républicaine indépendante et libérale, quant à elle, se réclamait de « la majorité présidentielle ». Elle a présenté des candidats aux élections de 1973.

Les royalistes sont scindés en trois mouvements : la Restauration nationale se rattache directement à l'ancienne Action française; la nouvelle Action française, composée de jeunes éléments, semble se présenter comme « l'extrême-gauche de l'extrême-droite ». A ce titre, très contestataire, elle en arrive à rejoindre, au moins dans ses slogans, l'extrême-gauche. De ce fait, une scission est intervenue au sein de la N.A.F. en février 1976 : le mouvement se veut plus « conformiste ».

Les trois formations monarchistes se réclament du Comte de Paris, de la famille des Orléans.

Il est très difficile de connaître le nombre d'adhérents de ces divers mouvements et le pourcentage de voix qu'ils ont pu obtenir aux élections législatives de mars 1973. On sait simplement que « divers droite », ce qui englobe des formations qui n'appartiennent pas forcément à l'extrême-droite, ont obtenu 2,79 % des suffrages exprimés au premier tour et 0,65 % au second tour. Aucun candidat présenté par l'extrême-droite n'a été élu. M. Le Pen a été candidat à la présidence de la République en mai 1974. Il a recueilli, au premier tour, 0,74 % des suffrages exprimés. M. Renouvin, de la nouvelle Action française, a obtenu, pour sa part, 0,17 % des suffrages exprimés.

CHAPITRE V

LES FONDEMENTS CONSTITUTIONNELS DE LA SUPREMATIE DU POUVOIR EXECUTIF

Si le pouvoir exécutif est prééminent depuis 1958, s'il a à sa tête un seul chef, le président de la République, dont le Premier ministre est l'adjoint, le second, il faut bien voir que le fondement constitutionnel de cette suprématie est l'abandon par la Constitution du 4 octobre 1958 de la primauté de la loi votée par le Parlement : celle-ci se trouve désormais avoir un domaine assigné en même temps qu'est affirmé le pouvoir réglementaire autonome qui appartient au seul exécutif; ce dernier, au surplus, peut être étendu par autorisation parlementaire. En outre, en période de crise, le président de la République cumule la totalité des attributions exécutives et législatives.

SECTION I

L'ABANDON DE LA PRIMAUTE DE LA LOI

Sous les IIIe et IVe Républiques, le pouvoir de faire des lois appartenait au seul Parlement, sous réserve de la pratique des décrets-lois qui se traduisaient par le pouvoir pour le gouvernement de prendre des actes ayant force de loi en vertu d'une habilitation législative; de tels décrets-lois pouvaient donc modifier la loi en vigueur. Sous la Ve République, cette pratique a été institutionnalisée par les Ordonnances de l'article 38 de la Constitution. Comme à l'époque des décrets-lois, l'institution des Ordonnances ne revêt qu'un caractère exceptionnel.

La distinction de la loi et du règlement, quant à elle, est une donnée de fond de la Constitution qui, aboutissant à dénier la supériorité de la loi sur tous les autres actes, favorise nécessairement le pouvoir exécutif déjà érigé en pouvoir supérieur en vertu notamment du mode d'élection du président de la République depuis la réforme constitutionnelle de 1962 et de la pratique qui s'est instaurée depuis 1959 d'après laquelle le président de la République est le véritable chef du gouvernement, et non le Premier ministre comme c'est l'hypothèse en régime parlementaire même rationalisé.

En évoquant l'abandon de la primauté de la loi sous la Ve République, on envisage la loi ordinaire votée par le Parlement. La loi référendaire, quant à elle, intervenue en application stricte de l'article 11 de la Constitution, conserve ses attributs traditionnels puisque adoptée par le peuple qui détient la souveraineté. On peut considérer, en effet, que la loi référendaire se situe à un niveau supérieur à la loi organique et à la loi ordinaire dans la mesure où le Conseil constitutionnel a décidé que les lois adoptées directement par le peuple français ne peuvent pas faire l'objet d'un contrôle du Conseil constitutionnel avant leur promulgation par le président de la République, car « elles constituent l'expression directe de la souveraineté nationale » (Décision du Conseil constitutionnel du 6 novembre 1962). Or, les lois organiques font obligatoirement l'objet d'un tel contrôle avant promulgation; les lois ordinaires peuvent faire l'objet d'un tel contrôle. Bien entendu, si la loi référendaire modifie la Constitution, comme cela a correspondu à la pratique en 1962, en application de l'article 11, ou si elle intervient en droit en application de l'article 89 de la Constitution, aucun problème de hiérarchie ne se pose puisqu'elle se trouve incorporée à la Constitution, acte suprême, qui se trouve naturellement au sommet de la hiérarchie des normes juridiques.

Immédiatement au-dessous de la Constitution se placent les lois référendaires qui ne modifient pas la Constitution (utilisation correcte de l'article 11).

Puis viennent les lois organiques : la loi organique est une loi votée par le Parlement pour préciser ou compléter les dispositions de la Constitution. Ces lois sont soumises, selon l'article 46 de la Constitution, à des conditions spéciales d'adoption et de contrôle ; à ce titre, elles ne peuvent être promulguées par le président de la République qu'après déclaration par le Conseil constitutionnel de leur conformité à la Constitution. Par exemple : loi organique du 24 janvier 1972 modifiant certaines dispositions d'une Ordonnance du 24 octobre 1958 portant loi organique relative aux conditions d'éligibilité et aux incompatibilités parlementaires ; loi organique du 11 juillet 1973 portant inéligibilité du médiateur dans toutes les circonscriptions (l'institution du médiateur remonte à une loi du 3 janvier 1973).

Ceci étant précisé, la distinction, nouvelle en droit constitutionnel français, entre la loi et le règlement et attribuant à la loi ordinaire un domaine assigné a non seulement mis la loi et le règlement sur le même plan, ce qui enlève toute supériorité à la loi, mais a contribué à l'édification d'un pouvoir exécutif fort, celui-ci devenant le véritable législateur de droit commun.

§ 1. — La distinction de la loi et du règlement (art. 34 et 37)

Sous les IIIe et IVe Républiques, la supériorité des lois sur tous les actes de l'exécutif était une donnée fondamentale découlant des conceptions révolutionnaires : le Parlement était souverain en tout. La loi était un acte ayant valeur universelle et absolue : elle pouvait tout régir, englober n'importe quelle matière, générale ou particulière. Le règlement, acte administratif, lui était subordonné. Le critère de la loi était donc purement organique ou formel : la loi était l'acte voté par le Parlement (et promulgué ensuite par le président de la République).

La Vᵉ République a rompu avec cette tradition de la souveraineté parlementaire. Le critère formel n'a pas été abandonné : la loi demeure toujours l'acte adopté par le Parlement selon les formes constitutionnelles (et ensuite promulgué par le président de la République). Mais à ce critère organique s'ajoute désormais un critère matériel, donc de fond : la loi, pour être qualifiée telle, doit porter sur l'une des matières prévues dans l'article 34 de la Constitution du 4 octobre 1958. La loi ne peut plus tout régir, tout englober, son domaine est désormais réservé, assigné (article 34). Au contraire, tout ce qui n'est pas du domaine de la loi relève du règlement (article 37).

Désormais, aux termes de l'article 34, la loi fixe les règles concernant certaines matières et elle détermine les principes fondamentaux concernant d'autres matières. La première formule « fixe les règles », englobe les cas où le Parlement est seul compétent pour légiférer; la seconde formule « détermine les principes fondamentaux », implique que les lois intervenues de cette façon seront nécessairement complétées par des règlements du pouvoir exécutif qui en fixeront les règles.

1° Au titre des matières entièrement soumises à la loi quant à leurs règles, c'est-à-dire dans leur ensemble, l'on trouve :

— les droits civiques et les garanties fondamentales accordées aux citoyens ainsi que les garanties fondamentales accordées aux fonctionnaires de l'Etat; les sujétions imposées par la Défense nationale aux citoyens en leur personne et en leurs biens (réquisitions);

— les nationalisations d'entreprises et les transferts de propriété d'entreprises du secteur public au secteur privé;

— la procédure pénale; la détermination des crimes et délits, ainsi que les peines qui leur sont applicables. D'une importante décision du Conseil constitutionnel, du 28 novembre 1973, il découle que la détermination des contraventions assorties d'une peine d'emprisonnement appartient aussi au domaine de la loi, les contraventions assorties d'une simple amende relevant du domaine réglementaire;

— la nationalité, l'état et la capacité des personnes, les régimes matrimoniaux, les successions et libéralités;

— l'assiette, le taux et les modalités de recouvrement des impositions de toutes natures, le régime d'émission de la monnaie;

— le régime électoral des assemblées parlementaires et des assemblées locales;

— la création de catégories d'établissements publics.

2° Les matières qui ne sont que partiellement soumises à la loi, c'est-à-dire uniquement pour leurs principes fondamentaux, sont les suivantes :

— l'organisation générale de la défense nationale;

— la libre administration des collectivités locales, leurs compétences et leurs ressources;

— l'enseignement;

— le régime de la propriété, les droits réels et les obligations civiles et commerciales;

— le droit du travail, le droit syndical et la sécurité sociale.

Les lois de finances déterminent les ressources et les charges de l'Etat dans les conditions et sous les réserves prévues par une loi organique, et des lois de programme déterminent les objectifs de l'action économique et sociale de l'Etat. Enfin, l'énumération de l'article 34 n'est pas limitative : elle peut être précisée et complétée par une loi organique.

L'article 37 de la Constitution précise : « les matières autres que celles qui sont du domaine de la loi ont un caractère réglementaire ». Cela signifie, que la compétence réglementaire devient la règle et la compétence législative l'exception.

La compétence réglementaire appartient aux divers organes hiérarchisés de l'exécutif : à ce titre, elle revêt la forme des décrets du président de la République délibérés en Conseil des ministres, des décrets du Premier ministre, tous les autres actes des autorités inférieures revêtant la forme de l'arrêté : arrêtés ministériels, arrêtés préfectoraux, arrêtés communaux. Seuls le président de la République et le Premier ministre disposent du pouvoir réglementaire général. Les autres autorités disposent d'un pouvoir de réglementation limité à leurs seules attributions. Le pouvoir réglementaire des ministres découle du pouvoir d'organisation de leurs services, et qui appartient d'ailleurs à tout chef de service, tel qu'il a été reconnu par la jurisprudence administrative dans l'arrêt Jamart du 7 février 1936. Quant aux autorités locales, préfets et maires, et aux personnes morales de droit public, leur pouvoir de réglementation découle des lois qui le leur attribuent.

Si l'on coordonne les articles 34 et 37 de la Constitution, on constate qu'il existe désormais deux sortes de règlements : des règlements d'application des lois et des règlements autonomes.

Les premiers sont subordonnés à la loi dans la mesure où ils interviennent en application de lois ayant fixé les principes fondamentaux ou les règles envisageant les matières énumérées dans l'article 34. Cependant, en raison de la grande généralité des « principes fondamentaux », les « règles » ne pouvant au surplus permettre au législateur de descendre dans les plus infimes détails, les règlements d'application, même subordonnés à la loi, s'exercent dans un domaine étendu et diversifié.

Pour les matières non incluses dans l'énumération de l'article 34, le pouvoir exécutif exerce une compétence normative totale et inconditionnée, limitée seulement par la Constitution elle-même, qui est de toute façon au sommet de l'édifice institutionnel et de la hiérarchie des actes, comme Constitution rigide, et par les principes généraux du droit : on se trouve en présence de règlements autonomes qui sont de véritables lois, selon le critère fonctionnel. A ce titre, on peut considérer que les règlements autonomes ont une valeur égale à celle des lois ordinaires votées par le Parlement.

Certes, du point de vue du contentieux, l'ensemble des règlements, qu'ils soient subordonnés ou autonomes, demeurent soumis à la censure de la juridiction administrative en tant qu'actes administratifs du point de vue organique, les règlements autonomes étant limités par la Constitution et les principes généraux du droit (Cons. d'Etat 26 juin 1959, Syndicat des ingénieurs conseils : *Rev. dr. publ.* 1959, p. 1004) et les règlements d'application étant nécessairement soumis aux lois dont ils assurent l'exécution ainsi qu'aux principes généraux du droit. Au nombre des principes généraux du droit, que le Conseil d'Etat reconnaît même en l'absence de texte, l'on trouve notamment les règles d'égalité de traitement des usagers du service public, de la non-rétroactivité des actes administratifs, le caractère public des débats judiciaires (Cons. d'Etat 4 oct. 1974, *Dame David*). La loi, quant à elle, ne peut pas être annulée par le Conseil d'Etat. A ce titre, il pourrait sembler que le règlement autonome soit moins favorisé que la loi, celle-ci ne pouvant pas être annulée par la juridiction administrative pas plus que par le Conseil constitutionnel, une fois promulguée. Mais il faut bien voir que cette infériorité du règlement par rapport à la loi n'est qu'apparente : elle tient seulement à l'absence en France d'un véritable contrôle constitutionnel de la loi après sa promulgation. Un tel contrôle existe bien aux Etats-Unis où la Cour suprême a le pouvoir d'annuler aussi bien les règlements de l'exécutif que les lois du Congrès en contradiction avec des dispositions de la Constitution de 1787 amendée.

L'avantage du règlement sur la loi réside dans le fait que la compétence réglementaire est très protégée, alors que la compétence législative l'est fort peu : si le Parlement est, en effet, tenté de légiférer dans un domaine qui dépasse le domaine d'attribution de l'article 34, le gouvernement peut user d'une double possibilité qui lui est offerte par l'article 41 de la Constitution : « S'il apparaît au cours de la procédure législative qu'une proposition ou un amendement n'est pas du domaine de la loi... le gouvernement peut opposer l'irrecevabilité. En cas de désaccord entre le gouvernement et le président de l'Assemblée intéressée, le Conseil constitutionnel, à la demande de l'un ou de l'autre, statue dans un délai de huit jours. » Au surplus, après le vote de la loi, et avant sa promulgation, le président de la République et le Premier ministre peuvent la déférer au Conseil constitutionnel qui doit statuer dans le délai d'un mois. Enfin, après promulgation d'une loi qui, par définition, interviendrait hors des limites du domaine qui lui est réservé, le gouvernement pourrait encore faire constater par le Conseil constitutionnel que la matière de la loi est bien du domaine réglementaire et il pourrait donc modifier cette loi par un décret réglementaire (art. 37, § 2).

Au contraire, si le gouvernement a pris un décret dans une matière réservée par l'article 34 au Parlement, ce dernier ne peut agir : il ne peut pas saisir le Conseil constitutionnel. Cependant, saisi sur recours pour excès de pouvoir par un particulier, le Conseil d'Etat pourra annuler un tel règlement.

On le voit, la balance n'est pas égale : le pouvoir exécutif peut exiger par diverses voies procédurales le respect de sa propre compétence; le Parlement ne le peut pas. L'inégalité de traitement quant au respect des compétences telles qu'elles découlent des articles 34 et 37 de la Constitution n'est encore là que le reflet de la prééminence du pouvoir exécutif par rapport à l'autorité législative.

Le traitement de défaveur que subit la loi est encore attesté par le fait que l'exécutif a l'habitude, sous la Ve République, de contourner la volonté du Parlement soit en infléchissant les textes d'application (règlements d'application de la loi), soit en les retardant, soit en ne les publiant pas : pour ne prendre qu'un exemple, le Parlement a voulu développer les logements sociaux; il a suffi qu'un décret réduise la durée des prêts H.L.M. et augmente le taux d'intérêt pour que ces logements cessent d'être sociaux. En ce qui a trait au retard mis par le gouvernement à prendre les règlements d'application des lois, il suffit de noter que 163 décrets et 16 arrêtés qui auraient dû être pris en application des lois votées et promulguées entre 1968 et 1972 ne l'avaient pas été en avril 1972 (Enquête effectuée par les services de l'Assemblée nationale à la demande de son bureau). Pour remédier à cette situation, la Commission des lois de l'Assemblée nationale a adopté deux résolutions le 17 décembre 1973 : l'une, pour habiliter les commissions permanentes à examiner les conditions dans lesquelles sont pris les textes réglementaires nécessaires à l'application des lois votées; l'autre pour donner aux membres de ces Commissions la possibilité de se faire communiquer tous les renseignements de nature à faciliter leur mission. Par là, paraît mieux assuré par le Parlement le contrôle de l'exécution des lois par l'exécutif.

§ 2. — Les Ordonnances ou l'extension du domaine réglementaire

Sous les IIIe et IVe Républiques, malgré l'autorité, l'universalité et la supériorité de la loi sur tous les autres actes, le Parlement avait, à plusieurs reprises, délégué l'exercice de ses compétences au gouvernement pour une durée limitée et pour des matières délimitées : cette pratique donna naissance aux décrets-lois, actes ayant force de loi et pouvant, à ce titre, modifier les lois en vigueur.

Cette pratique qui avait été condamnée à maintes reprises par les juristes et en tout cas interdite par l'article 13 de la Constitution du 27 octobre 1946, a trouvé consécration dans le texte de la Constitution du 4 octobre 1958. L'article 38 dispose, en effet : « Le gouvernement peut, pour l'exécution de son programme, demander au Parlement l'autorisation de prendre par ordonnances, pendant un délai limité, des mesures qui sont normalement du domaine de la loi. » En la forme, les ordonnances de l'article 38, après avis du Conseil d'Etat, font l'objet d'une délibération en Conseil des ministres et sont revêtues du contreseing du Premier ministre et des ministres responsables. Elles portent la signature du président de la République.

La disposition de l'article 38 se traduit donc par une extension du pouvoir réglementaire relativement aux matières de l'article 34 qui attribue déjà à la loi un domaine réservé, étroitement circonscrit. Et effectivement, sous la présidence du général de Gaulle, le gouvernement a obtenu à plusieurs reprises du Parlement l'autorisation de légiférer par ordonnances, et cela en vertu des lois du 4 février 1960 (maintien de l'ordre), 30 juillet 1960 (lutte contre certains fléaux sociaux), 26 décembre 1961 (accueil et réinstallation des Français rapatriés d'outre-mer), 14 décembre 1964 (application des directives du Conseil de la Communauté économique européenne), 22 juin 1967 (réforme de la Sécurité sociale), 26 décembre 1975 (aménagement fiscal).

Il faut ajouter que la loi du 13 avril 1962 adoptée par référendum avait conféré au président de la République le pouvoir de prendre des ordonnances. Les ordonnances, sous la Ve République, peuvent donc découler d'une habilitation législative ordinaire (art. 38) ou d'une habilitation populaire par la voie du référendum (art. 11).

A l'instar des règlements autonomes, les ordonnances ordinaires ou référendaires, tout en étant fondamentalement des lois, sont du point de vue strictement formel des actes administratifs : elles sont donc soumises à la censure du Conseil d'Etat pour violation de la Constitution et des principes généraux du droit, mais uniquement tant qu'elles n'ont pas été ratifiées par le Parlement : car l'article 38 de la Constitution, pour les ordonnances ordinaires, prévoit que la loi d'habilitation doit prévoir une date à laquelle le Parlement doit ratifier les ordonnances de l'exécutif, ce qui, dès ce moment, les transforme en lois véritables du point de vue organique. C'est ainsi que le Conseil d'Etat a été amené à intervenir relativement à des ordonnances dans lesquelles il a vu des actes administratifs tant que celles-ci n'ont pas fait l'objet d'une ratification de la part du Parlement : par exemple, Cons. d'Etat, 24 nov. 1961, *Fédération nationale des syndicats de police,* pour des ordonnances de l'article 38; Cons. d'Etat, 19 oct. 1962, *Canal,* pour les ordonnances présidentielles prises en vertu d'une habilitation référendaire (1).

Il ne faut pas s'y tromper : les ordonnances de l'article 38 ne sont pas, avant ratification législative, des mesures normatives inférieures à la loi : le contrôle auquel elles sont soumises de la part du Conseil d'Etat avant leur ratification ne doit pas incliner à ce jugement; si les lois, après promulgation, sont soustraites à tout contrôle juridictionnel, c'est en raison des caractères propres au droit public français qui n'a pas encore organisé un contrôle de constitutionnalité de la loi véritablement achevé. Les remarques que nous avons présentées à propos des règlements autonomes peuvent donc être transposées à propos des ordonnances : du point de vue fonctionnel, ce sont de véritables lois de l'exécutif. Elles constituent aussi le véritable soubassement de la supériorité éminente du pouvoir exécutif sur le Parlement qui ne peut statuer que sur certaines matières.

En dehors des ordonnances de l'article 38 et de celles prises sur habilitation donnée par une loi référendaire, il faut signaler l'existence de deux autres catégories d'ordonnances : d'abord, pour mémoire, les ordonnances qui furent prises entre le 5 octobre 1958 et le 4 février 1959 sur la base de l'article 92 de la Constitution pour la mise en place des institutions : l'article 92 conférait à ces ordonnances force de loi; il s'agissait donc d'une délégation du pouvoir législatif lui-même et non d'une habilitation législative donnée au pouvoir exécutif de légiférer dans le domaine de la loi. A ce titre, ces ordonnances étaient de véritables lois et, comme telles, soustraites à tout contrôle du Conseil d'Etat.

Ensuite, les ordonnances de l'article 47 de la Constitution en vertu duquel le gouvernement peut mettre en vigueur son projet de budget si le Parlement ne s'est pas prononcé dans un délai de 70 jours suivant le dépôt du projet de budget. On peut considérer que ces ordonnances ont une valeur juridique égale à celle des ordonnances de l'article 38, c'est-à-dire qu'elles sont des actes réglementaires jusqu'à leur ratification.

---

(1) Postérieurement à l'arrêt *Canal,* le gouvernement a fait voter par le Parlement une disposition aux termes de laquelle les ordonnances référendaires de 1962 « ont et conservent force de loi à partir de leur publication » (article 50 de la loi du 15 janvier 1963) ; on peut considérer qu'il s'agit là de l'équivalent d'une ratification. Le parallèle avec les ordonnances de l'article 38 est donc total.

SECTION II

LA CONFUSION DES POUVOIRS EN PERIODE DE CIRCONSTANCES EXCEPTIONNELLES : L'ARTICLE 16

En cas de crise, le président de la République peut s'attribuer la totalité des pouvoirs législatif et réglementaire.

L'article 16 a connu des précédents : essentiellement l'article 14 de la Charte de 1814 et l'article 48 de la Constitution de Weimar. Son équivalent se retrouve dans la quasi-totalité des Constitutions africaines : par exemple, l'article 11 de la Constitution camerounaise du 2 juin 1972. De même, l'article 48 de la Constitution grecque du 9 juin 1975 autorise-t-il une confusion semblable des pouvoirs au profit du chef de l'Etat.

L'article 16 de la Constitution du 4 octobre 1958 est l'un des plus importants de la Constitution : c'est lui qui, plus que tout autre, consacre la primauté du président de la République. L'article 16 confère au président de la République, en cas de crise politique grave, le pouvoir de se substituer au gouvernement et aux assemblées élues pour prendre toute décision de politique intérieure et extérieure. Il énonce : « Lorsque les institutions de la République, l'indépendance de la Nation, l'intégrité de son territoire ou l'exécution de ses engagements internationaux sont menacés de manière grave et immédiate, et que le fonctionnement des pouvoirs publics constitutionnels est interrompu, le président de la République prend les mesures exigées par les circonstances après consultation officielle du Premier ministre, des présidents des assemblées ainsi que du Conseil constitutionnel. Il en informe la Nation par un message. Ces mesures doivent être inspirées par la volonté d'assurer aux pouvoirs publics constitutionnels, dans les moindres délais, les moyens d'accomplir leur mission. Le Conseil constitutionnel est consulté à leur sujet. Le Parlement se réunit de plein droit. L'Assemblée nationale ne peut être dissoute pendant l'exercice des pouvoirs exceptionnels. »

Le président de la République dispose d'une latitude considérable en raison des termes vagues de l'article 16 touchant aux faits et aux circonstances qui permettent au président de la République de prendre « les mesures exigées par les circonstances ».

Surtout, le pouvoir présidentiel de mettre en œuvre l'article 16 est un pouvoir propre et discrétionnaire. La consultation des organes, à laquelle il est fait allusion, n'est que symbolique dans la mesure où le président est libre de suivre ou non les avis qui lui sont donnés. Le message à la Nation n'est qu'une simple formalité destinée à mettre la population devant le fait accompli.

La seule disposition qui offre peut-être quelque garantie est celle selon laquelle le Parlement se réunit de plein droit et l'Assemblée nationale ne peut pas être dissoute par le président pendant l'exercice des pouvoirs exceptionnels.

Pendant la durée des pouvoirs exceptionnels dont le terme dépend de la seule volonté du président, celui-ci peut tout faire, y compris, s'il le veut, suspendre l'exercice de toutes les libertés publiques. Une dictature temporaire est donc possible. Les actes qu'il prend durant que l'article 16 reçoit application ont les uns une nature réglementaire, les autres une nature législative, selon que ces mesures interviennent dans le domaine de l'article 34 ou de l'article 37. Ainsi en a jugé le Conseil d'Etat à propos de certains actes pris par le chef de l'Etat à l'occasion de la seule période de la Ve République qui ait donné lieu jusqu'à présent à l'application de l'article 16, soit du 23 avril au 30 septembre 1961, à la suite d'une tentative de coup d'Etat accomplie par certains généraux à Alger. L'arrêt de principe du Conseil d'Etat est le suivant : 2 mars 1962, *Rubin de Servens,* confirmé par Cons. d'Etat, 22 mai 1968, *La Grange.* D'après ces arrêts de la haute juridiction administrative, les actes pris par le président de la République en application de l'article 16, et qui ont pris le nom de « Décisions », peuvent être censurés par le Conseil d'Etat dans la mesure où ils portent sur le domaine réglementaire; en revanche, ils sont soustraits à tout contrôle contentieux s'ils portent sur le domaine législatif.

La solution du Conseil d'Etat est logique dans la mesure où le président de la République, dans ces circonstances exceptionnelles, dispose de la plénitude des pouvoirs législatif et réglementaire. Le seul pouvoir dont ne pourrait disposer le président c'est celui de modifier lui-même la Constitution.

En 1967, à l'occasion des élections législatives, certains hommes politiques, Alexandre Sanguinetti et Roger Frey, ce dernier ministre de l'Intérieur, avaient estimé, contre l'opinion de René Capitant, qu'au cas où la composition de l'Assemblée nationale ne permettrait pas la constitution d'une majorité de gouvernement favorable à la politique présidentielle, après dissolution de l'Assemblée et dans la mesure où la composition de la nouvelle Assemblée confirmerait le choix des électeurs, le président, non tenu de démissionner, pourrait faire usage de l'article 16 et gouverner ainsi contre la volonté des électeurs manifestée à l'occasion des élections législatives. C'était d'ailleurs là la conception de De Gaulle, telle qu'il l'avait exprimée le 13 juin 1964 à Robert Hersant, actuellement propriétaire du *Figaro,* qui l'interrogeait sur la portée d'une éventuelle victoire des partis de gauche aux élections législatives : « Le président de la République constate que le fonctionnement régulier des pouvoirs publics est interrompu et, conformément à l'article 16, il prend les mesures exigées par la situation » (Cité in J. PETOT, *Les grandes étapes du régime républicain français,* Cujas, 1970, p. 774). Douze ans plus tard, Albin Chalendon, ancien ministre U.D.R., à l'approche des élections législatives devant intervenir normalement en 1978, écrira (*Le socialisme et le pouvoir : Le Monde,* 8 mai 1976) que « la venue du P.S. au pouvoir pourrait aussi compromettre la stabilité politique. Selon la Constitution de 1958, le président a les moyens de répondre à une situation grave (art. 16) en cas de crise exceptionnelle... ». L'analyse gaulliste est donc, sur ce point, demeurée invariable. Cette interprétation, manifestement abusive, est contraire au texte de la Constitution et viserait à favoriser un véritable coup d'Etat en période de circonstances normales en ne respectant pas les conséquences du suffrage universel. Aux Etats-Unis, la majorité dégagée au Congrès est souvent contraire à celle qui a porté le président au pouvoir et cette circonstance n'empêche pas les organes constitutionnels d'exercer leurs prérogatives respectives. Il pourrait en aller de même éventuellement en France. La séparation des pouvoirs, caractéristique du régime américain, et l'existence d'un bipartisme « libéral », permettent et favorisent cette situation.

CHAPITRE VI

LE GOUVERNEMENT DU PRESIDENT DE LA REPUBLIQUE

En apparence, la Constitution du 4 octobre 1958 a établi un exécutif bicéphale : un président de la République et un gouvernement, théoriquement dirigé par le Premier ministre, d'après l'article 21. Le président de la République, si l'on suit le texte constitutionnel, dispose d'un certain nombre de prérogatives et de pouvoirs propres : il préside le Conseil des ministres; à l'égard du Parlement, il a le droit de message et le droit de dissolution touchant l'Assemblée nationale; il peut recourir au référendum; il peut mettre en application l'article 16 dès qu'il estime réalisées les conditions définies par cet article. Le gouvernement est directement contrôlé par l'Assemblée nationale, soit de sa propre initiative par la question de confiance, soit sur initiative parlementaire à la suite du dépôt d'une motion de censure; en théorie, d'après l'article 20, il détermine et conduit la politique de la nation.

Il faut bien considérer que ces dispositions sont originaires : elles ont été inscrites dans la Constitution avant l'élection du président au suffrage universel direct, introduite en 1962. L'équilibre des organes : Parlement, gouvernement, président de la République que Maurice Duverger pouvait réduire au parlementarisme orléaniste tel qu'il découlait de la Charte de 1830 a été en fait très vite compromis, puis réduit à néant, en raison de la forte personnalité du général de Gaulle. La réforme constitutionnelle du 6 novembre 1962 instituant l'élection du président de la République au suffrage universel direct a confirmé la pratique suivie jusque-là qui consistait à faire du président de la République non seulement le premier personnage de l'Etat, mais surtout le seul et véritable détenteur de l'exécutif, le gouvernement lui étant entièrement soumis et son sort ne dépendant aucunement du Parlement (la question de confiance et la censure n'ayant qu'une valeur purement indicative). Dans ces conditions, le président de la République, maître de l'Etat, se présente comme le véritable chef du gouvernement, secondé par le Premier ministre.

C'est bien ce que déclarait le général de Gaulle dans une allocution du 20 septembre 1962 :

> « La clé de voûte de notre régime, c'est l'institution nouvelle d'un président de la République désigné par la raison et le sentiment des Français, pour être le chef de l'Etat et le guide de la France. »

Cette conception a été réaffirmée de manière plus explicite par M. Pompidou dans une conférence de presse du 10 juillet 1969 :

> « ...Je crois que le choix qu'a fait le peuple français démontre son adhésion à la conception que le général de Gaulle a eue du rôle du président de la République. A la fois chef suprême de l'exécutif, gardien et garant de la constitution, il est, à ce double titre, chargé de donner les impulsions fondamentales, de définir les directions essentielles, d'assurer et de contrôler le bon fonctionnement des pouvoirs publics..., une telle conception comporte la primauté du chef de l'Etat, qui lui vient de son mandat national et qu'il est de son devoir de maintenir. »

Lors de la réunion du premier Conseil des ministres du 29 mai 1974 suivant immédiatement l'élection présidentielle, M. Giscard d'Estaing fera montre des mêmes conceptions :

> « Nous sommes ici pour changer la France et non pour faire carrière, ni vous, ni moi. Je compte sur vous pour conduire la France et organiser le changement nécessaire. Ce changement s'exprimera dans les structures gouvernementales. J'exercerai pleinement la fonction présidentielle et les responsabilités qui en découlent. Je travaillerai directement avec les ministres... »

Dans une allocution radio-télévisée du 4 décembre 1975, le président Giscard d'Estaing dira aussi fermement :

> « ... maintenant que me voici président de la République, je gouverne et je gouvernerai la France au centre... la réforme continue, la France sera gouvernée au centre, et sachez, vous qui me l'avez confiée, que la main tient la barre. » (*Le Monde*, 6-7-8 déc. 1975).

Selon cette conception, le Parlement ne peut avoir qu'un rôle second, voire subordonné comme c'était le cas sous de Gaulle et Pompidou, parce que le président est l'élu de l'ensemble des citoyens tandis que les parlementaires sont des élus « parcellisés » dans des circonscriptions réduites. L'on a déjà vu aussi que des raisons constitutionnelles (notamment la distinction de la loi et du règlement) conduisaient à n'assigner au Parlement qu'un rôle réduit.

Le président de la République, élu du peuple, gouverne par l'intermédiaire du Premier ministre et du gouvernement qui lui sont étroitement subordonnés.

SECTION I

STATUT ET RESPONSABILITE DU PRESIDENT DE LA REPUBLIQUE

§ 1. — Statut du président de la République

Avant la réforme constitutionnelle du 6 novembre 1962, le président de la République était élu pour 7 ans par un collège électoral comprenant les membres du Parlement, des conseils généraux et des assemblées des territoires d'outre-mer, ainsi que les représentants élus des conseils municipaux, soit environ 80 000 personnes. C'est de cette façon que fut élu le général de Gaulle dès l'origine de la Ve République, le 21 décembre 1958.

A partir de 1962, le président de la République devient l'élu direct du peuple. C'est de cette façon que fut réélu le général de Gaulle le 19 décembre 1965 et que furent élus M. Georges Pompidou le 15 juin 1969 et M. Giscard d'Estaing le 19 mai 1974.

L'élection a lieu au premier tour à la majorité absolue des suffrages exprimés. Ne peuvent se présenter au second tour que deux candidats : ceux qui, au premier tour, ont obtenu le plus grand nombre de suffrages, le cas échéant, après retrait des candidats plus favorisés. Il ne s'agit donc pas nécessairement de ceux qui étaient en tête à l'issue du premier tour. Le président est donc nécessairement élu à la majorité absolue. Il n'en reste pas moins qu'en 1969 le nombre des abstentions fut si considérable au second tour que M. Pompidou ne fut, dans la réalité, l'élu que du tiers des Français.

Jusqu'à l'intervention de la loi organique du 18 juin 1976 modifiant la loi organique du 6 novembre 1962, relative à l'élection du président de la République au suffrage universel, il suffisait, pour être candidat à la présidence, d'être présenté par au moins cent citoyens membres du Parlement, membres du Conseil économique et social, conseillers généraux ou maires élus. Parmi ceux-ci devaient figurer des élus d'au moins dix départements ou territoires d'outre-mer différents. Ces conditions, peu rigoureuses, avaient favorisé, au fil des élections, l'accroissement du nombre des candidats ; douze candidats (contre six en 1965 et sept en 1969) se trouvaient en lice, en effet, lors du premier tour de l'élection présidentielle du 5 mai 1974, ce qui était sans doute excessif, la majorité de ceux-ci ne représentant aucun grand courant national. A l'issue du premier tour de l'élection présidentielle de 1974, sept d'entre ces douze candidats ne totalisèrent que 3,50 % des suffrages exprimés. Pour limiter le nombre de candidats fantaisistes ou de ceux ne représentant pas un grand courant national, la loi organique du 6 novembre 1962 relative à l'élection présidentielle a finalement été modifiée par la loi organique du 18 juin 1976 : aux termes de cette loi, il est fait désormais obligation aux candidats d'obtenir *cinq cents signatures* d'élus, recueillies dans au moins trente départements ou territoires d'outre-mer, sans que plus d'un dixième d'entre eux puissent être les élus d'un même département ou territoire d'outre-mer. Les présentations faites en faveur des candidats doivent émaner de citoyens membres du Parlement, des conseils généraux, du conseil de Paris, des assemblées territoriales des territoires d'outre-mer ou maires.

Au nombre des conditions requises pour être candidat, il faut aussi verser un cautionnement de 10 000 F. Les présentations ne doivent être faites qu'au profit d'un seul candidat (Conseil constitutionnel, 21 avril 1974, Lafont : *J. C. P.* 1974, *II*, 17773, note Cl. FRANCK). Les candidats qui obtiennent au moins 5 % des suffrages exprimés bénéficient du remboursement du cautionnement ainsi que du remboursement par l'Etat d'une somme de 100 000 F à titre de frais de campagne.

Le Conseil constitutionnel établit la liste des candidats, il veille à la régularité des opérations électorales, il examine les réclamations, il arrête et proclame les résultats de l'élection.

Jusqu'en 1976, la Constitution du 4 octobre 1958 était muette sur ce qui se passerait en cas d'empêchement ou de décès d'un candidat à la présidence de la République avant le premier tour ou entre les deux tours de scrutin : cette lacune a été comblée par la loi constitutionnelle du 18 juin 1976 modifiant l'article 7 de la Constitution relatif à la procédure d'élection du président de la République : la révision constitutionnelle de 1976 envisage l'hypothèse de la mort ou de l'empêchement d'un candidat à trois stades successifs : le premier cas envisage l'hypothèse d'une personne qui a été empêchée de rendre officielle une candidature publiquement annoncée ; dans cette hypothèse, le Conseil constitutionnel peut décider de reporter l'élection.

Le deuxième cas concerne l'hypothèse du décès ou d'empêchement d'un candidat avant le premier tour de l'élection : le Conseil constitutionnel prononce alors le report de l'élection.

Enfin, troisième hypothèse, en cas de décès ou d'empêchement de l'un des deux candidats les plus favorisés au premier tour avant les retraits éventuels, ou en cas de décès ou d'empêchement de l'un des deux candidats restés en présence en vue du second tour, le Conseil constitutionnel déclare qu'il doit être procédé de nouveau à l'ensemble des opérations électorales.

Dans toutes ces hypothèses, le scrutin ne peut pas avoir lieu plus de trente-cinq jours après la date de la décision du Conseil constitutionnel. Si cela aboutit à reporter l'élection à une date postérieure à l'expiration des pouvoirs du président en exercice, celui-ci demeure en fonctions jusqu'à la proclamation de son successeur.

Un décret du 14 mars 1964 a institué une Commission nationale de contrôle composée de membres du Conseil d'Etat, de la Cour de cassation et de la Cour des comptes, qui veille au respect de l'égalité entre les candidats pendant la campagne pour l'élection présidentielle : sa compétence est donc limitée au contrôle de la campagne électorale. Pour la première fois dans l'histoire de la Ve République, le rapport de la Commission, consécutif à l'élection présidentielle de mai 1974, a été rendu public.

Elu pour sept ans, le président peut être, en cours de mandat, amené à démissionner ou peut décéder : la présidence est alors vacante. De plus, il peut être empêché, provisoirement ou définitivement, d'exercer ses fonctions. La Constitution, en son article 7, a prévu qu'en cas de vacance ou d'empêchement, constatés par le Conseil constitutionnel, l'intérim est assuré par le président du Sénat, ou à son défaut par le gouvernement. C'est ainsi que M. Alain Poher, président du Sénat, a été par deux fois président de la République intérimaire : la première fois, en 1969, à la suite de la démission du général de Gaulle le 28 avril 1969, et la deuxième fois, en 1974, à la suite du décès de M. Pompidou survenu le 2 avril 1974.

Le président intérimaire ne dispose pas de la totalité des attributions présidentielles : il ne peut recourir ni à la dissolution ni au référendum. De plus, durant l'intérim, la responsabilité du gouvernement ne peut être engagée devant l'Assemblée nationale (par la question de confiance ou la motion de censure) et la Constitution ne peut pas être révisée.

A la fin de son empêchement provisoire, le président de la République reprend l'intégralité de ses fonctions; en cas d'empêchement définitif ou de vacance, le scrutin pour l'élection du nouveau président a lieu, sauf cas de force majeure constaté par le Conseil constitutionnel, vingt jours au moins et trente-cinq jours au plus après l'ouverture de la vacance ou la déclaration du caractère définitif de l'empêchement.

En cas d'absence de courte durée, le président de la République peut se faire suppléer par le Premier ministre à la présidence du Conseil des ministres en vertu d'une délégation expresse et pour un ordre du jour déterminé (article 21 de la Constitution). C'est ainsi, par exemple, que le Premier ministre, Pierre Messmer, a été amené à présider le Conseil des ministres le 14 février 1973 en raison d'une indisposition passagère du président de la République.

Au cours de l'année 1973, la durée du mandat présidentiel a été à l'ordre du jour : le président Pompidou avait manifesté la volonté de ramener la durée de celui-ci à cinq ans. Ce fut effectivement l'objet du projet de révision constitutionnelle déposé le 11 septembre 1973 au Parlement. Ce texte, portant modification de l'article 6 de la Constitution, portait :

> « Article premier. — Le premier alinéa de l'article 6 de la Constitution est remplacé par la disposition suivante : « Le président de la République est élu pour cinq ans au suffrage universel direct. »
>
> « Article 2. — L'article premier ci-dessus entrera en vigueur à partir de la première élection présidentielle qui suivra la promulgation de la présente loi constitutionnelle. »

Cette révision avait essentiellement pour but d'institutionnaliser la pratique qui s'est fait jour depuis les débuts de la Ve République selon laquelle le président de la République n'est plus seulement le chef de l'Etat tel qu'il l'était sous les IIIe et IVe Républiques, mais est en outre le chef suprême de l'exécutif, c'est-à-dire le véritable chef du gouvernement, le Premier ministre, comme l'indique cette appellation, n'étant que « le premier des ministres », donc l'adjoint du président. Dans cette mesure, le projet visait, en réduisant la durée du mandat de sept à cinq ans, c'est-à-dire en l'alignant sur la durée du mandat des députés, à manifester que le chef de l'Etat était bien, en droit, l'élu de la Nation au même titre, sinon mieux, que les députés et à confirmer la tendance de la Ve République à s'établir définitivement dans un véritable régime de séparation des pouvoirs, c'est-à-dire dans un régime présidentiel, même si ce dernier est assorti de traits qui le distinguent du modèle américain (V. Chap. II, *La nature du régime établi sous la Ve République*). Il se trouva que si le projet fut adopté par l'Assemblée nationale le 16 octobre 1973 par 270 voix contre 211 et 7 abstentions (2 membres de l'Assemblée n'ayant pas pris part au vote) et par le Sénat le 18 octobre 1973 par 162 voix contre 112 et 7 abstentions (2 sénateurs n'ayant pas pris part au vote), ces résultats ne permettaient pas d'atteindre la majorité des trois cinquièmes des suffrages exprimés du Parlement réuni éventuellement et ultérieurement en Congrès. De la sorte, le 19 octobre 1973, M. Pompidou décidait de reporter à une date ultérieure la date du Congrès de Versailles. Le 24 octobre 1973, lors d'un entretien télévisé, le chef de l'Etat alla plus loin et annonça qu'il n'avait pas l'intention, dans l'immédiat, de convoquer le parlement en Congrès pas plus qu'il ne croyait le moment choisi pour user du référendum comme l'article 89 de la Constitution lui en laissait le droit dans la mesure où il décidait de ne pas recourir à la procédure du Congrès.

§ 2. — Responsabilité du président de la République

Si l'on suit à la lettre le texte de la Constitution de la Ve République, on doit constater qu'élu au suffrage universel direct le président de la République, véritable chef de l'exécutif, est irresponsable devant le Parlement. Seule sa responsabilité pénale est prévue : elle relève surtout de l'hypothèse d'école. Elle est organisée par l'article 68 en même temps que celui-ci paraît exclure toute espèce de responsabilité politique ordinaire : « Le président de la République n'est responsable des actes accomplis dans l'exercice de ses fonctions qu'en cas de haute trahison. Il ne peut être mis en accusation que par les deux assemblées statuant par un vote identique au scrutin public et à la majorité absolue des membres les composant : il est jugé par la Haute Cour de justice ».

En dehors du crime de haute trahison, qui entraîne la responsabilité pénale du président, il faut admettre, selon la Constitution, que la responsabilité politique du président ne peut pas être mise en cause devant le Parlement, en raison du caractère présidentiel du régime, même si celui-ci présente des caractères originaux par rapport au « modèle » américain. Le président est l'élu de la nation au même titre que le Parlement : la séparation des pouvoirs est tranchée. Et l'exécutif tout entier, gouvernement compris, se comporte en fonction de cette séparation d'avec le pouvoir législatif. On l'a déjà envisagé, la mise en cause de la responsabilité du gouvernement par la question de confiance peut, fort bien, dans la réalité n'avoir aucun effet; l'expression de la confiance de l'Assemblée envers le Premier ministre n'empêche pas la « démission-révocation » de ce dernier. L'adoption d'une motion de censure contre le gouvernement oblige celui-ci, selon l'article 50 de la Constitution, à remettre sa démission au président. Mais ce dernier peut fort bien, surtout après dissolution et nouvelles élections, reconduire le gouvernement précédemment censuré : il demeure libre de changer de Premier ministre ou de le confirmer dans ses fonctions.

Il ne faut pas le perdre de vue, le gouvernement est sous l'étroite dépendance du président de la République qui est l'élu direct du peuple. Un changement de majorité à l'Assemblée nationale n'est pas susceptible d'infirmer notre interprétation : car l'hypothèse du gouvernement de majorité ou de minorité ne se conçoit que dans le contexte d'un régime parlementaire. En régime présidentiel, même imparfait, l'exécutif est tout entier représenté par le président et ses ministres, dont le premier d'entre eux. Au surplus, usant du droit de dissolution (arme dont ne dispose pas le président des

Etats-Unis d'Amérique), le président français ferait des électeurs les seuls juges. Et même, en cas de confirmation de la majorité à l'Assemblée nationale, rien n'oblige le président à démissionner, car il tient son pouvoir directement du peuple (1).

La source de son pouvoir étant le peuple, le président n'est responsable que devant le peuple. Cette responsabilité populaire s'exprime d'abord par sa réélection ou sa non-réélection au terme de son mandat. Elle s'exprime ensuite, durant son mandat, dans la seule hypothèse du référendum de l'article 11, lequel, on le sait, relève plus de la tradition bonapartiste et plébiscitaire que de la tradition républicaine : la pratique suivie par le général de Gaulle est d'ailleurs là pour le démontrer. En cas de rejet du projet de loi soumis au référendum, le président ne peut que démissionner car il doit l'interpréter comme un vote de défiance du peuple à son égard. C'est ainsi que le référendum du 27 avril 1969 tendant à la création de régions et à la « rénovation » du Sénat ayant été un échec pour le général de Gaulle, celui-ci en a, très logiquement, tiré les seules conséquences qui s'imposaient et a démissionné. L'élection au suffrage universel direct du président de la République trouve son prolongement dans l'institution et dans l'usage du référendum dont la signification la plus précise est de solliciter en cours de mandat la confiance du peuple français. Faut-il ajouter que Louis-Napoléon, qui allait devenir Napoléon III, dans sa proclamation du 14 janvier 1852, avait bien spécifié que la procédure de l'appel au peuple, organisée par la Constitution du 14 janvier 1852, permettait de le rendre responsable devant le peuple ? Il s'exprimait ainsi :

> « ...écrire en tête d'une charte que ce chef est irresponsable, c'est mentir au sentiment public... La Constitution actuelle proclame, au contraire, que le chef que vous avez élu est responsable devant vous ; qu'il a toujours le droit de faire appel à votre jugement souverain, afin que, dans les circonstances solennelles, vous puissiez lui continuer ou lui retirer votre confiance. »

Et l'article 5 de la Constitution du 14 janvier 1852 proclama : « Le président de la République est responsable devant le peuple français, auquel il a toujours le droit de faire appel ». L'article 13 de la Constitution du 21 mars 1870 fixa pareillement : « L'Empereur est responsable devant le peuple français, auquel il a toujours le droit de faire appel ». Ce qui était admis et reconnu par la bouche de Napoléon comme par le texte constitutionnel doit l'être *a fortiori* sous l'empire des institutions de la Ve République. C'est dans ce sens qu'a agi le général de Gaulle en 1969. Dans une conférence de presse du 21 janvier 1971, le président Pompidou a affirmé la responsabilité du président devant le peuple, à l'exclusion de toute autre sorte de responsabilité : « Quant à la légitimité, je tiens ma légitimité de l'élection libre du peuple français qui m'a porté où je suis, et devant qui seul je suis responsable » (*Le Monde* 23 janv. 1971). De la même façon, le

---

(1) Le 21 mai 1976, le président Giscard d'Estaing a indiqué qu'élu pour sept ans, il resterait en fonctions, quelle que soit la nature de la future majorité parlementaire (interview à Washington : *Le Monde,* 23-24 mai 1976).

président Giscard d'Estaing a déclaré le 9 avril 1976 devant les membres du groupe U.D.R. de l'Assemblée nationale :

> « Bien entendu, la responsabilité de la politique d'ensemble est celle du président de la République. Il n'y a, et il ne peut y avoir aucune équivoque à ce sujet, parce que le peuple français lui a donné seul le mandat de le faire. » (*Le Monde,* 11-12 avril 1976).

En dehors de l'usage du référendum, on peut encore ajouter que l'emploi des sondages d'opinion, mécanisme informel et, en tout cas, extra-constitutionnel, permet au président de la République d'apprécier le niveau de la confiance que continue de lui accorder le peuple français. Par ce procédé, fréquemment utilisé et tout particulièrement depuis 1969, le président de la République sait s'il bénéficie toujours ou non du soutien et de la confiance de ceux qui l'ont élu.

René Capitant pensait que si le président était responsable à travers l'usage du référendum, il l'était aussi par l'intermédiaire de la majorité parlementaire qui devait, selon lui, coïncider avec la majorité présidentielle; sinon, le président devait démissionner. Cette interprétation est erronée : la majorité présidentielle et la majorité parlementaire sont indépendantes l'une de l'autre. Mais l'interprétation de René Capitant s'explique par la qualification et le rôle qu'il attribuait aux députés en qui il voyait des *ministres négatifs :*

> « J'ai souvent dit, écrivait-il..., que les députés sont de véritables ministres du président de la République, aussi nécessaires que les ministres au gouvernement le sont eux-mêmes. Le président, pour mener à bien la politique qu'il a exposée au peuple, a besoin sans doute de ministres positifs qui sont chargés de faire cette politique, mais il a besoin aussi de ministres négatifs, de ministres contrôleurs qui viendront observer les premiers et au besoin redresser les choses... La majorité parlementaire est en quelque sorte l'inspection générale nécessaire au bon aboutissement de la politique voulue par le peuple. » (*Démocratie et participation,* 1972, pp. 168-169).

Cette interprétation aboutit, en fait, à faire l'éloge du présidentialisme qui n'est pas le régime présidentiel spécifique que connaît la France sous la Vᵉ République. Interprétation doctrinale de l'autocratie, elle pourrait aussi bien, si on la suit jusqu'au bout, pouvoir et vouloir favoriser la désignation pure et simple des députés par le président de la République. Selon cette conception, la nomination pourrait fort bien se substituer à l'élection et l'on sait ce que pourrait avoir d'anachronique un tel mode de désignation !

SECTION II

STATUT ET RESPONSABILITE DU GOUVERNEMENT

§ 1. — Statut du gouvernement

L'article 21 de la Constitution dispose que « le Premier ministre dirige l'action du gouvernement ». Cela signifie simplement que le Premier ministre exerce une certaine prééminence sur ses collègues, les ministres; il dirige l'action du gouvernement certes; mais celle-ci est arrêtée par le président de la République. Le gouvernement est donc chargé d'exécuter fidèlement la politique présidentielle. Certes, l'article 20 énonce que « le gouvernement détermine et conduit la politique de la nation ». Mais, comme le président de la République, outre ses fonctions de chef d'Etat, est en même temps, en fait, le véritable chef du gouvernement, comme cela est l'hypothèse même du régime présidentiel, l'article 20 conserve ainsi une certaine signification d'autant qu'il ne faut pas perdre de vue que le Conseil des ministres est présidé par le président de la République, aux termes de l'article 9 de la Constitution.

A. — Composition du gouvernement

Le Premier ministre est nommé par le président de la République; les autres membres du gouvernement, ministres et secrétaires d'Etat, sont aussi nommés par le président de la République, sur proposition du Premier ministre. La durée de leurs fonctions dépend, en fait, de la seule volonté du président de la République, qui peut les révoquer *ad nutum* en leur demandant de donner leur démission : la démission-révocation du Premier ministre est intervenue pour Michel Debré le 14 avril 1962, après le référendum de 1962 sur l'indépendance de l'Algérie; pour Georges Pompidou, le 10 juillet 1968 après les élections législatives des 24 et 30 juin 1968; pour Jacques Chaban-Delmas, le 5 juillet 1972. Il en est de même des ministres : ceux-ci peuvent être conduits à démissionner sur suggestion de l'Elysée : par exemple, départ d'Antoine Pinay le 13 janvier 1960 et de MM. Soustelle et Cornut-Gentille le 5 février 1960. Le 9 juin 1974, M. Servan-Schreiber sera démis de ses fonctions ministérielles par le président Giscard d'Estaing pour ne pas avoir respecté la solidarité gouvernementale. Dans la ligne de cette pratique, la « révocation présidentielle » des ministres et secrétaires d'Etat peut aussi s'exprimer à travers la démission du Premier ministre, qui entraîne automatiquement celle du gouvernement tout entier, quitte à nommer à nouveau le même Premier ministre : on doit, à ce sujet, mentionner la démission du gouvernement de M. Messmer intervenue le 27 février 1974 ; le même jour, le Premier ministre était reconduit dans ses fonctions : la formation, le 1er mars 1974, d'un nouveau gouvernement sous la conduite du même Premier ministre et sans l'entrée au gouvernement de nouveaux ministres ou secrétaires d'Etat, marquait clairement la volonté du président de la République de se séparer de certains ministres et secrétaires d'Etat qui n'avaient pas suivi à la lettre la voie présidentielle et n'avaient donc pas contribué à la cohésion de l'équipe gouvernementale. De la même façon, en présentant devant les téléspectateurs le gouvernement constitué le 28 mai 1974 et en évoquant et commentant les attributions de chaque ministre, le président Giscard d'Estaing a voulu manifester sans ambiguïté qu'il était, comme ses prédécesseurs, le véritable chef du gouvernement, le Premier ministre se présentant comme son principal adjoint, le premier de ses ministres, ou, comme le dira M. Roger Chinaud, ancien secrétaire général des Républicains indépendants, le 18 septembre 1974, « le chef d'état-major de l'expression parlementaire de la majorité présidentielle ».

Le président de la République ne se contente pas de procéder lui-même à la composition du gouvernement avant d'en nommer les membres ; il en opère aussi à son gré les différents remaniements : les remaniements gouvernementaux du 31 janvier 1975 et du 12 janvier 1976 ont été son œuvre personnelle. Bien mieux, en janvier 1976, il informera lui-même l'opinion publique, 24 heures à l'avance, du remaniement à intervenir en précisant, au passage, que les délibérations du Conseil des ministres du mercredi suivant « seront consacrées à la mise au point du programme de travail gouvernemental pour le premier semestre de cette année ».

On peut classer les membres du gouvernement en quatre catégories, dans l'ordre hiérarchique décroissant. Il faut spécifier que la Constitution du 4 octobre 1958 n'a rien organisé de tel. La hiérarchie entre les membres du gouvernement découle donc de la pratique :

— les ministres d'Etat : chargés d'un département ministériel, ils ont préséance sur leurs collègues;

— les ministres délégués auprès du Premier ministre : sur délégation du Premier ministre, ils exercent les attributions que celui-ci leur confère;

— les ministres à portefeuille : ils sont simplement placés à la tête d'un département ministériel;

— les secrétaires d'Etat. Il en est de deux sortes : les uns dirigent un groupe de services et sont placés sous l'autorité d'un ou de plusieurs ministres ou du Premier ministre ; à l'occasion du remaniement ministériel du 12 janvier 1976 apparaît pour la première fois dans les institutions françaises l'institution d'un secrétaire d'Etat rattaché à deux ministres à la fois ; les autres (et ils constituent une innovation depuis la composition du gouvernement de M. Chirac les 28 mai et 8 juin 1974) sont dits « secrétaires d'Etat autonomes » : ils gèrent un département ministériel, à l'instar d'un ministre. Ils ne sont pas sans rappeler l'institution des secrétaires d'Etat américains. A la différence des ministres, ils n'assistent au Conseil des ministres que pour les affaires de leur compétence ; cependant, au regard de la formalité du contreseing des actes du Premier ministre (article 22 de la Constitution), le Conseil d'Etat a précisé le 11 juin 1974 que les secrétaires d'Etat autonomes devaient être considérés comme des ministres. On notera que dans le gouvernement constitué le 27 août 1976, le Premier ministre, Raymond Barre, est en même temps ministre de l'Economie et des Finances.

B. — L'incompatibilité des fonctions gouvernementales et parlementaires

Celle-ci est prévue et organisée par l'article 23 de la Constitution, précisé par les termes d'une ordonnance du 17 novembre 1958 portant loi organique. L'article 23 prévoit, en effet, que « les fonctions de membre du gouvernement sont incompatibles avec l'exercice de tout mandat parlementaire, de toute fonction de représentation professionnelle à caractère national et de tout emploi public ou de toute activité professionnelle ».

L'incompatibilité entre fonctions gouvernementales et fonctions parlementaires est la plus intéressante du point de vue des structures du régime comme de sa nature : elle signifie que l'accent est particulièrement mis sur la séparation du pouvoir exécutif et de la fonction législative, ce qui est une donnée essentielle du régime présidentiel spécifique ou renforcé, propre aux institutions de la Vᵉ République.

Pour s'en tenir à la seule incompatibilité entre mandat parlementaire (ce qui recouvre les deux assemblées parlementaires, Assemblée nationale et Sénat) et l'activité ministérielle, l'incompatibilité entraîne la conséquence suivante : le député ou le sénateur, choisi comme membre du gouvernement, doit opter dans le mois qui suit sa nomination comme ministre ou secrétaire d'Etat (Ordonnance du 17 novembre 1958 portant loi organique pour l'application de l'article 23 de la Constitution). S'il choisit les fonctions gouvernementales, il est remplacé au Parlement par le suppléant élu en même temps que lui; le suppléant ne peut, lors de l'élection suivante, faire acte de candidature contre lui. C'est de cette façon qu'est assuré le remplacement des députés et de ceux des sénateurs élus au scrutin majoritaire. En ce qui concerne les sénateurs élus à la représentation proportionnelle, les candidats venant sur une liste immédiatement après le dernier candidat élu sont appelés à remplacer les sénateurs élus sur cette liste. En pratique, ces dispositions ont été tournées de la façon suivante : en cas de changement de gouvernement ou de remaniement ministériel, le suppléant du parlementaire qui n'est plus membre du gouvernement démissionne, provoquant ainsi une élection législative partielle, ce qui permet au ministre ou secrétaire d'Etat évincé de redevenir éventuellement parlementaire. Cependant, le 3 juillet 1974, une vingtaine de députés siégeant à l'Assemblée nationale comme remplaçants de ministres ou secrétaires d'Etat dans les deux gouvernements ayant précédé celui mis en place après l'élection comme président de la République de M. Giscard d'Estaing annoncèrent qu'ils refusaient de se démettre de leur mandat. Un projet de loi constitutionnelle, modifiant l'article 25 de la Constitution, fut voté par les deux Assemblées en octobre 1974, mais ne fut pas soumis par le président de la République au Parlement convoqué en Congrès, faute de réunir la majorité requise des trois cinquièmes telle qu'exigée par l'article 89 de la Constitution. La réforme, si elle avait abouti, visait à institutionnaliser la pratique dominante en permettant aux ministres et secrétaires d'Etat venant du Parlement de retrouver automatiquement, lorsqu'ils ne sont plus membres du gouvernement, leur siège à l'Assemblée nationale ou au Sénat, au terme d'un délai qui aurait été fixé par une loi organique, ce délai pouvant être de six mois.

C. — Les formations gouvernementales

Les membres du gouvernement siègent normalement en Conseil des ministres. Mais, actuellement, les secrétaires d'Etat, qu'ils soient autonomes ou non, n'assistent au Conseil des ministres que lorsqu'y sont évoquées des affaires relevant de leur compétence. Le Conseil des ministres, prévoit la Constitution, est présidé par le président de la République. C'est en Conseil des ministres que sont arrêtés les projets de lois et certains règlements. De même, sont décidées dans cette formation les nominations de certains hauts fonctionnaires : recteurs, ambassadeurs, conseillers d'Etat, préfets, par exemple. La politique de l'exécutif y fait l'objet, en quelque sorte, d'une « ratification » dans la mesure où les éléments caractéristiques et fondamentaux de celle-ci ont déjà été arrêtés par le président de la République en contact avec le Premier ministre et les conseillers personnels de l'Elysée.

Les conseils restreints ou interministériels et les Comités de l'Elysée rassemblent sous la présidence du chef de l'Etat les ministres intéressés, les conseillers personnels du président et certains hauts fonctionnaires. Les mesures arrêtées à ce niveau sont ensuite adoptées en Conseil des ministres. Les comités interministériels sont, en principe, présidés par le Premier ministre (par exemple, Comité interministériel pour les affaires francophones : *J.O.* 21 mai 1974). Pour situer la fréquence de réunion des organismes en cause, on notera que du 1er janvier 1971 au 30 avril 1975 ont été tenus 415 conseils et comités interministériels. (V. André G. DELION, *Les conseils et comités interministériels : Act. jur.* 1975, I, p. 268).

On peut citer, pour mémoire, le Conseil de cabinet qui réunit sous l'autorité du Premier ministre les membres du gouvernement. Deux conseils de cabinet s'étaient tenus au début de la Ve République, en dehors donc de la présence du chef de l'Etat. Il n'en fut plus tenu par la suite, en période normale. Cette formation, sous la Ve République, avait, en effet, perdu toute signification : le véritable chef du gouvernement n'est pas le Premier ministre, mais le président de la République qui agit en cette qualité comme chef suprême de l'exécutif.

On s'explique alors que durant les présidences intérimaires de M. Poher, des conseils de cabinet aient pu se tenir en 1969 et en 1974, au lendemain de la démission du général de Gaulle et de la mort du président Pompidou (Conseil de cabinet tenu le 3 avril 1974).

§ 2. — Responsabilité du gouvernement

En dehors de la responsabilité pénale du Premier ministre et des membres du gouvernement devant la Haute Cour de justice pour les actes commis dans l'exercice de leurs fonctions et qualifiés crimes ou délits au moment où ils ont été commis, ce qui, à la limite, ne constitue qu'une hypothèse d'école, comme dans l'ensemble des démocraties européennes, la Constitution a organisé la responsabilité du gouvernement devant la seule Assemblée nationale. L'article 49 permet cependant au Premier ministre de demander au Sénat d'approuver une déclaration de politique générale : mais le refus d'approbation de cette déclaration serait, en droit, sans incidence sur la situation du gouvernement. On s'explique dès lors qu'aux termes de la Constitution le Premier ministre peut user de la possibilité qui lui est offerte sans avoir besoin de l'autorisation du conseil des ministres puisque la responsabilité du gouvernement n'est pas engagée devant le Sénat. Pour la première fois sous la Ve République, une déclaration de politique générale a été soumise au vote du Sénat le 10 juin 1975. Elle portait essentiellement sur la politique étrangère de la France. Le 11 juin 1975, le Sénat approuvait la déclaration de politique générale que le Premier ministre, J. Chirac, avait faite devant les sénateurs, par 175 voix contre 98. En droit, la responsabilité gouvernementale ne peut se poser que devant la seule Assemblée nationale, soit sur l'initiative du Premier ministre qui pose la question de confiance, soit sur l'initiative de l'Assemblée qui adopte ou non une motion de censure. En fait, la responsabilité gouvernementale devant l'Assemblée a perdu, sous la Ve République, toute signification positive. Le gouvernement et le Premier ministre ne sont responsables que devant le chef suprême de l'exécutif qu'est le président de la République.

A. — La responsabilité gouvernementale devant l'Assemblée nationale

1° Sur l'initiative gouvernementale.

Le gouvernement peut, de sa propre initiative, engager sa responsabilité devant l'Assemblée nationale dans les trois hypothèses prévues par l'article 49 de la Constitution.

Tout d'abord, selon l'alinéa 1 de l'article 49 :

> « Le Premier ministre, après délibération du Conseil des ministres, engage devant l'Assemblée nationale la responsabilité du gouvernement sur son programme ou éventuellement sur une déclaration de politique générale. »

L'alinéa 1er recouvre deux hypothèses : la première concerne un gouvernement nouvellement constitué qui se présente devant l'Assemblée et engage sa responsabilité sur son programme.

La seconde envisage le gouvernement qui peut, à tout moment, engager sa responsabilité sur une déclaration de politique générale : ce fut, par exemple, le cas en 1972, quand le Premier ministre, M. Chaban-Delmas, engagea la responsabilité de son gouvernement.

Depuis le 13 avril 1966 jusqu'au 12 avril 1973, la pratique s'était établie de la façon suivante : un gouvernement, nouvellement constitué, n'était pas tenu d'engager sa responsabilité devant l'Assemblée nationale, malgré la rédaction de l'article 49 à l'indicatif : « Le Premier ministre engage... ». Il semblait donc s'agir d'une obligation pour le Premier ministre, et non d'une faculté. Le général de Gaulle, lors des travaux qui se déroulaient en vue de la rédaction de la Constitution, s'était lui-même exprimé en ces termes :

> « Nous écrivons en français et, en français, l'indicatif a valeur d'impératif... Ce n'est pas parce que le Code de la route ne dit pas que les Français doivent rouler à droite que l'on peut imaginer qu'ils peuvent aussi rouler à gauche... » (Guy Mollet, *Quinze ans après*, 1973, p. 123).

Et cependant, entre 1966 et 1973, la pratique suivie par les gouvernements de la Ve République a été en sens contraire. Le 13 avril 1966 (troisième gouvernement Pompidou), M. Pompidou s'expliquera dans les termes suivants : « La lettre et l'esprit de la Constitution veulent que le gouvernement soit entièrement libre de demander ou non un vote de confiance ». C'est dans cet esprit que M. Pompidou, reconduit dans ses fonctions le 6 décembre 1962, après les élections générales consécutives à la dissolution provoquée par le vote de censure émis contre lui, avait demandé à l'Assemblée nationale d'approuver la déclaration de politique générale du nouveau gouvernement. Il ne le fit pas en 1966. L'utilisation de la « déclaration de politique générale » impliquait nécessairement le rejet de toute idée d'obligation de sa part, en raison de la formule de l'article 49 selon laquelle le Premier ministre engage la responsabilité du gouvernement « éventuellement sur une déclaration de politique générale ». L'utilisation de l'adverbe « éventuellement » marque bien que le Premier ministre dispose d'une simple faculté, et non d'une obligation, en ce qui concerne au moins la formule de la « déclaration de politique générale ». C'est dans ce contexte que le second gouvernement Messmer obtiendra la confiance de l'Assemblée, sitôt après sa composition, le 12 avril 1973. Le 10 avril 1973, M. Pierre Messmer s'adressera à l'Assemblée dans les termes suivants :

> « Pour que l'Assemblée nationale exerce sans tarder ses responsabilités en matière de contrôle de la politique gouvernementale et confiant dans la cohésion de la majorité, je demanderai aux députés de se prononcer par un vote sur une déclaration de politique générale. » (*Le Monde,* 12 avril 1973).

De la même façon, le Premier ministre Jacques Chirac obtiendra le 6 juin 1974 la confiance de l'Assemblée nationale, après l'élection présidentielle du 19 mai 1974. En revanche, le Premier ministre, Raymond Barre, n'engagera pas devant l'Assemblée nationale la responsabilité du gouvernement (constitué le 27 août 1976) sur son programme ou sur une déclaration de politique générale.

La liberté de solliciter ou non un vote de confiance se comprend et se justifie dans l'optique du régime présidentiel où le gouvernement dépend, en tout, du seul président de la République. L'obtention de la confiance, par un vote de l'Assemblée sur une déclaration de politique générale, le 23 mai 1972, n'a pas empêché que le Premier ministre, M. Chaban-Delmas, soit contraint de remettre sa démission au président de la République le 5 juillet 1972, tout en ayant obtenu 368 voix contre 96.

Le vote de l'Assemblée, à la suite de l'engagement de la responsabilité du gouvernement sur l'initiative du Premier ministre, requiert la majorité relative, c'est-à-dire la majorité des suffrages exprimés; les absences et les abstentions n'entrent donc pas en ligne de compte.

2° Sur l'initiative de l'Assemblée.

Cette hypothèse est organisée par l'alinéa 2 de l'article 49 : « L'Assemblée nationale met en cause la responsabilité du gouvernement par le vote d'une motion de censure ».

Celle-ci doit être signée par un dixième au moins des membres de l'Assemblée. Le vote ne peut intervenir que 48 heures après son dépôt. La majorité absolue est requise, c'est-à-dire que la majorité est calculée non à partir des suffrages exprimés mais sur le nombre total des membres composant l'Assemblée. Participent donc seuls au scrutin les députés qui entendent mettre en cause la responsabilité du gouvernement, les abstentions ou les absences étant considérées comme des votes contre la censure. Il faut spécifier que si la motion de censure n'est pas adoptée, ses signataires ne peuvent en proposer une nouvelle au cours de la même session.

Jusqu'à présent, le gouvernement a été censuré une seule fois, en 1962; la motion de censure déposée le 2 octobre 1962 contre le gouvernement de M. Pompidou aboutit, en effet, à la censure du gouvernement par 280 voix sur 480. A titre d'exemple, une motion de censure a été déposée le 12 décembre 1974. Elle n'obtint pas la majorité requise le 17 décembre 1974.

3° Sur l'initiative du Premier ministre et de l'Assemblée.

Il s'agit de l'alinéa 3 de l'article 49, rédigé comme suit :

> « Le Premier ministre peut, après délibération du Conseil des ministres, engager la responsabilité du gouvernement devant l'Assemblée nationale sur le vote d'un texte. Dans ce cas, ce texte est considéré comme adopté, sauf si une motion de censure, déposée dans les vingt-quatre heures qui suivent, est votée dans les conditions prévues à l'alinéa précédent. »

Il s'agit donc d'une motion de censure (initiative parlementaire) en réponse à une question de confiance (initiative gouvernementale).

Il faut signaler qu'à l'inverse de la motion de censure de l'alinéa 2 de l'article 49, si la motion de censure n'est pas adoptée, l'Assemblée nationale peut fort bien en déposer une autre au cours de la même session parlementaire.

Donc, si le texte déposé par le gouvernement et à propos duquel il a engagé sa responsabilité n'est suivi d'aucun dépôt de motion de censure, il est considéré comme adopté en même temps que la confiance est acquise au gouvernement. Si une motion de censure est déposée et qu'elle ne recueille pas la majorité absolue, on aboutit à un résultat identique : ce fut le cas le 24 octobre 1960 sous le gouvernement de M. Debré, quand une motion de censure, ayant été déposée à la suite d'une question de confiance sur le budget de la force de frappe, ne recueillit pas la majorité requise par la Constitution. Il en a été de même le 20 octobre 1976, alors que la procédure de l'alinéa 3 de l'article 49 n'avait plus été utilisée depuis 1967, quand la motion de censure déposée par l'opposition de gauche à l'encontre du gouvernement de Raymond Barre, qui avait engagé sa responsabilité sur le projet de loi de finances rectificative pour 1976, ne recueillit pas non plus la majorité absolue. Bien entendu, le texte en cause aurait été considéré comme non adopté et le gouvernement censuré si la majorité absolue avait été atteinte.

B. — LA SIGNIFICATION RÉELLE DE CETTE RESPONSABILITÉ ET LA RESPONSABILITÉ GOUVERNEMENTALE DEVANT LE PRÉSIDENT DE LA RÉPUBLIQUE

Que la confiance soit refusée au gouvernement (à la suite d'une initiative de sa part) ou qu'il soit censuré (à la suite d'une initiative de l'Assemblée nationale), la logique voudrait qu'il soit tenu de démissionner. Et c'est effectivement cette conséquence qu'il faut dégager de l'article 50 de la Constitution :

> « Lorsque l'Assemblée nationale adopte une motion de censure ou lorsqu'elle désapprouve le programme ou une déclaration de politique générale du gouvernement, le Premier ministre doit remettre au président de la République la démission du gouvernement. »

Ceci s'expliquerait dans le contexte d'un régime parlementaire où le gouvernement dépend du Parlement. Mais le fonctionnement des institutions s'est organisé depuis 1959 dans le sens d'un régime présidentiel spécifique ou renforcé (le renforcement étant spécialement manifesté par l'usage que peut faire le président de la République du droit de dissolution et par la situation de déséquilibre du Parlement par rapport au pouvoir exécutif spécialement entre 1962 et 1974 en raison de la toute puissance de l'U.D.R. à l'Assemblée nationale). Or, en régime présidentiel, où le chef de l'Etat est en même temps chef du gouvernement, l'existence du gouvernement ne dépend que du président. C'est d'ailleurs ce qu'affirmait lui-même l'ancien Premier ministre Jacques Chaban-Delmas en posant la question de confiance le 23 mai 1972 sur une déclaration de politique générale : « le gouvernement, instrument du pouvoir exécutif, procède du président de la République et de lui seul ». Ces propos reflétaient l'orthodoxie gaullienne. Dans sa conférence de presse du 31 janvier 1964 le président de Gaulle ne déclarait-il pas :

> « Le président, qui choisit le Premier ministre, qui le nomme ainsi que les autres membres du gouvernement, qui a la faculté de le changer, soit parce que se trouve accomplie la tâche qu'il lui destinait et qu'il veuille s'en faire une réserve en vue d'une phase ultérieure, soit parce qu'il ne l'approuverait plus..., le président est évidemment seul à détenir et à déléguer l'autorité de l'Etat. » ?

De la sorte, l'obtention d'un vote de confiance, même massif, comme ce fut le cas en 1972 envers M. Chaban-Delmas (368 voix contre 96) n'engage pas le président de la République. Le 5 juillet 1972, le Premier ministre était contraint par le président de démissionner. De même si le gouvernement voit la confiance refusée par l'Assemblée, le président de la République qui a reçu sa démission conformément à l'article 50 de la Constitution, est libre de le maintenir. C'est dans ce contexte que de 1966 à 1973 les gouvernements de la Ve République ont pu éviter de solliciter la confiance de l'Assemblée, une fois constitués. Le discours de M. Pierre Messmer à l'Assemblée nationale, le 3 octobre 1972, est dépourvu, à cet égard, de toute ambiguïté : « Le gouvernement procède du chef de l'Etat, ce qui n'enlève rien au droit et au pouvoir de l'Assemblée de le contrôler, ni au devoir de ce gouvernement d'informer celle-ci ». Cette doctrine peut se réclamer aussi d'un précédent : le 13 avril 1966, en effet, M. Georges Pompidou, présentant à l'Assemblée nationale le gouvernement qu'il avait formé le 8 janvier de la même année, après la réélection du général de Gaulle, s'appuyait sur cette interprétation et ajoutait qu'en agissant comme il le faisait il voyait l'avantage de créer un précédent qui contribuerait à fixer clairement et en connaissance de cause des règles pour l'avenir.

Reste la motion de censure déposée sur l'initiative de l'Assemblée. Celle-ci, s'il faut en croire, par exemple, M. Giscard d'Estaing, ne pourrait être votée qu'en cas de « drame national ». M. Couve de Murville dira en juillet 1968 que le rôle du gouvernement « est de gouverner aussi longtemps que l'Assemblée nationale ne le censure pas et qu'il garde la confiance du président de la République ».

La censure a été votée une seule fois, le 4 octobre 1962, par 280 voix sur 480 membres. M. Georges Pompidou, alors Premier ministre, remit la démission du gouvernement au président de Gaulle. Mais celui-ci la refusa : le gouvernement de M. Pompidou resta en fonction. Sous la Vᵉ République, aucune autre motion de censure n'a pu recueillir la majorité requise en vue de son adoption. Le 9 octobre 1962, le président de la République dissoudra la Chambre. De nouvelles élections législatives ont lieu les 18 et 25 novembre 1962. Et M. Pompidou sera à nouveau nommé Premier ministre. Le nouveau gouvernement Pompidou est presque identique au précédent. On peut donc affirmer que la censure du gouvernement peut n'entraîner aucune conséquence décisive. Le choix du Premier ministre et sa confirmation dépendent de la seule volonté présidentielle. Le président Pompidou l'a lui-même déclaré dans sa Conférence de presse du 21 septembre 1972 : il a le choix : ou changer le Premier ministre ou dissoudre l'Assemblée et le peuple est appelé à trancher. Après quoi, le président demeure libre encore de ses choix. La position de M. Pompidou est dans la ligne correcte de la « doctrine » gaullienne telle qu'exprimée dans la conférence de presse du 31 janvier 1964, où le général de Gaulle traita particulièrement de la censure dans les termes suivants :

> « ...les rapports entre le Ministère et le Parlement, tels qu'ils sont réglés par la Constitution, ne prévoient la censure que dans des conditions qui donnent à cette rupture un caractère d'extraordinaire gravité. En ce cas extrême, le président, qui a la charge d'assurer la continuité de l'Etat, a aussi les moyens de le faire, puisqu'il peut recourir à la nation pour la faire juge du litige par voie de nouvelles élections, ou par celle de référendum, ou par les deux. »

Cependant, dans la forme, le gouvernement censuré est tenu de démissionner. C'est ce qu'a rappelé le Conseil d'Etat dans son arrêt du 19 octobre 1962, *Brocas :*

> « Considérant qu'aux termes des articles 20 et 49 de la Constitution, " le gouvernement est responsable devant le Parlement " et sa responsabilité est mise en cause par l'Assemblée nationale " par le vote d'une motion de censure " ; qu'aux termes de l'article 50, " lorsque l'Assemblée nationale adopte une motion de censure..., le Premier ministre doit remettre au président de la République la démission du gouvernement " ; qu'aux termes de l'article 8, le président de la République met fin aux fonctions du Premier ministre sur la présentation par celui-ci de la démission du gouvernement ; que du rapprochement de ces différentes dispositions, il résulte que l'adoption par l'Assemblée nationale d'une motion de censure entraîne le retrait du Premier ministre et de son gouvernement » (*Rev. dr. publ.,* 1962, p. 1181).

Le fait de voter ou non la confiance ou de censurer ou non le Premier ministre et le gouvernement laisse « les mains libres » au président de la République. Dans ces conditions, on peut se demander quelle peut être la véritable signification pratique des articles 49 et 50 de la Constitution. Il apparaît que les votes intervenus en application de l'article 49 n'ont qu'une valeur indicative et non décisive : ils servent seulement, dans la mesure surtout où ils sont la conséquence d'une initiative gouvernementale, à rassembler la majorité sitôt après la constitution du gouvernement ou, au cours de la session parlementaire, créer un lien ou le rétablir entre le gouvernement et la majorité de l'Assemblée, ressouder la majorité, en rétablir éventuellement la cohésion. C'est ainsi, semble-t-il, que si M. Messmer a engagé la responsabilité du gouvernement devant l'Assemblée en avril 1973, renouant avec une tradition qui semblait abandonnée depuis 1966, c'était pour cerner les contours de la majorité issue des élections législatives de mars 1973 qui soutiendrait l'action gouvernementale. Le vote obligeait les Réformateurs à se situer dans la majorité, ou à se situer dans l'opposition. A l'occasion de ce vote, ils se placèrent, au moins momentanément, dans l'opposition. A la suite de la constitution d'un nouveau gouvernement, comme l'écrit dans « La République du Général », Jean-Marie Aubier, pseudonyme d'un haut fonctionnaire, « engageant sa responsabilité sur un programme, le problème n'est pas dans l'ampleur de la majorité recueillie. Il se situe dans l'établissement d'un lien, d'une relation entre la naissance d'un gouvernement et l'assentiment de l'Assemblée nationale » (1973, p. 149). A propos de la question de confiance posée par le président Chaban-Delmas le 23 mai 1972, il faut encore retenir les propos de M. Pompidou, lors de sa Conférence de presse du 21 septembre 1972 :

> « Mais, me direz-vous à juste titre, pourquoi avez-vous laissé poser la question de confiance par le gouvernement de M. Chaban-Delmas ? Je vais vous répondre, tout aussi franchement. Je n'y étais pas favorable, et cela s'est su.
>
> « Mais il se trouve que M. Chaban-Delmas y tenait pour deux raisons : la première, parce qu'il pensait que pour traverser la session, il était bon que la majorité ait retrouvé sa cohésion et l'ait manifestée. Et la deuxième, plus profonde, c'est qu'au fond, quelque peu écœuré des attaques dont il avait été l'objet, il avait envie d'une manifestation de sympathie plus encore que d'un vote de confiance. Et comme la chose était publique et connue, qu'il y avait eu des indiscrétions, lui refuser le droit de poser la question de confiance, c'eût été lui infliger une sorte de désavœu public qu'il n'avait à aucun degré mérité. »

Il faut le redire, la seule confiance dont puissent se réclamer le Premier ministre et le gouvernement est celle du chef suprême de l'exécutif qu'est le président de la République, si l'on suit la pratique suivie tout au long de la Ve République. Le président de la République étant élu, depuis la réforme constitutionnelle de 1962, au suffrage universel direct, sur de grandes orientations, et étant le véritable et seul chef de l'exécutif, la confiance refusée au gouvernement ou la censure votée contre lui ne saurait se traduire par un refus de confiance ou un désaveu à l'égard du président de la République. Sinon, le président se trouverait responsable devant le Parlement. Or, selon la Constitution, le président est irresponsable devant le Parlement. On l'a vu, il n'est responsable que devant le peuple, soit à l'occasion de sa réélection, soit par l'utilisation du référendum.

De la sorte, les attributions du gouvernement étant exercées en premier et dernier ressort par le président de la République, les ministres et le Premier ministre doivent se satisfaire d'appliquer fidèlement la politique arrêtée par le président de la République et se considérer comme responsables devant lui seul.

On s'explique que, devenu Premier ministre, M. Jacques Chirac ait fait montre de cette conception dès le 1er juillet 1974 :

« Dans nos institutions, le Premier ministre et le président de la République ne peuvent pas avoir de rapports où l'un impose quelque chose à l'autre. Le Premier ministre exécute la politique telle que l'a définie le président de la République. S'il y a une divergence de vues, si petite soit-elle, le Premier ministre doit se retirer. »

Le 15 février 1976, M. Jacques Chirac réaffirmera sa pensée comme Premier ministre : il est « essentiel que le Premier ministre soit en permanence l'exécutant d'une politique définie par le chef de l'Etat, ou qu'il s'en aille » (*Le Figaro,* 17 fév. 1976). Effectivement, il remettra au chef de l'Etat la démission de son gouvernement, le 25 août 1976, en raison notamment du fait qu'à cette époque il aurait entendu bénéficier d'un accroissement de son autorité au sein de l'exécutif tout entier représenté par le président de la République.

Le Premier ministre du président Giscard d'Estaing traduisait là la philosophie politique du général de Gaulle telle qu'exprimée particulièrement dans la célèbre conférence de presse du 31 janvier 1964, et aussi par son successeur, Georges Pompidou. Ce dernier l'a nettement marquée dans son ouvrage posthume, *Le nœud gordien,* Paris 1974, p. 63 :

« Notre Constitution, modifiée par le référendum qui a institué l'élection du président de la République au suffrage universel, a clairement posé le principe de la priorité du chef de l'Etat. C'est même là que se trouve l'opposition essentielle avec les IIIe et IVe Républiques. Le chef de l'Etat, investi directement de la confiance de la nation, est et doit être le chef incontesté de l'exécutif. C'est lui qui, avec son gouvernement, doit définir la politique et la conduire. Le Premier ministre, comme l'indique son nom, n'est que le premier des ministres. Le rôle de coordination qu'il joue dans le gouvernement, la responsabilité qu'il exerce et engage vis-à-vis de l'Assemblée, ne peuvent effacer cette subordination fondamentale. »

SECTION III

LES ATTRIBUTIONS DU PRESIDENT DE LA REPUBLIQUE ET DE SON GOUVERNEMENT

A la lettre, la Constitution du 4 octobre 1958 a opéré un partage d'attributions entre le président de la République et le Premier ministre. En fait, à partir du moment où il est apparu que le président de la République est le véritable chef de l'exécutif, le Premier ministre n'étant que son second, son adjoint, il apparaît conforme à la logique politique (à défaut de la logique constitutionnelle) d'admettre que la totalité des attributions du Premier ministre, en dehors de celles propres au président, puissent être exercées par le président de la République. Il ne faut pas oublier que la politique gouvernementale est arrêtée en Conseil des ministres, lequel est présidé par le président de la République et que l'impulsion gouvernementale est donnée par le président et ses propres conseillers. L'article 5 de la Constitution énonce que « le président de la République... assure, par son arbitrage, le fonctionnement régulier des pouvoirs publics ». Mais le mot « arbitrage » a toujours été considéré tant par le général de Gaulle que par M. Pompidou ou M. Giscard d'Estaing comme synonyme de « décision » : le président décide et tranche (2).

Le Premier ministre ne dispose que d'une compétence résiduelle c'est-à-dire qu'il exerce les attributions que le président le laisse libre d'exercer.

§ 1. — Les pouvoirs présidentiels avec ou sans contreseing

La Constitution de 1958 énumère les pouvoirs que le président de la République exerce avec ou sans contreseing du Premier ministre. A la lettre, en effet, il est des pouvoirs que le président exerce seul sans aucun contreseing et d'autres qu'il exerce avec le contreseing du Premier ministre et éventuellement des ministres responsables.

Dans une république parlementaire, l'institution du contreseing opère un transfert de responsabilité du président de la République au gouvernement (cas des IIIe ou IVe Républiques) : le contreseing, sous les IIIe et IVe Républiques, était le signe de la responsabilité du gouvernement devant le pouvoir législatif, le chef de l'Etat étant irresponsable. Or, on l'a vu, le président de la Ve République est responsable devant le peuple par la procédure du référendum. La seule fonction du contreseing, sous la Ve République, n'est plus que de certifier l'authenticité de la signature du président, chef suprême de l'exécutif. Il importe donc peu que certains actes du président de la République soient dispensés du contreseing : avec ou sans contreseing, ils sont l'expression de la volonté présidentielle et ont donc la même force juridique. Sous cette réserve, on peut, d'un point de vue seulement formel, distinguer les actes contresignés ou non par le Premier ministre, et, le cas échéant, par les ministres responsables (formule de l'article 19 de la Constitution. — V. sur ce point note LECLERCQ sous Cons. d'Etat 10 juin 1966, *Pelon :* Dalloz 1967, 280).

A. — LES ACTES NON SOUMIS A CONTRESEING

— La nomination du Premier ministre et la cessation de ses fonctions (art. 8, § 1).

— L'utilisation du référendum (art. 11).

— La dissolution de l'Assemblée nationale (art. 12).

Sous la Ve République il a été fait usage deux fois du droit de dissolution : le 9 octobre 1962 après la censure du gouvernement Pompidou et le 30 mai 1968, sans qu'aucun vote ait été émis à l'encontre du gouvernement, mais après que des troubles profonds eurent affecté le pays. En régime parlementaire, le droit de dissolution est exercé en fait, par le biais du contreseing, par le chef du gouvernement et non par le chef de l'Etat ; en régime présidentiel, en raison de la séparation stricte des pouvoirs, le droit de dissolution ne peut exister. S'il existe sous la Ve République, c'est en raison

(2) Le 23 septembre 1971, G. Pompidou déclara, lors d'une conférence de presse : « Gardez-vous de consulter le Littré, car vous y apercevriez que l'arbitre est quelqu'un qui a tous les pouvoirs de décider suprêmement. »

du caractère très particulier que revêt le régime présidentiel : le président dispose d'une arme qui lui permet d'en appeler à l'arbitrage du pays, puisque la dissolution de l'Assemblée nationale est suivie d'élections générales qui ont lieu 20 jours au moins et 40 jours au plus après la dissolution. La dissolution, par les élections qui s'ensuivent, doit permettre au pays d'envoyer à l'Assemblée une majorité renforcée soutenant l'action du président et de son gouvernement, sans attendre le terme de la législature. Dans cette mesure, l'exercice de la dissolution pourrait tenir un rôle assez identique à celui que remplit le référendum : confirmer ou non la confiance du peuple en la personne du chef de l'Etat. Mais dans la mesure où les nouvelles élections se traduiraient par l'envoi à l'Assemblée nationale d'une majorité hostile au président et à sa politique, le président pourrait continuer à gouverner, en théorie, puisque le Premier ministre et les membres du gouvernement sont responsables, en fait, devant lui seul, selon la logique du régime présidentiel, même si ce dernier est « spécifique ». Il ne faut jamais le perdre de vue : sous la Ve République, ce n'est pas le Parlement qui fait et défait les ministères, mais le seul président de la République.

Cette solution avait la faveur, semble-t-il, du président Pompidou dans la mesure où une majorité de gauche à l'Assemblée aurait résulté des élections des 4 et 11 mars 1973. Cependant, dans les faits, on voit mal comment, après censure d'un gouvernement minoritaire constitué dans ces conditions et après nouvelles élections à la suite d'une dissolution de la Chambre basse qui se traduiraient presque certainement par une confirmation ou un renforcement de la nouvelle majorité à l'Assemblée nationale, le président de la République pourrait éviter de voir se constituer un gouvernement conforme à la nouvelle majorité parlementaire. D'autant que l'article 12 de la Constitution précise qu'il ne peut être procédé à une nouvelle dissolution dans l'année qui suit les élections consécutives à l'exercice de la dissolution. Dans cette mesure là, c'est-à-dire en raison de la discordance entre majorité parlementaire et majorité présidentielle, le centre d'impulsion de la politique française glisserait presque certainement de la présidence de la République à l'Assemblée nationale. Au présidentialisme majoritaire succéderait un parlementarisme majoritaire, rationalisé, il est vrai, par le texte institutionnel, et cela malgré l'élection du président de la République au suffrage universel direct.

— L'exercice des pleins pouvoirs en cas de circonstances exceptionnelles (art. 16).

— L'utilisation du droit de message qui permet au président de communiquer avec les deux assemblées parlementaires (art. 18). Par exemple : message de M. Pompidou du 3 avril 1973; message de M. Giscard d'Estaing du 30 mai 1974 : ce dernier se présente beaucoup plus comme un véritable programme de gouvernement que comme une adresse formelle.

— Saisine du Conseil constitutionnel en vue de faire constater l'inconstitutionnalité d'un traité (art. 54) ou d'une loi avant sa promulgation (art. 61).

— Nomination du président et de trois membres du Conseil constitutionnel (art. 56).

B. — Les actes soumis au contreseing

— La nomination et la cessation des fonctions des ministres.

— La promulgation des lois.

— La signature des ordonnances et des décrets délibérés en Conseil des ministres, présidé par le chef de l'Etat, qui ont la valeur d'actes réglementaires.

— Les nominations aux emplois civils et militaires de l'Etat : certains hauts fonctionnaires sont nommés par le président de la République en Conseil des ministres (par ex. : Recteurs, ambassadeurs, préfets, conseillers d'Etat); d'autres sont nommés par décret simple du président de la République (par ex., professeurs titulaires d'université); les autres fonctionnaires peuvent être nommés par le Premier ministre ou, sur délégation de celui-ci, par les ministres ou des autorités subordonnées.

— Les pouvoirs en matière de politique étrangère : le président accrédite les ambassadeurs auprès des puissances étrangères; les ambassadeurs étrangers sont accrédités auprès de lui; le président négocie et ratifie les traités. Certains de ceux-ci, parmi les plus importants, nécessitent avant ratification l'intervention du Parlement (article 53).

— Les pouvoirs du président comme chef des armées. A ce titre, il préside les conseils et comités supérieurs de la Défense nationale. Mais si les décisions qu'il prend à ce titre sont soumises à contreseing, l'emploi de la force nucléaire relève de sa seule appréciation. (Décret du 14 janvier 1964). De la même façon, un décret du 1er mars 1973, relatif aux secteurs de sécurité des installations prioritaires de défense attribue au président de la République le pouvoir de délimiter de tels secteurs dans lesquels pourra être chargé de la responsabilité du maintien de l'ordre le commandement militaire.

— Le droit de grâce et la désignation des membres du Conseil supérieur de la magistrature que le chef de l'Etat préside.

— La faculté de demander au Parlement une nouvelle délibération de la loi.

— L'ouverture et la clôture des sessions extraordinaires du Parlement.

Relativement à la convocation du Parlement en session extraordinaire, il faut préciser que celle-ci peut être demandée par la majorité des membres composant l'Assemblée nationale outre le premier ministre. Or, en mars 1960, malgré la demande de la majorité des députés, le président de la République a refusé de convoquer le Parlement. Cette attitude négative voulait signifier que le seul pouvoir reconnu comme tel sous la Ve République était celui de l'exécutif, le législatif n'exerçant qu'une fonction au même titre que le judiciaire. (Le Titre VIII de la Constitution est précisément intitulé « De l'autorité judiciaire »). Comme l'écrit Jean-Marie Aubier (*La République du Général*, 1973, pp. 172-173) :

> « L'Assemblée eût-elle été admise à se réunir que le président eût été lié, quelles que soient les précautions de forme ou oratoires que l'on aurait pu prendre dans le libellé de la convocation pour préserver l'avenir. L'Assem-

blée sur ce point se serait vu reconnaître un pouvoir éminent. On en aurait déduit qu'elle pouvait contraindre le président à agir. »

— L'intervention du président en matière de révision constitutionnelle : le président a l'initiative, concurremment avec les membres du Parlement, de la révision de la Constitution suivant la procédure de l'article 89 : à ce titre, s'agissant d'un projet de révision d'origine exécutive, le président de la République peut convoquer le Parlement en congrès.

§ 2. — Les compétences du Premier ministre et du gouvernement

Si le président de la République est le véritable chef de l'exécutif, le Premier ministre, qui lui est étroitement subordonné et qui, dans la réalité, n'est responsable que devant lui, « dirige l'action du gouvernement », pour reprendre la formule de l'article 21 de la Constitution. Cela signifie que les pouvoirs dont il dispose et dont il use ne le sont, en fait, que sur délégation du président de la République et qu'ils ne sont que l'exécution de la politique conçue et déterminée par le président de la République. C'est d'ailleurs ce qu'a écrit lui-même M. Chaban-Delmas (*Sud-Ouest*, 3 sept. 1970) :

> « Le président de la République, véritable chef de l'Etat, seul élu par l'ensemble du corps électoral, a pour devoir de fournir les orientations et, en quelque sorte, de déterminer la politique du gouvernement. Le Premier ministre... dirige le gouvernement dans le sens des orientations présidentielles. »

M. Jacques Dominati, secrétaire général des Républicains indépendants, dira, tout aussi abruptement, que le Premier ministre « applique la politique du Président » (*La Croix*, 18 nov. 1975).

Dans ce contexte, le Premier ministre dispose d'un certain nombre d'attributions qu'il exerce seul, ou collégialement avec le gouvernement, dont le chef suprême, il ne faut pas le perdre de vue, est le président de la République.

A. — Les pouvoirs propres du Premier ministre

Le Premier ministre, comme l'indique cette appellation, dispose d'une prééminence certaine sur les membres du gouvernement. A ce titre, c'est lui qui est amené à engager la responsabilité du gouvernement devant l'Assemblée nationale, dont le résultat, on l'a vu, n'a qu'une valeur indicative, le président de la République, en dernière analyse, gardant toute liberté de le conserver ou de le changer. C'est d'ailleurs lui, Premier ministre, qui propose au président de la République la nomination comme la révocation des membres du gouvernement.

La Constitution lui réserve un certain nombre d'attributions qui présentent une certaine valeur, mais en application de la politique décidée par le président de la République.

Le Premier ministre, selon l'article 21 de la Constitution, assure l'exécution des lois. En vertu de la répartition des matières législatives et réglementaires fixées par les articles 34 et 37 de la Constitution, il exerce le pouvoir réglementaire par des décrets. Le pouvoir réglementaire est partagé en droit avec le président de la République dans la mesure où celui-ci signe les Ordonnances et ceux des décrets qui sont délibérés en Conseil des ministres. Il est, au surplus, partagé en fait avec le président de la République dans la mesure où celui-ci peut être amené à signer des décrets non délibérés en Conseil des ministres. C'est ainsi qu'entre le 1er janvier 1959 et le 22 mars 1964 l'on dénombre 350 décrets non délibérés en Conseil des ministres et signés par le président de la République. Entre le 1er janvier 1965 et le 1er janvier 1976 on dénombre 673 décrets réglementaires présidentiels non délibérés en Conseil des ministres (Pierre AVRIL, *Les décrets réglementaires du président de la République non délibérés en Conseil des ministres : Act. jur.* 1976, I, p. 116). La faculté d'évocation du président de la République explique donc que la ligne de partage du pouvoir réglementaire attribué au Premier ministre et de celui qui relève du chef de l'Etat fluctue selon les circonstances. Elle n'est finalement que la traduction du pouvoir de décision suprême reconnu au président de la République par le régime présidentiel spécifique de la France actuelle. Le Conseil d'Etat, dans un arrêt *Sicard,* du 27 avril 1962, a consacré ce pouvoir du président de la République de signer des décrets non délibérés en Conseil des ministres à la condition qu'ils soient contresignés par le Premier ministre et les ministres chargés de leur exécution (Formule de l'article 22 de la Constitution).

Le Premier ministre est le chef suprême de l'Administration : à ce titre, il nomme aux emplois civils et militaires; mais il partage, là aussi, ce pouvoir de nomination avec le président de la République.

La Constitution prévoit qu'il est responsable de la Défense nationale. En réalité, c'est le président de la République qui assume personnellement cette responsabilité.

Il peut, à titre exceptionnel, suppléer le président de la République pour la présidence d'un Conseil des ministres en vertu d'une délégation expresse et pour un ordre du jour déterminé.

Il peut proposer au président de la République de prendre l'initiative d'une révision de la Constitution.

A l'occasion de la mise en œuvre de l'article 16 (pleins pouvoirs en période de circonstances exceptionnelles) ou de l'exercice du droit de dissolution (article 12), il doit donner un avis au président de la République.

Dans ses relations avec le Parlement, le Premier ministre a l'initiative des lois en concurrence avec les membres du Parlement (art. 39).

Il peut déférer au Conseil constitutionnel un traité ou une loi avant sa promulgation pour inconstitutionnalité. De même saisit-il le Conseil constitutionnel d'une loi déjà promulguée, mais qu'il estime excéder le cadre des matières de l'article 34 (art. 37, § 2).

Il a la faculté de provoquer la réunion d'une Commission mixte paritaire quand il y a désaccord entre les deux assemblées parlementaires (art. 45).

Il peut demander la réunion du Parlement en session extraordinaire (art. 29).

B. — Les attributions du gouvernement

Le gouvernement, comme autorité collégiale, délibérant en Conseil des ministres sous la présidence du chef de l'Etat dispose, dans la ligne de la politique déterminée par le président et arrêtée en Conseil des ministres, d'un certain nombre d'attributions : sous l'autorité du président de la République, il dispose de l'administration et de la force armée; il décrète l'état de siège; il propose le recours au référendum de l'article 11. Il donne son avis sur les décrets individuels et réglementaires pris en Conseil des ministres et qui sont signés par le président de la République.

Dans ses rapports avec le Parlement, si le Premier ministre a l'initiative des lois en concurrence avec les parlementaires, le gouvernement procède à une délibération en Conseil des ministres au sujet des projets de lois. Il peut demander au Parlement l'autorisation de prendre des ordonnances dans le domaine législatif, selon les conditions de l'article 38. Il est maître de l'ordre du jour des assemblées parlementaires (art. 48). Il peut opposer au Parlement l'irrecevabilité à propos des propositions de lois ou amendements qui ne relèvent pas du domaine de la loi ou qui sont contraires à une délégation consentie en vertu de l'article 38. De même, il peut opposer l'irrecevabilité à propos des propositions et amendements formulés par les membres du Parlement si leur adoption entraîne soit une diminution des ressources publiques, soit la création ou l'aggravation d'une charge publique. Il renvoie les projets et propositions de lois pour examen à des commissions parlementaires. Le gouvernement dispose du droit d'amendement à l'égard des propositions de lois émanant des parlementaires. Il peut demander un vote bloqué à l'une des deux assemblées saisies; dans cette mesure, l'assemblée se prononce par un seul vote sur tout ou partie du texte en discussion en ne retenant que les amendements proposés ou acceptés par le gouvernement (art. 44). Il peut contraindre l'Assemblée nationale à statuer définitivement au cas d'échec de la commission mixte paritaire (art. 45). Le gouvernement peut mettre en vigueur par ordonnance le projet de loi de finances à propos duquel le Parlement ne s'est pas prononcé dans les 70 jours. Enfin, le gouvernement donne son avis sur l'engagement de la responsabilité gouvernementale devant l'Assemblée nationale.

Dans la réalité, le gouvernement exerce ses attributions sous l'autorité du président de la République et, secondairement, du Premier ministre : c'est le président de la République qui décide en premier et dernier ressort, le gouvernement devant exécuter la politique déterminée par le président, chef suprême de l'exécutif. Un membre du gouvernement qui s'opposerait à telle ou telle des orientations arrêtées par le président de la République ne peut que se soumettre ou se démettre. Ceci s'est déjà produit à plusieurs reprises sous la Ve République.

CHAPITRE VII

LE PARLEMENT

Evoquer le « pouvoir législatif » serait commettre une sorte de non-sens si l'on veut rendre compte objectivement du fonctionnement réel des institutions. Le Parlement français, sous la Ve République, ne fait plus ni ne défait les gouvernements. Il continue de voter la loi, mais dans les limites de l'article 34. Le contrôle qu'il est en mesure d'exercer sur la politique de l'exécutif est des plus réduits. Aux Etats-Unis, le pouvoir présidentiel l'emporte aussi sur les attributions du Congrès; mais celles-ci sont plus importantes et plus réelles qu'en France, ne serait-ce que par le contrôle étendu et efficace que les parlementaires américains exercent sur l'administration présidentielle.

Faut-il aller jusqu'à penser avec Jean-Marie Aubier que « le Parlement est désormais en situation de subordination normale à l'égard du pouvoir présidentiel puisque celui-ci émane du peuple à l'égard et mieux que lui-même » ? (*La France du Général,* 1973, p. 237). Sans évoquer l'idée de subordination normale, il faut constater que l'existence d'une majorité stable à l'Assemblée nationale et la supériorité du mandat présidentiel sur tous les autres mandats depuis la réforme constitutionnelle de 1962 ne pouvaient que conduire l'Assemblée nationale à devenir essentiellement une Chambre de soutien de l'exécutif, donc du président, et à se comporter comme telle. S'il fallait trouver un point supplémentaire attestant cette situation il n'est que d'évoquer l'élection de M. Edgar Faure comme président de l'Assemblée nationale le 2 avril 1973, où les députés n'ont fait que ratifier le désir du président Pompidou de voir accéder à la présidence de l'Assemblée l'ancien président du Conseil de la IVe République.

Cependant, depuis l'élection présidentielle du 19 mai 1974, une évolution notable semble se dessiner dans le sens d'une revalorisation du rôle et des fonctions du Parlement : l'intensification de la pratique des questions d'actualité à l'Assemblée nationale (questions au gouvernement), et surtout l'ébauche d'un statut de l'opposition manifestée par la révision constitutionnelle du 29 octobre 1974 relative à l'extension du droit de saisine du Conseil constitutionnel, une minorité de députés ou de sénateurs pouvant désormais saisir celui-ci, en constituent les jalons les plus visibles. La séparation du pouvoir exécutif et du Parlement étant plus appuyée depuis l'élection comme président des Français de M. Giscard d'Estaing, le contrôle parlementaire sur l'exécutif s'est trouvé, par conséquent, accru. La majorité parlementaire étant beaucoup moins disciplinée qu'entre 1962 et 1974, ne serait-ce qu'en raison d'une diminution réelle du rôle et du pouvoir de l'U.D.R. dans l'Etat (le chef suprême de l'exécutif n'appartenant pas à ce parti et l'U.D.R. étant peu représentée au sein du gouvernement), le vote des projets de lois gouvernementaux est devenu relativement incertain, au moins dans leur état originaire.

Quant à la Chambre haute, le Sénat, elle avait pu jouer, par le mode d'élection et par la qualité de « notables traditionnels » de ses membres, un rôle d'opposition non négligeable à l'égard de l'exécutif et de l'autre Chambre, donc au régime, même si la contestation sénatoriale n'a eu jusqu'en 1974 que des effets limités. Il n'en reste pas moins que son opposition au référendum de 1969 qui devait aboutir, s'il avait été positif, à faire du Sénat une assemblée purement consultative, a entraîné la démission du général de Gaulle, le peuple français restant, semble-t-il, attaché au bicamérisme. Depuis l'élection présidentielle de 1974, le Sénat, modéré et « centriste » paraît désormais constituer une force de soutien au président de la République et à son gouvernement.

SECTION I

STATUT DES PARLEMENTAIRES

§ 1. — L'élection

« La souveraineté nationale appartient au peuple qui l'exerce par ses représentants et par la voie du référendum » énonce l'article 3 de la Constitution. On l'a déjà remarqué, par l'élection au suffrage universel direct du président de la République, ce dernier est devenu pratiquement le représentant éminemment supérieur des intérêts du peuple français, les parlementaires étant moins bien placés pour exprimer la volonté du peuple, ne serait-ce, malgré leur qualité de représentants de la Nation, qu'en raison de leur élection « parcellisée » dans le cadre de 490 circonscriptions électorales.

Sous cette réserve, nous ne reviendrons pas sur les mécanismes électoraux en usage sous la Ve République (V. p. 117 et s.). Il suffit de rappeler que les membres de l'Assemblée nationale sont élus pour cinq ans au suffrage direct, dans le cadre de 491 circonscriptions, au scrutin majoritaire à deux tours (sauf les députés des territoires d'outre-mer, élus au scrutin majoritaire à un tour). Les 283 sénateurs, quant à eux, sont élus pour neuf ans au suffrage indirect (1), dans le cadre des départements et territoires

(1) Une loi organique du 16 juillet 1976 portant le nombre de sénateurs à 304 pour les départements a prévu que « les sièges supplémentaires créés en application des dispositions ci-dessus ne seront pourvus, dans chaque département, que lors du plus prochain renouvellement de la série dont il fait partie ».

d'outre-mer, par un collège composé des députés, des conseillers généraux et des délégués des conseils municipaux, ces derniers jouant un rôle prépondérant. Leur vote revêt un caractère obligatoire, sanctionné par une amende : c'est même le seul cas de vote obligatoire en droit public français. Le mode de scrutin utilisé pour l'élection des sénateurs est le scrutin majoritaire à deux tours, dans les départements et territoires qui ont droit à quatre sièges ou moins; les deux tours, s'il y a lieu, ont lieu le même jour.

Dans ceux qui peuvent prétendre à cinq sièges ou plus est utilisée la représentation proportionnelle avec répartition des restes à la plus forte moyenne, sans panachage ni vote préférentiel. Il faut noter que six sénateurs font l'objet d'une cooptation par le Sénat, au titre des Français de l'étranger. Le renouvellement du Sénat a lieu par tiers, les sénateurs étant répartis en trois catégories A, B et C. Le Sénat, à l'inverse de l'Assemblée nationale, ne peut pas être dissous par le président de la République; il ne peut pas mettre en cause la responsabilité du gouvernement. Le président du Sénat est, dans l'ordre des préséances, le troisième personnage de l'Etat, après le président de la République et le Premier ministre. En cas de vacance de la présidence de la République, ou d'empêchement constaté par le Conseil constitutionnel, il assure l'intérim. Un suppléant est élu en même temps que chaque député et sénateur. Le contentieux des élections aux deux assemblées parlementaires relève du Conseil constitutionnel.

§ 2. — Les incompatibilités et immunités

A. — Les incompatibilités

Il n'est pas possible d'être en même temps parlementaire et membre du gouvernement.

Il est, de même, interdit à un parlementaire d'occuper une fonction publique. L'exception principale tient à la qualité de professeur de l'enseignement supérieur.

Enfin, il est interdit de cumuler un mandat parlementaire avec un certain nombre d'activités privées. (Ordonnance du 24 octobre 1958 modifiée par la loi organique du 24 janvier 1972).

Il faut spécifier que le cumul d'un mandat parlementaire avec un mandat électif local est autorisé : Conseil général, Conseil municipal. De plus, le député, comme le sénateur, est membre de droit du Conseil régional, depuis la création des assemblées régionales par la loi du 5 juillet 1972.

B. — Les immunités parlementaires

L'immunité parlementaire tient à l'irresponsabilité et à l'inviolabilité.

L'irresponsabilité est prévue par l'article 26 de la Constitution :

> « Aucun membre du Parlement ne peut être poursuivi, recherché, arrêté, détenu ou jugé à l'occasion des opinions ou des votes émis par lui dans l'exercice de ses fonctions. »

L'irresponsabilité parlementaire est donc le privilège qu'ont les parlementaires d'être soustraits à la justice pour les opinions ou les votes émis dans l'exercice de leurs fonctions.

L'inviolabilité se traduit par le privilège qu'ont les parlementaires d'être soustraits aux poursuites qui seraient engagées contre eux pour des actes étrangers à l'exercice de leur mandat : il s'agit des poursuites pénales pour crimes et délits. Pendant la durée de la session, le parlementaire ne peut être poursuivi qu'avec l'autorisation de l'Assemblée dont il est membre : l'immunité sera alors levée par un vote de l'Assemblée. Cependant l'inviolabilité parlementaire ne joue pas en cas de flagrant délit.

En dehors des sessions, l'immunité ne joue pas. Il en résulte que l'autorisation de l'Assemblée à laquelle le parlementaire appartient n'est pas nécessaire : la Chambre criminelle de la Cour de cassation a eu l'occasion de le rappeler récemment, dans un arrêt du 11 avril 1973, *Modiano* (D. 1973, Sommaire, p. 74).

SECTION II

LE FONCTIONNEMENT DU PARLEMENT

L'organisation et le fonctionnement de chaque assemblée sont fixés par le règlement intérieur. Chaque assemblée élit un président. Celui-ci dirige les débats; il est, en outre, le supérieur hiérarchique des services administratifs de l'assemblée. Le président de l'Assemblée nationale est élu au début de chaque législature et pour sa durée, c'est-à-dire pour cinq ans en principe; le président du Sénat est élu pour trois ans, c'est-à-dire après chaque renouvellement partiel. Chacun des deux présidents est assisté d'un bureau chargé de le seconder dans la conduite de l'administration intérieure de l'assemblée (vice-présidents, questeurs et secrétaires). La Conférence des présidents est l'autre organe directeur de chaque assemblée parlementaire : elle réunit le président de l'assemblée, les vice-présidents et les présidents de groupes et des commissions permanentes et spéciales, ainsi que le Rapporteur général du budget. Comme le gouvernement dispose, d'après l'article 48 de la Constitution, d'une maîtrise quasi totale de l'ordre du jour des assemblées, la Conférence des présidents n'en règle que le surplus. Son rôle est donc infime.

En dehors de la formation plénière de chaque assemblée, il existe des formations restreintes : les groupes et les commissions.

Les groupes parlementaires dont l'officialisation remonte, en France, à 1910, réunissent dans chaque assemblée les parlementaires qui ont les mêmes affinités politiques. Pour qu'un groupe soit constitué, il faut au moins trente membres à l'Assemblée nationale et 14 membres au Sénat. Pratiquement, les groupes sont la projection dans chaque assemblée des membres élus du même parti politique. Les parlementaires qui ne veulent pas demeurer « isolés » et qui se sentent proches du programme d'un groupe peuvent s'apparenter à celui-ci. Les groupes parlementaires respectent, en principe, une discipline de vote. Depuis l'élection présidentielle de mai 1974 et la constitution du gouvernement de M. Chirac, la discipline, au sein des groupes de la majorité, apparaît peu sûre.

Au 1er juin 1976, la composition des groupes à l'Assemblée nationale s'établit comme suit :

— communistes 74
— socialistes et radicaux de gauche 106
— réformateurs, centristes et démocrates sociaux 51
— union des démocrates pour la République (U.D.R.) 174
— républicains indépendants 70

En dehors de ces groupes, il faut tenir compte de la présence de 15 députés non inscrits, soit au total 490 députés.

Au sein de chaque assemblée parlementaire, il existe des commissions permanentes et des commissions spéciales. Ces commissions ont pour mission de préparer le travail législatif : elles examinent donc au préalable les projets et propositions de lois. Dans chaque assemblée, il existe six commissions permanentes. Les commissions spéciales sont formées cas par cas pour l'examen d'un projet ou d'une proposition de loi donné. Les commissions permanentes et les commissions spéciales voient leurs membres désignés à la proportionnelle des groupes parlementaires. Elles peuvent aussi s'adjoindre quelques parlementaires non inscrits à un groupe de l'assemblée intéressée.

Des commissions d'enquête et de contrôle peuvent être établies par chaque assemblée pour l'examen de certains faits sur lesquels il convient de faire la lumière ou pour contrôler la gestion des services publics et des entreprises nationales. Elles ont évidemment un caractère temporaire : par exemple, constitution le 14 décembre 1973 au sein de l'Assemblée nationale d'une commission de contrôle sur la gestion financière de l'O.R.T.F.; constitution au Sénat, le 29 juin 1973, d'une commission de contrôle des services administratifs procédant aux écoutes téléphoniques.

Les assemblées ne siégeant pas en permanence, il existe des sessions ordinaires auxquelles peuvent s'ajouter des sessions extraordinaires. Les sessions ordinaires couvrent les périodes de l'année pendant lesquelles le Parlement siège de plein droit. Il y a deux sessions ordinaires par an : la première débute le 2 octobre et dure 80 jours; la seconde session débute le 2 avril et s'achève 90 jours plus tard (au total, 24 semaines sur 52). C'est au cours de la première session qu'est adoptée la Loi de finances.

En dehors des deux sessions ordinaires, le Parlement est réuni en session extraordinaire à la demande du Premier ministre ou de la majorité des membres composant l'Assemblée nationale, sur un ordre du jour déterminé. Les sessions extraordinaires sont ouvertes et closes par décret du président de la République. On l'a vu, le président de la République se reconnaît, en fait, un pouvoir discrétionnaire de signer ou non le décret d'ouverture, si l'on se réfère au précédent de 1960 où le président de Gaulle a refusé d'ouvrir une telle session, malgré une demande émanant de la majorité des membres de l'Assemblée nationale et sur un ordre du jour déterminé.

La séance est la réunion de l'une ou l'autre des deux assemblées pendant la durée d'une session. En séance, les parlementaires délibèrent sur un ordre du jour, arrêté par la conférence des présidents, qui est l'ensemble des questions inscrites au programme de l'Assemblée. Cependant, les assemblées ne sont pas maîtres de leur ordre du jour, car l'article 48 de la Constitution porte que l'ordre du jour des assemblées comporte, par priorité et dans l'ordre que le gouvernement a fixé, la discussion des projets de loi déposés par le gouvernement et des propositions de loi acceptées par lui.

Les séances des assemblées sont publiques, sous réserve que chaque assemblée peut siéger en comité secret à la demande du Premier ministre ou d'un dixième de ses membres (2). Le compte rendu intégral des débats des deux assemblées est publié au « Journal Officiel ».

Il faut enfin rappeler que tout mandat impératif est nul, conformément à la doctrine française traditionnelle de la souveraineté nationale et préciser que le droit de vote des membres du Parlement est personnel. Dans la réalité, cette dernière obligation n'est pas respectée. Cependant, sitôt après les élections législatives de mars 1973, M. Edgar Faure, président de l'Assemblée nationale, a exigé le respect du règlement qui interdit plus d'une délégation de vote, conformément à une Ordonnance du 7 novembre 1958 portant loi organique autorisant exceptionnellement les parlementaires à déléguer leur droit de vote (complétée par la loi organique du 3 janvier 1962).

SECTION III

LES FONCTIONS DU PARLEMENT

Le Parlement vote la loi dans les limites de l'article 34; il contrôle le gouvernement. Sous ce dernier rapport, en vertu de la nature du régime de la Ve République, régime présidentiel spécifique, il a fort peu de prise sur le gouvernement, malgré les dispositions de l'article 49, le gouvernement étant, dans la réalité, responsable devant le président de la République, chef suprême de l'exécutif.

§ 1. — Les attributions législatives

Si le Parlement vote la loi, y compris la loi de finances, il faut préciser qu'en matière législative les pouvoirs des deux assemblées ne sont pas égaux, l'Assemblée nationale pouvant, en toute hypothèse, avoir « le dernier mot », c'est-à-dire statuer définitivement.

D'autre part, si l'on met à part la loi de finances qui ne peut être votée que sur initiative gouvernementale, l'initiative des lois appartient aussi bien aux parlementaires qu'au Premier ministre au nom du gouvernement (propositions de lois dans le premier cas, projets de lois dans le second). Cependant, on constate que 90 % des lois votées sous la Ve République l'ont été à partir de projets gouvernementaux. Cette situation n'est que le reflet de la suprématie

---

(2) La Chambre des députés a siégé pour la dernière fois en comité secret en 1940. Depuis lors, la technique du comité secret n'a plus été utilisée.

du pouvoir exécutif sur le parlement. Celle-ci est encore attestée, en droit, par la circonstance que les propositions de lois ne doivent engendrer ni une diminution des ressources publiques ni la création ou l'aggravation d'une charge publique (article 40).

Le projet de loi de finances doit être déposé d'abord sur le bureau de l'Assemblée nationale, à la différence des lois ordinaires dont les projets peuvent être indifféremment déposés sur le bureau de l'une ou de l'autre assemblée.

Il faut noter que les projets de lois sont arrêtés en Conseil des ministres après avis du Conseil d'Etat qui ne lie évidemment pas le gouvernement; le Conseil économique et social peut être saisi par le gouvernement aussi bien des projets que des propositions de lois.

A. — Le vote de la loi

La primauté de l'exécutif va encore avoir l'occasion de se manifester.

Qu'il s'agisse d'un projet ou d'une proposition de loi, ils sont d'abord, à la demande du gouvernement ou de l'assemblée saisie, envoyés pour examen à une Commission spéciale ou à une Commission permanente. En fait, c'est l'une des six commissions permanentes qui sera le plus souvent saisie du projet ou de la proposition. Cependant, ces dernières années, un certain nombre de commissions spéciales ont été constituées.

La Commission désigne un rapporteur pour présenter le texte devant l'Assemblée parlementaire.

S'il s'agit d'un projet de loi, la Commission ne peut pas remplacer le texte gouvernemental par un texte élaboré par elle; au contraire, s'il s'agit d'une proposition de loi, elle dispose de cette liberté.

Le projet ou la proposition de loi va être inscrit à l'ordre du jour. Mais l'on sait déjà que d'après l'article 48 de la Constitution, « l'ordre du jour des assemblées comporte, par priorité et dans l'ordre que le gouvernement a fixé, la discussion des projets de loi déposés par le gouvernement et des propositions de loi acceptées par lui ». On s'explique, dès lors, que sous la Vᵉ République, 90 % des lois soient votées sur initiative gouvernementale.

En séance publique, la discussion d'un projet de loi porte, devant la première assemblée saisie, sur le texte présenté par le gouvernement. Une assemblée saisie d'un texte voté par l'autre assemblée délibère sur le texte qui lui est transmis.

Des amendements peuvent être apportés au projet de loi présenté par le gouvernement ou à la proposition de loi telle qu'adoptée par la Commission parlementaire. De même que l'initiative des lois est partagée entre le gouvernement et le Parlement, de la même façon, le droit d'amendement peut être exercé aussi bien par le gouvernement que par les parlementaires. Cependant, l'article 44 prévoit qu'après l'ouverture du débat, le gouvernement peut s'opposer à l'examen de tout amendement qui n'a pas été antérieurement soumis à la Commission : cette disposition limite donc les amendements en séance publique.

Et surtout, le gouvernement dispose, s'il en est besoin, de la procédure du vote bloqué. L'article 44 dispose, en effet : « Si le gouvernement le demande, l'Assemblée saisie se prononce par un seul vote sur tout ou partie du texte en discussion en ne retenant que les amendements proposés ou acceptés par le gouvernement. » Cette procédure a été souvent utilisée. Elle est un gage d'aboutissement accéléré. Car cette procédure oblige les parlementaires ou à approuver ou à rejeter la totalité du texte au lieu de le discuter et de voter article par article. De 1959 à 1970, l'Assemblée nationale a été, de la sorte, amenée à émettre 117 votes bloqués et le Sénat 128.

Le projet ou la proposition de loi va être examiné successivement par les deux assemblées. La loi ne pourra être adoptée que si elle a été votée par les deux assemblées dans des termes identiques. La navette entre les Chambres pourrait donc être illimitée. Mais le gouvernement dispose là encore d'une prérogative importante. L'article 45 dispose en effet :

> « Lorsque par suite d'un désaccord entre les deux assemblées, un projet ou une proposition de loi n'a pu être adopté après deux lectures par chaque assemblée ou si le gouvernement a déclaré l'urgence, après une seule lecture par chacune d'elles, le Premier ministre a la faculté de provoquer la réunion d'une Commission mixte paritaire chargée de proposer un texte sur les dispositions restant en discussion. »

Cette Commission est composée de 7 députés et de 7 sénateurs.

Lors de la discussion du texte proposé à l'Assemblée par la Commission mixte paritaire, sont seuls recevables les amendements ayant recueilli l'accord du gouvernement. Si les deux assemblées adoptent un texte identique, qu'il s'agisse du texte originairement établi par la Commission ou du texte amendé avec l'accord du gouvernement, le problème de la navette est *ipso facto* résolu.

Mais si la Commission mixte n'a abouti à aucune conclusion, l'Assemblée nationale a « le dernier mot » sur demande du gouvernement : elle statue définitivement après une nouvelle lecture par les deux assemblées. Il en est de même si une assemblée a adopté les conclusions de la commission et l'autre non : l'Assemblée nationale sera appelée à statuer définitivement. Là encore les moyens de pression du gouvernement à l'égard du Parlement ont un effet certain. Sur 1 440 lois adoptées entre le 9 décembre 1958 et le 31 décembre 1974, 1 264 l'ont été après accord entre les deux Chambres, par l'intermédiaire de la navette ; 171 lois seulement ont nécessité la constitution d'une commission mixte paritaire. Celle-ci n'a été efficace que pour 117 cas. L'Assemblée nationale a statué définitivement dans 54 cas seulement.

En ce qui concerne la loi de finances, l'initiative, on l'a vu, n'appartient qu'au gouvernement et le projet de loi de finances doit être obligatoirement déposé en premier lieu devant l'Assemblée nationale. Le Parlement ne dispose que de 70 jours pour délibérer. En cas de désaccord entre les deux Chambres le gouvernement peut utiliser la procédure de la Commission mixte paritaire. Si le Parlement ne s'est pas prononcé dans un délai de 70 jours, les dispositions du projet de loi de finances peuvent être mises en vigueur par Ordonnance (article 47 de la Constitution). Cette prérogative, tout à fait exceptionnelle, permet au gouvernement de se passer complètement de l'accord du Parlement.

Il faut faire mention de la procédure spéciale entourant l'adoption des lois organiques qui sont des lois précisant ou complétant les dispositions constitutionnelles. Tout d'abord le projet ou la proposition de loi organique n'est soumis à la délibération et au vote de la première assemblée saisie qu'à l'expiration d'un délai de quinze jours après son dépôt. La procédure de la Commission mixte paritaire peut être employée par le gouvernement, sauf pour les lois organiques relatives au Sénat qui doivent être votées dans les mêmes termes par les deux assemblées. En dehors de cette exception, le texte ne peut être adopté définitivement par l'Assemblée nationale qu'à la majorité absolue de ses membres. Enfin, avant leur promulgation par le président de la République, les lois organiques font obligatoirement l'objet d'un contrôle de constitutionnalité de la part du Conseil constitutionnel.

B. — Les droits de l'opposition après le vote de la loi et avant sa promulgation : la saisine du Conseil constitutionnel

La révision constitutionnelle intervenue le 29 octobre 1974 (article 61 de la Constitution) constitue une ébauche d'un statut de l'opposition et des minorités parlementaires en droit public français. Cette prise en considération de la minorité parlementaire doit être rapprochée de la vivification de la procédure des questions d'actualité à l'Assemblée nationale, intervenue en 1974 (V. *infra,* p. 327). Désormais, 60 députés ou 60 sénateurs disposent du droit de déférer au Conseil constitutionnel les lois qui leur paraissent inconstitutionnelles, avant toute promulgation par le président de la République. De la sorte, les dispositions du préambule de la Constitution ayant valeur constitutionnelle, notamment depuis la décision du Conseil constitutionnel du 16 juillet 1971, et celles-là contenant l'énumération des libertés fondamentales réservées aux citoyens, ces dernières sont à même d'être mieux garanties, les parlementaires intervenant plus spécialement au nom de la nation.

C. — La promulgation de la loi

Toutes les lois, une fois adoptées, sont transmises au président de la République aux fins de promulgation. Selon l'article 10 de la Constitution, la loi doit être promulguée dans les quinze jours qui suivent sa transmission au gouvernement. Mais, dans ce délai, le président de la République a la faculté de demander au Parlement une nouvelle délibération de la loi (3) ; de même peut-il saisir le Conseil constitutionnel s'il estime la loi inconstitutionnelle. Cette possibilité n'a pas encore eu l'occasion de jouer.

L'objet de la promulgation est de rendre la loi exécutoire. La promulgation prend la forme d'un décret. La date officielle de la loi est la date du décret de promulgation.

Par sa décision *Commune de Montory,* du 8 février 1974 (*Act. jur.* 1974, *II*, p. 205), le Conseil d'Etat a défini la promulgation comme « l'acte par lequel

---

(3) Cela ne s'est jamais produit sous la Ve République.

le chef de l'Etat atteste l'existence de la loi et donne l'ordre aux autorités publiques d'observer et de faire observer cette loi ». La date de promulgation d'une loi étant celle à laquelle le président de la République a apposé sa signature au bas du décret de promulgation, elle est donc distinguée de la date d'entrée en vigueur de la loi ou de celle de sa publication au « Journal officiel ».

§ 2. — Les attributions de contrôle

En régime présidentiel, on ne conçoit pas que le Parlement puisse renverser le gouvernement; en France, on l'a vu, les procédures de l'article 49 n'ont pas un rôle déterminant, dans la réalité. Le gouvernement est celui du président de la République; il n'est, en fait, responsable que devant lui.

Du moins reste-t-il au Parlement les possibilités de contrôle très atténué, dans la pratique, que sont les questions écrites et orales et la constitution éventuelle de commissions d'enquête et de contrôle. Si les commissions d'enquête jouent un grand rôle dans le régime présidentiel américain, la procédure des questions est une donnée fondamentale du régime parlementaire. Cependant, telle qu'utilisée sous la Vᵉ République, la procédure des questions orales s'est soldée par un échec certain.

A. — Les questions

Les questions orales jouent un grand rôle dans le Parlement britannique ainsi qu'en République fédérale d'Allemagne : à Londres, la procédure des questions orales occupe 50 minutes au début de chaque séance de la Chambre des communes du lundi au jeudi; à Bonn, une procédure assez semblable s'est particulièrement développée au Bundestag. En France, la procédure des questions orales a été jusqu'en 1974 un échec. L'article 48, alinéa 2, de la Constitution est consacré aux questions orales : « Une séance par semaine est réservée par priorité aux questions des membres du Parlement et aux réponses du gouvernement. » Malgré leur nom, les questions orales sont écrites. On en distingue trois sortes : les questions orales sans débat, celles avec débat, et les questions d'actualité : les deux premières se distinguent par le fait qu'un débat s'ouvre ou ne s'ouvre pas. De toute façon, le débat, s'il a lieu, ne peut pas donner lieu à un vote; la responsabilité du gouvernement ne peut donc pas être engagée. De la sorte, la technique de l' « interpellation » utilisée sous les IIIᵉ et IVᵉ Républiques, qui se terminait par un vote engageant la responsabilité politique du gouvernement, est proscrite par l'actuelle Constitution. La procédure des questions d'actualité date de 1969; elle n'existe que devant l'Assemblée nationale : ces questions sont posées au Premier ministre qui y répond ou non en personne. Il est certain que la technique des questions orales doit permettre tout spécialement à l'opposition de contrôler le gouvernement. Ce n'était jusqu'en 1974 pas le cas en France où les chances de l'opposition de voir inscrite à l'ordre du jour de l'assemblée une question orale étaient minces, cette inscription relevant de l'appréciation de la conférence des présidents dominée par la majorité favorable au gouvernement.

On s'explique donc que la formule des questions d'actualité ait été vivifiée, en 1974, après l'élection du président Giscard d'Estaing. La nouvelle formule, inaugurée à l'Assemblée nationale le 12 juin 1974, est plus directe.

S'agissant selon la nouvelle terminologie de « questions au gouvernement » (4), celles-ci sont remises une heure seulement avant le début de la séance, qui est désormais un mercredi (et non plus le vendredi) au président de l'Assemblée qui procède lui-même à un tri. Les membres du gouvernement, présents à la séance, n'en prennent connaissance qu'à ce moment-là et doivent y répondre sur-le-champ. Une demi-heure est désormais réservée à l'opposition et une demi-heure à la majorité.

Les questions écrites ne sont pas prévues par la Constitution. Elles remontent à une résolution du 30 juin 1909 pour la Chambre des députés et à une résolution du 7 décembre 1911 pour le Sénat, mais continuent d'être pratiquées d'une façon coutumière sous la Ve République. Ce sont des demandes de renseignements qu'un parlementaire adresse à un membre du gouvernement sur un problème ou un ensemble de problèmes : le ministre doit y répondre dans le délai d'un mois. Mais il peut bénéficier d'un délai supplémentaire identique. Si le ministre n'a pas répondu, la question écrite sera, avec l'accord du parlementaire, transformée en question orale (article 139 du Règlement de l'Assemblée nationale et articles 74 et 75 du Règlement du Sénat). Les questions écrites sont souvent un moyen pour tel ou tel parlementaire d'obtenir une consultation écrite de la part d'un membre du gouvernement : elles relèvent alors à ce titre de l'information; mais elles peuvent aussi traduire un certain pouvoir de contrôle parlementaire dans la mesure où les questions écrites exposent des doléances, critiquent les insuffisances de tel ou tel service administratif, demandent la cessation de certains errements administratifs, sollicitent des éclaircissements, non seulement sur tel ou tel point précis, mais même sur la politique générale que le gouvernement a suivie ou adoptera : très révélatrice à cet égard a été la question écrite posée le 14 juillet 1973 par M. François Mitterrand au Premier ministre; par cette question, le leader du parti socialiste interrogeait indirectement le Premier ministre sur la politique gouvernementale future, en raison de la crise monétaire internationale, en lui demandant, en même temps, de convoquer le Parlement en session extraordinaire. Deux semaines plus tard, sans retenir le principe de la convocation du Parlement, le Premier ministre exposait les détails des mesures politiques que prendrait le gouvernement.

B. — Les commissions d'enquête et de contrôle

Aux Etats-Unis, les commissions d'investigation et d'enquête du Congrès jouent un rôle manifeste et efficient : elles ont le pouvoir d'ordonner la comparution devant elles de toute personne, membre de l'administration ou personne privée, susceptible d'éclairer le Congrès sur telle question, sur tel fait précis. La séparation stricte des pouvoirs, inhérente au régime présidentiel, se trouve ainsi atténuée par ce mode de contrôle très efficace de l'exécutif par le Congrès. En France, sous la Ve République, la possibilité d'établir des commissions d'enquête ou de contrôle a été accordée à l'Assemblée nationale et au Sénat

(4) Toutes les questions, écrites ou orales, s'adressent au gouvernement, de toute façon.

par une ordonnance du 17 novembre 1958 relative au fonctionnement des assemblées parlementaires. Les commissions d'enquête sont formées pour recueillir des éléments d'information sur des faits précis et soumettre leurs conclusions à l'assemblée qui les a établies. Les commissions de contrôle sont créées pour examiner la gestion administrative, financière ou technique de services publics ou d'entreprises nationales.

Mais ce pouvoir reconnu aux assemblées a été singulièrement amenuisé par les limites de son exercice : le délai accordé aux commissions pour effectuer leur enquête et déposer leur rapport est court : quatre mois. Les membres des commissions sont soumis au secret de sorte que l'enquête échappe au contrôle de l'opinion publique. De plus, les commissions ne peuvent être créées ou maintenues lorsque les faits ont donné lieu à des poursuites judiciaires. Ensuite, les membres des commissions font l'objet d'une désignation au scrutin majoritaire, ce qui revient, au moins à l'Assemblée nationale, à remettre à la majorité la liberté de choix : ceci explique qu'entre 1958 et 1970, une seule commission de contrôle ait été constituée à l'Assemblée nationale (Commission de contrôle de l'Union générale cinématographique). En 1971, l'Assemblée nationale a constitué deux commissions : une pour contrôler l'O.R.T.F., l'autre pour enquêter sur les sociétés civiles immobilières. En 1973, elle a créé deux commissions de contrôle : l'une, constituée le 29 octobre 1973 pour contrôler la gestion du service public du téléphone; l'autre, créée le 14 décembre 1973, pour contrôler la gestion financière de l'O.R.T.F. : le rapport, rendu public sur décision de l'Assemblée nationale le 20 juin 1974, a dénoncé les « comptes fantastiques » de l'Office. Le 27 juin 1974, l'Assemblée nationale a adopté trois propositions de résolution émanant du parti socialiste et du parti communiste tendant à créer des commissions d'enquête portant sur les pratiques des sociétés pétrolières en France, sur la situation de l'énergie et sur la pollution du littoral méditerranéen. Le 6 novembre 1974, l'Assemblée nationale décidait à l'unanimité de rendre public le rapport de la commission d'enquête sur les pratiques des sociétés pétrolières en France : ce dernier rapport, qui a suscité de vives polémiques, aurait révélé que les groupes d'Etat, E.L.F. et C.F.P.C. (Total) servaient de caution aux sociétés pétrolières privées. Comme l'idée même de l'Etat était en cause par cette révélation, le quotidien *Le Monde* (n° du 8 nov. 1974) n'hésitait pas à écrire que le rapport en cause méritait de « figurer... en bonne place parmi les ouvrages de science politique ». L'année 1974 aura été précieuse sous l'angle des commissions d'enquête : le 18 octobre 1974, les députés à l'Assemblée nationale décidaient de créer encore deux commissions d'enquête : l'une, sur l'organisation et les pratiques du commerce de la viande, l'autre sur les conditions dans lesquelles étaient accordés les permis de construire dans Paris, dans les secteurs sauvegardés. Aucune commission d'enquête ou de contrôle n'a été créée en 1975. Au cours de la session de printemps de 1976 aucune commission de ce type n'a non plus été établie.

Au surplus, les commissions parlementaires d'enquête ou de contrôle ne disposent d'aucun pouvoir réel, ni d'investigation, ni de sanction : nul n'est tenu de comparaître devant elles. En France, à la suite de la publication décidée par le Sénat, le 8 novembre 1973, du rapport de la Commission de contrôle des écoutes téléphoniques, créée le 29 juin 1973, il est apparu que le Gouvernement avait refusé au Sénat tous les moyens de contrôle parlementaire : arguant du secret de la Défense nationale, l'exécutif a opposé aux droits du Parlement ce qu'il estime être ses « prérogatives ».

Au moins, le document établi par la Commission d'enquête ou de contrôle permet-il un contrôle réel du gouvernement et de l'administration ? Il faut d'abord savoir que l'assemblée en cause se prononce sans débat sur la publication ou la non-publication du rapport. La situation confine au paradoxe : l'assemblée, en vertu de la règle du secret, ne peut prendre connaissance du rapport qu'après avoir décidé de sa publication. De plus, dans leurs rapports, les commissions n'ont d'autre pouvoir que de suggérer au gouvernement les mesures qu'il conviendrait de prendre, compte tenu de la situation dénoncée. Mais l'exécutif est seul juge des suites à donner au rapport. Là encore les limites du contrôle parlementaire sont manifestes.

Le contrôle du Parlement sur l'exécutif demeure encore faible en France. Son activité législative, déjà circonscrite par la Constitution, se déroule essentiellement à partir des projets gouvernementaux. La situation est d'ailleurs identique dans la plupart des démocraties parlementaires de l'Europe. Mais, dans ces pays (Grande-Bretagne, République fédérale d'Allemagne), le pouvoir de contrôle parlementaire est étendu et efficace. Comme seule illustration, on notera qu'au Bundestag, il suffit qu'un quart des députés le veuille pour que la création d'une Commission d'enquête soit obligatoire, ce qui réserve tous les droits de l'opposition. De plus, les audiences des commissions sont publiques, ce qui saisit l'opinion publique.

Dans la mesure où le régime politique français est un régime présidentiel spécifique, la nécessité d'un renforcement du contrôle de l'exécutif par le Parlement s'impose, pour aligner en quelque sorte la situation française sur le « modèle » américain présidentiel. Sinon, le Parlement français se trouve dans une situation très diminuée, dans la mesure de l'affirmation de plus en plus éclatante de la majesté du pouvoir présidentiel. A quoi sert le Parlement ? La question mérite d'être posée, même si l'opinion publique s'est désintéressée de la chose. Il n'empêche que, dans son allocution du 28 mai 1974, le président Giscard d'Estaing qui entend rénover et moderniser la vie politique française, a nettement évoqué le contrôle et les droits du Parlement. La rénovation des questions d'actualité, et la révision constitutionnelle du 29 octobre 1974 relative à la saisine du Conseil constitutionnel constituent les premières données du statut de l'opposition tel que le conçoit le nouveau président.

CHAPITRE VIII

LES CONSEILS DE LA REPUBLIQUE

On distingue, à ce titre, deux organes juridictionnels ainsi qu'un organisme consultatif à finalité économique.

SECTION I

LES ORGANES JURIDICTIONNELS

§ 1. — Le Conseil constitutionnel

Il fait l'objet du Titre VII de la Constitution : c'est donc un organe du pouvoir d'Etat. Il comprend neuf membres dont le mandat dure 9 ans et n'est pas renouvelable. Il se renouvelle par tiers tous les trois ans. Sur les 9 membres qu'il comprend, 3 sont nommés par le président de la République, 3 par le président de l'Assemblée nationale, 3 par le président du Sénat. En sus des membres nommés, font de droit partie à vie du Conseil constitutionnel les anciens présidents de la République. Le président du Conseil constitutionnel est nommé par le président de la République, il a voix prépondérante en cas de partage.

Le Conseil constitutionnel, dont l'autorité était limitée, jusqu'en 1974, entre autres, par les conditions de sa saisine, dispose de deux ordres d'attributions : en matière électorale, en matière constitutionnelle.

En matière électorale, le Conseil veille à la régularité de l'élection du président de la République. En vertu de la révision constitutionnelle du 18 juin 1976 modifiant l'article 7 de la Constitution, le Conseil constitutionnel est amené à reporter éventuellement l'élection présidentielle (V. à ce sujet,

p. 295) en cas d'empêchement ou de décès d'un candidat à la présidence de la République avant le premier tour ou entre les deux tours de scrutin. Il est juge du contentieux des élections à la présidence de la République, ainsi que de celles des députés et sénateurs. En vertu d'une loi organique du 29 décembre 1961, il est juge du contentieux des incompatibilités parlementaires.

En matière constitutionnelle, le Conseil constitutionnel donne son avis sur deux prérogatives présidentielles : d'abord, lors de l'utilisation éventuelle de l'article 16 ainsi que pour les décisions prises à la suite de la mise en application de cet article; ensuite, il veille à la régularité des opérations de référendum et en proclame les résultats. Saisi par le gouvernement, il constate l'empêchement du président de la République.

Et surtout, le Conseil constitutionnel est juge de la constitutionnalité des lois et traités. Pour les traités, l'article 54 de la Constitution prévoit que si le Conseil constitutionnel, saisi par le président de la République, par le Premier ministre ou par le président de l'une ou l'autre assemblée, a déclaré qu'une clause d'un engagement international est contraire à la Constitution, l'autorisation de ratifier ou d'approuver le traité ne peut intervenir qu'après la révision de la Constitution. Mais le Conseil constitutionnel n'a pas qualité pour apprécier la conformité d'une loi à un traité ou accord international : décision du Conseil constitutionnel du 15 janvier 1975. Saisi des lois et des règlements des assemblées parlementaires, le Conseil constitutionnel doit statuer dans le délai d'un mois. Toutefois, sur demande du gouvernement, s'il y a urgence, ce délai est ramené à huit jours. Pour les lois, il s'agit uniquement des lois parlementaires, organiques ou ordinaires, et non des lois référendaires. En effet, par une décision du 6 novembre 1962, le Conseil constitutionnel a décidé qu'il n'avait pas compétence pour apprécier la conformité à la Constitution des lois référendaires. De plus, le Conseil constitutionnel n'a pas le droit d'annuler tout ou partie d'une loi, organique ou ordinaire, une fois promulguée par le président de la République. Mais, saisi par le Premier ministre, il a le droit de décider si une loi promulguée sous la Ve République entre ou non dans le champ de l'article 34 de la Constitution qui délimite les matières législatives ; en cas de réponse négative, le gouvernement pourra modifier le texte par un décret réglementaire. Sont considérées comme « textes de forme législative » (art. 37, § 2) non seulement les lois, mais aussi les ordonnances de l'article 92 et les ordonnances de l'article 38 ratifiées. Le Conseil constitutionnel est obligatoirement saisi des lois organiques, avant promulgation, et des règlements des assemblées parlementaires. Les lois organiques lui sont transmises par le Premier ministre et les règlements des assemblées, ainsi que leurs modifications, par les présidents des assemblées. C'est dans ces conditions que, saisi par le Premier ministre des dispositions d'une loi organique qui devait être promulguée, après intervention du Conseil, dans ses dispositions non censurées, le 24 janvier 1972, le Conseil constitutionnel, dans sa décision du 20 janvier 1972, a annulé certaines dispositions de cette loi organique modifiant certaines dispositions d'une ordonnance du 24 octobre 1958 portant loi organique relative aux conditions d'éligibilité et aux incompatibilités parlementaires.

Pour ce qui a trait aux lois ordinaires, la saisine du Conseil est facultative. Aucun citoyen ne peut saisir le Conseil; jusqu'à la révision constitutionnelle du 29 octobre 1974, la saisine était réservée aux quatre premiers personnages de l'Etat : le président de la République, le Premier ministre, le président du Sénat et le président de l'Assemblée nationale (1). C'est l'intervention du président du Sénat, M. Alain Poher, qui a abouti à la décision devenue célèbre du 16 juillet 1971 déclarant inconstitutionnelles certaines dispositions d'une loi qui heurtaient le principe de la liberté d'association (V. p. 95). De même, par une décision du 27 décembre 1973, le Conseil constitutionnel a déclaré non conforme à la Constitution l'article 62 de la loi de finances pour 1974 qui contenait une disposition contraire au principe de l'égalité devant la loi contenu dans la Déclaration des droits de l'homme de 1789 et à laquelle fait référence le préambule de la Constitution (L'article 62 refusait à certains contribuables taxés d'office le droit de recourir au juge de l'impôt).

La loi constitutionnelle du 29 octobre 1974, portant révision de l'article 61 de la Constitution, a étendu la possibilité de saisine du Conseil constitutionnel à soixante députés ou à soixante sénateurs. Une loi organique du 26 décembre 1974, modifiant l'ordonnance du 7 novembre 1958 portant loi organique sur le Conseil constitutionnel, a mis en forme les conditions et les procédures selon lesquelles soixante députés ou soixante sénateurs peuvent désormais saisir le Conseil constitutionnel : par une ou plusieurs lettres, ils saisissent le président du Conseil constitutionnel; ce dernier est chargé d'avertir de la mise en route de cette procédure les quatre personnalités qui, jusqu'à la révision constitutionnelle de 1974, pouvaient bénéficier seules du droit de saisine : le président de la République, le Premier ministre et les présidents des deux assemblées parlementaires.

Cette extension du droit de saisine constitue une protection nouvelle apportée aux droits des minorités parlementaires. Initialement, le projet de révision constitutionnelle permettait, en outre, au Conseil constitutionnel de se saisir lui-même des lois avant leur promulgation, dans la mesure où ces lois auraient notamment porté atteinte aux libertés publiques garanties par la Constitution. Mais les parlementaires, hostiles à ce qu'ils ont dénoncé comme un éventuel « gouvernement des Juges », se refusèrent à adopter une telle disposition. Il n'empêche que la possibilité pour soixante députés ou soixante sénateurs de déférer au Conseil, avant promulgation, les lois qui leur sembleraient porter atteinte à la Constitution, et, notamment, violer certaines dispositions constitutionnelles qui protègent les libertés publiques, constitue, pour le citoyen, une garantie appréciable, même si celui-ci ne peut pas saisir lui-même le Conseil. Les parlementaires ont déjà fait usage de la nouvelle possibilité offerte par la révision constitutionnelle du 29 octobre 1974 : saisi par au moins soixante députés ou sénateurs, le Conseil constitutionnel a déjà été amené à rendre un certain nombre de décisions : décision du 30 décembre 1974, en matière budgétaire ; décision du 15 janvier 1975 relative à la loi sur l'interruption volontaire de la grossesse ; deux décisions du 23 juillet 1975, l'une sur la loi instituant la taxe professionnelle, l'autre sur le juge unique en matière correctionnelle ; deux décisions du 30 décembre 1975 sur les Comores et sur les engagements financiers internationaux de la France ; une décision du 15 juillet 1976 sur une loi modifiant le statut général de la fonction publique.

---

(1) Ni le président de la République ni le président de l'Assemblée nationale n'ont utilisé, jusqu'à présent leur droit de saisine.

Jusqu'à la décision du 16 juillet 1971, le Conseil constitutionnel avait paru s'en tenir essentiellement à garantir le pouvoir réglementaire contre les empiétements législatifs (art. 34 et 37). Que ce soit par la procédure de l'article 61 (lois avant promulgation), de l'article 37, § 2 (textes de forme législative) ou de l'article 41 (amendement ou proposition de loi qui ouvre une contestation sur le point de savoir s'ils sont ou non du domaine de la loi ou contraires à une délégation de l'article 38) (2) : garant de la répartition des domaines de la loi et du règlement, il avait paru jusqu'alors beaucoup plus soucieux de respecter les prérogatives gouvernementales que les attributions législatives du Parlement. Arbitre des conflits entre l'exécutif et le législatif, le Conseil n'assurait pas la protection des droits des citoyens jusqu'à ce qu'il reconnaisse dans sa décision de 1971 que le préambule de la Constitution qui contient l'énumération des droits du citoyen faisait partie intégrante de la Constitution et qu'il pouvait à ce titre exercer son contrôle sur lui dans la mesure où une loi, partiellement ou totalement, violait l'une de ses dispositions. Par une importante décision du 28 novembre 1973, rendue sur la base de l'article 37, § 2, le Conseil constitutionnel a adopté une attitude hardie en affirmant la compétence du seul Parlement, et non du pouvoir réglementaire, pour créer des contraventions sanctionnées de peines d'emprisonnement ; seules relèvent du pouvoir réglementaire les contraventions assorties d'amendes. Pour ce faire, le Conseil constitutionnel, sans s'attacher à la lettre de l'article 34, s'est référé spécialement, une fois de plus, au préambule de la Constitution. Par cela même, la protection du citoyen y trouve son compte : nul ne peut être détenu qu'en vertu d'une loi votée par le Parlement, qu'il s'agisse non seulement de crimes et délits (par référence à l'article 34) mais aussi de contraventions (V. Georges VEDEL, Encore une petite phrase, *Le Monde* 5 déc. 1973). Cette phrase est la suivante :

> « Considérant qu'il résulte des dispositions combinées du préambule, des alinéas 3 et 5 de l'article 34 et de l'article 66 de la Constitution, que la détermination des contraventions et des peines qui leur sont applicables est du domaine réglementaire lorsque lesdites peines ne comportent pas de mesure privative de liberté. »

(V. Jean RIVÉRO, *Peines de prison et pouvoir réglementaire : Act. jur.* 1974, p. 229 et s.)

En l'espace de quelques années (il est vrai que la Ve République n'a que dix-huit ans) le Conseil constitutionnel s'est affirmé comme protecteur et garant des droits et libertés des citoyens : saisi sur la base de l'article 61, il a décidé le 23 juillet 1975 que le fait pour le Code de procédure pénale de laisser au président du tribunal de grande instance la faculté, en matière correctionnelle, de décider discrétionnairement qu'une affaire pourrait être jugée par un juge collégial ou par un juge unique mettait en cause le principe d'égalité devant la justice, inclus dans le principe d'égalité devant la loi proclamé dans la Déclaration des droits de l'homme de 1789 et solennellement

(2) On notera que, de 1959 à 1975, le Conseil constitutionnel n'a été saisi que huit fois en vertu de l'article 41, et qu'au surplus la procédure de l'article 41 n'a plus joué depuis 1968. De 1959 à fin 1975, le Conseil constitutionnel a rendu 86 décisions en application de l'article 37, § 2.

réaffirmé par le Préambule de la Constitution. Comme l'exprime Jean Rivéro (*Act. jur.* 1976, p. 47) :

> « Quel juriste eût, il y a dix ans, envisagé qu'une loi contraire à l'égalité des citoyens devant le juge de leurs délits puisse trouver un censeur ? »

On observera enfin, à la lumière de l'évolution récente de la jurisprudence du Conseil constitutionnel en faveur de la protection des libertés, que les décisions du Conseil constitutionnel, non susceptibles de recours, s'imposent aux pouvoirs publics et à toutes les autorités administratives et juridictionnelles.

§ 2. — Le Conseil d'Etat

Le Conseil d'Etat, créé par la Constitution de l'an VIII, a à la fois des attributions consultatives et des attributions contentieuses.

En vertu de ses attributions consultatives, il est amené à formuler un avis sur les projets de lois et d'ordonnances ainsi que sur un grand nombre de règlements. Comme exemple récent et caractéristique, on peut évoquer l'avis formulé par le Conseil d'Etat le 17 janvier 1974 à l'occasion d'un projet de décret modifiant le Code de la route, sur les limites du pouvoir réglementaire en matière de peine privative de liberté : conformément à sa jurisprudence tıaditionnelle, exprimée particulièrement dans l'arrêt *Société Eky* du 12 février 1960, le Conseil d'Etat a estimé que le gouvernement pouvait édicter des règlements prévoyant une peine d'emprisonnement par référence, notamment, à l'article 465 du Code pénal qui prévoit : « L'emprisonnement pour contraventions de police ne pourra excéder deux mois. » Sur le plan pratique, cet avis est en contradiction avec la décision du Conseil constitutionnel du 28 novembre 1973 : mais le Conseil constitutionnel a seul le droit d'apprécier la constitutionnalité d'une loi (3) ; le Conseil d'Etat n'annule éventuellement, comme juge, que les actes administratifs unilatéraux : actes réglementaires ou à portée individuelle; à ce titre, il intervient notamment sur recours des particuliers. Il peut alors annuler pour inconstitutionnalité des règlements de l'exécutif qui violent directement (et non par l'intermédiaire d'une loi) la Constitution, en dehors du contrôle de légalité qu'il exerce à l'égard de ceux qui violent directement une loi. Le citoyen est donc efficacement protégé contre les excès du pouvoir exécutif. Le général de Gaulle, en son temps chef suprême de l'exécutif, a pu être irrité par le contrôle du Conseil d'Etat à propos d'une ordonnance présidentielle annulée par l'arrêt *Canal,* du 19 octobre 1962. Dans ses *Mémoires d'Espoir,* tome II, p. 54, il n'a pas hésité à qualifier le Conseil d'Etat de « Corps abusif ». Un peu plus haut (p. 33), il relevait, de manière excessive :

> « Ce Corps... est qualifié pour donner au pouvoir exécutif les appréciations juridiques qui lui sont demandées, mais nullement pour intervenir en matière politique, ni à plus forte raison dans le domaine constitutionnel. »

---

(3) La Cour de cassation, dans un arrêt du 26 février 1974, a adopté le même point de vue que le Conseil d'Etat en se fondant essentiellement sur le fait que les juridictions de l'ordre judiciaire, pas plus que les juridictions administratives, ne sont juges de la constitutionnalité des lois. Les juridictions judiciaires sont cependant juges de l'appréciation de la conformité d'une loi postérieure à un Traité international (Cass. 24 mai 1975 : *Act. jur.* 1975, p. 567, note Boulouis).

SECTION II

LE CONSEIL ECONOMIQUE ET SOCIAL

Il fait l'objet du Titre X de la Constitution de la Ve République. C'est un organisme consultatif du gouvernement en matière économique et sociale. Son rôle est des plus discrets. Saisi par le gouvernement, il peut être amené à donner son avis sur les projets de loi, d'ordonnance ou de décret ainsi que sur les propositions de loi qui lui sont soumis. Il peut, en outre, être consulté par le gouvernement sur tout problème de caractère économique ou social intéressant la République. Il faut noter qu'il est obligatoirement saisi de tout plan ou tout projet de loi de programme à caractère économique ou social. Le Conseil économique et social peut aussi, de sa propre initiative, attirer l'attention du gouvernement sur les réformes touchant les problèmes de sa compétence; il peut également faire connaître au gouvernement son avis sur l'exécution des plans ou des programmes d'action à caractère économique ou social. Ses membres permanents sont au nombre de deux cents et désignés pour cinq ans. Sur ce nombre, les deux tiers sont choisis par les organisations professionnelles auxquelles ils appartiennent; le tiers restant est nommé directement par le gouvernement. En dehors des membres permanents, il existe des personnalités siégeant dans les sections et désignées par le gouvernement pour deux ans.

Le référendum du 27 avril 1969, qui fut négatif, portait sur la régionalisation et la réforme du Sénat : il s'agissait de fondre, en une seule assemblée consultative, Sénat et Conseil économique et social.

TABLE DES MATIÈRES

PREMIÈRE PARTIE

THEORIE GENERALE

TITRE I

PRINCIPES METHODOLOGIQUES

TITRE II

PRINCIPES STRUCTURAUX

DEUXIÈME PARTIE

SYSTEMES POLITIQUES CONTEMPORAINS

TITRE I

LES EMPIRES

TITRE II

LES DEMOCRATIES DE L'EUROPE OCCIDENTALE

SOUS-TITRE I

Les démocraties fermées ou intégrées : la Grande-Bretagne et la République fédérale d'Allemagne

Sous-Titre II

Les démocraties ouvertes : l'Italie et la France

Pages

ACHEVÉ D'IMPRIMER A CAHORS (LOT)
SUR LES PRESSES DE L'IMPRIMERIE
TARDY-QUERCY-AUVERGNE

60.370. — DÉPÔT LÉGAL : I-1977